理解他者 理解自己

也
人
———
The Other

GEORGE FINLAY

罗马统治下的希腊

前146－716

GREECE
UNDER
THE ROMANS

BC 146 － AD 716

［英］乔治·芬利 著

吕厚量 译

上海人民出版社   上海书店出版社

George Finlay

总　序

　　乔治·芬利（George Finlay, 1799 年 12 月 21 日—1875 年 1 月 26 日）是一位英国历史学家和社会活动家。他出生于新教商人与政府职员家庭，在苏格兰接受了启蒙教育，并先后前往格拉斯哥大学、哥廷根大学和爱丁堡大学深造，主攻法律学科。在苏格兰启蒙运动和德意志大学教育的洗礼下，乔治·芬利成长为一位通晓古希腊文和拉丁文，具备法学、经济学与古典学学术背景，胸怀"爱希腊"情结与从政热情的百科全书式学者，并担任过英国雅典学院负责人，主持过基克拉底文明的遗迹发掘与文物整理研究工作。在投身于希腊民族革命与独立后初期的经济建设事业后，年逾五旬的乔治·芬利毅然退出政界与商界，倾注自己的后半生心血写就了《罗马征服以来的希腊史：前 146—1864》（*A History of Greece, From Its Conquest by the Romans to the Present Time, B.C. 146 to the Present Time, B.C. 146 to A.D. 1864*）这部七卷本巨著，记述了希腊地区在罗马帝国、拜占庭帝国、奥斯曼帝国治下，以及民族革命时代的历史进程。

　　鉴于乔治·芬利本人作为希腊民族独立运动的目击者与参与者的特殊身份，《希腊史》第七卷所记述的内容，一直作为珍贵史料而受到 19 世纪希腊史研究者的高度重视。而乔治·芬利《希腊史》的前六卷，则由于出版年代较早、处理的题材相对冷僻，较少受到西方史学界的重视〔于 2014 年将整套《希腊史》收入"剑桥文库"（Cambridge Library Collection）经典再版计划的剑桥大学出版社编辑慧眼识珠，或许是个极其难得的例外〕。然而，译者认为，这部巨著的中译本的面世，对于中文读者了解 19 世纪西方史学的成就、希腊地区从被罗马共和国征服到建立近现代主权国家的整体历史发展脉络，以及以芬利为代表的在苏格兰启蒙运动与德意志大学教育熏陶下成长起来的一代知识分子的精神面貌，都具有不容低估的重要意义。

梁启超先生在《中国之旧史》一文中，曾以痛心疾首的口吻总结过在民国思想史上广为人知、影响深远的中国旧史学之"四弊"，即"知有朝廷而不知有国家""知有个人而不知有群体""知有陈迹而不知有今务""知有事实而不知有理想"。诚然，中国古代史学的当代研究者已从不同角度出发，对梁任公当年振聋发聩的口号进行了学术批评与修正。然而，梁启超与乔治·芬利这样两位不同时空与文化背景中的史学家、思想界与实干家，能够生发出如此心有灵犀的相似史学见解，着实令人惊讶称奇。与梁启超的史学理想不谋而合的是，乔治·芬利同样渴望通过自己的史学著述，消除古往今来希腊史叙述模式中的"四弊"。他的巨著《希腊史》执着地在罗马帝国史与拜占庭史罗列的帝王将相家谱与宗教派系纷争中，追踪希腊民族、国家的来龙去脉与早期萌芽。他无时无刻不以同情、关切的目光留意不同时代里希腊民众的真实生存状态，尤其是与他们的切身体验与感受息息相关的经济条件与精神面貌。乔治·芬利在《希腊史》中频繁运用古今案例对比的方法，在令读者感叹作者知识之广博、眼界之开阔的同时，引导他们去思索遥远历史与现实生活之间明确无误、实实在在的密切联系。此外，与大多数启蒙运动的旗手相似，在沉浸于对罗马史、拜占庭史与奥斯曼帝国史上的领土归属、币值变化与土地制度改革问题的细致考证之余，乔治·芬利从未忽视对各个时代文化艺术成就与思想教育发展状况的观察，从未忘记表达自身誓与罪恶的奴隶制战斗到底的知识分子个人理想。

与爱德华·吉本的名作《罗马帝国衰亡史》一样，乔治·芬利的《希腊史》提供了从中长时段的视角出发，观察、思考希腊语世界在从罗马帝国盛期到君士坦丁堡陷落的千余年间的版图变化、兴衰浮沉的相对完整且高度精练的叙述体系。毋庸置疑的是，随着"古典晚期"研究、拜占庭史研究等史学分支在 20 世纪成为显学并取得巨大突破，吉本与芬利的鸿篇巨制在很多细节方面已经过时。但同样无可辩驳的是，由于 20 世纪以来的史学潮流对宏大叙事风格的批判，加上传统叙事史学的衰落，撰写古典时代以降希腊世界通史的工作再未在英法德语学界推出过堪与吉本、芬利的名著比肩的成果。因此，对于初涉古典、中古希腊史的中文读者而言，乔治·芬利的《希腊史》仍是一部不可替代的入门参考书。

综观文艺复兴以来思想文化史的发展脉络，启蒙运动时代构成了人类精神发展历程中的一个不可替代与复制的重要转折点与成长阶段。近年来的思想文化史研究则在不断突破传统历史叙述中以法国为启蒙运动唯一中心的陈旧模式，关注德意志、苏格兰等地区的启蒙运动为人类精神世界留下的宝贵遗产。乔治·芬利恰恰是同时经历过苏格兰与德意志启蒙运动洗礼的一位弄潮儿。就这样一位对于生平阅历着墨不多的知识分子而言，他倾注半生精力写就的《希腊史》便是自身精神面貌的最佳写照。透过乔治·芬利不加虚饰但始终热情饱满的文字，我们不难感受到这位现实与精神世界中的勇敢斗士对于自由、文明和希腊人民深沉的爱，对于奴隶制、暴政与经济盘剥的切齿痛恨，并对他的崇高理想（即便它因不切实际而难以在他生前实现）充满敬意。

吕厚量

2025 年 2 月 4 日于北京牡丹园寓所

编者序

当芬利先生于 1876 年初去世时，他的遗嘱继承人将其史学著作的版权交给了牛津克拉伦登出版社的负责人，期待能够将它们再版。出版社的负责人接受了该建议，决定完整再版这一系列作品，并将编订任务交付给了编者。

在芬利的晚年时代尤其是 1863 年期间，他为了再版修订了自己的全部作品。他当时改动的幅度很大，以至于前四卷中几乎没有一页未加增删（后三卷的调整相对较少）。这些修改既包括拼写调整，又有整段甚至部分章节的全部重写。然而，遗憾的是，这次修订并未涉及注释，致使相关内容仍处于十分凌乱的状态，并造成了不少麻烦。在措辞修改方面，作者似乎在提升文采方面下了很大功夫，以追求言简意赅的效果。除此之外，他还在很多地方补充了许多全新材料。其中最重要的添加内容如下：第一卷《罗马统治下的希腊》中对罗马统治者治下货币贬值情况的叙述；第四卷《中世纪希腊与特拉比宗帝国》几乎已完全成为一部新作，其中追溯了威尼斯人同拜占庭帝国的商业关系史，并全面叙述了爱琴海诸岛或纳克索斯公国的历史；第五卷《奥斯曼帝国与威尼斯人统治下的希腊》介绍了开俄斯岛上的热那亚贸易公司。最重要的增补内容则是《希腊革命史》的后续章节，它们将原书的叙述终点从 1843 年下延至 1864 年，即现任君主登基之后。

　　尽管这部著作的七卷内容构成了一部完整的希腊史，我们却无法将它纳入某种整齐划一的形式，因为不同段落中的主题处理方式截然不同。例如，第一卷在很大程度上是由探讨不同时代东罗马帝国史主题的论文连缀而成的；第二至三卷则提供了连贯的叙述体系。鉴于诸如此类的原因，编者决定保留每一卷的原始面貌，遵循它们自身的卷章节划分模式。而作者喜欢反复记述同一主题的习惯也使得编者无法对他的文字进行重组（即便那样做从其他理由来看是必要的），或重新分配若干卷的内容来压缩总卷数。此类改动的唯一例子出现在最后两卷中：第七卷的一部分内容被挪到了第六卷里，以便为增补章节和总索引留足篇幅。这一改动使得末卷变成了希腊王国建立的历史，独立战争的主要事件则在前一卷中叙述。在所有这些问题上，编者已获得全权准许，可以对作者的文稿进行他认为有益的改动。但编者的调整大多限于改正拼错的名字、不准确的引文、注释错误等笔误。专有名词的正字法问题经常会造成一些困难：这在一定程度上是因为从古到今的拼写方式自然会发生变化，尤其是因为作者本人往往会在一生中的不同阶段以不同方式拼写同一个专有名词，没有制订书写专有名词（尤其是古典时期）的任何明确规则。在这个问题上，进行通篇的统一订正未免过于激进。编者尝试达成的只是在每个具体时期保留同一个专有名词的统一形式，这样就能基本避免读者理解的混乱。编者的注释会特别标出，标注的主要是作者停止修改其作品后新的学术发现所指出的问题。七卷作品的总索引由牛津大学潘布鲁克学院（Pembroke College, Oxford）的莫瓦特（Mr. J.L.G. Mowat）硕士一丝不苟地完成。

在 1863 年以来的十四年里，我们关于拜占庭与现代希腊历史的知识积累有了很大进步。在此期间出版的众多相关作品中，以下著作或许最为重要。首先是卡尔·霍普夫（Carl Hopf）的《中世纪以来的希腊史》（*Geschichte Griechenlands vom Beginn des Mittelalters*），由埃尔什—格鲁贝尔（Ersch & Gruber）百科全书发行于 1867 年，再版于布罗克豪斯（Brockhaus）出版社的《希腊》（*Griechenland*）第六至七卷。这部作品对于研究中世纪尤其是法兰克和威尼斯占领时期的希腊史具有无可替代的价值。我们可以说，通过查阅原始文献，霍普夫教授几乎完全重构了占领时期的历史。关于这段历史的若干材料之前已由他以专著形式出版，并被芬利在准备再版其著作时利用过。关于更早时期的研究，见赫尔茨伯格（Hertzberg）的《罗马统治下的希腊史》（*Geschichte Griechenlands unter der Herrschaft der Römer*, Halle, 1866–75）。他的《从古典时代消亡迄今的希腊史》（*Geschichte Griechenlands seit dem Absterben des antiken Lebens bis zur Gegenwart*, Gotha, 1876）已出版了前半部分，基于最新研究成果对拜占庭时代进行了清晰概述。关于 10 世纪的研究，见拉姆博（Rambaud）的《公元 10 世纪的希腊帝国与君士坦丁七世》（*L'Empire grec au dixième Siècle; Constantin Porphyrogénète*, Paris, 1870），这是一部知识渊博、才华横溢的作品。关于瓦拉几亚人（Wallachians）的起源和早期历史，参见罗伊斯勒（Roesler）的《罗马研究》（*Romänische Studien*, Leipzig, 1871）。关于希腊独立战争，参见门德尔松·巴托尔迪（Mendelssohn Bartholdy）的《从土耳其人征服君士坦丁堡迄今的希腊史》（*Geschichte Griechenlands von der Eroberung Konstantinopels durch die Türken bis auf unsere Tage*, 2 vols., Leipzig, 1870–74）。他穷尽了关于希腊等地的全部著作及许多未出版的材料。希尔什（Hirsch）的《拜占庭研究》（*Byzantinische Studien*, Leipzig, 1876）是一部研究拜占庭史料及其编年史家可靠性的宝贵成果。遗憾的是，这部作品出版得太晚，因而编者未能在校订相关时代叙述内容的过程中加以使用。

同行学者认可芬利史著的价值，尤其是近年来在该史学研究领域贡献颇丰的德国学者。霍普夫教授特别指出："凭借有力的风格、政治家的眼光和哲学精神，芬利让自己的全部作品散发着熠熠光辉。"他的作品中有两卷已译成德文，分别是《罗马统治下的希腊》和《中世纪希腊与特拉比宗帝国》。前者的译者为艾利森博士（Dr. Ellissen），他是《中古与近现代希腊集录》（*Mittel- und neu-*

griechische Analekten）的作者，译本质量在各方面都堪称上乘。译者的注释中包含着许多宝贵的见解，作者也在新版采纳了不少德译本的观点。但是，《中世纪希腊与特拉比宗帝国》的译本要逊色得多，芬利几乎没有提到过它。在英语学界，芬利的史著是关于拜占庭时代的唯一重要作品。尽管吉本巨著中关于君士坦丁堡的记载跟其他部分同样精彩，他却仅将拜占庭帝国的大部分时间视为悬挂自己整体历史研究的钉子，而非独立的研究对象。然而，时至今日，贬低拜占庭史价值的观点已被抛弃，那段历史的价值已得到公认。事实上，我们必须想到，这个国家曾在千年之内保卫着欧洲免受亚洲入侵者的蹂躏，先后击退过阿拉伯人和塞尔柱突厥人，并在一个世纪之内顶住了势力如日中天的奥斯曼人的进犯；这段时期内，它代表着野蛮包围之中的文明，通过陆路和海路维持着范围极广的商业；它的使团令罗斯人和南部斯拉夫诸民族皈依了基督教，并发明了西里尔字母文字；它精心保存并广为传抄了我们古典文学中的很大一部分手稿；最后，它还是意大利绘画的摇篮，其建筑风格在从西班牙到印度的广阔空间里产生了无与伦比的影响。因此，它在世界历史上的影响力是不容低估的。由于欧洲东南部的巴尔干半岛一直是政治上的焦点，了解那里居民的起源和早期历史至关重要，而那些知识只能从拜占庭的编年史中了解。

　　在引述拜占庭历史学家时，作者通常引用的是巴黎版。由于巴黎版的页码附在波恩版的页边处，作者在引述其他版本时也会保留这些页码。然而，对于某些广为人知的作者，如普罗柯比乌斯，作者直接引用了其作品的章节号。前一版在引用吉本时使用了米尔曼（Milman）版，再版时则调整为史密斯博士（Dr. Smith）版。

　　本书扉页上的作者像由金斯先生（Mr. Jeens）依据一张照片临摹，并根据一座胸像调整制作而成。

H.F. 托泽

1877 年 5 月 18 日于牛津

献给

下院议员
詹姆斯·麦格雷戈先生

亲爱的詹姆斯，

我将这部《异族统治下的希腊史》[1]献给您。

每当才疏学浅让我怀疑自己创作的这本小书是否有任何用处的时候，您的鼓舞经常会激励我把这项工作坚持下去。

倘若我在 1823 年加入希腊军队的愿望成真了的话，我就不大可能会放弃现实生活中的责任及改善那个国家境遇的崇高使命，而去承担记载其不幸的无趣工作。但我确信自己在记述希腊公民自由与民族制度的历史背景时的文笔贫乏，将不会妨碍您对本书作者的厚爱。尽管这一页献词只是表达对您感激之情的微薄礼物，您也一定会欣然接受它，将之视为兄弟情谊的铁证。

乔治·芬利

1856 年 11 月 12 日于雅典

---

[1] 即乔治·芬利著作的前五卷。——中译者注

前五卷序

这是一部异族统治下的希腊史，记述了在古代世界达到最高文明水平的民族[1]的衰落与灾难。长达两千年的苦难并未磨灭他们的民族性，毁掉他们的民族抱负。为了将如此漫长岁月内希腊世界的兴衰沉浮压缩在五卷篇幅内记述，我们只好让读者的注意力聚焦于该民族的政治史，而无暇详述其异族征服者全部历史的方方面面。这一计划也许已经限定了本书的关注内容。被奴役的希腊史此前一直受到忽视，因为人们认为它无法为爱国者和学者提供教益。但政治家和政治经济学的研究者理应钻研这段历史，因为它提供了一个富于启示意义的大国案例，表明即便在政府不得民心、无法得到民族发展要求的支持的情况下，科学的治理模式仍是一个民族政治生存与物质繁荣的基本保障。在我们生活的这个时代，尤其是在各个欧洲君主国加强中央集权，致使统治阶级的情感和利益同民众的意愿和福祉脱节的情况下，拜占庭帝国的历史向这些统治者提出了严

---

[1] 强调希腊"民族"从古至今的延续性是乔治·芬利的重要历史思想之一。这一观念与当代学术著作划分法国大革命时代之前的古代、近代"族群"和现代"民族"的惯例存在区别。考虑到乔治·芬利《希腊史》的学术史与思想史价值，中译本尽可能保留了本作所用"民族""共和国"等相关术语的原貌。——中译者注

正警告，希腊人的民族衰落也向他们的臣民提供了启示。行政集权乃是专制主义的有力统治工具；政治上的奴性和民众的四分五裂则为专制主义提供了两个稳固的支点。

　　关于被奴役的希腊的记载构成了她的民族生存状态、她的英雄史诗和古典历史的一部分。这个民族曾建立了上百个殖民地，曾在撒拉米斯和普拉提亚浴血奋战；而她的后代子孙也曾在罗马人面前抱头鼠窜，将自己的土地拱手让给斯拉夫人和阿尔巴尼亚人。古希腊人购买异族奴隶在自己的土地上劳动；现代希腊人让自己的孩子们加入奴役着自己的苏丹卫队。现代希腊人厌恶学习他们自己的历史。[1]他们对自己祖先的命运毫无兴趣；但他们会虚构自己的族谱，以便将本民族同随着多神教一道灭亡的特权贵族部落扯上关系。事实上，斯巴达人的直系后裔及梭伦时代雅典城的原住民，早在罗马征服之前就已经绝嗣了。希腊文化的丰富遗产分布于小亚细亚、叙利亚和埃及；希腊本土则依旧维持着独立地位。为了掌握政治知识，如今的希腊人必须学习自己作为臣民的历史。就掌握更多实用知识的目的而言，关于奥斯曼帝国时代希腊公共制度的研究要比考辨那些真假参半的传说和晦暗不明的神话更有意义。而我们只能通过长达两千年的民族或政治奴役史去追溯这些制度同希腊人的联系。如果他们能够效法古希腊人的爱国精神，在文学和艺术的声名方面同

---

[1]　这一说法在 M. Paparrhegopoulos, Ἱστορία τοῦ Ἑλληνικοῦ ἔθνους 和萨塔斯（M. Sathas）所做的中世纪希腊史料汇编出版后已不复成立。——编者注

古人分庭抗礼的话，全欧洲都会承认他们是最纯粹的希腊后裔。当前，民族虚荣心已严重扭曲了雅典的公共舆论，以至于撰述异族统治下希腊史的英语作家只能期待自己的读者大部分来自希腊世界之外。对于那些熟悉格罗特著作的读者而言，他们也许会有兴趣去了解一些导致希腊社会文明走向衰落的政治变化。对于希腊人这样一个在历经数个世纪的磨难后仍能维系自己的语言和民族性，重新恢复自身活力并建立独立国家的民族而言，他们的历史是不应被完全忽视的。

在漫长的奴役时代中，希腊世界的状况并不是一路下滑的。在罗马人和后来的奥斯曼人统治下，希腊人只是庞大帝国中微不足道的一部分。由于希腊人生性并不好战，他们在政治上没有什么地位。罗马统治者与奥斯曼苏丹掌控版图内的许多大变局并未对希腊产生直接影响。因此，罗马帝国与奥斯曼帝国的通史并不构成希腊史的一部分。拜占庭皇帝们治下的情况则有所不同：希腊人在那一时期是可以跟帝国政权画等号的。历史学家必须根据该民族在不同时期政治地位的差异加以区别对待，才能解释这些时代的各自特征。

依据影响希腊政治与社会地位的变化因素，我们可以将希腊人作为臣民的历史划分为六个不同阶段。

1. 第一阶段为罗马统治下的希腊史。该民族体魄与道德上的没落使之丧失了一切政治影响，直到基督教最终恢复了希腊社会的活力。当基督教成为罗马皇帝们的宗教之后，希腊教士在东罗马帝国宗教体系中的主导性权力，使得希腊人在一定程度上恢复了在政府中的影响力，拥有了对东地中海人类文明的部分社会权威（与他们之前在马其顿征服时代所具备的不相上下）。在本书中关于罗马人统治下希腊状况的那部分里，我关注的仅仅是希腊民族的情况及影响他们生活状态的罗马行政部门分支机构。罗马式的情感与偏见在东部帝国的主导影响力终结于伊苏里亚人利奥的登基——此人令君士坦丁堡的统治方式呈现出了新的面貌。

2. 第二阶段包含着新统治模式下的东罗马帝国史，传统上称之为拜占庭帝国史。推进圣像破坏运动的皇帝们调整、复兴、重振着这套专制制度，相关记载构成了君主制发展史上最引人注目和富于教益的篇章。它们说明一个组织严密的中央政权能轻而易举地将许多臣服于自己的民族置于无足轻重的政治地位。在这段时期里，希腊人的历史同帝国政权的编年史紧密交织在一起，因而拜占庭帝国的历史成为希腊民族史的一部分。拜占庭史始于公元 716 年伊苏里亚人利奥登基，终于 1204 年十字军攻陷君士坦丁堡。

3. 东罗马帝国灭亡后，希腊历史出现了众多分支。从君士坦丁堡流亡的罗马—希腊人逃到了亚洲，在尼西亚（Nicaea）建立了首都。他们在若干行省中以旧模式和旧名目延续着帝国的统治。不到六十年后，他们恢复了对君士坦丁堡的控制。然而，尽管他们建立的政权保留了罗马帝国的光荣名号，实际上只是拜占庭帝国进一步退化后的产物。这个第三阶段可被描述为君士坦丁堡的希腊帝国。奥斯曼土耳其人于 1453 年夺取君士坦丁堡，从而终结了这个气息奄奄的政权。

4. 当十字军征服了拜占庭帝国的大部分地区后，他们同威尼斯人瓜分了被征服的领土，建立了罗马尼亚的拉丁帝国及其在希腊境内的封建属国。拉丁人的统治十分重要，因为它标志着希腊人在东方影响力的衰落，并造成了希腊民族财富和人口的迅速下降。这一时期从 1204 年君士坦丁堡被征服开始，延续到 1566 年奥斯曼土耳其人对纳克索斯岛的征服。

5. 1204 年对君士坦丁堡的征服导致了拜占庭东部行省中一个新希腊国家的建立，名为特拉比宗帝国。它的存在构成了希腊史上的一个离奇插曲——尽管其政权特征异常古怪，更多地反映了亚洲而非欧洲行为方式的影响。它酷似伊比利亚和亚美尼亚的王国。在两个半世纪中，它维持着相当可观的影响力——但这种影响力的基础在于它的商业地位和资源，而非其政治实力或希腊文明。它的存在对希腊的命运没有产生多少影响；而它在 1461 年被征服也并未激发多少同情。

6. 异族统治下的希腊史的第六个也是最后一个阶段从 1453 年延续到 1821 年。相关材料既包括奥斯曼帝国的统治，也涉及 1685—1715 年威尼斯共和国对伯罗奔尼撒半岛的临时占领。各民族或许都曾在同样衰微的状态中苟延残喘过，但希腊民族成功地从如此沉沦的状态中恢复独立的情况则是史无前例的。

本书想向读者展示那些在评价不同主人统治下希腊民族的政治状态时必不可少的主要事实，而非收集撰写一部完整的异族统治下希腊史需要的所有材料。因此，本书只会在叙述政治史的时候顺带提及一些宗教、文学方面的信息。关于现代希腊的完整历史或许在希腊人眼中是有用的和有趣的，但它恐怕很难对外国读者产生吸引力。

1855 年 12 月 21 日于雅典

本卷序

　　即便在共同服从一个政权的时代里，希腊人和罗马人的社会与政治组织形式也是截然不同的。为了全面理解东罗马帝国与西罗马帝国的相对文明地位，我们必须首先对这种区别了然于胸。

　　罗马人起初是一个由武士组成的部落。他们的一切制度——甚至包括与财产和农业相关的制度在内——都同战争有关。西罗马帝国（包括意大利大部分地区）的居民由不同民族构成。在被罗马人征服的时代，他们要么处于较低的文明状态，要么已经臣服于异族。他们通常被视为低等族裔，其民族制度的框架遭到了系统的破坏。因此，西部帝国的行省居民失去了一切民族纽带，暴露于好战民族的入侵之下——后者一旦进入文明状态，便会努力寻求能够满足自身新需求的资源。因此，一旦罗马政权的军事力量无法驱赶这些外来者，行省居民便会面临被征服、奴役或灭绝的命运——一切取决于入侵蛮族的利益或政策。

　　在希腊人居住的东罗马帝国，情况则完全不同。在那里，罗马政府的行政权力受到了民族制度体系的掣肘，因而连乡村居民也能拥有对本地事务的若干控制权。这种渗透到民众日常生活之中的小范围行政与治安自治权缓冲了帝国权威的压力。罗马人意识到帝国治理中的这些部门是完全按照与政治权威脱节的方式组织起来的；尽管希腊人的地方制度不如征服者的中央集权那样有力，它们却具备强大的活力。它们的民族性甚至一直维持到了罗马征服之后。而当罗马政权由于日益衰微，逐渐开始忽视其行政职责的时候，这种民族性又再度被唤醒。

然而，尽管罗马人在征服希腊时几乎原封不动地保留了这些民族性元素，改变罗马政权的时间也同样在调整着希腊人的制度。不过，罗马统治者、拜占庭皇帝乃至后来的法兰克王公和土耳其苏丹，都无法切断希腊民族代代相传的政治遗产。虽然这份遗产的价值确实在不断降低，但在我们生活的这个时代，高贵的动机和坚忍的斗争仍让希腊民族恢复了自身的政治独立地位。

即便作为被统治民族，希腊人的历史仍然引人关注并富于启示价值。希腊人是古代世界的唯一现存代表。在物质与精神力量从地球表面清除了之前的所有同辈、朋友和敌人后，希腊人仍旧保有自己的家园、语言和社会组织。毋庸置疑，这些民族元素的保存在一定程度上要归功于他们从祖先那里继承的制度。本卷的写作目标便是向公众展示古代制度对罗马政权统治下的希腊民族命运的影响，并努力说明其他因素是如何调整、支撑这些制度的。

在下文中，我们无法避免叙述已被吉本的才华描述过的那些事件。但分别研究罗马帝国和希腊民族的历史学家会从不同角度去看待它们。二者的观察也许都是正确的，尽管由于我的能力和判断力欠缺，本书中的相关内容作为图景不那么精确，作为历史又不那么感人。同样的史实会促使我们对不同人物和不同时代得出各种论断。历史永远是无法穷尽的。尽管我们已经读过希腊人和罗马人的大量相关史料，并似乎深入研究过他们的作品，能够从同一批史料中发掘出的东西还有很多很多。

在本书引用相应参考著作的时候，我经常选择普通读者手头应该可以获得的现代作品。为了分析如今已有公论的事实或学界普遍接受的观点，我们往往需要进行深入研究及讨论。在这种情况下，罗列一长串古代文献名目的做法是毫无意义的。

1843 年 5 月 1 日

目　录

· **第一章**

<u>前 146—330 年</u>

从希腊被征服到君士坦丁堡成为罗马帝国首都

第二章

330—527 年

从君士坦丁堡被确立为罗马帝国首都到查士丁尼即位

第三章

527—565 年

查士丁尼时代希腊人的生活状况

第四章

565—633 年

从查士丁尼之死到希拉克略恢复罗马在东方的势力

第五章

633—716 年

从穆斯林入侵叙利亚到罗马帝国势力在东方的消亡

第一章

前146—330年

从希腊被征服到

君士坦丁堡成为罗马帝国首都

亚历山大大帝征服后希腊民族处境的变化

亚历山大大帝的征服使希腊民族的政治地位发生了永久性的变化；在整个希腊世界臣服于罗马人的时期里，这一变化又有力地影响了它的道德与社会状况。亚历山大在希腊与亚洲西部、埃及之间建立起来的国际体系迟至穆罕默德（Mahomet）[1]的宗教兴起与阿拉伯征服的时代方被瓦解。尽管从亚历山大所受的教育和其引以为傲的血统所促成的先入之见来看，他都是希腊人，但马其顿人和马其顿军队的主体（其纪律严明和勇武过人确保了亚历山大东征的胜利）在语言或情感上都不属于希腊。[2]因此，倘若亚历山大决心利用马其顿人和波斯人共有的反对希腊民族的情感来组织其帝国的话，他无疑可以轻松完成这一计划。那样一来，希腊人的民族史就会走上一条截然不同的道路，因为他们将被迫接受亚历山大的举动所带来

2

---

[1] 按照通行的惯例，本书将这位阿拉伯先知的名字写成"Mahomet"，而将其他同名者写为"Mohammed"。后者其实更合乎转写规范。

[2] Q. Curtius, vi. 9.35. K.O. Müller *über die Makedoner*, p. 34. Müller, *Dorians*, i. 499. *Eng.* trans. Plutarch, *Aratus*, 38 向我们指出，希腊人是如何比较最高贵的马其顿人与斯巴达人的。

的影响。毫无疑问，亚历山大本人看到了波斯人数目众多，其文明水准能够与马其顿人平起平坐（即便称不上更高一筹），他意识到了自己需要找到某个强大的盟友，以便阻止马其顿被波斯人同化，丧失自己的语言、传统和民族性，迅速蜕变为一个由希腊—波斯元素主导的王朝。他注意到希腊人的政治制度创造了一种民族性原则，足以同米底人和波斯人一成不变的法律抗衡。

亚历山大是极其高贵的征服者。他希望通过自己的文治实现普遍繁荣，这令自己无与伦比的军事胜利的荣誉相形见绌。新兴城市与不断拓展的商业缔造了世界历史上的一个新时代。就连马其顿帝国的实力也是以由他发现并证明了其效率的政治原则为基础的——通过永久性的制度将他的臣民融合为一个民族。所有其他的征服者都是通过让一个民族臣服于另一个来扩充其权力。[1] 亚历山大对待希腊民族的根本立场大大提升了他的功绩。希腊人并不喜欢他的帝国或他本人；如果可以的话，他们很乐意同时摧毁二者，认为那才是保障自身自由的万全之策。但亚历山大看到了希腊民族性的道德力量，并决心利用这一品质来保全自己的帝国。他将那些市政管理制度引入东方，激发其活力，从而促进了某些希腊性特质对被征服臣民精神的影响。

亚历山大执行其改革计划时的温和态度跟他丰富执政计划中蕴

---

[1]　历史和诗歌作品似乎都将亚历山大视为野心勃勃的战士。"马其顿疯子"的标签及他为了世界上再无可征服地区而哭泣的轶事，并不能让我们正确认识这位将自己的荣誉观同征服活动的后果紧密联系在一起的人物。在从亚历山大里亚到坎大哈（Candahar）的广阔区域内，反倒是那些并非饱学之士的人物对他的评价更为公允。

含的智慧一样值得注意。为了按照自己的意愿塑造亚洲，他并未强制推行希腊人的法律与制度。亚里士多德将人视为机器的教导让他受益匪浅。但他将希腊文明作为自己文治中的重要元素，并在征服过程中建立了一些拥有政治权利的希腊殖民地。诚然，他获得了波斯君主不受限制的权力。但与此同时，他也保留了行政体系的责任，并在市政管理中建立了自由制度。基于马其顿军队抱有的敌意，亚历山大的继任者很可能会迅速废除他所颁布的试图将帝国臣民融为一体的一切法律与制度。但摆脱亚历山大系统布局的行政体系的影响其实较为困难。亚历山大本人似乎清楚地知道这一点，尽管我们不可能从关于其行政治理的不完整记录中全面复原他是如何采用一系列措施来加速完成创造一个新社会、一个新民族和一个新帝国的宏伟计划的。他的去世使得计划搁置；但他的成就仍然是伟大的。尽管他的帝国旋即四分五裂，其诸多部分依然长期保留着他所引入的希腊文明的深刻烙印。[1]他的宽仁政策的影响保证了他以武力建立的诸王国的延续，并缓和了罗马人居高临下管控社会的专制方式。直到穆罕默德改造了东方的政治、宗教与社会结构，亚历山大政权在当地的影响力才最终被完全抹去。

埃及、叙利亚、帕伽马（Pergamus）与巴克特里亚（Bactriana）的君主们或为马其顿人，或为希腊人。他们尊重当地居民的行政制

[1] Tacitus, *Ann.* vi. 42 已注意到塞琉西亚（Seleucia）的市政组织使得它能够在帕提亚帝国的专制统治下保有自由，直至元首提比略时代。

度、语言和宗教，无论它们在多大程度上与希腊人的习惯背道而驰。比提尼亚（Bithynia）、本都（Pontus）、卡帕多西亚（Cappadocia）和帕提亚（Parthia）等地的统治者在摆脱了马其顿的桎梏后仍保留了深刻的希腊文明烙印。他们不仅鼓励希腊艺术、科学与文学的发展，甚至还庇护自己疆域内希腊殖民地的独特政治制度，尽管那些制度同亚洲人对君主制政权的看法大为不同。

希腊人和马其顿人长期以来是两个不同的民族，但最终导致他们走向融合的若干因素在亚历山大去世后不久已经开始发挥若干影响。帮助希腊人完全压倒马其顿族群，最终将后者吸收为本民族一部分[1]的道德与社会因素同样也是后来让他们得以消灭罗马在东方影响的原因。在几代人的光景里，希腊人在同马其顿人的斗争中似乎是更弱小的一方。亚历山大的帝国分裂形成的新王国在处境方面迥异于从前的希腊城邦。希腊世界由此分裂为两个部分：一边是马其顿诸王国，另一边是自由的希腊人——它们构成了两个截然不同的国际政策体系。马其顿君主们需要维持势力均衡的局面；而欧洲的自由城邦只在征服者压倒一切的影响力危及其独立时才会直接跟它们打交道。自由城邦之间千丝万缕的外交关系则持续受到关注：不仅是为了维持它们的政治独立，也是为了保护它们的财富与政治权利。希腊社会中的这两大部分往往被道德、政治方面截然相反的

[1] 由于时代的局限性，乔治·芬利对历史与现实中东欧地区民族（族群）共处格局的描述与评价业已过时，并偶尔会暴露出同时代西欧学者中普遍存在的大国沙文主义与西方中心论偏见。读者应在阅读中予以甄别。——中译者注

观念与情感主导着，尽管它们的不同成员一直在各自体系维持势力均衡的斗争中分分合合。

　　塞琉古与托勒密王朝的巨大权力与财富使得欧洲小邦试图维持自身从前享有的崇高军事、政治与文学地位的努力归于徒劳。它们最优秀的战士、最睿智的政治家和最才华横溢的作家都会动身前往那个收益更大、空间更广阔的活动舞台。亚历山大里亚成了希腊世界的首都。但作为政治教训，欧洲地区的城邦历史仍然值得高度重视：阿凯亚同盟（the Achaian League）为维护希腊独立而对抗马其顿与罗马的斗争跟雅典和斯巴达的编年史一样富于启示意义。这一时期生活在欧洲的希腊人意识到了亚洲君主的财富与权力对他们自由的威胁，并徒劳地想要将所有自由城邦联合成一个同盟。无论联合取得的效果多么有限，这都是抗衡文明世界新格局下开始同自己打交道的强大政权、捍卫希腊世界的自由的唯一希望。

　　正当马其顿国王们开始侵蚀希腊的自由、亚洲宫廷败坏着希腊民族的道德之际，那些因为偏处一隅而未被东方君主剥夺自由的希腊殖民地被罗马人征服了。各种形势削弱了希腊人；他们对此毫无反抗能力，迅速被各个击破。尽管他们英勇地击退了高卢人的入侵，希腊世界还是蒙受了惨重损失。[1] 不久之后，罗马人完成了对意大利境内诸希腊城邦的征服。[2] 从那时起，西西里岛上的希

[1]　公元前 279 年。

[2]　公元前 272 年。

腊人变得十分虚弱，他们只能充当罗马人和迦太基人激烈争夺该岛控制权的看客。尽管城邦叙拉古英勇地捍卫着自己的独立地位，那场斗争也不过是捍卫民族荣誉的毫无希望的壮烈行为。[1] 昔兰尼加（Cyrenaica）诸城邦早已臣服于托勒密王朝；而黑海沿岸的各共和国也无力在本都与比提尼亚君主的反复攻击下维系自由。[2]

尽管由于亚洲君主制国家和欧洲共和国的利益对立，马其顿人和希腊人分裂为两个阵营，民族情感的有力纽带仍然将他们联系在一起。无论是希腊人还是马其顿人，他们在教育、宗教、个体公民的城邦社会地位等方面都存在着明显的相似性。在所有接受了希腊文明的地方，自由公民仅占总人口的一部分——无论另一部分是奴隶还是臣民。这一特殊性使得他们作为希腊人的政治利益高于他们作为不同城邦子民的政治分歧。亚洲和埃及拥有马其顿血统的希腊人构成了一个统治阶层。诚然，他们是由一位绝对君主统治着的。但在维系国家行政体系的关键问题上，他们的利益是跟君主高度一致的。因此，即便在绝对君主治下，希腊人也构成了一个得势的、享有特权的阶层。希腊诸共和国的情况与此差别不大；在那些城邦里，同样是少数自由公民统治着数量庞大的奴隶或臣民——后者的庞大数量不仅需要统治者持续加以关注，还会强化二者之间不可磨灭的利益与特性差异，以便维持统治阶层的优越地位。这种特殊性使得希腊人珍视他们排他的民

---

[1]　公元前 212 年。

[2]　公元前 220 年。Polyb. iv. 56; Strabo, vii. p. 309; Memnon Heracleae, *Ponti Histor. excerpt. lib. xiii.xiv*, in the *Fragmenta Historicorum Graecorum*, iii. 532, edit. Didot.

族身份，并孕育出了一种情感，促使各族群的关于荣誉的法律禁止自由人在任何情况下同奴隶站在同一立场之上。在数百年间，这种情感对希腊自由公民的法律与教育的影响力清晰可见，并且它在任何希腊文明所及之处都保持着同样强大的力量。[1]

7

亚历山大的征服很快对希腊人的商业、文学、道德和宗教产生了广泛影响。他们直接同印度、亚洲中部和非洲南部海岸地区建立了联系。亚洲与埃及等地希腊人商业活动的广泛拓展削弱了相形之下欧洲的富庶与重要程度；但与此同时，前者原本相对稳定的地位也随着西欧文明与势力的快速崛起而呈现出衰落的态势。西欧开始直接同东方强大商业帝国的统治者进行可观的贸易——欧洲的希腊人从前曾通过在二者间进行转手贸易而大发其财。随着罗马成为一个不容小觑的大国，它的居民（如果还称不上是拥有公民权的公民的话）便开始同东方进行贸易，正如公元前4世纪罗马与罗得岛（Rhodes）的政治联系所证明的那样。[2]毫无疑问，这两个政权之间的纽带源自贸易利益。由于直接贸易可以降低运输成本，新的商

[1] Plut. *Sulla*, 18; *Cato*, 68; *Vitae Rhetorum, Hyperides*, p. 1559; Tac. *Ann.* xiv. 42; *Dig.* xxix. 5.1.32, *et seq.*

[2] Polyb. xxx. 5.6; Clinton's *Fasti Hellenici*, iii. 84.2. 罗马同迦太基最初的联系也是商业方面的。因此，尽管未在政治生活中得到充分反映，罗马的贸易活动也绝非无足轻重。这一点可以澄清波利乌斯在其著作第一卷（c. i）中的说法；他在第三卷中提及的迦太基的相关条约也是这方面的佐证。尽管罗马人在私下里对商业加以鄙视，但他们在公元前500年的贸易规模就已经到了值得用条约来加以保护的程度。如果我们像尼布尔（Niebuhr）那样承认克利塔库斯（Clitarchus）的可靠性的话，那么在同罗得岛签订商业条约之前，罗马人就已经向身在巴比伦的亚历山大大帝派出过使节。见 Pliny, *Hist. Nat.* iii. 57; Niebuhr, *Hist. of Rome*, iii. 169。

业渠道被打开了。贸易规模的扩大让海盗劫掠变得有利可图。埃及的统治者和罗得岛的商人们都很欢迎那些劫掠叙利亚人和腓尼基人的海盗。[1] 因此，为了避免遭到勒索或洗劫，商船只有在强大政权的保护下才能出航。这些商业环境的变化在各方面都对欧洲的希腊世界不利；亚历山大里亚与罗得岛很快就取代了科林斯与雅典从前的地位。

一个民族的文学同本地环境存在着密切联系；后者影响着教育、品味与道德等方面的状况，以至于文明的移植必然会导致巨变。因此，当希腊人在东方的领土范围拓展了之后，他们的文学自然也就发生了巨大变化。值得注意的是，这种变化似乎损害了它原本独具的一切优点。但我们同时也要看到，希腊人很少对东方民族的那些传说故事感兴趣。亚洲和埃及希腊人的地位和利益必然要求其中许多人去学习他们定居的那个国家的语言；因而他们是有能力研究东方文学的。但他们似乎很少利用这些优势。即便在历史学和地理学方面，他们对希罗多德、泰西阿斯和色诺芬之前提供的信息也增补不多；对外族文学的这种傲慢轻视态度使得现代人失去了关于那些强大的、文明的民族的所有记载——它们曾在希腊世界一片蛮荒之际繁荣昌盛。倘若马其顿人或罗马人也对希腊历史和文学抱着希腊人对腓尼基人、波斯人和埃及人文献那样的轻视态度的话，恐怕我

---

[1] 如斯克狄莱达斯（Scerdilaidas）的海盗，见 Polyb. v. 95; Strabo, xiv. p. 669。

们就看不到后期希腊文学的任何大部头作品了。[1]此后，当阿拉伯人征服了叙利亚和埃及的希腊人时，人们便能感受到他们对希腊语言和文学的忽视。

托勒密、塞琉古与帕伽马王朝君主们的慷慨馈赠使得希腊诸城邦的文学荣耀在他们都城的光芒映照下黯然失色。欧洲的著名人物会前往国外碰运气，但移居他乡的天才无法带走孕育、维系自己的那些生活环境。在埃及和叙利亚，希腊文学丧失了自己的民族性；而描摹自然的神圣灵感（那曾经是早期希腊文学的魅力所在）从未迁移到别处。事实上，这种退化构成了古典希腊与马其顿时代之间的醒目差异；那是文学家生活状态差异所导致的必然结果。在亚洲与亚历山大里亚居民那里，文学是一种生意；知识是上层阶级的专利；文学作品是写给分布广泛、在许多品味与习惯方面差异巨大的公众的。向这样的公众讲话的作家们难免要在一些主题上闪烁其词，而在另一些主题上故弄玄虚。在维护文学声誉方面，他们对教育与自然科学事业的发展可谓尽心尽力，并极其成功地利用了它们。但就本质而言，他们的作品中是不可能蕴含深邃的情感、饱满的热情和直白的真理的。

在从前的自由希腊城邦中，社会状态是与此截然不同的。当时，文学与高雅艺术是城邦中每个公民常规教育与日常生活的一部分；

---

[1]　此后（从卡拉卡拉时代起），将拉丁语视为东地中海官方交流媒介的看法几乎已得到公认，这对希腊文学产生了影响。在卡拉卡拉时代后，公共领域的希腊语铭文也开始变得稀少。

因此，它们持续受到公共观念的强烈影响，以天才为媒介承载着整个民族的思想。在希腊世界还可以完全自由地进行创造的黄金时代，希腊文学的这种人民性是同一切矫揉造作与虚饰浮夸格格不入的。引起民众注意的作品越是贴近真实，人民便越欣赏它们的成就，越真诚地给予它们掌声。但与此同时，对自然的描述越远离粗野，它们就越容易受到普遍赞美。实现这种理想的完美状态必备的情感在崇尚简约、自然的自由的民众审美观念影响下发扬光大，并同优美与高贵合而为一——那是那些只为社会中一小撮追求雅致、做作风格的群体创作的艺术家无法为近现代文明提供的。

　　希腊人同亚述和埃及所建立的联系促进了他们的数学与自然科学知识的发展；不过，他们对东方的研究也只为人类的知识王国增添了占星术这一个新学科。自从贝罗苏斯（Berosus）将占星术引人科斯岛（Cos）后，它以惊人的速度在欧洲传播开来。它很快便对上层社会的宗教观念产生了有力的影响：那自然会导向宿命论，并损害希腊人在私人与公共领域中的道德水准。它在同经验主义结合后，从希腊人那里又传播到了罗马人中间。它甚至在基督教的传播面前守住了自己的阵地，同后者结成了长期联盟，迟至近现代才被扫地出门。[1]坚守民族习俗与宗教情感的罗马人尝试过抵制这门对私人与公共美德具有如此颠覆作用的学问的发展。但这门学问中的一些观念迅速站稳了

---

[1]　早期基督徒曾接受过占星术。圣安东尼（St. Antony）便相信其中的科学观点；近代的教皇保罗三世和他的大部分枢机主教亦是如此。参见 Ranke, *History of the Popes*, p. 64, 凯利（Kelly）英译。

脚跟。到了元首制时代，人们已经普遍相信并广泛应用占星术。[1]

马其顿征服后道德的普遍衰落乃是各地居民身处状态所导致的必然结果。波斯帝国积聚的财富（其总额肯定达到了七千万或八千万英镑）突然进入了流通领域；落入军人之手的巨额财产让社会底层暴富。希腊人从花销这笔财富中尝到了甜头；通过为异邦王公效劳而获得的可观报酬和奢华享受彻底改变了他们的社会地位，以至于公共观念不再能够对个人品质产生直接影响。[2]在东方的被征服地区，马其顿人、希腊人和本地人的融合极不充分。他们通常分别构成不同的社会阶层，这一局面进一步削弱了他们的道德责任感，即美德的最可靠保障。我们很难想象会有比亚洲的希腊人身处的状态更加缺乏道德约束力的社会环境了。公共观念已无力维系哪怕是表面上的对美德的尊重。军事成就、治国之才、文学声誉和对专制君主权力的忠诚不贰成了赢取社会地位与财富的进身之阶。正直与美德则是非常次要的品质。在一切由某个阶层主导的国家或社会里，现实需要会造就一种被奉为传统的人格，以此作为可敬人士的评价标准。通常情况下，该标准都是跟公民的美德甚至是正直品格的真正必要条件相去甚远的。

11

---

[1]　所谓的"卡尔德亚占星术士"于公元179年被流放出罗马城，见 Valerius Max. i. 3.2。塔西佗追述过关于提比略迷信的著名例子，并附有一些十分值得注意的评论。见 *Ann*. vi. 20–22；另见 *Hist*. i. 22 和 Vitruvius, ix. 7。

[2]　Diod. xvii. 66–71; Curt. v. 2.8; Strabo, xv. p. 730. Arrian, iii. 16.12 声称亚历山大在苏撒发现了一座储藏着五万塔兰同的财库，其价值相当于今天的一千九百万英镑。另见 Plut. *Alex*. 37。

对于欧洲的希腊人而言，他们往往突然间（事实上是偶然地）获得了通过自己普普通通的谋生本领赢得亚洲宫廷中的高贵地位的机会。因此，如此得来全不费工夫的财富和权力当然会被挥霍在奢靡消费和无法无天的享乐上。然而，尽管史料理所应当地留下了对这一时期希腊人的奢侈、悭吝、游手好闲、骄奢淫逸的抱怨，我们却惊奇地发现，这个民族相当成功地阻止了自身走向灭亡。此前的历史中从未出现过能够如此得心应手地满足自身各种享乐欲望的民族。在两百五十年内，希腊人始终在亚洲西部占据着主导地位。这一主导地位的破坏作用影响到了他们欧洲和亚洲领土的整个社会结构。阿凯亚同盟的历史和阿吉斯（Agis）与克里奥麦尼斯（Cleomenes）努力复兴斯巴达古代制度的努力表明，生活在本土的希腊人仍然崇拜、欣赏着公共与个人的美德。最高调地谴责、讽刺着希腊人罪恶的罗马人在抵制财富与权力的诱惑方面远不及希腊人；在一百年的光景里，他们的道德堕落就远远超过了希腊人的腐化程度。为了准确评估这两个民族的道德状况，我们必须拿波利比乌斯谴责同胞罪恶的严肃口吻，同苏维托尼乌斯和塔西佗笔下的罗马生活堕落场景进行对比。诚然，希腊人确实向我们展示了财富与权力对上层阶级败坏影响的可悲图景；但罗马人却在征服亚洲后让我们看到了整个民族不顾廉耻、令人作呕的画面：他们明目张胆地沉溺于其他地方的上等阶级通常至少会加以掩饰的罪恶行径。[1]

---

[1] Rom. i. 26–32. 朱文纳尔（Juvenal）、塔西佗和琉善（Lucian）均对此有过丰富论述。

希腊人的宗教充其量只是国家政治制度的一个分支。宗教的力量取决于习俗。因此，严格说来，希腊人所拥有的至多只是一种本民族的崇拜形式而已，并且他们的宗教情感对其道德行为并未产生十分重要的影响。亚历山大的征服同时导致了宗教与生活方式的巨变。希腊人自愿接受了被征服诸民族的迷信风俗，并不假思索地开始崇拜异族神祇的庙宇。但令人惊异的是，他们似乎从未深入研究过东方民族的形而上学观念或宗教信条。他们轻视摩西的纯粹一神论和琐罗亚斯德的精致宗教体系。但他们却学会了巴比伦人、叙利亚人和埃及人的占星术、通灵术和巫术。

征服亚洲后，希腊人内部社会上层与下层之间开始变得截然有别，那对该民族的宗教思想产生了显著影响。在富裕、博学的阶层中，对一切宗教漠然视之的态度迅速大行其道。亚历山大时代的哲学思想走向了怀疑主义。而接下来一个世纪中的历史案例则告诉我们，那些缺乏美德与理性的古人无法在公共或私人生活中确保自己的幸福与成功。其结果是绝大部分人开始相信是盲目的命运统领着一切——一些人还成了无神论者。人们揭露并嘲弄着民间宗教的荒诞无稽，但却未能用哲学寓言解释其神话。另外，没有任何一种哲学体系试图通过宣扬人的义务原则来向民族施加其道德约束力。于是社会下层抛弃了哲学，而社会上层远离了宗教。

不同社会等级之间情感与观念的疏远使得哲学家开始轻视公共观念的价值。因此，他们不再向民众宣传其信条。社会下层的教育从前仰仗那些自愿充当教师的人物在公共场合的公开教授，此后他们便受到冷落。神庙祭司、占卜者与术士成了他们的老师和向导。在他们的指引下，古老的神话传说和新见的东方巫师所行奇迹成了民众迷信的最可靠载体，民众对超自然力量影响的畏惧也让祭司们有利可图。[1] 于是，有教养的人成了占星术士的追随者，无知冒昧的人则推崇埃及人和巫师。[2]

　　罗马征服前夕的希腊民族财富可观且人数众多。亚历山大让数百年间积聚下的财富进入了流通领域；其帝国的解体则防止了继任者榨干各地区的资源，将之在一座都城里挥霍一空。希腊世界内部的大都会和众多的独立城邦使得钱币一直在流通，贸易持续繁荣，人口也在不断增长。影响一个民族繁荣程度的因素十分丰富多样，以至于我们无法通过某个民族的人口数量来评估其财富与幸福状况。即便如此，倘若能够计算出亚历山大去世后定居在各地的希腊人总数的话，相关信息也可以帮助我们更好地评价社会文明真实的盛衰状况——其说服力将大于史书所记载的那些战争与外交协调结果，或关于艺术与文学的回忆录。跟其他国家中的情况一样，希腊人口在不同时代里也必然呈现出显著的差异性；即便是奴隶相对于自由居民的比例，也不可能是恒定不变的。不幸的是，我们对于不同时代里希腊居民的相对人口密度一无所知，并且我们可以确信，这些具体数据依赖于许多今天已无法评估的影响因素，因而确

14

---

[1]　Apuleius, *Metam*. viii. p. 571.

[2]　Lucian, *Alexander* 和 Philostratus, *Life of Apollonius Tyaneus* 均属年代相当晚的史料，但它们确实提供了研究这一主题的线索。

定希腊人口峰值出现在哪一时期的努力是徒劳的。希腊人的帝国在亚历山大去世后的一百年内幅员是最为辽阔的，但这一事实本身却不足以让我们确定该时期的希腊人口数量同下一个世纪相比的多寡。

考虑到近年来欧洲大部分地区的人口高速增长，根据现代居民数量去估算古代人口的任何尝试无疑都是大错特错的。吉本估算克劳狄乌斯时代的罗马帝国人口为一亿两千万，并认为现代欧洲在他写作的年代里拥有一亿零七百万人口。[1]他写作的时间距今还不到七十年，但他所统计的那些国家如今已拥有两亿一千万人口。[2]不同时代犹太人数目的变化说明，一个背井离乡的民族（正如大多数希腊人那样）很容易出现幅度较大的人口变动。历史上的犹太人数量经常比今天少得多——或许他们也多次经历过人丁兴旺的时代，但他们今天的数目似乎也仅和所罗门治下本民族的财富、权力与荣耀臻于极盛的时代持平。[3]一位十分谨慎的学者认为，从希波战争到亚历山大去世期间，希腊大陆、伯罗奔尼撒半岛和爱奥尼亚诸岛

15

---

[1] *Decline and Fall of the Roman Empire*, in 1776, vol. i, p. 179（史密斯博士版）。1854 年的欧洲人口为两亿六千零七十万。

[2] 见 *Almanach de Gotha*, 1842 中的人口表。（《罗马统治下的希腊》第一版出版于 1844 年。——编者注）

[3] 大卫（David）的人口统计（2 Sam. xxiv. 9）表明，当时的犹太人口数量约为五百万。考虑到所罗门的巨大财富（1 Kings x. 14.22，其年收入约合两百万英镑），还有人口密度高于古犹太的马耳他岛与根西岛（Guernsey）的人口数量，这一数据并非不可能或十分离奇。在基督生活的时代，犹太人数目众多、散居各地，并且多数业已忘却了自己的母语，转而使用其居住地的语言。另见 Josephus, *Ant.* xiv. 7.2。

屿的总人口应为三百五十万左右。[1] 倘若我们认为克里特、塞浦路斯、诸群岛、色雷斯与小亚细亚沿岸殖民地的人口密度与此相似的话，那么数字肯定需要翻到一番以上。欧洲希腊世界的人口在亚历山大时代之后开始走下坡路。人们手头拥有了更多钱财，希腊人很容易在国外发财致富。日益增长的财富刺激了自由公民的需求，较小的城邦已无力维系从前那样庞大的自由居民人口——从前的需求相对较少，对外移民也很困难。产业的规模和奴隶的数量随之提升。但同亚洲与埃及希腊人口的大幅增长相比，希腊腹地的人口下降显然是微不足道的。而在大希腊、西西里和库勒尼（Cyrene）等地，希腊人的数量并未下降。[2] 希腊文明的疆界已拓展到了从

---

[1] Fynes Clinton, *Fasti Hellenici*, ii. 386. 但我们只要比较一下波伊克（Boeckh）和勒特罗涅（Letronne）关于阿提卡人口，还有布罗提尔（Brottier）、吉本和杜雷·德·拉马勒（Dureau de la Malle）关于罗马人口的迥异观点，就会明白针对古代人口的估算存在着极大的不确定性。就阿提卡的人口而言，波伊克认为有五十万，勒特罗涅则相信仅有二十二万。见 Leake, *Topography of Athens and Attica*, vol. i. 618。在对该问题进行了周密考察后，利克上校（Colonel Leake）提出的阿提卡人口数量为五十二万七千。Strabo, xvii. p. 833 曾提及，迦太基在第二次布匿战争开始时的人口数量为七十万。Pliny, *Nat. Hist.* vi. 122 告诉我们，塞琉西亚（Seleucia）拥有六十万居民。Diodorus, xvii. 52 声称亚历山大里亚拥有三十万自由人居民。

[2] 西塞罗提供了计算他那个时代西西里人口数量的信息。这个数字约为两百万，见 Dureau de la Malle, *Économie politique des Romains*, ii. 380。我们手头也拥有关于托勒密二世时代军队和收入的详细信息。他的王国包括埃及、昔兰尼加、叙利亚谷地、腓尼基、塞浦路斯、卡里亚（Caria）、吕奇亚（Lycia）、帕姆弗利亚（Pamphylia）和奇里乞亚。他的兵力包括二十万步兵、两万骑兵、两千辆战车和四百头战象；他的舰队包括一千五百艘战舰和一千条运输船。托勒密王国当时的年收入为一万四千八百塔兰同（约合两百五十万英镑）和一百五十万阿塔巴斯谷物（约合五百万蒲式耳小麦）。相传他的财库中储存着七十四万塔兰同（约合一亿英镑）。见 Samuel Sharpe, *Egypt under the Ptolemies*, p. 94。

印度河河畔至赫拉克勒斯石柱、从亚速海沿岸到狄奥斯科里德斯
（Dioscorides）家乡[1]的广阔领域。因此，我们似乎有理由认为，当
罗马人开始吞并希腊人所居住的家园时，后者的人口总数达到了历
史上前所未有的规模。

　　罗马统治下的希腊史可以帮助我们修正以下的印象，即国运的
转折完全是由国家编年史中引人注目的重大事件所决定的。经常出
现的情况是，那些剧烈地改变了罗马人生活的事件并未对希腊人的
命运产生十分重要或永久性的影响。印度、巴克特里亚、埃塞俄比
亚或阿拉伯发生的一些变化则通过改变商路的走向，显著地影响了
希腊人的物质财富和未来命运。欧洲和东亚之间的贸易革命使得古
希腊被排挤出贸易的主干线，并使得希腊民族在从罗马征服到萨拉
森人征服从前属于马其顿帝国的半希腊行省期间经历了巨变。我们
需要比以往更精确地研究人类历史，以便说明本卷叙述的时段内的
人口下降与贫困化的原因，还有我们所熟知的种种政体所经历的退
化。但那是整体史需要面对的任务。为了准确把握中世纪最黑暗岁月
里欧洲诸民族的社会状况，我们必须分别通过希腊人和罗马人的视角
去审视那个社会，并在东方的世故与狂热和西方的强权与偏见中间做
出权衡。那样一来，我们便会发现，尽管该文明的许多萌芽看似来自
那个黑暗时代自然而然的社会发展历程，事实上它们却借自希腊人和
拜占庭帝国——希腊—马其顿文明早已浸入了那里的社会。

---

[1]　小亚细亚奇里乞亚地区的沿海岛屿。——中译者注

罗马人征服希腊的直接原因

　　为了准确把握希腊人和罗马人在共处于同一政权治下后的不同地位，我们必须理解希腊人和罗马人在各自民族发展历程中社会状况的巨大差异。罗马人通过一座城市的组织形成了一个民族，他们的政体始终同其城市起源密不可分，是一种中央集权的管理模式，这使得罗马人的政权能够坚定不移地贯彻其意志。希腊民族则是由若干彼此竞争的城邦组成的，其注意力不断转向各种新目标。罗马人最重要的立国之本是战争；他们是战神玛尔斯（Mars）的后裔，并以最昂扬的热情敬奉着自己的这位祖先。农业则仅仅因为其不可或缺才受到重视。在希腊人中间，社会的种种需求促使人们践行公共生活中的种种美德，这些品质受到整个民族的尊重与神化。通过自由城邦之间的外交体系联系在一起的希腊人将战争视为实现某些有限目标的手段，它服务于他们建立起来的势力均衡原则。在他们看来，和平局面是人类生活的自然状态。[1] 罗马人则将战争视为他们的永恒职业，他们的民族与个人野心都不顾一切地趋向征服事业。要么降伏敌人，要么为了霸权而永无休止地斗争下去，这些就是他们头脑中战争提供的仅有的两个选项。

　　罗马的军事胜利与对希腊的征服乃是万众一心的民族情感、优

---

[1] 正如本书德文版译者艾利森博士所指出的那样，这种说法对于斯巴达人而言并不完全成立。

越的军事组织形式面对松松垮垮的政治联盟和弱小落后的军事体系时的必然结果。一个罗马人接受的教育要求他将自己仅仅看作共和国的一分子，并将罗马同其他一切人类对立起来。而一个希腊人道德上的爱国情感尽管可以跟罗马人的同等炽烈，它却无法汇聚起同样的政治能量。马其顿征服后的希腊人既是一个分布广泛、占据统治地位的民族的成员，又是独立城邦中的公民。自身文明疆界的拓展确实打开了他们的眼界，他们一方面提升了普遍的博爱情怀，另一方面却似乎丧失了依恋本城邦的爱国主义。

　　倘若有人以为同罗马的斗争削弱了希腊的民族精神，并且这两个民族之间的战争牵涉到希腊的民族性与政治独立的话，那么他对相关事件进程与古代世界发展史的叙述都将是异想天开。一方面，希腊和罗马可被视为彼此竞争的国度，它们的相互借鉴共同促进了人类的进步；另一方面，希腊民族的灭亡及其政权的覆灭并非毫无缘由。然而，同罗马的战争并未在希腊激发强烈的民族情感，这场斗争在民众眼中只是政治性的。因此，即便对阵双方的军事实力对比没有事实上那么悬殊，这场斗争也只会以希腊人的降服而告终。

　　乍看上去，希腊人如此轻易地接受了罗马人的统治，迅速降格为政治上无足轻重角色的史实似乎比他们在战场上一触即溃更加难以解释。但不容否认的事实是，希腊世界的大部分居民乐于看到这场征服的完成，并将其国土上众多小型独立政权的毁灭视为改善自身处境的一个必要步骤。即便是民主化程度最高的希腊城邦中也有很大比例的居民被排除在公共政治生活之外，而在大量引入雇佣兵

18

后，原先的兵役已成为自由公民头上的沉重负担，以至于大部分人对于自由的丧失已经无动于衷——只要这种丧失似乎能够确保永久性的和平状态。在历史上的各个时期都体现得非常突出的希腊贵族集团的自私对希腊独立阶段的后期发展有着严重的破坏影响。希腊诸城邦的贵族放纵着他们的野心和欲望，并毁掉了自己的国度。罗马贵族的自私自利或许同样严重，但其性质却截然不同。它提升了罗马的权力与荣耀，并同爱国主义与自豪感结合在一起。与此相反，希腊人的自私自利往往是同贵族的美德背道而驰的，并会为了满足其欲望而牺牲国家。希腊进入了这样一种文明发展阶段——政治问题已决定于经济因素，解决公共负担的希望在于臣服罗马。当罗马人征服了马其顿之后，他们征收的赋税仅为之前马其顿国王们的一半。[1]

到了罗马征服时期，亚洲国王们的腐败行径已破坏并削弱了公共舆论的作用。许多希腊王公用挥金如土的办法收买自由城邦，让后者卖命杀敌或阿谀奉承。于是，通过结交外盟，全希腊的政治、军事领袖们积累了大量财富，其数额远远超过自由城邦所能利用的微薄岁入。世人很快便意识到，许多自由城邦的命运依赖于它们同马其顿、埃及、叙利亚与帕伽马国王们的联盟；公民们则必然会得出一个绝望结论：他们自身的努力无法对确保希腊世界的安宁产生任何决定性影响。他们所能做的只有增加赋税，并把自己的家园带

----

[1] Livy, xlv. 18. 向负责管理马其顿与伊利里亚事务的官吏们下达的指令清晰简洁地阐明了罗马的政策：她仍然渴望征服，但又不敢放弃作为民众利益代言者而享有的好处。

人残酷战争体系的苦难之中。这种政治格局所导致的绝望促使不肯放弃自由的阿卡纳尼亚人（Acarnanians）[1]和阿比多斯（Abydos）[2]居民做出了英雄主义的举动，但其更普遍的影响乃是在社会各阶层中造成了公共与私人道德的堕落。在希腊人看来，和平本身便足以重建繁荣的安全局面，并恢复对正义原则的应有尊重，而和平似乎只能通过归顺罗马人来达成。战争状态的延续将迅速使城镇化为焦土，土地资源濒于枯竭；在独立的希腊人眼中，那要比罗马的统治糟糕得多。呼吁弭兵的意愿是如此迫切，以至于当时到处流传着一句希望罗马人早日统治希腊的口头禅。波利比乌斯为我们记录了这句在罗马征服完成后依旧流行的话："倘若之前没有迅速走向毁灭，我们如今就不可能得救。"[3]

希腊人需要过一段时间才会找到哀叹自己命运的明确理由。在种种因素的综合作用下（那是任何政治家都难以预料到的），希腊人保全了本民族的制度，并在自身的政治地位丧失殆尽的情况下依旧享受着他们从前的社会影响力。希腊人举世公认的艺术与文学领先地位、罗马人对其习俗与偏见的尊重满足了他们的虚荣心。他们政治上的臣服地位起初算不得十分悲惨，本民族的相当一部分居民还

20

[1] Livy, xxvi. 25.
[2] Polyb. xvi. 32; Livy, xxxi. 17. 日后罗马人在塔尔苏斯的财政压迫也导致了类似的绝望情绪。见 App. *Bell. Civ.* iv. p. 626。
[3] Polyb. xl. 5.12. 那是对相传铁米斯托克里（Themistocles）在玛格尼西亚（Magnesia）花天酒地时的一句话的恶搞："孩子们啊，倘若之前没有自甘堕落的话，我们将错过多少快乐。"见 Plutarch, *Life of Themistocles*。

能维持表面上的独立地位。雅典和斯巴达被尊奉为罗马的盟友。[1]
希腊人的民族性同他们的市政制度紧密交织在一起，以至于罗马人
认为无法废止希腊本地的行政体系。他们在征服阿凯亚之际进行的
一次效果并不理想的尝试旋即遭到放弃。这些本地制度最终也在罗
马帝国灭亡前许久就改变了罗马人的行政体系。尽管希腊人被迫接
受了罗马的行政法规和审判形式，东地中海的政治权威仍然是在希
腊人情感的指引下按照希腊传统塑造的。

在征服者眼中，降服初期的希腊人的社会地位并非十分低下。
欧洲地区的希腊人口中包含着土地所有者，后者在罗马社会中是有
身份的人物。在罗马并不存在与之完全对应的阶层：不是元老、贵
族或官吏的人物必定无足轻重，因为普通民众的社会地位始终是低
下的。[2] 罗马城中的上层阶级一直对城市平民抱着轻蔑或仇恨的态
度，即便在元首试图通过讨好民众来压制贵族大户时，他们也无法
消除世人普遍存在的对民众的轻视态度。但希腊人始终在欧洲，还
有塞琉古、托勒密王国中占据着较高的社会地位，罗马贵族们允许
他们享有较高的地位，因为那并不会激发敌意或妒意。波利比乌斯
便是这方面的一个例子。

---

[1] 跟德意志政治体系中的汉堡类似，雅典将自己的独立地位保持到了卡拉卡拉时
代。此后，卡拉卡拉授予罗马帝国境内全体自由居民公民权（及其相应负担）的法令
将雅典公民吸纳到了帝国之内。

[2] 保民官卢奇乌斯·玛尔奇乌斯·菲利普（Lucius Marcius Philippus）声称，当时
拥有土地的罗马公民不到两千人。见 Cic. *De Offic.* ii. 21。

希腊被征服后受到的对待

罗马人起初通常会温和地对待诸行省。对西西里的治理显然是建立在不得增加当地居民负担的基础上的。对马其顿征收的税额低于从前交给本土国王的贡赋。我们同样没有理由认为,在国土被并入阿凯亚行省后,希腊人的负担因为罗马征服而加重了。各城邦自身的行政体系得以保留。不过,为了更好地让希腊人臣服,罗马人改革了他们的政治制度,引入了人口普查的手段,从而限制了诸民主城邦的公民权范围。[1]一些城邦被获准长久保留自己的政府,并位居罗马共和国的盟友之列。我们已无法还原罗马人逐渐影响希腊财政与行政状况的编年史。我们必须收集一些在年代上往往相隔很远的史实,同时在讨论它们对不同时代的具体影响时要非常谨慎。罗马元老院显然十分嫉妒并且有些忌惮希腊人;它小心翼翼地采取了一系列举措,以便逐渐削弱希腊人,并谨慎地将后者置于统治者的钳制之下。这种谨慎表明,阿凯亚人之前的孤注一掷给罗马人留下了深刻印象。罗马人意识到,如果全希腊民族都被动员起来的话,他们是有能力组织坚决的、具有实质性威胁的反抗活动的。迟至阿凯亚降服八年左右之后,克里特才沦为罗马的行省,并且其征服经由前执政官统领的军队进行了三年苦战后方才完成。克里特人组织

22

---

[1] Paus. vii. 16.6.

的抵抗是如此坚决，以至于该岛在被征服时几乎已经荒无人烟。[1]
迟至奥古斯都时代，当希腊民族各部分的征服业已完成之际，罗马
人才开始用后世作家笔下的那种轻蔑态度看待希腊人。

　　罗马人并未打算用某种统一的方式将诸希腊城邦整合起来。事
实上，诸如此类的计划必然是同罗马的治理原则背道而驰的——因
为罗马人对意大利的行政管理也没有做到整齐划一。罗马人关注的
是如何用最简省的方式治理各被征服地区，将所有兵力集中在自己
手里，并在条件允许的情况下征收尽可能多的赋税。因此，迟至元
首制时代，希腊境内的许多小邦，如德尔斐、特斯皮埃（Thespiae）、
塔纳戈拉（Tanagra）和埃拉泰亚（Elatea），仍然能够保留一定程度
的独立，享有按照自身的法律与习俗进行治理的特权。罗得岛虽然
完全依附于罗马，却也保留着作为自由城邦的政府。[2]罗马人并不
信奉任何要求帝国境内各地理区域或行省必须整齐划一的理论原则，
在地方习俗或法律抵制着任何实质性统一的地区尤其如此。

　　然而，罗马政府很早就采取了一些旨在削减希腊同盟资源的举
措，并使构成各地劳动力主体的奴隶人口的生活处境变得难以忍受。
西西里爆发了两次奴隶起义，与其中一次同时发生的还有阿提拉银
矿的奴隶大暴动及提洛岛与希腊其他地区的奴隶骚乱。[3]阿提卡奴

[1]　公元前 67 年，参见 Freinsheim, *Suppl. Liv.* xcix. 47。

[2]　Tac. *Ann.* xii. 58. 我们似乎无法准确界定罗马帝国境内的自治特权。

[3]　Athenaeus, vi. 104. 西西里的第一次奴隶战争发生于公元前 134—前 132 年期间，
第二次奴隶战争发生于公元前 103 年。见 Clinton, *Fasti Hellenici*, vol. iii. 阿提卡地区
的奴隶暴动发生于第一次西西里奴隶战争期间。见 Diod. *Fragm.* xxxiv. 3。

隶攻占了苏尼乌姆海角拥有防御工事的城镇，并在雅典政府平定暴乱之前进行了大规模劫掠。奴隶们是一有机会就要发动起义的，因此我们其实无须为了解释这次暴动而去冒险寻找任何非同寻常的理由——尤其是在劳利乌姆（Laurium）的银矿产量锐减，致使奴隶价值下跌，其生存条件恶化且监督者疏于防范的情况下。但在这些彼此相距遥远的地区同时爆发的奴隶起义似乎并非跟罗马政府对臣民的举措毫无关联。我们从狄奥多鲁斯的记载中得知，西西里税吏强加的财政负担是如此沉重，以至于自由公民沦为了奴隶，并被卖到了远至比提尼亚行省的奴隶市场。[1]

　　如果可以信任坚定地偏袒、追随罗马人的波利比乌斯所提供的证据的话，那么我们必须相信，罗马人的统治起初旨在维护正义，并且罗马官吏不像希腊官吏那样贪污腐化。他说，哪怕你只把一塔兰同公款托付给希腊人，即便他们写了书面保证，并且有法律界的公证人在场，他们也不会诚实地行事；但如果你把大笔公款托付给罗马人，他们简简单单的一句誓言便会让你确信他们将会光明磊落地处理这笔钱。[2] 在这样的情况下，民众当然会高度赞扬罗马统治的好处，并在对比自身动荡不安、前途未卜的独立时代末期与罗马正直、和平的统治时做出有利于新主人的评价。但在不到一百年的光景里，不受约束的权力就让罗马官吏们的表现发生了天翻地覆的

24

---

[1] Diod. Sic. xxxvi. 1.

[2] Polyb. vi. 56.13.

变化。西塞罗宣称元老院破坏了原本存在于诸行省中的正义。他说，如今已没有什么神圣的东西不会被亵渎，没有什么事物强大到不会被金钱腐蚀。[1] 随着罗马的统治变得更富压迫性，对诸行省的课税愈发变本加厉，罗马共和国与日俱增的实力使得希腊人的一切反抗显得毫无希望。不同行省的行政治理体系泾渭分明，仿佛许多独立的王国、附庸国家或军区似的。每个同罗马结盟的王国和自由城邦都保留了独特的本地治理模式，这使得它们保持着调整的灵活度，不需要与罗马共和国的系统整齐划一。这种令人佩服、可以随机应变的治理模式在几个世纪里一直是罗马政权的特色。每个希腊城邦都尽可能多地保留了同异族征服者的权威与财政管理原则兼容的独特政治制度，同时也延续了从前对诸邻邦的妒意，并且其利益仍旧很容易在同周边希腊城邦或罗马政权的争端中受损。无论是出于谨慎考虑还是维护本地利益的需要，各地都会倾向于继续臣服于罗马。能够促使它们为独立而冒险一战的只有民族虚荣心。

米特拉达梯战争对希腊的影响

在阿凯亚被征服后的六十年内，希腊人一直是罗马的忠实臣民。在此期间，政府的相关政策助长了财富集中于少数个人手中的

---

[1] *In Verrem*, i. 2.

趋势。罗马高利贷者的数量增加了，罗马税吏们的盘剥变得更富压
迫性。但承受这一切的主要是富人。因此，当米特拉达梯的军队在
公元 86 年侵入希腊，罗马则似乎在马略和苏拉的内战中陷入无政府
状态之际，希腊贵族们看到了恢复其自由的虚幻希望。当他们看到
那位国王将罗马人赶出了亚洲并派出大军进入欧洲时，他们预料此
人能够取得类似汉尼拔那样的业绩，并将战火烧到意大利。但民众
普遍对这场战争没有多大兴趣。他们将之视为罗马人和本都国王之
间争夺霸权的斗争，并且公共舆论支持前者——因为罗马人更可能
成为相对温和、公正的主人。希腊世界的许多政治领袖和大部分保
持着独立地位的国家与城邦政府都支持米特拉达梯。一些拉栖第梦
与阿凯亚的士兵加入了米特拉达梯的军队，雅典也真心实意地加入
了他的阵营。然而，当苏拉率军出现在希腊时，各城邦马上争先恐
后地臣服于罗马。唯一的例外是雅典人——他们当时可能有些对罗
马不满的特殊理由。[1] 雅典人的虚荣心和对自己从前实力的错觉促
使他们正面对抗罗马的全部兵力。他们的领袖是一个名叫阿瑞斯提
昂（Ariston）的民众蛊惑家和哲学家——雅典人选举他为将军，授
予他无限权力。罗马诸军团则由苏拉统领。[2] 雅典人目空一切的虚
荣心——那使得他们比其他希腊人更多地保留了对自由的钟爱——
让他们看不到，同自己冒失地挑战的敌人相比起来，他们自身是多

26

---

[1] Zinkeisen, *Geschichte Griechenlands*, 467, note; Athenaeus, v. 48.
[2] 有两位古代作家称阿瑞斯提昂为阿特尼昂（Athenion）。

么渺小。但尽管雅典人在投入战斗时是仓促的，他们在战争中的表现却是坚韧不拔的。苏拉不得不亲自指挥对雅典的围攻。而守城的雅典人又是如此英勇顽强，以至于那位名将麾下的罗马军队费尽九牛二虎之力才夺取城池。当守城已经毫无希望之时，雅典人派出了一个使团去跟苏拉谈判。但他们选出的演说家一上来就开始追述自己祖先在马拉松的光荣，以此作为他们值得罗马人宽恕的理由；于是傲慢的罗马将领苏拉马上终止了谈判，声称国家派他到雅典是为了惩罚叛徒，而非学习历史。[1] 苏拉最终攻陷了雅典，并对之进行了不必要的残酷处置。那位将领纵容而非约束部下的劫掠，大部分雅典公民惨遭杀害。那场大屠杀是如此可怕，以至于即便在那个血腥的年代里也令人刻骨铭心。私人的动产遭到了罗马士兵们的洗劫，苏拉为自己保留的"美名"则是他毕竟没有把被劫掠一空的民宅付之一炬。他声称自己保护了那座城市免遭摧毁，并允许雅典继续存在于世上——那只是由于她古时的荣耀。他将奥林匹亚宙斯神庙的一些石柱运去装饰罗马城。但由于那座神庙尚未竣工，苏拉又不曾破坏任何公共建筑，他很可能仅仅搬走了那些可以自由移动的建筑材料，并未拆毁那座神庙的任何部分。但他从帕特农神庙的财库中取走了四十塔兰同黄金和六百塔兰同白银。[2] 被他彻底摧毁的比雷

---

[1] Plut. *Sulla*, 13. 从柏拉图时代直至演说家（the Logiotati）的时代，马拉松一直是希腊修辞学家可悲的绊脚石。他们凡事必谈马拉松和库内盖鲁斯（库内盖鲁斯是诗人埃斯库罗斯的兄弟，在马拉松战役中牺牲。——中译者注），否则就不可能成功（ἐπὶ πᾶσι δὲ ὁ Μαραθὼν καὶ ὁ Κυνέγειρος, ὧν οὐκ ἄν τι ἄνευ γένοιτο）。Lucian, *Rhetor. Praecept.* 18.

[2] Appian, *De Bell. Mithr.* p. 196.

埃夫斯（Piraeus）则遭受了比雅典更悲惨的命运。从苏拉在希腊境内组织战役时起，这个国度的毁灭与人口锐减开始了。此人在阿提卡的劫掠所造成的财产损失是如此巨大，以至于雅典此后丧失了商业与政治上的重要地位。真正的雅典公民已十室九空，一批由形形色色定居者构成的民众获得了雅典公民权。[1] 即便如此，当苏拉赐予雅典自由与自治及罗马同盟城市的地位后，希腊制度的活力还是激发了新居民们的灵感。古老的制度与法律继续保持着从前的纯粹性。根据塔西佗的记载，提比略时代的战神山议事会（Areopagus）高尚地拒绝了披索（Piso）所提供的强大保护——后者试图影响其决议，并腐蚀其司法程序。[2]

　雅典并非沦为苏拉残酷与贪婪的牺牲品的唯一希腊城邦。他还劫掠了提洛岛、德尔斐、奥林匹亚和位于埃皮达鲁斯（Epidaurus）附近的阿斯克勒皮乌斯（Aesculapius）圣所，并将安特东（Anthedon）、拉吕姆纳（Larymna）与哈勒（Halae）夷为平地。当他在喀罗尼亚（Chaeronea）打败了米特拉达梯麾下将领阿凯拉奥斯（Archelaus）后，他剥夺了底比斯的一半领土，将之献给了阿波罗和朱庇特。但异教神祇对世俗事务的管理可不如政府的行政治理那样井井有条。在两位神明的"照料"下，底比斯国土上的财富和人

---

[1]　Tac. *Ann.* ii. 55.

[2]　Strabo, ix. p. 398; Tac. *Ann.* ii. 53. 按照相关规定，雅典人不得出卖奥古斯都授予他们的公民权。但他们似乎很快就开始这样干，并且售价相当低廉。*Anthologia Graeca*, xi. 319.

口锐减。到了旅行家波桑尼阿斯（Pausanias）的时代，古代底比斯的领地上只有卡德米亚（Cadmea, 即卫城）还有人居住。米特拉达梯战争中对阵的双方都对希腊造成了严重伤害，他们蹂躏了希腊的国土，并肆无忌惮地劫掠财富。许多损失是永久性的。希腊民族的繁荣基础已不复存在。从此以后，希腊地区居民的年消费额中再也无法节余下足以媲美之前岁月中汇聚财富的资财——过往财富已在这次历时甚短的战争中被消耗殆尽。在某些地方，当地政府可支配的财富甚至不足以修缮现有的公共建筑。

奇里乞亚海盗对希腊国土的蹂躏

希腊人远未在罗马的有力保护下持续享有永久的安宁，而是暴露于各路敌人的攻击之下，并且他们的主人并不会动用正规军来对付那些敌人。罗马人对地中海东岸的征服破坏了希腊诸城邦在拥有独立海军时建立的海上警戒体系。即便是罗得岛也在不复不可或缺后受到了充满猜疑的监视——尽管罗得岛一直忠于罗马，并给为避免死于米特拉达梯党羽之手而从小亚细亚逃难而来的罗马公民们提供过庇护。谨小慎微的罗马元老院不允许诸行省拥有任何可观兵力，无论是在陆地还是海上，自由城邦拥有的卫队则仅够守卫其卫城的城墙。大批强盗与海盗舰队及在罗马取胜后解散的亚洲君主们的雇佣兵残余力量开始骚扰希腊沿海地区。只要各行省还能够正常纳税，并且罗马的贸易没有蒙受直接损失，希腊人遭受的苦难便无人过问。

欧洲希腊本土的地形在各个方向上都遍布着高耸、崎岖的山脉，并被很深的港湾分隔为若干海角与半岛。这使得那里人口稠密、土地肥沃的区域彼此之间的交通比其他地方更欠便利。希腊的地形是内部贸易的障碍，给不同区域建立共同自卫体系增加了困难；那是中央政府需要加以关注，并凭借自身的决策予以克服的问题。某一地能够在短期内集结的兵力往往是很少的，这一形势使得希腊成为海盗们实施劫掠的理想场所——因为他们能够迅速将自身的人力撤到远处。从古至今，这些环境条件同地中海东部一直相当可观的贸易，致使希腊周边海域持续受到海盗的骚扰。在许多时期里，海盗们足以聚集起能够进行一场常规战争的远征兵力。由于自身的贪婪欲望和巨大成功，海盗已不再被视为一种可耻的职业。[1]

米特拉达梯战争结束后，由可观兵力与庞大舰队构成的海盗活动网络迅速组建了起来。罗马在东方势力的立足未稳、亚洲君主与埃及统治者的羸弱、罗马对盟友保护的三心二意和欧洲希腊人被集体解除武装等局面都有利于这些海盗的活动。通过在奇里乞亚沿海地区夺取若干坚固据点，海盗们拥有了军事乃至政治组织。他们从这些据点出发，对地中海大部分地区发动了远征。[2] 许多希腊城

[1] 海盗活动早在荷马时代之前已屡见不鲜，到图涅福特（Tournefort）时代仍十分突出。据说，1827 年 7 月 6 日和约的签订和德意志血统国王在希腊的即位，一方面源于盟军的仁慈，另一方面也源于革命战争后期海盗活动的猖獗。

[2] Appian, *De Bell. Mithr.* p. 234; Plut. *Pompey*, 24.

镇与神庙在繁荣岁月里积累下的财富此时已无人守卫，希腊的国土不断受到骚扰，史书上记录了一连串奇里乞亚海盗们实施蹂躏的事例。就连欧洲与亚洲最庞大、最富有的一些城市也遭到了攻击与洗劫，大部分古代著名神庙中的可观财富同样遭到了劫掠。萨摩斯（Samos）、克拉佐麦尼（Clazomene）和萨摩色雷斯（Samothrace），以及赫米奥涅（Hermione）、埃皮达鲁斯（Epidaurus）、泰纳鲁斯（Taenarus）、卡劳里亚（Calauria）、亚克兴（Actium）、阿哥斯（Argos）与科林斯地峡的宏伟庙宇全都遭到了洗劫。海盗们的势力网络是如此广泛，他们的部队是如此强大且训练有素，以至于罗马最后必须做出抉择：要么跟海盗分享海洋，要么就得动用自己的全部兵力剿灭他们。为了铲除曾支撑过东方马其顿帝国的雇佣军的最后残余力量，罗马人任命庞培为统领全地中海地区庞大兵力的主将。他可以随意支配一支强大兵力，并有资格在一定权限范围内调遣共和国的官吏和罗马的盟友——如此巨大的权力之前从未被单独托付给某个人。而庞培的不辱使命则被视为他最辉煌的军事成就之一：他俘获了九十条装有铜质船首的舰只，抓到了两万名俘虏。一些俘虏被安置于奇里乞亚沿岸地区的城镇中。被他重建并用于容纳海盗的索里（Soli）更名为庞培波利斯（Pompeiopolis）。可见，罗马人并不认为这些海盗发动的是一场可耻的战争，否则庞培是不敢接纳他们为自己的被保护人的。

罗马元老院在清剿海盗战争中的表现向希腊人充分暴露了罗马政权正在走向土崩瓦解的事实。几个自认为高于法律、不受任何道德约束的家族凌驾于元老院和罗马人民之上，使得共和国的政策在罗马城内一小撮领导人的利益与诉求左右下摇摆不定。征服克里特岛过程中的一些事件充分反映了共和国令人难以置信的混乱局面，预示着君主专制乃是摆脱无政府状态的唯一出路。当对地中海沿岸地区与岛屿拥有绝对权力的庞培正在清剿海盗并将他们改造为良民之际，元老院也授权麦特鲁斯（Metellus）去征服克里特岛，以便使之成为由元老院任命总督的下一个罗马行省。二者之间为争权夺利而起了冲突。麦特鲁斯冷酷而意志坚定，庞培温和但野心勃勃，并且希望让地中海东部的所有沿海居民成为自己的附庸。他开始忌妒麦特鲁斯取得的成功，并派出一名部将去阻止罗马军队对克里特城镇的围困。但看到城墙里亮出的代表庞培权威的旗帜的麦特鲁斯却不为所动。麦特鲁斯继续着自己的征服事业，庞培还没有准备好发动一场执政官麾下部队互相厮杀的公开内战，那个时代的形势也还没有发展到那一步。[1]

31

　　跟奇里乞亚一样，克里特岛也遍布着海盗们的据点。毫无疑问，这些海盗队伍中也掺杂着找不到其他生计的希腊人。相传，被罗马人征服的那些城邦中有许多公民都在绝望中自杀，那一局面肯定也会迫使更多人操起海盗与劫掠的营生。当时的罗马政府正处于持续不断的风雨飘摇之中，罗马人已丧失了对罗马城与行省财产权利的

---

[1] Plut. *Pompey*, 29; Florus, iii. 7; Dion Cassius, xxxvi. 8. 见词条 "Metellus Creticus"（No. 23）in Smith's *Dict. of Greek and Roman Biography*。

起码尊重。财富和权力成了他们仅有的追逐目标，一切道德纽带的约束力都已不复存在。正义原则已无人维护，在那样的情况下，世人必然会认为自己有权以暴易暴。那些相信自己受到了压迫或幻想自己遭到了严重伤害的人都会尽其所能地施加报复。倘若这些人攻击不到压迫者的话，他们就认为社会应对此负责。即便在那些遭到海盗们无法无天行径祸害最甚的希腊地区，公共生活的无序状态也会被海盗们当成劫掠暴行的借口。海盗们也许会用从富人手中抢来的财富在穷人中间仗义疏财。他们的举止与社会规范也没有那么格格不入，因而庞培本人可以把他们安置在阿凯亚行省境内的狄姆（Dyme），并且他们似乎在那里过上了富足的生活。[1] 尽管海盗活动此后再未猖獗到足以产生重大历史影响的程度，它却从未被彻底铲除过——即便罗马元首们派出驻扎在地中海东部的舰队也做不到这一点。公共铭文证实了海盗劫掠行为在希腊海域长期存在。[2] 罗马元老院在治理遥远行省时的漫不经心导致社会腐败现象泛滥，并使得损害行省居民人身与财产安全的罪犯们往往能够逍遥法外。陆上与海上的绑票生意变成了一种常规行当。提洛岛上的庞大奴隶市场使奴隶贩子们一天内就能卖出上千人口。即便在罗马的势力如

32

---

[1]　Strabo, viii. c. 7, pp. 387, 388. 该殖民地在内战期间遭到摧毁，那里的殖民者又操起了海盗的旧营生。奥古斯都在把狄姆设立为罗马殖民地时，将之置于帕特雷管辖之下。见 Pausanias, vii. 17.3.

[2]　Boeckh, *Corpus Inscript. Graecarum*, Nos. 2335 and 2347; and *Addenda*, No. 2263; tom. ii. p. 1032.

日中天之际，帝国东部行省的核心区域内部也存在着光天化日之下的劫匪行径。斯特拉波提及过数名地位跟独立王公一样稳固的匪首。[1]

希腊地区罗马行省治理模式的特性

在征服了那些抵抗的国度后，罗马人会将它们划为行省。这一举动大体上相当于废除当地的现行法律，向被征服者的头上强加一套新的政治与行政体系。但在希腊人的聚居区，罗马人对这一流程进行了重大调整。事实上，希腊人的文明程度高出罗马人很多，以至于罗马行省总督无法轻易地对行政体系进行任何大幅度改造。他在组织其政府时必须大量借鉴该行省的现行法律。作为罗马版图内的第一个希腊行省，西西里的制度在不同区域的行政管理中便呈现出了若干独特性。[2]从前希耶罗（Hiero）王国所管辖的那部分岛上领土获准保留了自身的法律，并按照跟从前君主统治时期的相同额度向罗马人纳税。岛上的其他部分则执行了多种税收与司法制度。该行省拥有三座同盟城市、五座殖民地城市、五座自由城市和十七

---

[1]　Strabo, xiv. 5, p. 668, and xii. 8, p. 574. 他提到了比提尼亚境内奥林波斯山上的匪首克勒昂（Cleon）。

[2]　Niebuhr, *Hist. Rome*, iii. 616 概述了西西里被划为罗马行省时的状况。

座纳税城市。[1] 马其顿、伊庇鲁斯（Epirus）和阿凯亚被征服时的
待遇也与此近似——如果我们适当顾及罗马官吏们的财政治理模式
已日趋苛刻的话。在被降格为行省地位之前，马其顿被划分为四个
区，分别由当地民众选举出的官员治理。在阿凯亚被征服之际，各
城镇的城墙遭到拆除，贵族阶层一蹶不振，整片领土则由于经济惩
罚而陷入贫困。但当罗马人确信希腊已衰弱到了不足以构成威胁时，
阿凯亚人便获准恢复了自己的一些古老习俗与本地制度。由于阿凯
亚行省的领土包括伯罗奔尼撒半岛、希腊北部和伊庇鲁斯南部，地
区性同盟的复苏和自由城市、特定地区所享有的特权事实上很容易
破坏希腊人的团结，而不会增强该民族的力量。[2] 克里特、塞浦路
斯、库勒尼和小亚细亚随后也成了行省，并被准许保留其大部分法
律与习俗。迟至元首提比略时代，作为罗马同盟的色雷斯仍由自己
的君主统治着。行省境内的许多城市也保留着自己的独特法律。对
于本地区的公民而言，他们继续拥有立法与执法的权力，在一定范
围内进行着自治与司法活动，并不受行省总督的铁腕钳制。[3]

　　在整个罗马共和国时代，诸行省都是由执政官或大法官治理的，
他们来自元老院，代表该机构进行统治。这些行省总督的权威十分
广泛，他们对希腊人操着生死大权，并手握对一切司法、财政、行

---

［1］　Pliny, *Hist. Nat.* iii. 14; Dureau de la Malle, *Économie Politique des Romains*, ii. 353.

［2］　Livy, xlv. 18.29.

［3］　Pliny the Younger, *Ep.* x. 56.88. Tacitus, *Ann.* ii. 78, 80 提及了提比略时代拥有自己
军队的小型独立属国。

政事务的最高控制权。他们有权任免自己麾下的大部分法官与官吏，与行省居民有关的大部分财政事务安排也由他们的意志决定。那是极其容易被滥用的权力，因为绝对王权的代理人很少会得到充分信任，从而拥有如此广泛的权威，并且他们从来不会像行省总督们一样，几乎不必担心会因滥用这种权力而遭到惩罚。行省总督们只可能在一个地方因自己的不端行为而受到指控——那便是将自己作为代表派出，又要把自己作为一员迎回的元老院。[1]

　　奥古斯都巩固了帝国的统治后，罗马国家的全部军事力量指挥权集中到了元首手中，但他在政治体制中的地位并非君主。早期元首们集罗马陆海军统帅、军事与财政长官、大祭司长（Pontifex Maximus, 那赋予了他们作为国家宗教首领的神圣性）等角色于一身，他们的人身安全不可侵犯——因为他们享有保民官特权。但元老院和罗马人民仍旧拥有最高立法权，并且元老院还继续管理着市政方面的事务。为了适应元老院同元首之间的这种角色关系，诸行省被分为两类：拥有驻军的行省由元首直接管辖，其治理者为元首的副将（legates）；其他无需军团长期驻守的行省继续由国家最高行政机构——元老院管辖，由行省总督或前大法官治理。希腊人居住的大部分地区都处于和平状态，因而被划归为元老院管辖的行省。

---

[1]　西塞罗在他的多篇演说词中回顾了罗马行省总督们的行径——这些跟土耳其帕夏（pashas）的举止相比起来同样残酷，并且更加无耻。特别见于"In Verrem""In Pisonem"和"pro lege Manilia"。另参见 Arnold, *History of the later Roman Commonwealth*, chap. vii。

西西里、马其顿、伊庇鲁斯、阿凯亚、克里特、库勒尼、比提尼亚和小亚细亚都被置于元老院的管理之下。塞浦路斯的地理位置适合驻扎一支负责监管奇里乞亚、叙利亚与埃及动向的兵力，因而起初被列为元首管理的行省之一。但奥古斯都后来用地位更为重要的达尔马提亚替换了它——那里的驻军可以监视罗马城的情况，并将意大利和希腊境内由行省总督治理的行省分隔开来。

　　在国家政治体系中，行省总督与治理行省的前大法官享有高于元首副将的地位，但其处境不允许他们建立军功——那是罗马人最高的雄心壮志。元首们不让贵族们投身戎马生涯的这一举措让我们看到了罗马人性格所发生的变化。为了逃避自轻自贱、壮志难酬的情绪，他们陷入了贪得无厌的罪恶之中。由于行省总督们不会成为元首们的眼中钉，他们便可以毫无顾忌地满足自己的统治欲。他们的身边簇拥着一批光鲜亮丽的随从，各有等差的随从、官吏与卫兵均由行省供养。由于总督们本身就是元老，他们确信在任何情况下总能在元老院里遇到偏袒自己的法官。不负责任的治理模式很快进一步堕落为暴政。罗马行省总督们的治理变成了跟最恶劣的暴君们一样糟糕的横征暴敛，并引起了行省居民们的强烈抱怨。元首副将们固然在等级上低于行省总督们，却拥有更为广泛的权力——因为他们是最高行政与军事权威的代表。副将们拥有更多权力的后果是：他们的权限范围与治理方式必须更为精确——因为他们会受到更严密的监督，也需要更严格地遵守军纪。与此同时，由于副将们随时仰仗着元首的即时指令和他们所领导的众多部门，他们相对而言是不那么容易独断专行的。

在由行省承担总督统治支出的情况下，行省总督往往会通过滥用权力加重剥削，在短暂的任期内聚敛大量财富。早在提比略统治时期，马其顿和阿凯亚就已经不堪重负。这两个行省民怨沸腾，因此提比略将它们同由元首直接管辖的默西亚行省合并起来，但克劳狄乌斯（Claudius）又把它们还给了元老院。[1] 当韦帕芗将色雷斯划为一个罗马行省时，它也被交给元首管辖。而当元首们的权力成了凌驾于罗马世界之上的绝对权威后，不同类别行省之间的界限随之消失。在位元首可以按照自己的意愿划分行省类别，并随心所欲地选派他认为合适的任何官吏去治理它们。事实上，跟在其他方面的情况一样，罗马人从未在行省治理方面有过多少系统规划。在给耶稣基督定罪时，庞提乌斯·彼拉多（Pontius Pilate）是以元首行省督办（procurator）的身份治理着犹太行省的。他拥有与行省总督相当的行政、司法、财务与军事权力，但他的头衔却只是一名财务官吏——负责管理属于元首财库的收入。

行省总督们通常会任命三至四名副将来管理行省境内不同地区的事务，并分别安排一个地方议事会来约束、辅助这些副将。值得注意的是，罗马帝国西部居民们的情况不同于东部居民。在帝国西部，普通民众获得的待遇比农奴好不了多少，他们并不被完全视为自己所耕种土地的主人。哈德良最早赐予了他们充分的土地所有权，

36

---

[1] Tac. *Ann.* i. 76; Suet. *Claudius*, 25.

并帮助他们确立了稳定的法律体系。相反，在希腊，民众保留着充分的财产权和其他私人权利。个别罕见的例外固然存在——如科林斯的领土曾被罗马政府没收，穆米乌斯（Mummius）毁掉该城后宣布其为公地（ager publicus）——但在希腊人居住的所有地区中，被征服者的社会文明水平远远高于征服者的客观背景都会迫使罗马人对行省的治理方式进行必要调整。[1] 为了统治希腊人并便于向他们课税，罗马人不得不保留当地现有的大部分市政管理方式和许多财政政策。帝国东西部之间治理模式的显著差异由此产生。当伟大的法学家斯凯沃拉（Scaevola）出任亚细亚行省总督时，他为治理本行省而发布了一条指令，允许希腊人安排本民族成员担任法官，并依照自己的法律裁决诉讼。根据西塞罗的记载，公共舆论认为这一让步无异于恢复当地居民管理自身市政生活的自由，西塞罗本人也在出任奇里乞亚行省总督时效仿了这一做法。[2] 自由城市、本地官吏、行省议事会和对自身法律的尊重使得希腊语具备了某种官方色彩，也让希腊人保持着对本地治理方式的强大影响力，从而限制罗马统治者的专制独裁，或在做不到那一点时分享统治者的好处。[3] 不过，尽管明确的规则和长久的习俗可以在一定程度上限制行省总

37

---

[1]　Barthelemy, *Voyage d'Anacharsis*, c. xx. 互助性团体的存在表明，希腊人的社会文明已达到了很高的水平。见 Plin. *Epist*. x. 93, 94。这些互助团体是拥有资产的。

[2]　Cic. *Ep. ad Atticum*, vi. 1; Diod. *Frag*. xxxv. 8.

[3]　Cicero, *Ep. ad Atticum*, vi. 2 提及了希腊官吏们对其同胞公民的巧取豪夺。Acts of the Apostles, xvii. 6 提及了塞萨洛尼卡的政治巨头们。

督们的独断专行，这些约束仍不足以完全杜绝不负责任的滥用权力。行省总督不敢明目张胆地破坏那些法律与习俗，他却可以利用某些隐秘的压迫手段使之无法发挥作用。贪求的布鲁图斯（Brutus）试图说服西塞罗强制执行 48% 的利息率，而他的债务人、塞浦路斯的萨拉米尼亚人（Salaminians）只愿按 12% 的利息率偿还。这一案例表明，即便是最温和的罗马贵族也会让希腊人遭受严重的压迫与不公。在希腊人聚居的行省和帝国其他地区，行省总督们都同时掌管着财务权和司法权，这一事实足以解释罗马统治所造成的荒芜与贫困。在民众的财富消耗殆尽之前，公正的行省总督尚有能力为他所治理的行省谋求福祉，西塞罗便为自己在奇里乞亚的治理描绘了一幅十分正面的图景。[1] 但另外一些行省总督，如维勒斯（Verres）和盖约·安东尼（Gaius Antonius），很快就让自己治理的行省陷入了贫困，只有长期的善政才能让这些地区恢复元气。西塞罗的私人书信提供了大量证据，表明罗马政府任命的大部分官吏公开破坏了各种公正原则，以便满足自己的贪婪欲望。许多人甚至屈尊到了参与贸易的程度，或像布鲁图斯那样成了放高利贷者。[2]

　　与共和末年相比，帝国初期在诸省的统治无疑更得人心。元

[1] Cicero, *pro Lege Manilia*, 22; *in Pisonem*, 40. 后三头之一安东尼的叔父盖约·安东尼在希腊和马其顿倒行逆施，其罪恶程度与维勒斯不相上下。但我们并不完全了解其不端举止的具体细节。

[2] 许多城邦得以免除债务、减轻负担，所有城邦都凭借自己的法律和自治而走向复苏（Multae civitates omni aere alieno liberatae, multae valde levatae sunt. Omnes suis legibus et judiciis usae αὐτονομίαν adeptae revixerunt）。*Ep. ad Atticum*, vi. 2.

首们迫切需要赢得行省居民们的好感，以便增强自身的实力来制衡元老院。为此，他们会动用自己的权威来限制元老官吏们的压迫行为，并通过确保公正执法来减轻民众的财政负担。尽管罗马城在提比略、克劳狄乌斯和图密善的专制下呻吟，这些元首却努力纠正着滥用权力的行为。哈德良则设立了一个由法学家和元老组成的委员会，让他们协助自己审查首都和行省的司法事务。[1]

罗马人的财政管理

罗马人向希腊人征收的法定税额（无论是直接税还是间接税）或许并不高于希腊人本民族的政府在独立时代的税收标准。但也存在着少量随意征收的、不公正地聚敛的、花销并不合理的税款，与征收合法、去向合理的大量税款相比，这些征课给民众造成了更大的负担。希腊世界的财富和资源在各城邦保持独立的时代最为可观，各地居民都保留着运用他们缴纳的税款改善自己处境的权力。当政治权力的集中使得一座城市可以利用另一座城市的资源来满足自己的需求——无论是营造装饰性建筑、举办公开竞技或戏剧表演还是举行宗教仪式，希腊世界的衰落便开始了。但直到希腊人开始向异

39

---

[1] Tac. *Ann.* iii. 10; Suet. *Claud.* 14, 15; *Domit.* 8; *Historiae Augustae Script.*; Spartianus, *Hadrian*, 18, 21.

族纳税后，他们才感受到了税收权力集中的种种弊端。[1] 在税款被送往罗马的情况下，希腊人很难让不在他们那里的官吏相信，花钱投资建设当地的道路、港口或水渠是势在必行的；那跟罗马人的利益没有关系。即便罗马政府不折不扣地进行着公正的统治，它的主导地位也会让希腊世界深受其害。何况内战爆发之后，罗马的贪婪与腐败是没有止境的。对诸行省征收的额外杂税很快就追上了（甚至有时超过了）正常合法税额的水平。作为同盟城市，斯巴达和雅典无须缴纳直接税。但为了保住自由地位，这些城市不得不"自愿"向罗马将领们纳贡——因为这些人物掌握着地中海东部地区的命运。而这些贡金有时跟最高标准的常规税额不相上下。西塞罗提供了行省总督们敲诈勒索的大量证据。在奥古斯都时代以前，罗马政府没有采取过任何措施去限制这些将领的贪欲。因此，只有到了帝国时代，我们才能尝试去精确描述罗马人在希腊的真实财政治理状况。

迟至奥古斯都时代，罗马人一直是依靠掠夺、挥霍其他地区各民族积累的财富来维持自己的军队的。他们花光了自身所打败的一切国王、国家的钱财。当尤利乌斯·凯撒进军罗马之际，他又散尽了存放在共和国财库里的从世界各地掠夺来的那部分财富。当那些财源已经山穷水尽之际，奥古斯都不得不为维系自己的军队而寻找正规的经费来源渠道："在那些日子里，元首奥古斯都发布了敕令，

40

---

[1]　各希腊城邦似乎也像罗马一样，对自己的臣民施加经济勒索。见 Aristotle, *Oeconomica* 及吕奇亚人对罗得岛人的抱怨。另见 Livy, xli. 6; Cicero, *ad Atticum*, vi. 2。

在整个帝国境内进行课税。"[1]罗马帝国开始实施定期人口普查，并
按照每种产品的年收益评估额征收土地税。所有跟土地税无关的行
省居民也要缴纳人头税。[2]

　　帝国东部地区的常规行省税种为土地税，其正常税额为收入的
十分之一，但在有些情况下会升至五分之一，在另一些情况下会
降到十二分之一。日后，所有行省都实行了整齐划一的土地税标
准，并最终被玛库斯·奥勒留折算为货币支付的形式。财产评估
并非每年进行，但帝国会在一段固定的年份间隔后实施财产评估。
在君士坦丁时代之前，财产的年税率列表被称为"财产评价公告"
（Indictio）。财产评价公告的发布周期逐渐变为常规的纪年方式，该
财政措施对罗马帝国臣民福祉的重要性可见一斑。公元 306 年，伽
勒里乌斯（Galerius）开始对意大利征课土地税和人头税。[3]但最
早将十五年的财产评价公告周期用于纪年的先例始于公元 312 年 9
月 1 日。罗马帝国的臣民也要为自己的牲畜纳税，还要缴纳商品的
进出口关税，即便两个行省之间的商品运输也要交税。在希腊，自
由城市还有权对自己的公民征课地方税种。臣民们同时要满足驻扎
在本行省的部队的衣食需求，向他们提供给养和手工业产品。即

---

[1]　St. Luke ii. 1.

[2]　Savigny, *Ueber die Roemische Steuerverfassung unter den Kaisern. Abhand. Akad. v. Berlin*, 1822; Dureau de la Malle, *Économie Politique des Romains*, Vol. i. 177; ii. 418, 434 出色地解读了叙吉努斯（Hyginus）的一段著名文本。

[3]　Gibbon, chap. xiv. vol. ii. 114—Smith's edit.; Savigny, *Abhandlungen der K. Akademie von Berlin*, 1822–23, p. 50.

便在致力于改革帝国财政管理方式的奥古斯都的时代，行省总督和
其他治理行省的长官们仍然利用自己的权位满足着贪欲。李奇努斯
（Licinus）在高卢聚敛了大量财富。[1] 提比略意识到罗马的财政体系
对诸行省压迫过重，批评了为罗马运回一大笔财富的埃及省长，认
为这一数额表明他对自己治理的行省课税过多。但埃及省长有权增
加或减少上交国库财富数额的事实本身便足以表明，罗马的财政管
理有多么随意。元首告诉那位省长，好牧人可以剪羊毛，但不能剥
羊皮。[2] 但没有一位罗马统治者准确地估算过，合乎自己臣民利益
的税额到底应该是多少。提比略还从达尔马提亚王公巴顿（Baton）
那里得到了关于帝国财政体系的教训：当他向后者询问爆发叛乱的
原因时，巴顿答复说那是因为元首派去放牧羊群的不是牧人，而是
恶狼。[3]

　　罗马共和国的财政政策是尽可能多地将流通于诸行省的货币
和私人手中的贵金属汇集到国库。罗马城吸纳着来自各行省的财
富，整个帝国都为了支持罗马城而陷入贫困。当卡里古拉声称自己
希望罗马人民只长着一个脖子，以便自己一刀就能杀光他们的时

41

[1]　参见 Smith, *Dictionary of Greek and Roman Biography* 中的"Licinus"词条。"李
奇努斯长眠在大理石陵墓中，而加图只有座小坟墓，庞培根本没有坟墓。谁会认为他
们宛若神明？"（Marmoreo Licinus tumulo jacet, at Cato parvo, Pompeius nullo; quis putet
esse deos?）

[2]　Suet. *Tiber*. 32.

[3]　Dion. Cass. lv. 33. Juvenal, *Sat*. viii. 87 告诉我们，官吏的贪得无厌使得这些繁荣
一时的行省陷入了悲惨境地。

候，他的想法引起了许多共鸣。这位元首的疯狂言论中其实包含着一种明智的道德判断。许多人认为，倘若驱散游手好闲地靠帝国收入活着的罗马城内的大量贫民的话，那将是帝国其他地区臣民们的莫大福音。[1] 但试图攫取一切能够找到的财富仍是元首们和行省总督们的政策核心。行省总督们通过劫掠臣民养肥了自己，元首们则凭借能够没收财产的罪名起诉元老从而充实了国库。从罗马史之初到查士丁尼时代，没收私人财产一直是统治者收入的常规与重要来源。当亚历山大大帝征服了亚洲之后，他花销的财富促进了地中海世界的商业，建造了新城市，增加了全人类的财富。罗马人从征服中积累了比亚历山大更多的财富，因为他们的勒索盘剥有过之而无不及。但由于罗马人在获得巨大征服胜利之初尚处于相对原始的社会状态，他们无法意识到如果在征服过程中掠夺或毁掉了所有动产，最终必将减少自己的收入。罗马人从希腊人居住的国土上掠走的财富数量惊人。因为罗马人像西班牙人掠夺墨西哥和秘鲁那样劫掠了被征服者，并像后来的土耳其人那样统治着希腊。叙拉古、塔林顿（Tarentum）、伊庇鲁斯、马其顿和希腊通过数百年的努力积累的财富，还有从塞浦路斯、帕伽马、叙利亚和埃及国王们的财库里攫取的巨量财产被运往罗马，并被轻视农业的罗马人作为事实上的战利品消耗一空。这笔财富被用来维系庞大的军队，养活懒散的民

---

[1] Suet. Calig. 30. 卡里古拉显然相信，如果能够省去公共配给和平抑市场物价的开支，剩下的款项还是足够维持自己的贪欲的。

众（他们因此放弃了所有生产劳动）和供养元首家室、元老和皇家释奴。供养罗马城的负担落在了整个帝国肩上，并严重损害了偏远行省的福祉。为了充分理解三百年间的帝国财政体系，我们必须对这些行省予以关注。

按照当时的观念，罗马公民们有权分享行省的一部分收入，那是他们征服的土地，并在很长一段时期内被视为共和国的地产。罗马政权有义务养活所有能够服兵役的公民——如果他们陷入了贫困，没有足以养活自己的职业的话。谷物配给和确保市场供应充足的举措的发展史构成了罗马人民社会、政治事务记录中的重要一章。[1]作为贡赋从诸行省运来的大量粮食都是通过这种方式分配出去的。凯撒发现，足足有三十二万人通过这种方式谋生。当然，他把这个数字降低了一半。这些谷物来自西西里、阿非利加和埃及，它们养活了无所事事的穷人们。而罗马政府限制谷物售价的政策又使得罗马城周边的土地耕种活动无利可图。罗马政府每年花费大笔钱财向行省购买谷物，将之运至罗马城，并以固定价格卖给面包师傅们。为了确保粮食供应充足，政府还会向运输谷物至罗马城的私商支付额外赏金。通过这种方式，罗马政府支付了高昂费用，以便确保城中的面包是廉价的——许多情况都很容易导致那里的食品价格腾贵。这套消灭资本运营、压制农业与手工业的独特体系在罗马的治理模

---

[1]　谷物配给制也存在于其他城邦，如雅典早在伯里克利时代便实行过该制度。见 Aristophanes, *Wasps*, 716。

式中占据着根深蒂固的地位。类似的谷物配给制度也在安条克、亚历山大里亚和其他城市中建立了起来，并在君士坦丁堡成为帝国首都之际引入了当地。[1]

自然而然，希腊世界在这个行为专横、立法不公的政权统治下陷入了水深火热之中。几乎在公共事务的每个环节中，统治者的利益都是同民众利益相对立的。即便在法律条文相对温和的情况下，实践中的管理方式也给人民造成了沉重负担。罗马的关税相对较低（进出口税额仅为 5%）。在关税如此合理的情况下，商业理应欣欣向荣。但不公政府实际上抽取的利润跟名义上的税额无关。税率同样温和的土耳其政府也毁掉了其臣民的商业。罗马人认为商人尽是奸邪之徒，觉得后者在试图避免向政府纳税时永远是理亏的一方。而地中海东部诸行省中恰恰住着大量以经商谋生的人口。许多地区只能借助海洋满足自身的需求。由于各行省与小型自由城市之间往往隔着两道关税壁垒，当地居民的生计往往仰仗税吏们高抬贵手。[2]向罗马缴纳的关税由一些农民负责，他们在课税时拥有巨大权力，还有一位专设的长官支持着他们的要求。于是，这些负责征

[1]　令人费解的是，塔西佗称赞了提比略进口谷物的政策，却对该体系的弊端只字未提。Tacitus, *Ann.* ii. 87, iv. 64, vi. 13. Naudet, *Des Secours Publics chez les Romains: Mémoires de l'Institut Royal de France*; 'Inscriptions et Belles lettres,' tome xiii. 关于为保障罗马城谷物供应而授予庞培的权力，参见 Merivale, *History of the Romans under the Empire*, i. 394. 赫罗狄安（Herodian）告诉我们，元首马克西米努斯一世（Maximinus I）截留了许多城市用于维持谷物配给的资金。

[2]　Cic. *ad Atticum*, ii. 16.

收关税的农民成了爱琴海周边各地区中的土皇帝。

在两个行省之间运输商品的常规关税仅为 2.5%；但有些商品被征课的税额达到了 8%，那似乎是在这些商品首次进入罗马帝国境内时收取的。[1]

行省内部的地方性财政负担与普遍性的税金一并沉重压迫着希腊人。行省总督的起居开销相当巨大。他们还有权指定自己认为合适的市镇为部队越冬宿营地。这一权力逐渐蜕变为向富庶地区勒索钱财、有利可图的手段。西塞罗曾提及，塞浦路斯岛曾为了免除这一负担而缴纳两百塔兰同（约合每年四万五千英镑）。[2]负责向诸行省收取这些额外款项的财政官吏享有不受限制的权力。触犯税收法律的常规处罚形式之一是没收财产，一些税吏将这种惩戒方式转化成了系统的勒索手段。为了迫使土地所有者变卖自己的产业，一种常规的高利贷交易方式出现了。有人在财务法庭上提出指控，其目的仅仅在于征课罚金或迫使被告深陷债务之中。希腊的自由人不断被贩卖为奴，因为他们无力承担需要缴纳的税款。奥古斯都为传递军令而设置的岗哨非但没有成为服务私人的公共福利，反而很快变成了诸行省的负担。[3]募兵则成为滥用权力的另一个源头。商人

---

[1]　Naudet, *Des Changemens opérés dans toutes les Parties de l'Administration de l'Empire Romain sous les règnes de Dioclétien, de Constantin, et de leurs successeurs, jusqu' à Julien*. 2 vols.

[2]　*Ep. ad Atticum*, v. 21.

[3]　Tac. *Ann*. xiv. 18.

和手工业制造者获得了特权与垄断地位。行省的产业因元首或其宠臣聚敛财富而遭到了毁灭性打击。[1]

尽管自由城市和同盟国家的地位使之免去了许多公共负担，它们还是跟诸行省一样蒙受了许多不公。[2]由诸城市和行省献给罗马的金冠曾是表示感谢的见证，但慢慢变成了一种强制性供奉，最终成为一项数额固定的税款。[3]

除公共负担的直接压力外，罗马公民在行省、自由城市和同盟城市中所享受的土地税、关税与其他市政负担的豁免权也加剧了这一矛盾的恶化。这一豁免权使得全希腊遍布着商人和高利贷者，他们将获得罗马公民权视为一种投机行为，其目的仅仅是免交地方税。罗马官吏拥有赏赐这种豁免权的权力，既然这些人甚至经常攫取释奴的好处，他们无疑也会定期拿公民权来进行交易。以上种种进一步加速了同盟国家与自由城市的衰落，因为它们的本地特权和税收被这种欺诈手段销蚀于无形。当尼禄试图在希腊收买人心时，他让全体希腊人都分享了免税特权。但韦帕芗发现帝国的财政事务陷入了混乱，于是不得不收回了赐予诸行省的全部豁免权。在古代的罗马传统中，美德意味着武德；到了尼禄时代，自由则意味着免税特权。而韦帕芗剥夺了希腊、拜占庭、萨摩斯岛、罗得岛和吕奇亚的

[1] Lampridius, *Alex*. c. 15.

[2] Diod. xxxvi. 1; Juv. viii. 107; Tac. *Ann*. xv. 45.

[3] Cic. *in Pis*. 37. *Monumentum Ancyranum*; *Hist. Augustae Script*.; Capitolinus, *Antonin. Pius*, c. 4; *Justinian's Code*, x. 76 均曾提及"金冠"（aurum coronarium）这一税种。

这种自由。[1]

比之繁荣的经济，罗马的财政管理体系对希腊的社会道德风尚产生了更严重的影响（如果那里的道德风气还能进一步被败坏的话）。它使得希腊境内的人口分化为两大群体。一个群体拥有罗马公民权，那往往是他们用自己的财富买来的，意味着免税的特权；另一个群体是那些因为贫困而无法获得令人艳羡的特权的希腊人，贫穷进一步迫使他们独自承担压在本行省头上的全部重负。富人与穷人之间由此形成了不可逾越的社会等级鸿沟。

在罗马的制度下，骑士负责着国家的财政管理。该阶层嗜钱如命，因为财富正是他们社会地位的基础。尽管西塞罗赞美过他们的正直，但这批人最突出的性格特征便是贪得无厌。骑士们承担着税吏的角色，但他们也常常将一个行省的税收转包出去达数年之久，分租其中的一部分。他们还会外包关税，或动用这笔资金进行公开或私下的放贷。罗马的政策让他们有恃无恐，他们自身的财富和在政治事务中的次要地位都可以使自身远离罗马广场上的攻讦。此外，在很长一段时间内，所有法官也都是从骑士阶层中产生的。因此，骑士们事实上垄断了对其切身利益至关重要的商业事务问题的决策权。

因此，希腊地区主管财政的官吏们的道德状况是不利于维持公平税收的。布鲁图斯试图强迫塞浦路斯的萨拉米尼亚人按照每个月4%的利率向自己支付复利利息，他的案例表明在罗马贵族眼中，贪

[1] Paus. *Achaica*, xvii. 2; Suet. *Vesp.* 8; Philost. *Apoll. Tyan.* v. 41.

娈与勒索通常算不得什么丢人现眼的事情。[1] 我们已经提及他们贩卖罗马公民权、用不正当的财政案件指控勒索罚金、强制没收财产以拓展自己的土地，等等。所有这些罪行乃是尽人皆知的事情，由此产生的后果从下面的案例中可见一斑：一个名叫尤利乌斯·欧律克勒斯（Julius Eurycles）的罗马公民在奥古斯都时代兼并了整个库特拉（Cythera）岛上的所有土地，他的横征暴敛还导致了拉科尼亚境内的叛乱。[2] 在共和时代，罗马贵族们在行省的权威是如此之高，以至于没有哪个希腊人敢对他们的命令提出异议。西塞罗的执政官同僚盖约·安东尼在因勒索罪名而被流放后定居于克法勒尼亚岛（Cephallenia）。斯特拉波告诉我们，这名罪犯仍能对那里的居民颐指气使，仿佛整座岛屿就是他的私产一样。[3]

希腊境内的罗马公民能够逃避财务官吏们的压迫，不仅仅是因为他们依据法律可以免交行省征课的税款，还因为他们有权将自己的案件提请罗马审理，从而免于不公待遇。这些特权的存在使得罗马公民在商人群体中占据了多数。许多罗马城的居民早已开始经营商业与贸易，尽管他们不是罗马公民。他们广泛分布于罗马征服的各地区，并在诸行省中被光明正大地称呼为罗马人。他们总能从罗马共和国那里获得充分保护，并很快取得罗马公民权。居住在诸行省的罗马公民有时数量众多，甚至能为罗马军团提供可观的兵

---

[1] Cic. *ad Att.* v. 22, vi. 1.

[2] Strabo, viii. c. 5. pp. 363, 366.

[3] Strabo, x. c. 2. p. 455.

源。[1] 在米特拉达梯战争爆发之际（公元前 88 年），他们人数众多，那名国王在起兵反叛罗马人时便处死了在亚洲的八万罗马公民。其中大部分人肯定是商人和放贷者。最终获得罗马公民权的希腊人是如此众多，以至于尼禄在赐予全体希腊人自由（或免税权）时或许并未在税收方面做出重大牺牲。

我们根本无须探讨上述压迫性制度和偏袒少数群体的特权所产生的影响。老老实实的勤勉精神在贸易中是无用的，做做政治手脚才是获得某些特权或垄断权，从而快速敛财的最简便方式。[2]

在列举导致罗马帝国贫困化与人口下降的原因时，货币贬值是不容忽视的要素。奥古斯都大幅调整了罗马的铸币制度，但摧毁资本、降低劳力需求、加速行省人口下降的严重货币贬值始于卡拉卡拉统治时期。[3]

奥古斯都将铸币质量标准确定为每四十枚金币（aurei）一磅纯金，每八十四枚第纳尔银币（denarii）一磅纯银。但他并未一直严格维系自己制订的标准。在夹在奥古斯都和尼禄两朝中间的时期里，罗马经常发行低于法定标准的钱币。尼禄将标准降低为每四十五枚金币一磅纯金，每九十六枚银币一磅纯银，并维持着二十五枚银币

---

[1] Cic. *ad Att.* v. 18.

[2] 如撒路斯特（Sallust）所言："人们想尽一切办法捞钱，根本无法克制对财富的强烈渴求（Omnibus modis pecuniam trahunt, vexant; tamen summa libidine divitias suas vincere nequeunt）。"参见 Cic. *ad Fam.* xv. 1.

[3] 本书英文版附录中"On Roman and Byzantine Money"一节将更详细地讨论关于罗马货币的主题。

兑换一枚金币的比率。卡拉卡拉进一步降低了标准，用一磅纯金铸造五十枚金币，并在银币中掺杂了大量其他合金。[1] 在共和国与帝国的各个时期，罗马铸币制度中严重不合常规的现象屡见不鲜。事实上，在某些方面的有序化和制度化过程中，罗马行政管理的进展出奇地缓慢，钱币铸造的出格行为曾反复出现。即便在共和国最好的岁月中，临时性的需求也会在一些情况下导致铸币的法定标准降低；在另一些情况下，标准则被人无视。较之帝国的历史记载，元首们的独断专行在铸币方面展示得更为充分。早在尼禄时代之前，帝国发行的金币已调整为一磅纯金铸造四十五枚，卡拉卡拉统治之前的标准是一磅纯金铸造五十枚金币。

到了戴克里先时代，帝国治理的方方面面都施行了改革，铸币方式也经历了一场巨变。新标准被确定为一磅纯金铸造六十枚金币，但这一标准并未维持多久。到了君士坦丁大帝统治时期，标准变成了一磅纯金铸造七十二枚金币。至此，罗马政府的铸币管理模式终于实现了有序和统一。但正如人类制度史上经常发生的情况那样，我们看到这些便利是以牺牲地方权利与个人自由为代价的。君士坦丁采用的金币铸造标准成了罗马帝国不可变更的制度之一，一直维系到 1204 年东部帝国因君士坦丁堡陷落而暂时灭亡为止。这些金币起初被称为"索里达"（solidi），后来被西方人称为拜占庭金币，其重

---

[1]　Plin. *Nat. Hist.* xxxiii. 42–47. 当下的学术界正在期待一部能够考订确定年代的所有罗马货币重量与尺寸的著作。

量与金属纯度在此后近九百年间保持着稳定的状态。

公共税收和诸行省的纳贡通常是用金币结算的。因此，维持金币的纯度合乎元首们的利益。然而，由于大宗货币支付是按照重量计算的，发行重量不足的铸币往往又有利可图。现存的大量金币经常可以印证元首们采取了这种欺诈手段。[1]

银币的情况跟金币有所不同。从奥古斯都时代到卡拉卡拉时代，银币始终是帝国东部的常规流通货币，若干城市还拥有在本地铸币厂中铸造银币的权利。[2]帝国与地方的铸币厂往往都会通过降低银币重量或纯度来攫取非法收益。如前所述，奥古斯都时代执行的标准是每磅纯银铸造八十四枚第纳尔银币，尼禄时代则是每磅纯银铸造九十六枚第纳尔银币。哈德良虽然并未修改法定标准，却允许铸币厂以低于法定纯度的标准铸造银币。许多继任者效法了这一坏榜样。随着帝国与地方铸币厂发行的大量劣质银币涌入市场，金币和银币之间的相对兑换比率很快发生了变化，货币兑换者只得打折出手身上足值的金币。元首们的欺诈手段似乎是一方面用纯度不够的银币支付，另一方面又用重量较轻的金币支付。

50

---

[1]　Mommsen, *Über den Verfall des Münzwesens in der Kaiserzeit*; Cohen, *Description des Monnaies frappées sous l'Empire Romain*; Introduction.

[2]　Sabatier, *Production de l'or, de l'argent et du cuivre chez les anciens*. 该书第 105 页列举了在元首制时代有权铸造银币的二十五座城市名单。肯定有人能够借着贬值货币的流通获取可观利润。罗马人很早就开始欺骗他们的债主，利用不足值的货币抵销一部分债务。玛库斯·安东尼向军团发放的第纳尔重量过轻，并且也不足值。见 Plin. *Nat. Hist.* xxxiii. 46; Akerman, *Descriptive Catalogue of rare and inedited Roman Coins*, vol. i, Introduction。

当卡拉卡拉开始用一磅纯金铸造五十枚金币时，他的意图是恢复金币与银币之间的兑换比率。为了实现这一目标，他必须发行一种每二十五枚就能够兑换一枚新金币的银币。但卡拉卡拉并未让第纳尔银币恢复自身的正常重量与纯度，而是发行了一种大号银币（argenteus），上面印有元首头戴光芒四射皇冠的图案。这些大号银币中掺杂着很高比例的其他金属，按照一磅纯银铸造六十枚的标准生产。但就连卡拉卡拉制订的银币铸造标准也并未得到遵守。亚历山大·塞维鲁（Alexander Severus）、马克西米努斯和戈狄亚努斯·庇护（Gordianus Pius）在位期间的铸币质量下降依旧明显，尽管这些元首也为遏制常规流通货币的贬值而做出过努力，发行了大量足值的塞斯特斯铜币（sestertii）。他们似乎希望稳定住作为辅助流通媒介的铜币价格，以此维持银币价格。

51 　　戈狄亚努斯·庇护统治时代过后，银币中掺杂金属的比例飙升。最后，伽利埃努斯（Gallienus）发行了镀金钱币和掺杂着铅的铜币作为银币的替代品，从而终结了银币的流通史。在他统治后期发行的成色不足的一个第纳尔银币的价格甚至还不及他统治前期发行的一个阿斯铜币（as），尽管后者理论上的价格仅为前者的十六分之一。

　　伽利埃努斯使得整个帝国的铸币体系陷入了混乱。出于权宜之计的考虑，他不断削减着金币的尺寸，但却维持着其金属纯度——因为他本人在支付债务时按金币数量结算，而在向诸行省课税时按金币重量收取。伽利埃努斯通过铸币上的花招与勒索手段对行省施加着令人无法容忍的压迫，再加上帝国统治方方面面的混乱状态，诸行省终于发动了叛乱。"三十僭主"（世人对那些后来当上元首的叛乱者的称呼）的兴起肯定在一定程度上是跟货币贬值有关的，因为部队和行省居民都是铸币欺诈手段的受害者。部队乐于追随任何一位愿意用足值货币支付他们薪饷的元首，行省居民们也会支持任何一个能够阻止罗马掠夺诸行省黄金的叛乱者。[1]

抛开不久之前奥斯曼帝国发生的货币贬值不论，伽利埃努斯统治期间常规流通货币的贬值现象在历史上可谓空前绝后。他在统治后期发行的掺杂着其他金属的五百枚第纳尔或大号银币只能兑换一枚金币，政府却强迫臣民以二十五枚银币兑换一枚金币的比率接受这些严重贬值的钱币。

元首们欺骗着自己的臣民，铸币厂的经营者和生产者也会从这些欺诈行为中牟利，利用货币贬值与金币价格下降的机会同政府分享收益。当奥勒里安（Aurelian）试图重新统一帝国时，他必须再度建立统一的货币体系。但当他尝试改革帝国铸币厂的流弊时，铸币厂的经营者和生产者发动了公开叛乱。他们人数众多、实力强大，相传奥勒里安在镇压反叛时折损了七千人。[2]

从卡拉卡拉统治到伽利埃努斯去世的五十年间，流通媒介的贬值摧毁了罗马帝国境内的大部分商业资本，同帝国境外甚至偏远行省的贸易交换难以为继。任何一种支付形式的实际价格都可能大打

52

---

[1]　值得注意的是，僭位者发行的货币往往比正常继位者的质量更高。

[2]　*Historiae Augustae Scriptores*; *Aurelianus*, xxxviii.

折扣，即便它们在名义上是恒定不变的。这种局面最终促使有钱人把纯金、纯银制成的钱币贮藏起来，等待未来的转机。可好日子并未到来，很多贮藏精选钱币的地点被人遗忘，直到现代才重见天日。于是，罗马元首们的欺诈手段为现代欧洲的收藏家藏品柜和国家博物馆提供了保存完好的钱币。

　　我们很难详细追溯罗马货币对希腊财富的具体影响，因为历史学家并未将之视作同公私事件密切相关的事实而加以记述。地方上的铸币厂已不复存在，尽管它们发行的铜币较帝国铸币厂的产品更加足值（前者在名义上仅仅是后者的补充）。行省城市发行的一个阿斯铜币比首都发行的一个第纳尔银币值钱。佐西穆斯（Zosimus）告诉我们，这种币制混乱导致了商业上的无序状态。即使没有历史学家的相关记载，我们其实也不难理解，政治上的无政府状态乃是国家破产的自然结果。[1] 管理财富分配、聚集与损失等问题的法律表明，货币贬值乃是公元3世纪罗马帝国陷入贫困与人口下降处境的最重要的原因。毫无疑问，希腊也在这一过程中蒙受了惨重损失。

53
罗马政府导致的希腊人口下降

　　经验表明，在社会发展的状态下，人口增长很容易超出资源条

---

[1] Zosimus, i. c. 61, p. 54, ed. Bonn.

件所能承载的界限；同样地，在社会衰落的情况下，税收水平将被迫提升至居民所能承受范围的极限。这样的政府会把税收标准提升到高企的程度，最终扼杀资源生产活动的一切增长。但当社会进入这样的固化状态时，民众将开始消耗之前属于公共税收的一部分财富，于是国家的税收会呈下降趋势。换言之，从政治规律的角度看，政府会发现维持原先的税收数额日益困难，而一旦它成功做到了这一点，人口就会开始下降。

　　然而，罗马诸行省中的人口下降并非完全归因于政府的财政压迫政策。为了确保新征服地区不发生叛乱，罗马通常会设法消灭当地的武装人口，或将他们贩卖为奴。如果当地民众展现出了独立精神，他们将被视为强盗，并被毫不留情地消灭。这种残酷性已深深根植于罗马的行政治理方式之中，奥古斯都就是这样对待萨拉西人（Salassi）的，尽管他完全可以使用温和得多的手段平息后者的骚乱。[1] 当罗马人开始同马其顿人和希腊人交手时，由于不敢保证自己能够稳操胜券，罗马人不大可能放弃之前用来削弱敌人的这一手段。因此，马其顿、伊庇鲁斯、埃托利亚和阿凯亚在被征服之际都受到了极其严厉的处置。为了确保伊庇鲁斯臣服，埃米利乌斯·保卢斯（Aemilius Paulus）摧毁了七十座城市，将十五万居民贩卖为奴。这一政策既然将人口减少视为确保被征服者顺从的必要条件，

---

[1]　Strabo, iv. c. 6, pp. 205, 206; Suet. *Aug.* 21. 阿奥斯塔（Aosta）谷地的居民中有三万六千人被贩卖为奴。

54 自然也会采取有效措施来预防当地人口反弹或重享富足。迦太基的彻底毁灭和对迦太基人的种族灭绝乃是其他文明国家历史中闻所未闻的事件。[1]穆米乌斯把科林斯夷为平地，又将其全部人口贩卖为奴。在罗马征服希腊之际，提洛岛是帝国东部重要的贸易港。它先是被米特拉达梯的部队劫掠，随后又被苏拉下令洗劫。在罗马人治下，它只是作为奴隶市场才恢复了往昔的繁荣。苏拉彻底摧毁了彼奥提亚境内的几座城市，还导致了雅典、比雷埃夫斯和底比斯的人口下降。[2]墨伽拉的人口几乎被尤利乌斯·凯撒消灭殆尽。阿凯亚境内的大批城市在奥古斯都的命令下被清空，其居民被安置到了新建的罗马殖民地尼科波利斯和帕特雷。[3]布鲁图斯向小亚细亚的居民提前征收了五年的贡赋。他的严酷使得克珊苏斯（Xanthus）的人民宁可全部战死也不愿投降。卡西乌斯在占领了罗得岛后以极其残暴的方式对待那里的人民，并展示了巧取豪夺的"真正的罗马精神"。[4]苏尔庇奇乌斯（Sulpicius）写给西塞罗的著名信件也提供了希腊在罗马统治下迅速衰落的铁证，这一点通过拜伦爵士的阐释而

---

[1] Livy, xlv. 34; Diod. xxxi; Plut. *Aemilius Paulus*, 69.

[2] 见本书第 26、27 页（即边码，下同。——中译者注）。

[3] 尽管没有任何一位同时代的作家向我们描绘过奥古斯都在希腊地区制造了怎样的悲惨局面，我们还是可以通过他对待意大利的方式猜想到当时的情况肯定非常糟糕。他没收了十八座富裕城市的居民财产，将土地分配给自己的士兵们。士兵们又侵吞了其他城市的财产。维吉尔将他们的侵吞与劫掠行径钉在了永恒的耻辱柱上。奥古斯都肯定将近十六万人安置在了自己的军事殖民地上，这些土地通常来自没收途径，之前归合法业主所有。见 App. *Bell. Civ.* v. pp. 679, 684。

[4] App. *Bell. Civ.* iv. p. 631. 布鲁图斯曾向他的部下许诺，只要他们打赢了腓力比战役，就允许他们洗劫塞萨洛尼卡和斯巴达。

为诗歌爱好者熟知。

　　在内战期间，希腊世界残存的军队不得不在斗争双方之间选边站队。埃托利亚人和阿卡纳尼亚人加入了凯撒的阵营；雅典人、拉栖第梦人和彼奥提亚人则成了庞培的追随者。雅典人和其他大部分希腊人后来选择支持布鲁图斯和卡西乌斯，但拉栖第梦人派出了两千人充当屋大维的辅军。凯撒、安东尼和奥古斯都对少数希腊城市的赏赐是不足以弥补在内战的混乱状态中变得劫掠成性的各路军队所造成的财产损失的。少数税种的减免或某个寡头统治集团获得的额外收入是无法为全希腊带来繁荣的。

　　如果希腊地区治理有方的话，战争本身导致的人口下降局面也许很快就能得到扭转。但当时的社会状况决定了人们很难更新资本或吸纳人口，因为二者都不时经历大幅下降。阿提卡似乎从未自公元前 200 年马其顿腓力五世的蹂躏中恢复过来。此人烧毁了雅典近郊犬儒学派的聚居地（Cynosarges）和吕克昂学园（Lyceum）的建筑和圣树丛，以及遍布于阿提卡乡村地区的神庙、橄榄树和葡萄园。[1] 当时雅典人甚至已经丧失了补救国难损失的社会与道德力量。他们已无法从事农业生产：生活环境的变化使得那里只剩下了城市人口，并且其思想与情感与一帮城镇暴民无异。在这样的情况下，敌人的一次蹂躏就会对该地区的资源造成长久破坏。因为在希腊那样的地区，只有长期劳作与世代积累才能让当地酸性石灰岩地貌的

[1] Livy, xxxi. 24.

山坡上遍布橄榄树与无花果树，才能修建让本地的干燥土壤结出充足食物的蓄水池与灌溉渠。[1]在雅典，异邦王公为了回馈当地居民的阿谀奉承而养活了一群毫无用处的城市人口，他们的慷慨捐赠助长了雅典的糟糕治理模式、社会腐败、对文学的嗜好与欺诈成性的民族特点。当奴才比堂堂正正的勤奋劳动更加有利可图。当希腊已开始在罗马治下享受和平之际，之前的战争与变乱导致的人口下降趋势仍在延续。哈德良时代的人还能看到古老神庙废墟中的神像、雕塑祭品、大理石墓穴、阿提卡农业聚居区中富裕稠密的乡村人口的纪念物。我们如今还能目睹土耳其境内荒凉的清真寺废墟处曾被掩埋的墓碑。它们见证了当年的人口急剧下降与资本覆灭，该进程如今又在奥斯曼帝国再度上演。一位罗马作家曾说，阿提卡境内的神祇与英雄比活人还多。我们已无法一一列举罗马伤害希腊民族活力与道德水准的各种治理措施。我们只须笼统地指出，希腊人承担的公共负担过于沉重，而政府对自身种种义务的忽视逐渐耗尽了该地区的生产资源。有益的工作受到忽视，匪徒在各行省不受干扰地肆意横行。但罗马官吏的巧取豪夺比盗贼的暴力更具伤害性，对希腊人民的财产构成了更严重的威胁。我们所知的公开劫掠行径仅仅是史书恰巧记录下的那些，在对公共财富的每一次明目张胆的掠夺中，都有数以百计的家庭陷入贫困，数以千计的自由希腊公民被贩卖为奴。福尔维乌斯（Fulvius）劫掠了安布拉奇亚（Ambracia）各

---

[1]　Clinton, *Fasti Hellenici*, ii. 381 讨论了古希腊的人口问题。

座神庙中最值钱的装饰品，甚至还搬走了那里的神像。[1] 维勒斯在途经希腊前往奇里乞亚上任时从雅典的密涅瓦神庙中掠走了一批黄金。[2] 披索在担任马其顿行省总督期间掠夺了当地和希腊本土，并坐视这两个地区遭受色雷斯匪帮的蹂躏。[3] 即便在奥古斯都谨慎、温和的治理下，罗马人的压迫行径也引起过希腊人的暴乱。起义既发生在拉科尼亚——那里还是受到奥古斯都偏爱的地方，因为它曾支持元首对抗安东尼；也发生在阿提卡——雅典城的虚弱无力原本让她看上去是没有什么本事进行抗争的。[4] 在奥古斯都时代，希腊人还没有丧失自己古时的精神与武德。尽管希腊人相对弱小，他们的举动仍令罗马政府有所忌惮。

希腊地区人口下降的道德原因也许比政治因素更加重要。它们已经发挥过长期的作用，并且在罗马征服之前就已经对希腊人的性格产生过重大影响。由于罗马人自己也染上过一些类似的社会恶习，罗马政府并不能改善希腊地区的道德状况。其中最普遍的罪恶是私人生活中的自我放纵和对人之责任的无动于衷。那使得各阶层都反感结婚，不愿承担教育子女的责任。希腊人从不用祖先的雕像和胸像装饰自己的门庭。他们过分沉溺于自我欺骗，专注于对自身

---

[1]　公元前 189 年。见 Livy, xxxviii. 43。

[2]　维勒斯强迫西西里的一座城市向他宠爱之人提供了三万四千枚斗小麦。见 Cic. *in Ver.* ii. 1.c. 17; 3.c. 44 *seq*。

[3]　Cic. *in Pisonem*, 17.34, 40; *pro Font.* 16.

[4]　Strabo, *Laconica*, viii. 5. p. 365; Ahrens, *De Athenarum statu politico*, etc. 12 及其引用的研究成果。

的崇拜。罗马人虽然会出于家族荣誉感而坚持这一高贵举动，却因为将自己的姓氏借用给他们过继的其他家族子嗣而不断损耗着血统的荣耀。古代的宗教（往往还有哲学）鼓励着这种邪恶的放纵，并且公元 1 世纪的罗马帝国通常准许与出身女奴的小妾同居。从前养活着一千名充当重装步兵、保家卫国的自由公民的一块土地此时只够为维持一名土地所有者的生计提供少得可怜的给养，并且他还会认为自己过于贫穷，无力结婚。他的地产由一群奴隶耕种，他本人则享受着剧场里的声色犬马之娱，或各种哲学派别同样空虚无聊的高谈阔论。我们已经注意到马其顿的对外征服所获取的财富促使希腊人想要占有比祖先更大的地产，这种想法对希腊人的道德水平产生了负面影响。[1] 这一导致人口下降的因素在罗马统治时期愈演愈烈。社会上层对庞大花园、堂皇庄园与奢侈生活方式的嗜好使得罪恶与独身生活方式盛行于世，富裕的家族逐渐绝嗣。富人与穷人之间愈加泾渭分明。富人构成了贵族阶层；穷人则沦为社会中的依附者，他们正在向农奴（coloni）的地位迅速滑落。在这种社会状态下，两大群体都很难呈现出人口增长的趋势。事实上，那或许印证了人类社会中的一条法则：一切凭借财富与特权同民众分隔开来的上等阶层都很容易由于其寡头地位而迅速萎缩。他们享有的特权营造了一种有悖自然的生活方式，由此累积起来的罪恶最终将突破社会所能容许的限度。观察过斯巴达与罗马寡头集团的人早已注

[1] 见本书第 15 页。

意到了这个事实。该规律甚至也适用于相对宽泛的雅典公民，还有我们这个时代里路易·菲利普治下构成了法国寡头集团的二十万名选民。[1]

在希腊设立的罗马殖民地

罗马在希腊境内建有两处殖民地——科林斯与帕特雷。它们很快成为重要城市，并长期充当着政治统治的中心。它们对希腊社会的影响巨大，但当地居民长期讲拉丁语，并且其制度与本地治理总是纯粹的罗马风格。这种状态一直延续到卡拉卡拉的敕令将罗马公民权扩展到希腊全境之际。

当穆米乌斯毁灭了科林斯，清空了其居民后，这座空城被献给了诸神。之后很长一段时间里，当地荒无人烟，直到一百余年后尤利乌斯·凯撒在此处设立了一个罗马人的殖民地。科林斯的优越地理位置、肥沃土壤、难以攻克的卫城、狭窄的地峡与面向两边海域的港口使之作为陆海军基地和市场均具备很高的价值。凯撒重建了

59

[1] Arist. *Pol.* ii. 6.12; Plut. *Lycurgus*, 8. Dureau de la Malle, *Économie Politique des Romains*, Vol. i. 419 提及了雅典吸纳大批新公民的情况。作者在其中也讨论了法国的选民数量问题（i. 417）："尽管法兰西王国比其他王国更加富裕，巴黎每个家庭养育孩子的数量也不到三个半。这并不足以维持现有的人口水平，因为至少会有一半的儿童在满 20 岁并结婚生子前夭折。考虑到只拥有二十万选民，它的状态更加脆弱。那里每年的人口总增长率只能达到一百二十分之一。"

科林斯卫城，修缮了那里的神庙，重建了城市与港口，并在新城里安置了可观的人口，多数为退伍老兵和勤劳释奴。科林斯再度变得经济繁荣、人烟稠密。从尤利乌斯·凯撒时代到戈尔狄安三世时代，该殖民地出土的钱币数量可观，并且往往十分精美。那反映了其贸易规模和居民品味。但科林斯新城并非一座希腊城市。众多希腊殖民城邦的母邦此时却成了希腊境内的一处异族殖民地。她实行罗马的制度，使用拉丁语，其处世方式带有罗慕路斯后裔的恶狼特征。那里剧场中的消遣方式是角斗士表演。尽管科林斯新城的耀眼光芒照亮了沉沦中的希腊，它反映的却是罗马的可怕光辉。[1]

科林斯的地理位置非常适合设置一个军事据点，以便监视那些反抗凯撒统治的希腊人的动向。建造科林斯新城的目的显然是防患于未然，没有什么迹象能够表明，建城的动机是恢复希腊世界的繁荣。科林斯新城的居民可以不择手段地收集建筑材料和搜寻财富，那对希腊人而言是一种莫大的冒犯。逃过了穆米乌斯怒火的旧城遗迹只有一些坟墓，新居民拆毁了它们来修建新建筑，并盗掘了里面常常存放的丰富装饰品和宝贵陶瓶。罗马人对这些坟墓进行了相当彻底的破坏，使之成为殖民地的可观财富来源，也让罗马城遍布着古老的艺术珍品。[2] 而科林斯的地理位置为希腊各地乃至意大利与小亚细亚的海上交通提供了便利条件，因此那里成为罗马行省治理

60

---

[1] "全希腊之光"（Totius Graeciae lumen）。Cic. *Pro lege Manil.* 5.

[2] Strabo, viii. 6. pp. 381, 382. 但即便到了今天，科林斯疆域内的墓穴仍旧经常能让发掘者大发横财。

的中枢，还有阿凯亚行省总督通常情况下的居住地。[1]

奥古斯都的希腊政策显然还是有所戒备的。希腊人仍然受到罗马城内统治阶级的监视，那或许跟他们日趋式微的势力不成正比。他们的政治地位尚未堕落到像在朱文纳尔（Juvenal）和塔西佗时代里那般无足轻重。奥古斯都削弱了所有仍然具备影响的希腊城市的实力，无论它们之前曾加入自己的阵营，还是追随着安东尼。他剥夺了雅典对埃瑞特里亚和埃吉纳的控制权，并禁止雅典通过兜售公民权来增加当地收入。[2]奥古斯都削弱拉栖第梦的手段则是设立了独立的自由拉科尼亚人聚居区。那是由二十四个滨海城市组成的联盟，居住者大多是从前向斯巴达纳税的边民（perioikoi）。诚然，奥古斯都把库特拉岛和美塞尼亚边境处的若干地区划归拉栖第梦，但从政治角度看（我们暂且不考虑财政方面），这一补偿对于拉栖第梦蒙受的损失而言可谓杯水车薪。

奥古斯都在帕特雷设立了一处罗马殖民地，以便扼杀阿凯亚潜在的民族主义情感，并为罗马兵力随时进驻希腊保留一条通道。当时的帕特雷还是一片废墟，那里的土地所有者都住在周边的村庄里。奥古斯都修缮了那座城市，并在城中安置了罗马公民、释奴和第二十二军团的退伍老兵。为了填补自由居民内部中下阶层的空缺，迅速支撑起一座巨大的城市，帝国迫使某些毗邻希腊城镇的居民背

---

[1]　*Theodos. Cod.* ix. 1.2.

[2]　见本书第 27 页注释。

井离乡，迁居至帕特雷。殖民地的当地政府可以利用阿凯亚与洛克
里城市的若干税收，那些地方已被剥夺独立的城市地位。通常情况
下，帕特雷是阿凯亚行省总督的居住地，长期以来，它充当着罗马
的行政枢纽和拥有丰富商业资源的港口，一片繁荣昌盛。从该殖民
地出土的钱币虽然不像科林斯的那样丰富、精美，却从奥古斯都时
代至戈尔狄安三世时代延绵不绝。跟所有罗马殖民地的情况一样，
科林斯和帕特雷都亦步亦趋地效仿着罗马城的政治制度。当地的最
高权力机构是两人委员会（duumviri），它代表着罗马的执政官制
度，其长官每年选举一次。更确切地说，它的人选是帝国统治者在
名义选举幌子下指定的。其他官吏也通过选举产生，其中一些的职
责酷似罗马城中的高级官员。鉴于罗马的行政机构起初就是用于治
理一座城市的，这种对应模式很容易维持下去。但在元首治下，由
于受到罗马行省总督和其他行省长官们的直接管辖，这些殖民地逐
渐沦为行政与财政事务中的次要枢纽。[1]

　　为了纪念亚克兴海战的胜利，奥古斯都还建立了一座名叫尼科
波利斯的新城。但它既是胜利纪念物，也是一处政治中心。它的组
织模式符合希腊城市而非罗马殖民地的特征。那里五年一度、纪念
亚克兴海战胜利的庆典是以希腊的大型赛会为模板的，并由拉栖第

---

[1]　我们拥有一枚哈德良时代科林斯铸币厂的钱币。它是用次等铜铸造而成的，为
的是纪念科林斯与帕特雷的友好关系。但我们很难判断，这种关系会使它们彼此赋予
哪些特权。这枚硬币就在我的小规模藏品之中。（芬利先生的钱币藏品于 1876 年 6
月 1 日在伦敦出售。——编者注）

梦人负责。当地居民是被迫抛弃他们在伊庇鲁斯、阿卡纳尼亚和埃托利亚故乡的希腊人。该城市的领土面积很大，并获准以一座希腊城市的资格参加安菲克提昂（Amphictyon）议事会。[1] 奥古斯都向尼科波利斯移民的方式表明，他对民众的情感漠然置之，而且并不具备让一小块领土繁荣昌盛的政治家智慧。

　　奥古斯都的殖民政策直接导致了意大利、希腊的衰落与人口下降，其后果跟继任者心血来潮的暴政或疯狂举动一样恶劣。埃托利亚大部分地区的居民不得不告别他们的居所，他们原本在那里靠着自己的土地生活，拥有自己的牲畜、橄榄树和葡萄园。此时这些人被迫在尼科波利斯重新建设自己的家园，寻找生计。结果，投资在行省建筑上的大量资本被浪费了。整个行省的农业遭到摧残。在全新的城市生活中，大量农业人口要么陷入贫困，要么因物资匮乏而死去。尼科波利斯长期充当着伊庇鲁斯的首府。当地的货币从奥古斯都时代一直使用到伽利埃努斯统治时期。钱币上的铭文是希腊语，图案相对粗糙。[2] 科林斯、帕特雷与尼科波利斯三座罗马殖民地城市享有的特权，还有它们同帝国政府之间的密切联系，使之可以在数百年间保持繁荣状态，在罗马专制的行省治理体系所造成的希腊

[1] Tacitus, *Ann.* v. 10 称尼科波利斯为一处罗马殖民地。显然，该作者至多只会承认那是罗马人建立的一座希腊殖民地。

[2] 到了公元 4 世纪后期，尼科波利斯的大部分地区都已成为保拉（Paula，因同圣哲罗姆的忠实友谊而闻名于世的罗马贵妇）的私产。参见 Milman, *History of Latin Christianity*, i. 73。

62

地区的普遍贫穷局面中鹤立鸡群。[1]

从奥古斯都时代到卡拉卡拉时代的希腊政治地位

　　对希腊世界整体面貌加以描述的现存作品有两部，它们生动地展示了两百年来罗马统治下希腊陷入的贫困状态。斯特拉波为我们记述了帕特雷、尼科波利斯等殖民地建立不久后希腊世界的情况。波桑尼阿斯则用阴郁的精细笔触，描述了两安东尼统治时期许多著名城市的凋敝面貌。[2]一些被派去主持政府事务的行省总督们根本不懂希腊语。[3]当地的赋税与行省治理支出榨干了民众的财富。那些原本不可或缺但需要大笔钱财保养维护的公共工程逐渐变成了废墟。事实上，元首们倒是偶尔会采取一些大发慈悲的举动，以便缓解希腊人遭受的苦难。如前所述，提比略将阿凯亚和马其顿行省置于元首对默西亚行省的管辖权之下，以便让它们摆脱行省总督的高压。[4]但他的继任者又把这两个行省还给了元老院。当尼禄巡视希腊在奥林匹亚赛会上接受了一顶桂冠时，他赏赐给溜须拍马的希腊

---

[1]　Paus. *Eliac. Pr.* xxiii. 2; *Phoc.* xxxviii. 2; *Achaica*, xliii. 6.

[2]　波桑尼阿斯《希腊纪行》中关于伊利斯的两卷写于公元 173 年。参见 Leake, *Topography of Athens and Attica*, Introduction。

[3]　Philos. *Apoll. Vit.* v. 36.

[4]　Tac. *Ann.* i. 76, 80.

人的报酬是宣布他们从此免税。他宣布的豁免权引起了不同地区征收地方税款的严重争议，于是韦帕芗以这些争议为借口，取消了之前赐予希腊人的自由。[1] 希腊的那些自由城市继续保留着支配可观税收的权力，还可以为了维护本地神庙、学校、学园、水渠、道路、港口与其他公共建筑而征收地方税。图拉真小心翼翼地不去触犯希腊人的任何本地特权，并通过自己正直公平的治理改善了他们的处境。但他的政策却对希腊当地各种制度的发展起到了负面作用。[2]

哈德良为罗马的统治者开启了一条新的政策路线，公开表达了改革罗马制度的决心，以便让自己的统治适应帝国境内业已变化的社会状况。他意识到中央政府的不公行为使得帝国各处的财产都处于风险之中，这弱化了自己的权力，损耗了自己的资源。他消除了行省总督们于法律规定的限度之外敲诈勒索的时弊，其改革确实改善了行省居民们的处境。他的统治为罗马帝国规范、系统的公正治理模式奠定了基础。帝国逐渐收回了希腊人的全部地方司法权，利用一批人数众多、受过良好教育、遵守统一规则的律师来遏制滥用权力的现象。为了减轻臣民的税收负担，哈德良取消了历史上遗留下来的所有税收欠款。[3] 两安东尼基本继承了他的行政改革体系；卡拉卡拉的敕令也忠实地延续了他的理念，将罗马公民权授予帝国境内的所有自由居民。为了巩固帝国政权，有必要解除行省居民的

64

---

[1]　Paus. *Ach.* xvii. 2; Philos. *Apoll. Tyan.* v. 14.

[2]　Pliny, *Ep.* x. 23, 43, 94, 97.

[3]　Spartianus, *in Hadriano*, 7, 21.

奴役，并且将罗马帝国境内土地所有者的利益同帝国行政制度绑定起来。毫无疑问，哈德良最早发现了这一点。他维护了行省居民在帝国体系下同罗马公民平起平坐的地位，因此得罪了罗马元老院。

出于个人的品味嗜好，哈德良奖掖希腊文学并推崇希腊艺术。他不知疲倦地巡视，在帝国的各个角落留下了自己热衷改良社会现状的证据。但希腊，尤其是阿提卡，获得了元首最多的偏爱。我们很难判断，他的举动在多大程度上直接影响了臣民的整体福祉水平，也很难指出影响的具体形式。但显而易见的是，他所树立的榜样及其施政纲领所反映的革新努力，促成了改善希腊人生活状况的态势。希腊或许在弗拉维王朝的财政管理模式下跌入了贫困与人口萎缩的谷底，但它在哈德良善政的扶持下展示出了许多复兴的苗头。哈德良主持完成的那些宏伟公共工程或许可以证明，他对公共税收的审慎管理较此前的元首们有了多大进步。他在雅典完成了始于庇西特拉图（Pisistratus）时代的奥林匹亚宙斯神庙的建设。神庙的十六根石柱至今犹存，参观者震惊于它们的巨大尺寸与美轮美奂。[1] 他还为赫拉与泛希腊之神宙斯新建了神庙，并用一座辉煌的万神殿、一座图书馆和一座体育场装饰了雅典城。他力主修建一条从克菲西亚（Cephisia）引来充足水源的水渠，该工程最终由安东尼完成。他在墨伽拉重建了阿波罗神庙。他还修建了一条将斯图姆

---

[1]　我写完这段文字后，奥林匹亚宙斯神庙的一根柱子被 1852 年 10 月的一场大风刮断。埋在土中的石质地基似乎已在近现代受到了一定程度的损坏。

法鲁斯（Stymphalus）湖的湖水引至科林斯的水渠，并在那座城市里兴建了一些新浴室。但哈德良以审慎精神改良社会的最明确证据是他对道路体系的重视。促进多山地区繁荣的最佳手段莫过于清除不同行省之间的交通障碍。因为希腊的运输费用对贸易的阻碍作用尤为明显，内部交通不便对农业人口生活状态的改善构成了最严重的障碍。他修建了穿越斯基罗尼亚山区（the Scironian rocks）的道路，便于车子从希腊北部通行进入伯罗奔尼撒半岛。尽管这些改良工程已经很了不起，哈德良还着手了一项对于希腊民族而言更加伟大的事业——以罗马司法体系为基础，将希腊人纷繁复杂的本地法律与习俗融而为一。[1] 尽管哈德良将罗马人的法律嫁接到了希腊社会之中，他却并未试图废除希腊人自己的市政管理制度。哈德良的政策一方面赋予了希腊人与罗马人平等的市政权利，另一方面则保留了帝国东部的马其顿制度残余。随着卡拉卡拉的敕令将罗马公民权授予帝国的全体臣民，希腊人事实上变成了在帝国东部占据主导地位的民族。希腊人的制度最终在罗马法的权威之下主导了东地中海社会。

令人浮想联翩的是，全盘继承了哈德良消除罗马公民特权看法的安东尼应该注意到了罗马与阿卡狄亚之间所谓古已有之的联系。他是第一个公开纪念希腊与罗马之间这种幻想出来的关系的罗马人。他把特权给了阿卡狄亚城市帕兰提乌姆（Pallantium），这在罗

---

[1]　Spanheim, *Orbis Romanus*, p. 393.

马帝国境内所有受宠的城镇中前所未有。相传埃万德尔（Evander）
曾率领一批希腊殖民者从那里出发，前往台伯河畔。玛库斯·奥勒
留的习惯和性格使得他对希腊人恩宠有加。倘若他的统治时代更为
太平，让他拥有更多可支配时间的话，希腊的哲学家们很可能还会
从他的闲暇中获得更多好处。他重建了之前被付之一炬的埃琉西斯
（Eleusis）神庙；他修缮了雅典的学校，提升了教师们的薪水，帮
助他们把雅典城变成了文明世界中最负盛名的学术中心。赫罗德
斯·阿提库斯（Herodes Atticus）在希腊境内兴建的辉煌公共建筑
同哈德良的工程交相辉映，并凭借其文学创作、鉴赏品味与巨大财
富的声誉积累了巨大的影响力。那是修辞学家的黄金时代。他们获
得的犒赏不仅是可观薪水与钱财馈赠，甚至还有希腊城市所能提供
的市政权力与荣誉。安东尼·庇护邀请赫罗德斯·阿提库斯为玛库
斯·奥勒留和卢奇乌斯·维鲁斯（Licius Verus）讲授修辞学。玛库
斯·奥勒留让赫罗德斯·阿提库斯极享荣华富贵，直到自己不得不
因为此人对雅典人的残酷压迫而对他加以谴责。同元首的友谊并不
能让他免于蒙羞，但遭到惩处的也只有他的释奴而已。[1]

　　关于玛库斯·奥勒留继任者治下希腊世界的状况，我们所能了
解的信息少得可怜。罗马政府忙于应付各种战事，那些战争很少直
接影响到希腊人居住的行省。凭借吉星高照而爬上元首宝座的士兵

---

[1] Philos. *Vitae Soph.* ii. 1. 另见 *Mémoires de l'Académie des Inscriptions*, tome XXX 中
布里尼（Burigny）对赫罗德斯·阿提库斯生平的梳理。

们很少关心文学与科学。被遗忘、忽视的希腊似乎在一定程度上获得了安宁与喘息之机，并从由哈德良倡始、被《卡拉卡拉敕令》确认的改良帝国的政策中获得了好处。

即便忌妒心极重的元首们也逐渐容忍了希腊人的制度，尽管它们与帝国上层的统治权力毫不相干。当这些制度最终消失时，它们的废止是因为时间推移给希腊社会带来的潜移默化的影响，而非罗马政府的强加政策。事实上，我们很难厘清国家与城市在税收管理上的界限，或双方对地方资金的控制程度。一些城市是独立的，另一些享有免税权。这些特权使得希腊民族在帝国内部享有了某种政治地位，让他们比帝国东部的其他行省居民高出一等——该局面一直维持到查士丁尼时代。[1] 既然色雷斯、小亚细亚、叙利亚和埃及的希腊城市都保留着这些重要特权，我们便不难理解希腊本土为何能够整体保有古时的社会制度框架了。[2]

旅行家波桑尼阿斯看到，迟至罗马政府三百年后，安菲克提昂议事会仍在召开。[3] 来自阿凯亚、彼奥提亚和福奇斯诸城市的代表们仍在为了处理同盟事务而会面。[4] 雅典人还能在提洛岛上驻扎一

67

---

[1]　一些城市拥有自治权（αὐτονομία），另一些拥有免交贡赋的特权（ἀτελεῖς φορῶν）。

[2]　然而，罗马人对于诸希腊城市的公民大会抱有严重敌意（Acts xix. 40）："今日的喧嚷难免要遭到质询，而我们无法解释这次集会的理由。"就连图拉真也对希腊城市中的地方性组织心怀畏惧或抱有妒意。见 Pliny, *Ep. lib. x.* 43, 94。

[3]　*Phoc.* viii. 3.

[4]　*Achaica*, xvi. 7; *Boeot.* xxxiv. 1; *Phoc.* iv. 1.

支武装卫队。[1] 奥林匹亚、皮特亚和地峡运动会继续定期召开。[2]
雅典的战神山法庭和斯巴达的元老院仍在履行其职能。[3] 不同城市
与行省继续使用着它们的独特方言，斯巴达的居民们仍旧在公文中
模仿着祖先的简练风格，尽管他们采用的新方式未免滑稽。[4] 在安
东尼统治时期，阿提卡山区居民们所讲的阿提卡方言比雅典城内居
民的更为纯正，因为后者的居民来源在苏拉屠杀后十分驳杂。[5] 倘
若罗马政府向臣民强加的财政负担不是过于沉重的话，希腊人为改
善地方生活、发展商业（而非过分偏执、华而不实地沉迷于哲学、
文学和艺术）而展开的积极竞争就他们的地区繁荣而言或许是非常
有用和可敬的。但早在卡拉卡拉的敕令解放希腊人之前，支持旧有
社会结构的道德已被摧毁。当安宁来临之际，希腊所能享受的只有
被暴君们遗忘的幸福。

希腊人和罗马人从未尝试团结起来，组成一个民族

希腊人和罗马人的习惯和品味差异巨大，以至于他们之间的

---

[1] *Arcad.* xxxiii. 1.

[2] *Eliac. Pr.* ix. 4; *Phoc.* vii. 2; *Corinth.* ii. 2.

[3] *Attica*, xxviii. 5; *Lacon.* xi. 2.

[4] Strabo, viii. 1. p. 333; Paus. *Messen.* xxvii. 5; Philos. *Apoll. Tyan.* iv. 27. p. 76.

[5] Philos. *Vit. Soph.*; *Herod. Ath.* p. 238; Tac. *Ann.* ii. 55, "那个渣滓民族"（Conluviem illam nationum）; Dion Cassius, liv. 7。

日常交往导致了两个民族的彼此憎恶。出于自己也许都意识不到的偏见与忌妒之心，罗马作家们向我们描述的帝国前几个世纪中希腊人生活状态的图景其实是严重扭曲的。他们没有留意到，亚洲和亚历山大里亚的希腊人与希腊本土居民之间存在着显著差异。追求地主恬静生活或从事商业与农业的欧洲希腊臣民们在带有偏见的罗马人看来不值一提。事实上，身为希腊人的琉善曾将雅典宁静、体面的生活同罗马疯狂、奢侈的生活放在一起对比。[1] 但在罗马人眼中，行省居民的地位比农奴高不了多少，而商人们不过是一群被宽容对待的骗子而已。他们对希腊人性格的印象来自那些冒险家的举止——他们从帝国东部富裕、腐化的城市涌入罗马城来碰运气；这些人由于追求时尚与品味而得到了富有的罗马贵族们的厚爱。[2] 这些希腊人中地位最高的是文人和哲学、修辞学、语法、数学与音乐教师们。他们当中的很多人被聘为私人教师，连罗马贵族们也对这个群体另眼看待，因为他们跟自己的家族保持着亲密的联系。然而，住在罗马城中的大多希腊人的工作是为首都提供公共与私人娱乐。我们看到他们从事的职业五花八门，从剧场总管到经常以身试法的诈骗犯。拉丁作家提供的证据也许十分准确地反映了罗马城居民对

69

---

[1] *Nigrinus*, 12.
[2] "文法教师、演说家、几何学家、画家、按摩师、占卜师、舞绳者、医生、术士——饥饿的希腊小人无所不能；倘若你命令他上天，他也会去的！"(Grammaticus, rhetor, geometres, pictor, aliptes, Augur, schoenobates, medicus, magus, omnia novit. Graeculus esuriens in coelum, jusseris, ibit. — Juv. *Sat*. iii. 76.)

希腊人的印象，他们对住在首都的希腊人的形象刻画也并未失真。[1]

　　然而，在谈到希腊人时，罗马人的口吻反映的往往只是傲慢的帝国贵族对一切异邦人的态度，即便那些希腊人跟他们私交甚笃。罗马人将希腊人同帝国东部的大批异邦人混为一谈，希腊人受到不分青红皂白的谴责。这其实并不出人意料，因为希腊语乃是来自东方的所有异邦人使用的日常交流媒介。来自叙利亚、埃及和巴比伦的术士、巫师和占星者自然在交往圈子与社会风评方面跟希腊的冒险家难以分开。他们共同塑造了卑鄙可耻的希腊人形象，该形象起初指罗马城内的亡命之徒，后来不公地泛指整个希腊民族。我们几乎无须论证，当时在罗马城中流传的希腊文学其实跟希腊人的民族情感毫无干系。对于希腊人自身而言，治学是他们中间成功的教师们光荣、高薪的工作。但在罗马上层阶级看来，希腊文学不过是一种精神装饰品，只是有钱人的嗜好而已。[2]正是因为对希腊和希腊人知之甚少，朱文纳尔从希罗多德与修昔底德断定的事实出发，得出了希腊人生性喜欢撒谎，整部希腊史充满编造色彩的结论。但想要回应那位罗马讽刺诗人所说的"希腊骗子"（Graecia mendax）[3]，

[1] Tacitus, *Hist*. iii. 47 提及了"希腊人的游手好闲与放荡不羁"（desidiam licentiamque Graecorum）；图拉真也曾以轻蔑的口吻谈到希腊人。见 Pliny, *Ep*. x. 49："希腊佬在体育场里厮混"（Gymnasiis indulgent Graeculi）。

[2] 克劳狄乌斯曾免去一名希腊官吏的职务，原因是此人不懂拉丁文。见 Suet. *Claud*. 16。

[3] "宁可相信阿索斯山的故事和种种诸如此类的传说，也不要相信希腊骗子会在讲述历史时说真话。"（Creditur olim Velificatus Athos, et quicquid Graecia mendax Audet in historia. — Juv. *Sat*. x. 173.）Herod. vii. 21; Thuc. iv. 109. Leake, *Travels in Northern Greece*, iii. 145.

70

我们也可以引述琉善更巧妙的批评：罗马人一辈子里只会讲一次真话，那就是在他们立遗嘱的时候。

面对罗马人的指责，希腊人报以更强烈的（但并非更合理的）轻视。当两个民族最初遭遇之际，罗马人当然远不如希腊人那么开化，尽管他们在美德和勇气等方面胜出许多。罗马人承认自己的劣势，并欣然接受那个无力在军事上抵抗自己的民族的教导。关于这种恩惠的例子可谓不胜枚举。罗马人的感恩将希腊人的虚荣心刺激到了高涨的程度，以至于被征服者从未意识到，他们的主人最终在文学才能与政治、军事等方面都超越了自己。希腊人似乎一直没有想到，在后来的世代和遥远的民族那里，一些罗马作家已同他们的古典作家并驾齐驱。生活在塔西佗与朱文纳尔时代的修辞学家从未想过，那些作家的原创性才能拓展了文学的疆域；也没有任何文学评论家劝说他们相信，在完美融合了社交的文雅和冷静的智慧后，贺拉斯的受欢迎程度已超越了希腊诗人。

关于希腊人傲慢的自我中心主义的一个例子足以说明，作为罗马行省居民的希腊人在政治地位下降的过程中抱有怎样的观念。公元 1 世纪名满希腊世界的毕达哥拉斯学派哲学家、图亚纳的阿波罗尼乌斯（Apollonius of Tyana）访问士麦那时，有人邀请他出席泛爱奥尼亚议事会（the Panionian Assembly）。在阅读议事会法案时，他注意到文件签署者使用了罗马名字，于是马上写信给议事会代表，谴责了他们的"野蛮"行径。阿波罗尼乌斯责备他们放弃了祖先的姓名，弃用了英雄与立法者的名字，自称卢库鲁斯

71

（Lucullus）和法布里奇乌斯（Fabricius）。当我们想到这一义正词严的责难来自卡帕多西亚境内的图亚纳人，针对的则是血统已不复纯正的亚洲希腊人时，会将之视为希腊民族虚荣心塑造的幻觉的有趣案例。[1]

罗马人从未热烈崇拜过希腊艺术，尽管希腊的每个阶层都为之心醉神迷。当然，征服者的民族自豪感和个人虚荣心往往会促使他们觊觎那些最著名的艺术品，将那些名气最大的珍品运往罗马城。作为商品，他们获取的那些绘画与雕塑已足以满足罗马人的品味。这一点着实是希腊人的幸运。毫无疑问，倘若罗马人像他们孜孜不倦地追逐财富那样嗜好艺术的话，他们将毫不犹豫地运用征服者的权利，把作为希腊诸城邦公共财产的所有艺术品运回罗马共和国。恰恰是因为掠夺艺术品对于满足征服者的贪欲而言微不足道，希腊才在金银遭到劫掠之际保有她的雕塑与绘画。[2] 两个民族的巨大性格差异充分反映在这个例子中：在征服了叙拉古与科林斯之后，许多著名元老对马塞卢斯和穆米乌斯带回的希腊艺术品满是厌恶之情。这种厌恶无疑在保护希腊艺术宝库（那是希腊人民最重要的情感依托）免遭浩劫方面发挥了作用。西塞罗说，没有哪座希腊城市会赞成变卖一幅绘画、一座雕塑或一件其他的艺术品；与此相反，所有城市都随时准备着充当艺术品的买主。[3] 帕伽马的居

---

[1]　Philos. *Apoll. Vita*, iv. 5; Apoll. *Ep.* 71.

[2]　Paus. *Arcad.* xlvi. 2.

[3]　*In Verrem*, ii. 4. c. 59.

民阻挠了尼禄钦差阿克拉图斯（Acratus）的企图，后者想从亚洲各城市中抢走最著名的艺术品。[1] 我们只要比较一下罗得岛城邦与元首奥古斯都的举止，就能清晰看出两个民族对艺术的不同态度。当罗得岛居民遭到"攻城略地者"德米特里乌斯围困时，他们仍然拒绝毁掉树立在广场上的德米特里乌斯本人及其父亲的雕像。但在奥古斯都征服埃及之际，他下令毁掉了安东尼在当地的所有雕像。不过，出于跟自己贵族地位不大契合的小家子气，他接受了亚历山大里亚居民一千塔兰同的贿赂，放过了克莉奥帕特拉的雕像。希腊人对艺术的崇拜甚至胜过罗马人对复仇的热衷。那些将所在行省搜刮殆尽的罗马行省总督也会掠走艺术品，对艺术品的搜刮始终被视为赤裸裸的劫掠行径。在这方面最为臭名昭著的福尔维乌斯·诺比利奥尔、维勒斯和披索也是世人眼中最恶劣的罗马官吏。

诚然，苏拉从阿拉尔科麦尼人（Alalcomenae）的神庙中抢走了密涅瓦的象牙雕像，奥古斯都则劫掠了特吉亚（Tegea）宏伟神庙中的雕像，目的是惩罚该城市支持安东尼一派[2]，但这些十分罕见的特例恰恰表明，罗马人在行使他们的征服者权利时其实相当宽容。否则，史书记载的那些例外将会是他们容许哪些著名雕塑继续

---

[1] Tac. *Ann.* xv. 45; xvi. 23.
[2] Paus. *Boeot.* xxxiii. 4; *Arcad.* xlvi. 1. 奥古斯都取走了卡吕冬野猪近一米长的獠牙，将它置于罗马城的奇物藏品之列。Strabo, viii. c. 6. p. 381 曾经提到，对艺术的漠视使穆米乌斯将许多作品从科林斯运往罗马周边的城镇。

留在希腊，而非他们将哪座雕塑运到了罗马。当卡里古拉和尼禄恣
意妄为地统治着地中海世界时，他们曾下令将许多著名艺术品运
往罗马城。其中，普拉克希特勒斯（Praxiteles）举世闻名的小爱神
（Cupid）像被搬运了两次。克劳狄乌斯曾将它还给了特斯皮埃，它
在二度被尼禄运走时毁于火灾。[1] 罗马城的大火毁掉了不可胜计的
艺术珍品，尼禄为了装饰首都、补偿损失从德尔斐运来了五百座铜
像，并下令大肆劫掠希腊和小亚细亚。[2] 此后，类似抢劫行为的记
载少之又少，那是哈德良及之后两位继任者不大可能容许的行为。
波桑尼阿斯在其希腊之行中对众多的著名古代艺术品如数家珍，从
这点来看，即便十分古老的建筑也并未遭到大规模破坏。在康茂德
的统治时代之后，罗马元首们便很少关注艺术了。建筑材料的高昂
价值有时会导致古代艺术品遭到损毁，除此之外，它们往往能够原
封不动地矗立在原地，直到周遭的建筑化为尘土。在波桑尼阿斯时
代至哥特人首次入侵希腊的近百年间，有人居住的城市里的神庙和
公共建筑在总体面貌上跟罗马军团第一次开进希腊时相比并无多少
差别。[3]

---

[1] Paus. *Boeot*. xxvii. 3.

[2] Paus. *Phoc*. vii. 1; Tac. *Ann*. xv. 45. 罗马人从奥林匹亚运走了一些雕像。见 Paus.
Eliac. Pr. xxv. 5. 在距罗马城较近的地方，共和国的掠夺行为更加猖獗，伊达拉里亚
的城镇沃尔西尼（Volsinii）有两千座雕像被掠走。见 Pliny, *Hist. Nat*. xxxiv. 34.

[3] 参见 Smith, *Dictionary of Greek and Roman Antiquities*, "Painting and Statuary" 中
罗马从希腊掠走的艺术品清单。

希腊人的社会状态

如果想要对罗马帝国治下希腊人的社会状态进行全面叙述，我们必须详细交代罗马人社会与政治制度的许多细节，因为二者均在希腊产生了重大影响。为了避免探讨如此庞杂的主题，我们只能对那些社会特征加以蜻蜓点水式的概述——它们的影响虽然在罗马帝国编年史中占据着可观的篇幅，却并未对帝国的政治史产生持久作用。在罗马帝国治下希腊民族的各部分中，文明的状态、民众追求的目标乃至民族发展的观念是千姿百态甚至截然对立的。

希腊地区的居民已陷入沉默寡言、与世无争的状态。雅典的学校仍然举世闻名，众多时髦、博学的旅行者从罗马等地前来访问希腊。但希腊世界的公民们却生活在自己的小世界里，恪守着古时的生活方式与惯例及古老的迷信。他们跟帝国的其他部分或希腊族群中的其他分支交往很少，也没有什么共同情感。[1]

欧洲、小亚细亚和爱琴海诸岛屿上居住着大量人口，他们主要从事商业和制造业，对罗马政治与希腊文学缺乏兴趣。尽管希腊人对贸易的看法较罗马人更为正面，财富的萎缩和法律的不公还是迅速消解了他们的商业性格。商人这一职业不再受人尊敬，即便在商业城市中亦是如此。[2] 我们有理由在此征引罗马商业立法中的一

74

---

[1] Lucian, *Navigium seu Vota*, 1 告诉我们，埃及船只来到比雷埃夫斯港在当时可谓一桩稀罕事。

[2] Philostratus, *Apoll. Vit.* iv. 32 提及了阿波罗尼乌斯激怒拉栖第梦一户良善经商人家的举止。

个案例。尤利乌斯·凯撒在改革时认为应当重启一项古老的罗马法律，即禁止任何公民拥有超过六万塞斯特斯[1]贵重金属的财富。这条法律当然无人理会，但在提比略统治时期，告密者便以此为借口在希腊和叙利亚征取各种罚金、没收财产。[2]在罗马人的贪婪财政政策影响下，从前以大宗商品交易为主的地中海东部商业活动走向衰落，转而向西欧大城市出口某些奢侈品。爱琴海诸岛屿的葡萄酒、帕伽马的地毯、科斯岛的细麻布与拉科尼亚的染羊毛在史料中尤为突出。[3]贸易萎缩是罗马帝国国运衰落、人口下降的因素之一，相关影响不容忽视。因为跟现代相比，古代的交通手段相对落后，当时的财富积累对商业的依赖程度更高。关于诸多行省向罗马城出口谷物（那里有很大一部分人口享受着免费的粮食配给）的法律并不合理，经常低于意大利谷物价格的交易扰乱了各种商业活动。

　　希腊民族中的一部分人口在帝国中占据着最重要的社会地位，他们居住在小亚细亚、埃及和叙利亚幸存下来的马其顿与希腊殖民地。这些地区遍布着希腊人。帝国境内在规模、人口与财富等方面分列第二、三位的城市亚历山大里亚和安条克的主要居民也是希腊人。单单是亚历山大里亚对罗马帝国与欧洲文明的影响就需要一篇大文章才能论述到位。那里的哲学流派在东方改造了基督教，试图借助诺斯替主义和新柏拉图主义，为异教行将就木的肢体注入新的

---

[1]　约合六百英镑。

[2]　Suet. *Tib.* 49.

[3]　Pliny, *Hist. Nat.* xiv. 77; Juv. *Sat.* viii. 101; Hor. *Sat.* i. 2.101.

活力。犹太人与基督徒之间的纷争原本起源于地方上的恩怨，却在此后延续了几个世纪之久。在西欧，人们仍用掺杂着亚历山大里亚讲堂里偏见的观点贬低着基督教。那座城市的富可敌国和人烟稠密引发了奥古斯都的忌妒。他废除了当地的市政管理机构，使之完全沦为讲坛中唇枪舌剑的战场和罗马人眼中市政无序的祸害。亚历山大里亚的民众摆脱了任何制度规范的约束，远离了一切公认的市政权威的社会行为指导。他们一旦聚在一起开会，便会陷入极其野蛮的民主狂热。哈德良对亚历山大里亚居民的活力与勤勉感到震惊，尽管元首似乎并不欣赏他们的性格，他还是认为增加该城人口中某些有组织的阶层的特权是削弱暴民影响力的有效方式。

安条克和地中海东部的其他希腊城市保留着自己的市政特权。小亚细亚、埃及和叙利亚的希腊人在各个地方都与当地的原住民完全隔绝。希腊人的集体组织往往让他们有机会干预公共政治生活的细节；诡计多端、叛逆十足的性格则让他们有能力捍卫自己的权利与利益。自从行省的自由人获得了罗马公民权，这些地区的希腊人（他们构成了特权阶层的主体，并分享了地方上最重要的行政权力）很快就获取了罗马政府的全部权威。他们俨然成了罗马帝国的真正代表，将本地居民排挤出权力中心，这使得地方上的不满情绪愈演愈烈。总之，在帝国东部，随着《卡拉卡拉敕令》的颁布，希腊人再度成为占据主导地位的民族，就像罗马征服之前那样。尽管各行省居民在法律意义上是平等的，希腊人同叙利亚、埃及和小亚细亚大部分地区的本地居民还是爆发了激烈的冲突——那里的众多民族仍然保留着自己的风俗和语言。希腊人居住在帝国东部的大片区域内，地位几乎等同帝国西部的罗马人。同样的因素往往会导致类似的结果：希腊人一旦成了占据着统治地位的特权阶层，掌管了罗马政府严苛无比、高高在上的财政体系，不再按照马其顿先辈们相对宽容的习惯进行统治时，他们的数目和影响便开始减小。就像意大利、高卢和西班牙的罗马人那样，埃及、叙利亚和美索不达米亚的希腊人走上了自掘坟墓之路，由于滥用权力的腐败行径而自取灭亡。

　　古代希腊地区居民们与世无争的地位使得政治史家对他们的社会状况几乎一无所知。我们已经解释过导致希腊衰微的首要因素，但当时的社会风气及上层、中层阶级的生活方式也加快了这个民族的衰落进程。我们已经看到，马其顿征服后增加的财富提升了私人地产的规模，扩充了希腊的奴隶数量。在罗马人治下，该地区的财富总量事实上经历了严重的萎缩。然而，一些人攫取了超过古代帝王水平的巨大财富，占有了比许多著名民主城邦还要广大的土地。尤利乌斯·欧律克勒斯拥有一个行省；赫罗德斯·阿提库斯一度有机会购买一个王国。[1] 当少数人可以毫无顾忌地聚敛财富时，普罗大众即便想要追求谦卑的独立地位亦是奢望。普鲁塔克声称，希腊在他生活的年代里只能武装三千重装步兵；而普拉提亚战役中的西库翁（Sicyon）与墨伽拉等小型城邦便能提供同等兵力。为了理解

----

[1]　本书第 47 页已提到过盖约·安东尼在克法勒尼亚的不当收益。塔西佗告诉我们，克里特的克劳狄乌斯·提玛库斯（Claudius Timarchus）乃是个人在希腊贪赃敛财的另一个例子。见 Tacitus, *Ann.* xv. 20。

这种情况，我们必须明白，私人地产的规模与社会环境已经今非昔比，二者的变化都会导致自由公民数量的下降。[1]希腊的税收被上缴给罗马，在行省之外花销殆尽。最有用的公共工程受到轻视，只有哈德良等仁慈的元首或赫罗德斯·阿提库斯等富裕的个人才会把开销的一部分用在既实用又气派的项目上。随着这种局面的持续，希腊的钱财与资本几近枯竭。

贵金属价格的逐渐上涨进一步加剧了希腊的贫困。这种危机早在尼禄时代已经显现，并对希腊造成了严重威胁：它改变了该地区的财富分布格局，导致了希腊对外贸易的损失。希腊曾经拥有丰富的矿产资源，那是西弗诺斯（Siphnos）、雅典财富与繁荣的源泉，也为马其顿腓力的崛起奠定了基础。金矿与银矿的产出可直接充当商品，成为较铅矿、铜矿更可靠的财富来源。出产金银的地区所蒙受的灾难来自政府的财政政策。罗马人的财政规定对想要经营贵金属矿业的个人来说意味着灭顶之灾，而这些矿藏在政府管理下又是产生不了什么收益的。许多矿产陷于枯竭，即便在贵金属价格上涨的情况下，一些并未受到罗马势力干预的矿业也因公元 2 世纪旧大陆的商业活动萎缩而被废弃了。[2]

78

---

[1]　*De Defectu Oraculorum*, c. viii. p. 414.

[2]　Jacob, *Historical Inquiry into the Production and Consumption of the Precious Metals*, i. 35, 42. 尽管该部作品的基本观点是正确的，作者显然在估算金银矿藏的数量及判断它们在中世纪流通的情况方面犯了错误。拜占庭帝国的金币数量巨大，在公元 10—12 世纪流通于全欧洲，它们肯定来自当时还在组织生产的矿山。

希腊陷入了普遍的衰落状态，她的商业和制造业此时仅供日渐减少的贫困人口消费，滑落到了无足轻重的地位。在社会江河日下的情况下，政治、财政与商业因素共同导致了国民财富的流失。因此，个人很难靠巧妙地改变他们的生活方式或节省开销来避免陷入贫穷。事实上，他们很难预见到衰落的进程，一笔原本合理的遗产继承或迫不得已的抵押贷款都有可能毁掉一个家庭。

在这种社会衰落的状况下，人们对过度奢侈现象的抱怨十分普遍，公元 2 世纪的希腊作家笔下充满了相关的哀叹。这些怨言本身并不能证明，大部分社会上层人士的生活方式是对社会有害的——无论是他们的娇弱之气还是奢侈开销。它们只能表明，私人收入的大部分都花在了个人支出上，并没有一笔固定款项被用于扩大再生产，以便弥补地力的退化。地力衰退早已存在，并随着时间的推移而每况愈下。拥有地产的人由于年收入不足以满足开销，便开始借钱，而非努力削减支出。债务的累积成了该地区的普遍现象，是普鲁塔克时代的一大流弊。[1] 这些债务一部分源于罗马政府的压迫及永远热衷搜刮现钱的财务官吏的徇私舞弊——后者通常跟罗马高利贷者沆瀣一气。结果，罗马的行政体系对行省造成了最严重的伤害。它让资本持有者积聚了巨大财富，迫使土地所有者陷入赤贫。希腊债务人的财产最终多半落入了罗马信贷者的手中。倘若是在一个高度同质化的社会里，这种财产转移本有可能激活上层阶级，用一批

---

[1]   Περὶ τοῦ μὴ δεῖν δανείζεσθαι.《论应禁止高利贷》(De Vitando Aere alieno)。

勤勉务实的财阀取代游手好闲的土地贵族，从而产生截然不同的后果。但它最终让希腊遍布外来地主，引入了新的对立情绪与奢靡风气。希腊人无力长期抗争，经济地位每况愈下，直至贫困让他们陷入了与之前截然不同的社会生活状态，学会了农夫的审慎与勤勉，遁入了历史记载与博古研究都注意不到的与世无争状态。

我们很难准确把握古代世界私人债务导致的罪恶与道德沦丧，尽管它们经常会作为政治革命中最有力的诱因而出现，并持续受到政治家、立法者和政治哲学家的关注。现代社会已完全消除了它们的政治影响。地产转移的益处被进一步放大，资本流通变得更加容易，因此信贷业有能力补救这种特定的社会弊端。我们还应注意到古人将地产视为公民的附属物，即便在土地占有数量能够决定公民在国家中的社会等级地位时亦是如此；现代人则将土地所有者视为地产的附属元素，失去地产的公民也将丧失与土地绑定在一起的公民政治权利。

在结束对帝国政府管理下希腊民族地位的考察时，我们肯定会意识到，希腊并不合乎吉本所下的断言——"如果有人被问及，人类的生活状态在世界历史中的哪个时期最为幸福和欣欣向荣，他会毫不犹豫地答道，是从图密善去世到康茂德即位的那段时间。"[1] 罗

80

---

[1] *Decline and Fall*, i. 216, Smith's ed. 埃及的情况几乎跟希腊一样糟糕，见 Arist. *Orat. Aegypt*。参见 Milman, *History of Christianity*, vol. i. book ii. c. vii; 以及 Hegewisch, *Essai sur l'Époque de l'Histoire Romaine la plus heureuse pour la Genre humain*, Solvet tr., 其中的许多案例支持了吉本的观点。

马政府实行的系统压迫让诸行省农民与商人叫苦不迭，我们有理由怀疑它是否曾经放松过。即便是哈德良本人，在以仁慈手段操纵一个本质上极其糟糕的体系、纠正最严重的弊政方面也没有多少建树。事实上，希腊在韦帕芗时代已跌入人口下降、民不聊生的谷底，同时代作家[1]的记述中仍有大量证据表明，希腊地区的这种凋敝状态在物质层面长期没有得到改善，只是在被吉本理想化的那个时期里才有了些许缓解迹象。哈德良的开明与赫罗德斯·阿提库斯的慷慨只是一些个例，无法改变罗马的整套体制。这两位希腊的赐福者修缮了许多辉煌的古代建筑，但由于该地区的人口减少和贫困状态，许多为公众提供服务的工程仍然受到忽视。就改善民众福利而言，哈德良与赫罗德斯·阿提库斯的大部分工程仅限于提供建设过程中的工资薪酬。[2]哈德良兴修的道路和水渠属于明智的例外，它们毕竟降低了运输费用，为生产活动提供了便利。但那些至今犹存、美轮美奂的建筑则表明，修建它们的目的是树立宏伟的艺术纪念品，以便满足建造者的品味与虚荣，而非增加当地的资源或改善劳动阶级的处境。

　　人口下降并不必然意味着有人丢掉了基本生计。商业发展方向的突然变化、手工业产品需求的下降则必定会夺走人们的常规生计，

81

---

[1]　如普鲁塔克、琉善、波桑尼阿斯和费劳斯图斯。

[2]　雅典人嘲讽过赫罗德斯的浮夸作风，他给运动场内的座位铺上了一层大理石，用的是自己残酷盘剥得来的钱财。人们说，这笔资金确实是"全雅典的"（Panathenaic）。见 Philos. *Soph. Vitae*, ii. 1. p. 236。

导致民不聊生的局面，随后造成人口的最终下降。这些现象在社会的发展期与衰落期都有可能出现。但当一个地区的产品主要产自当地并由当地居民消费时，那里的人民可能会陷入每况愈下的处境，尽管内部和外部的观察者在一段时间内都觉察不到这一变化。国民财富流失的首要原因在于，社会成员将过多的年收入用于消费，而没有将其中的一部分用于再生产。简言之，他们花掉了自己的收入，却没有创造新的财富来源或采取措施阻止旧有财富的流失。希腊遭受着各种因素的折磨。她的商业和制造业被转移到其他地区。当这些变化发生后，希腊地区的居民只是耽于享乐，而没有努力填补本地区的财富流失。本民族的财富萎缩最终导致了社会状态的变化，进而为大幅改善人类的生存状态奠定了基础。贫困使奴隶制变得罕见，消灭了助长奴隶贸易的许多渠道。奴隶们的处境也发生了若干变化，因为奴隶和公民之间的壁垒已被打破，自由人中的贫苦阶层被迫陷入了跟奴隶一样为糊口而劳动的境地。基督教恰恰在这个有利的背景下出现，阻止了贪欲重新取代仁慈的趋势。

在政府的压迫下，人身安全有时比财产安全更为脆弱。希腊人在土耳其统治下的情况便是如此，他们在罗马人治下的状态亦然。在这些情况下，希腊的人口下降较财富流失更为迅速。罗马帝国时期的希腊居民拥有世代资本建造的房屋、花园、葡萄园、橄榄种植园和农田，它们足够维系更大数量的人口。但商业的不足、道路的年久失修、贵金属的匮乏和立法弊端给小规模物资运输制造的障碍，使得每个地区剩余产品的价值几近于无。各地居民能够维持

82

基本的生活，并拥有适合本地水土生产的大量奢侈品，但当他们尝试购买艺术品、展开对外贸易时，便发现自己还是贫困的。这种社会生活状态必然会导致浪费多余产品、轻视为将来的生产活动做好准备的习性。希腊地区的居民长期生活在这种麻木不仁、耽于安乐的状态中，直至罗马政权的虚弱、军队的无序、自由公民的数量下降和手无寸铁为北方民族入侵帝国核心地带提供了可乘之机。

宗教与哲学的社会影响

关于希腊人的最早史料记录表明，他们在生活中并不尊奉某个祭司阶层的绝对权威。这种自由导致的自然结果便是民族信仰相关教条的不确定性：祭司集团会对涉及宗教问题的公意做出荒腔走板的解释。人们对奥林波斯诸神的信仰早在伯里克利时代已经发生动摇，并在马其顿征服过后经历了许多变化。罗马人入主希腊之后，大部分知识精英分化为不同哲学派别的信奉者，每个支派都将现有的宗教视为民众的迷信。但罗马政府和行省长官们继续支持着不同行省中各种宗教的合法权利，尽管祭司群体获得这种支持主要是因为他们构成了一个合法组织而非被视为精神导师。他们的收入和在市政生活中的权利与特权才是行政长官关注的焦点。

希腊世界的宗教团体富可敌国、数量众多，这些组织通过公共节庆积累了大笔经费，在很大程度上助长了民众的游手好闲与奢靡风气。确实，奥林匹亚、皮特亚和地峡运动会中的大型庆典让希腊民族聚在一起集会，团结在共同的民族利益之下，其实是好处多多的。它们可以为整个希腊民族维系统一的公共价值观与民族认同感。但过多的地方性宗教节庆与公共娱乐活动所造成的资源浪费对社会是极其有害的。

宗教庇护的特权——一些古老庙宇因此成了逃亡奴隶躲避主人报复、债务人逃避债主追逐、恶贯满盈的罪犯得以逍遥法外的圣地——会助长对各种正义原则的公开冒犯。对丑恶罪行的慷慨豁免消除了对惩罚的畏惧、对道德的约束和对宗教的敬畏。这种权力滥用在罗马治下愈演愈烈，以至于提比略时代的元老院认为有必要革除这一弊端。但迷信的顽固不化使得彻底的改革难以推行，许多圣所的庇护特权一直维持到了很晚的时代。[1]

尽管远古的迷信仍旧存在，古时的宗教情感却已荡然无存。从前希腊宗教制度中最特别的谕所早已衰落。[2]然而，我们不应认为，皮特亚女祭司在基督降生之际已停止用神谕答复世人；因为许久之后，元首们仍去她那里卜问。即便在基督教传入希腊之后，许多谕所仍然享有盛名。波桑尼阿斯提及了他那个时代最灵验的奇里

84

---

[1]　Tac. *Ann.* iii. 60. "由于庇护权的存在，希腊各城市中放荡恣意、逍遥法外之徒的数量不断增长"（Crebrescebat enim Graecas per urbes licentia atque impunitas asyla statuendi）. *Ibid.* iv. 14.

[2]　Plut. *De Orac. Defect.* c. v. vii. pp. 412, 413, ed. Xylander.

乞亚玛洛斯（Mallos）谕所。[1] 克拉罗斯（Claros）谕所和狄杜米（Didymi）谕所也很有名，琉善时代有许多人去那些地方卜问。就连新谕所的收益也开始变得丰厚。[2] 即便在受到普遍冷落后很久，这些谕所还在向狂热的卜问者提供答复。尤利安试图恢复它们的影响力，曾就波斯远征的结果求问过德尔斐、提洛岛和多杜纳的谕所。[3] 他徒然地想要重现德尔斐与安条克附近的达弗尼（Daphne）的古时荣光。[4] 即便到了狄奥多西大帝统治时期，德尔斐、狄杜米和宙斯阿蒙神（Jupiter Ammon）的谕所仍旧存在，但此后便纷纷销声匿迹。[5] 世人将对它们的敬意转移到了占星术士身上，各个阶层会在各种场合向他们求问。根据史料记载，提比略、奥索、哈德良与塞维鲁都曾向这类探询未来秘密的人士卜问。[6] 但《十二铜表法》是禁止这种秘密的占卜术的（其中便包括占星术），公开的法令和罗马国家宗教的精神均谴责此类行为。即便在希腊人那里，占星术也被视为非法的可耻行径。[7]

---

[1]　*Attica*, xxxiv. 2.

[2]　Lucian, *Alexander and Peregrinus*.

[3]　Theodoret. *Hist. Eccles*. iii. 16.

[4]　Cedrenus, *Hist. Comp*. p. 304; Ammianus Marcellinus, xxii. 12.

[5]　参见 Van Limburg-Brouwer, *Histoire de la Civilisation morale et religieuse des Grecs*, vol. vi. p. 32 提供的大量证据。另见 Symmachus, *Ep*. iv. 35.

[6]　Tac. *Ann*. vii. 20, *Hist*. i. 22; Spartianus, *Hadrian*, 2; *Severus*, 2.

[7]　"占星术受到所有人的谴责与声讨"（Ars mathematica damnabilis est et interdicta omnino）。*Cod. Just*. ix. 8.2. Bonamy, *De Rapport de la Magie avec la Théologie Païenne. Mémoires de l'Académie des Inscriptions*, vii. 25.

在公元 1 世纪，对塞拉皮斯（Serapis）的崇拜在罗马帝国各处均有显著发展。这一崇拜强调彼岸世界与来世审判。这一事实值得注意，因为它说明公众对古老多神教体系的尊敬已经荡然无存，正在苦苦寻找即将由基督教揭示的那些道理。宗教信条规范下的人生道德准则成为社会追求的必需之物，而基督教恰恰提供了这些准则。

希腊人的宗教在指导道德生活方面几乎毫无用处。因此，哲学派别对祭司阶层影响力的破坏结果不过是社会上层与下层教育的分离，其他的社会因素同样导致了这一后果。祭司与哲学家的知识体系是截然对立的。同严重缺乏智慧、形式呆板的希腊宗教权威相比，哲学研究在知识教育方面的贡献无疑更大。希腊人对哲学和形而上学的持续关注是他们突出的思想特征，这部分源于他们母语的逻辑性。但在希腊的独立时代，那只是该民族中少数知识精英独具的特征。在小型独立城邦林立的特定社会状态下，与规模相当的其他人类聚落相比，希腊民族中有更多成员能够过问军国大事。希腊境内的每座城邦都是一个都城，拥有自己的政治家和律师。这种肩负重担的责任意识促使希腊人将自己的聪明才智开发到了极致，类似的例子不胜枚举。对人类最强烈的鞭策莫过于自愿履行义务的责任感。

希腊城邦中普遍存在的社会交往习俗和简单生活方式令所有知名公民的个人举止名扬天下。名人的言谈行为同其政治生涯一道成为同胞们不断钻研的对象。社会风评的强大力量巩固着传统的道德观——它的伦理规范虽然宽泛，但要求至少是不容置疑的。但当希腊世界的国际体系崩塌之后，新的社会状态让希腊人的生活有了更

86　多隐私，社会、经济地位的显著区隔限制了同地区公民之间的公共交往，从政者的私人生活举止在很大程度上淡出了民众的视线。社会风评的影响逐渐减弱，因为它仰赖的对象已不再那么个性化和典型化了。

　　大约与此同时，政治形势开始削弱公共舆论在政治、管理事务中的作用。世人迫切需要并苦苦寻找某种替代品来填补其强大的影响力。宗教早已不再是道德方面的指导，人们努力寻找某种情感来取代早已遭到遗忘的对诸神的敬畏之心及从前受到尊重的公共舆论。[1] 人们一度希望哲学能够填补这一空缺。哲学的宣扬者不仅是那些勤勉、博学的人物，还有社会公众。他们希望哲学家的洁身自好能够为纯粹的道德精神提供可靠的指引，激发人们内心深处的正义感。希腊人遭受的政治不公自然会提醒他们，指引人类道德举止的永恒力量是不可或缺的。希腊人希望哲学研究能让他们的主人学会公正，唤起其心中的人道情感，这点肯定发挥过重要影响。当罗马人也陷入了道德与政治上的衰落状态，甚至陷得比希腊人更深时，知识精英自然会在类似观点的指引下大力宣传哲学。全社会对正义和真理的追求使得人们对哲学教师毕恭毕敬。他们的权威与品行令人景仰。尽管受到讽刺诗人的各种揶揄，哲学

---

[1]　塔西佗自身的态度也很复杂。见 Tac. *Ann.* vi. 22："但当听到诸如此类的报道时，我自己也会感到难以决断，不知道人事究竟是服从于永不变更的必然命运，还是完全出自偶然。"（ Sed mihi, haec ac talia audienti. in incerto judicium est, fatone res mortalium et necessitate immutabili, an forte volvantur. ）

家仍与各阶层打成一片，维持着自己的权力。其中有少数人可能
会因宫廷的恩宠而走向腐化堕落，世人还是认为他们的品行总的
来说无可指摘，为人公平正直。一些钻营之徒经常会留着络腮胡
子、身穿肮脏不堪的衣服，扮演苦行僧或弄臣的角色，以便在罗马
富人家里求取更大的影响力。但不同哲学派别不断篡改、修正学说
创始人的观点，他们徒劳地将古老的多神教信仰移花接木到后来的
哲学体系之中。最终的事实明白无疑地表明，这些哲学教师其实缺
乏完成其时代使命的各种哲学见解。他们似乎无力把握所有人苦苦
追寻的伟大真理原则。但在帝国政府的暴政和无序对社会造成毁灭
性威胁的局面下，这些研究大大提升了上层阶级的智力与道德水平
及人们对生活状态的容忍度。哲学学说让人们做好了真诚接受更为
纯粹的宗教的思想准备，并使许多哲学信徒能够自然而然地皈依基
督教。

　　哲学为希腊增添了光彩，但除了雅典之外，知识与哲学在欧洲
境内希腊世界的流传十分有限。居民的贫困和该地区的封闭状态使
得文学从业者为数寥寥。安东尼王朝之后，亚细亚、叙利亚和埃及
的富裕城市孕育了希腊知识精英的真正代表。被历史忽视的欧洲希
腊人小心翼翼地维系着本民族的制度。在外人眼中，希腊性与希腊
世界的声誉是以那些背井离乡的族群的文明为基础的，但他们的人
口数量已经开始下降，正在加速走向灭亡。因此，从民族立场上看，
希腊人的社会制度比他们的文学更加有用。

殖民地匮乏的背景之下，希腊人的社会生活状态

缺少外部殖民地——它们可以为持续不断的对外移民提供场所——显然大大阻碍了罗马世界的社会进步。罗马从不像腓尼基和希腊那样，准许自己的大批公民告别故乡的贫困生活，独立地集聚在异国他乡改善命运，享受自治的好处。她的寡头体制将民众视为国家的财产。罗马文明的疆界扩展紧跟着罗马军队的脚步，征服事业一旦停止，罗马的殖民进程也就终止了。在某些时代里，战争曾是刺激罗马人口增长的因素，就像现代的殖民扩张那样。它通过吸收奴隶劳动力增加了财富总量，通过打开晋升之途激发了民众的活力。但源自罪恶的收益是不可能持续产生积极效果的。早在奥古斯都的政策确立了普遍的和平局面，使得罗马军队被降格为一队宪兵或武警，负责守护诸行省的内部安宁或警戒边疆之前，罗马政体固有的一系列缺陷已开始伤害下层公民。[1] 在旧有的征服生涯一去不复返的情况下，民众需要新的活动领域，以使找到新的奔头，避免陷入穷困潦倒与无所事事。在这样一个节骨眼上，由于缺少向外移民的殖民地，民众的种种罪恶只能在国内持续发酵。罗马人渴望找到某些遥远的空间——它们跟本民族的古老历史存在联系，但不存在将勤勉、进取、高傲的阶层压

---

[1] 参见 Dureau de la Malle, *Économie Politique des Romains* 对这一主题的出色分析，还有另一部杰作 Naudet, *Mémoire sur les Secours publics chez les Romains*, *Académie des Inscriptions*, Nouv. Coll. tom. xiii。

得喘不过气来的那些社会限制——以便缓解社会压力，促成政治改革。罗马人做了许多尝试，想要解决长期停战导致的自由劳动力贫困化与失业问题。盖约·格拉古引进了按年度分配谷物的制度，那是导致罗马共和国覆亡的主要原因之一；奥古斯都则在意大利全境为军团退伍老兵建立殖民地，结果加速了意大利的人口下降。

军事殖民地和军事殖民城市的建立，还有罗马公民在西班牙、高卢与不列颠的闯荡，都是当时移民活动需求无法满足的情况下的不完美替代方案，尽管它们早已在改善罗马帝国西部生活方面发挥作用。元首们的政策旨在维护社会稳定，但就连奥古斯都和提比略等思想深刻的政治家也未能意识到，防止社会走向衰落的最有效途径正是通过移民手段满足民众的常规需求。然而，对外移民是同罗马人的种种偏见相互龃龉的。罗马的政策和宗教都反对公民住在帝国疆界之外；而共和国对外征服期间意大利居民数量的持续下降似乎表明，意大利治理者的首要任务便是鼓励人口流入。

意大利的人口下降源自罗马政治体系的固有弊端。这些因素肯定会对帝国境内的诸希腊行省产生影响，但合乎历史准确性的相关细节只能在行政权力中心的周围观察到。共和时代的行政体系总是倾向于美化贵族阶级，他们大谈荣誉，心里一直盘算的却是钱财。当罗马征服的疆域拓展到古代地中海世界的所有富庶地区后，位于社会金字塔顶端的家族聚敛了惊人的财富，其规模远远超过现代君主的财产。美轮美奂的庄园和花园遍布意大利全境，作为猎场的土

89

地较农场更具价值。诸行省也接受了同样的生活习惯。[1]在罗马城周边，以行省贡赋为基础的谷物公共配给制和为平抑面包价格而向谷物商人提供的补贴，大大打击了农业。[2]亚历山大里亚和安条克的公共配给制度同样有害。帝国人口下降的其他原因是罗马快速对外征服期间奴隶数量的激增，还有获胜者掠夺的巨大财富的再分配。奴隶的生产活动永远伴随着严重的浪费现象，而一旦自由劳动者的工作在社会中被降格至跟奴隶劳动相同的水平，他们便无法作为一个群体长期存在，而是注定要走向衰亡。当玛库斯·奥勒留之后罗马政府治下的人身、财产安全丧失与社会腐败让情况雪上加霜时，罗马帝国的衰落与人口下降已无需更多解释了。

倘若中产阶级中的活跃、睿智与高贵人士有办法摆脱自己所处的绝望地位的话，罗马政权统治下的社会或许还不至于走向没落。但这种假设毫无意义，因为对于将一切军事、政治殖民地仅仅视作贵族集团肥己资源的罗马政权而言，她的罪恶也许原本就是社会组织体系固有的缺陷，最终将毁掉元老院或元首直接管辖范围之外的所有罗马治下社会。各民族的社会组织形式影响着它们的活力，正如其政治制度影响着它们的权力和命运一样。

当基督教传播至帝国疆界以外时，原本不利于对外殖民活动的

---

[1]　"大地产在意大利和诸行省消失了"（Latifundia perdidere Italiam, jam vero et provincias）. Pliny, *Hist. Nat.* xviii. 35; Tac. *Ann.* iii. 54. 最近，我们也在苏格兰的猎鹿森林中看到了类似的现象。

[2]　Suet. *Aug.* 42.

罗马排他性民族认同感开始遭到冲击。基督精神与罗马公民甚或罗马臣民无关，这让罗马人有理由对基督徒产生排斥心理，将他们视为人类之敌。在罗马人口中，真正的人类只存在于罗马帝国范围内，而图拉真和玛库斯·奥勒留等元首也确实镇压过基督徒，因为世人相信基督徒跟罗马政府并无联系，并且尊重人性胜过尊重罗马公民权。

哥特人入侵对希腊的影响

亚历山大·塞维鲁的统治结束后，罗马政权的全部注意力已转移到保护帝国免遭北方民族入侵的迫切需要之上。欧洲北部同罗马世界两百年来的交往促进了早期文明在该地区的发展。贸易创造了新的需求，为社会提供了新的动力。这种渐入佳境的状态会持续促进人口的快速增长，同时激发进取的精神，后一点使得表面上的人口增长较事实上更为显著。凡在人类编年史中留下过一笔的民族都经历过类似的活跃时期。希腊人、罗马人和阿拉伯人曾接二连三地派出大军，那肯定会令他们攻击的民族错愕不已，正如看似无穷无尽的哥特军队让衰落中的罗马人感到震惊一样。但在整部人类历史中，我们也很难找到比未开化的哥特人打败训练有素的罗马帝国军团，成功侵入人烟稠密的罗马帝国诸行省更不寻常的事件了。他们成功的原因显然在于罗马帝国内部的问题：民众手无寸铁，因为各地区都被统治者刻意解除了武装。此外，罗马行省官吏的苛政、财政体系的紊乱和军纪的废弛都是比哥特人的强健体魄或军事技术更重要的因素。倘若有哪种民族情感或共同的政治利益能将民众、军队和统治者团结起来的话，罗马帝国便可以轻而易举地击退所有敌人的进攻。假使罗马政权没有站在同臣民直接对立的立场上，通过种种邪恶立法和腐败行政阻碍臣民自然而然的自我发展的话，那么在罗马的殖民拓展面前，住在日耳曼、波兰与罗斯的野蛮人并不会组织起比西班牙、高卢和不列颠的居民更有效的抵抗。扩展文明疆域的任务需要民族精神的支撑，那是帝国或其他任何形式的中央政府无法独力办到的。即便对于那些自诩为世界主宰、能力最强的统治者而言，尽管成长于戎马生涯之中，他们还是不敢尝试对外征服。帝国军人们满足于维持帝国现有版图的平凡使命。即便塞维鲁巩固了以军事实力为基础的专制体系，之后也未能成功拓展帝国的疆域。既然罗马军队暴露了自己无力进取的弱点，蛮族便开始筹划袭击行省。一旦一小撮入侵者成功突破了罗马人的防线，蛮族便会对大规模的劫掠胸有成竹。即便入侵遇挫，他们也总能避开敌人的追击。这些入侵起初是由小股武装力量和小型部落组织的，随后则变成了正规军队与各民族的事业。在不复尚武、手无寸铁的帝国公民眼中，全体北方部族似乎源源不断地南下，劫掠、奴役原本生活在和平中的南方富裕居民。

　　罗马帝国的统治者采用了种种御敌之策。亚历山大·塞维鲁向蛮族提供钱财，暂时保住了边疆的安宁；德奇乌斯在保卫行省、抵挡侵入默西亚行省中心的哥特大军时阵亡；特瑞波尼亚努斯·伽鲁斯（Trebonianus Gallus）用每年纳贡的代价换来了获胜者的退兵。但罗马政权的混乱状态愈发恶化，元首的更迭日趋频繁，入侵者的数量却与日俱增。形形色色的部落与民族跨越了多瑙河[1]，他们被希腊人和罗马人称为斯基泰人和哥特人，是斯拉夫和日耳曼语族中较大的分支，包括东哥特人、西哥特人、汪达尔人、赫鲁尔人（Heruls）、波然人（Borans）、卡尔普人（Karps）、普克人（Peuks）和乌鲁古德人（Urugunds）。他们的入侵路线穿越默西亚行省，直抵色雷斯与马其顿。他们抢走了大量战利品，并毁掉了更多的财富。成千上万勤劳能干的居民沦为奴隶，更多的人遭到残酷侵略者的屠杀。

这些人侵惊醒了希腊人，让他们摆脱了三百年来与世无争的状态。他们开始修缮自己城镇中早已被废弃的防御工事，并为了守护自己的财产招募城市卫队与乡村战力。罗马人长期以来一直认为，怯懦是希腊人无可救药的缺陷，因为他们不得不在罗马人面前做出卑躬屈膝的姿态，就连地位卑微的罗马人也能在希腊人面前找到虚幻的优越感。但真实的情况是，从奥古斯都时代起，罗马世界的所有中产阶级都不愿牺牲自己的安逸来换取为帝国效劳的虚幻荣耀。爱国情感无法吸引人们投身军营，而驻军位置的偏远和晋升希望的渺茫也令他们的野心迅速破灭。瓦卢斯（Varus）战败后，被征召

93

---

[1]　Zosimus, i. 31, 42.

入伍的罗马青年贵族所表现出的胆怯在希腊史上是闻所未闻的。他们会像现代埃及的农民（fellahs）那样，砍掉自己的拇指来逃避兵役。[1] 希腊能够为帝国边防做出一定贡献，但作用相对有限。卡拉卡拉从斯巴达招募了一些士兵，将他们组成拉栖第梦方阵。[2] 德奇乌斯在战败前曾把温泉关的防务托付给后来的元首克劳狄乌斯，但除了各城市中的常规希腊驻军外，克劳狄乌斯手中只有一千五百名正规军士兵。[3] 如此小的兵力规模很能说明问题：希腊人在北方民族侵入帝国核心地区之前长期生活在安宁的状态中。

在希腊北部与科林斯地峡，人们都在做着保家卫国的准备。在瓦勒里安（Valerian）时代，自苏拉时期起一直发挥不了防御功能的雅典长墙得到了修缮，科林斯地峡一带的防御工事也得到了重建，由伯罗奔尼撒半岛的军队驻守。[4] 没过多久，希腊人便得到了验证

94

---

[1] Suet. *Aug.* 24.

[2] Herodian. iv. 8.

[3] 这支部队由两百名达尔达尼亚人、一百名重装步兵、一百六十名骑兵、六十名克里特弓箭手和一千名新招募的士兵组成。见 *Hist. Aug.*; Trebellius Pollio, *Claud.* 16; Gibbon, chap. x, *note* 35。

[4] Zosimus, i. 29; Zonaras, i. p. 629. 一些博古学者依据这两段文本推测，瓦勒里安修建了保卫雅典的新城墙。我赞同利克上校（Colonel Leake）的观点，认为瓦勒里安只是沿着古时城墙的线路进行了修缮。我很遗憾地看到，Smith, *Dictionary of Greek and Roman Geography* 中的相关出色词条的附图居然将这面完全来自博古学者想象的城墙视为真迹，无视那些有理有据的质疑。我自己长达二十年的亲身观察证明，利克上校在地形学研究方面展现出的睿智是无与伦比的。然而，这还仅仅是观点问题而已。在我看来，地基遗址和断壁残垣能够比牵强附会更好地解释修昔底德和佐西穆斯的文本。卡莉萝（Callirrhoe）泉、运动场和阿德图斯山（Ardettus）在铁米斯托克里时代之前是没有城墙环绕的，后来为何不是这样？我们需要去寻找而非猜想伯里克利时代的城墙遗迹。〔芬利先生在这里提到的是福克哈默尔（Forchhammer）（转下页）

自己备战效率的机会。[1]一批盘踞在黑海北岸的哥特人开始了一系列海上远征。他们很快突破了色雷斯的博斯普鲁斯海峡，在顺着陆路从多瑙河沿岸赶来的其他部族的支援下，于公元259年进入了小亚细亚，劫掠了查尔西顿、尼科米底亚、尼西亚和普鲁萨（Prusa）。这次突袭得手后，哥特人又策动了一些更为大胆的远征。[2]

　　公元267年，另外一支由五百条船只组成的舰队承载着主要由哥特人与赫鲁尔人组成的队伍，穿越了博斯普鲁斯海峡与赫勒斯滂海峡。他们夺取了拜占庭和克律索波利斯（Chrysopolis）并继续前进，劫掠了爱琴海上的岛屿和沿岸地区，烧毁了伯罗奔尼撒半岛上的一些主要城市。现存史料中提及的曾遭受他们蹂躏的城市有库兹库斯、勒姆诺斯（Lemnos）、斯库罗斯（Skyros）、科林斯、斯巴达和阿哥斯。[3]从苏拉征服雅典时算起，阿提卡已有近三百五十年没有经历战火了。但当雅典人需要保卫家园之际，他们展示出了配得上其古代声名的精神。罗马政府派遣一名叫做克莱奥德姆斯的（Cleodemus）军官从拜占庭前往雅典，修缮那里的防御工事。但这

（接上页）关于雅典城墙的观点，后者将其位置推到了伊利苏斯（Ilissus）之外很远的地方。该观点虽然遭到库尔提乌斯（E. Curtius）的强烈反对，却一度得到了普遍认可，并被 Kiepert, *Atlas von Hellas* 所采纳。福克哈默尔认为，这些（存在于想象中的）城墙在雅典人口下降后显得有些过于绵长。后来的城墙（可能为瓦勒里安所建）的范围有所收缩。然而，福克哈默尔的整套假说如今已被普遍抛弃，并在基佩特（Kiepert）地图集的新版中被删去。——编者注〕

〔1〕　Syncellus, *Chron*. p. 381.

〔2〕　Zosimus, i. 34.

〔3〕　Syncellus, p. 382.

些哥特人中的一支队伍在比雷埃夫斯登陆，在雅典来不及组织防御
的情况下夺取了那座城市。德克西普斯（Dexippus），一个地位较
高、为罗马效劳的雅典人，很快重新武装了卫城上的要塞。他集结
了拥有军事知识、作战勇气的公民们，组织起了一支两千人的小型
军队。他在橄榄圣树丛（Olive Grove）处选取了一个坚固的据点，
限制了哥特人的活动，通过严密封锁迫使他们撤出雅典城。与此同
时，不在雅典的克莱奥德姆斯集结了一支舰队，在海战中打败了蛮
族舰队的一支分队。[1] 这些反击拉开了哥特人灭亡的序幕。一支罗
马舰队来到了爱琴海诸岛屿周边，元首伽利埃努斯则率领一支罗马
军队抵达了伊吕利库姆。哥特远征军的各部分被这些兵力各个击破、
逐一蚕食。在对帝国的这次入侵中，一支哥特军队渡过赫勒斯滂海
峡进入亚细亚，洗劫了特罗亚德（Troad）地区的各座城市，毁掉了
著名的以弗所阿尔忒弥斯神庙。

　　德克西普斯本人便是记载哥特人入侵阿提卡事件的历史学
家。但不幸的是，他的作品的现存断简残篇所能提供的关于该主题
的信息非常有限。[2] 不过，与这次入侵有关的　则著名轶事为我
们了解雅典人的生活状态及哥特人在入侵帝国时的举止提供了些

---

[1] Zonaras, xii. 26, vol. i. p. 635. Zinkeisen, *Geschichte Griechenlands* 明智地订正了佐
纳拉斯的年代错误（p. 591, *note*）。一位我并不信赖的现代希腊史学者声称，这些斯基
泰人毁掉了神庙，烧光了橄榄树，推倒了奥林匹亚宙斯神庙的六根柱子。但在那样一
个凋敝破败的局面下，想做这些事情其实并不容易。参见 Fallmerayer, *Die Entstehung
der heutigen Griechen*, 22。

[2] *Corpus Scriptorum Historiae Byzantinae*. Dexippus, Eunapius, & c. Bonn, 1829.

许线索。这则轶事得以流传本身便证明了沉溺于舞文弄墨的雅典
人的养尊处优，还有只在乎劫掠的大多数入侵者的心慈手软。相
传，哥特人在攻陷雅典后本打算焚毁装点城市的辉煌壮丽的各座
图书馆，但一名哥特士兵劝阻了自己的同胞，指出最好还是让雅
典人在大厅和柱廊里继续读书浪费时间，不要让他们开始专注于
军事操练。事实上，吉本认为这则轶事值得怀疑，也许只是后来
一位哲学家的借题发挥罢了。他还补充说，那个睿智的谋士像无
知的野蛮人一样思考。[1]但希腊民族的衰落确实是跟他们数百年
间在学识方面的领先共存的，可见这名无知的野蛮人其实像一位
优秀的政治家那样思考问题。即便对于不断复述这则轶事的希腊
人而言，他们也认为，这位哥特人的看法比记载此事的伟大历史
学家所乐于承认的更为深刻。这一判断并非仅靠阅读和研究便能
得出。知识学习并非总能开发理智。它不是总能让人变得更加聪
明，有时还会损害人们的强健体魄。因此，当文学研究成了一个
民族追求的唯一目标，文学与抽象学问领域的建树在人们看来较
日常生活中的智慧与审慎更高明时，萎靡不振的风气显然就会比
文学服务于现实需要与实际事务时更为严重。那名粗鲁的哥特人
或许也会崇拜荷马与品达的诗歌，但鄙视雅典学校里的形而上学

96

---

[1] *Decline and Fall of the Roman Empire*, i. 402, Smith's ed.; Zonaras, i. p. 635. "在被政府压制的浑浑噩噩之中，所有人的心灵均被学究气沾染。"（To doze and dream by governments oppress'd, The spirit of a book-worm in each breast.）Campbell, *Lines on Poland.*

研究。[1]

雅典城本身的声望和史学家德克西普斯的目击证据，使得这次蛮族入侵在历史记载中占据着醒目的位置。但人们还偶然提及过其他远征活动，它们让希腊人蒙受了更大的损失，让希腊地区承受了更广泛的凋敝。这些入侵显然给希腊人带来了重要变化，并对社会造成了触动。人们热情地要求付诸行动，保护财产的任务往往也只能靠他们自己完成。公共意识被再次唤醒，许多希腊城市成功顶住了克劳狄乌斯统治时期闯入帝国的蛮族军队的冲击。塞萨洛尼卡与卡珊德拉（Cassandra）受到了海陆两方面的攻击。帖撒利（Thessaly）和希腊本土也遭到了入侵。但各城市的城墙大多已修缮，当地居民也做好了保家卫国的准备。元首克劳狄乌斯二世在奈苏斯（Naissus）取得的大胜消灭了哥特人的主力，一支罗马舰队又在爱琴海群岛摧毁了其海军的残余力量。一场肆虐了地中海东部十五年之久的大瘟疫彻底扫清了这群入侵者。

在蛮族的反复入侵中，大量奴隶死于非命或被劫掠至多瑙河以北。对自身处境不满的奴隶们拥有了逃亡的便利条件。因此，希腊境内的奴隶数量肯定会有所减少。对剩下的奴隶有利的因素，也会对贫苦自由公民的处境产生显著影响——他们的劳动力价格有所提

[1] 迎娶过霍诺里乌斯姐妹的哥特国王阿陶尔夫（Ataulph）跟那名身在雅典的哥特人思路一致。在他看来，占有罗马帝国、利用罗马官吏进行统治，要比建立一个哥特王国、被迫安排一部分哥特人放下武器担任文职更加划算。参见 Thierry, *Lettres sur l'Histoire de France*。

升。富人面临的危险迫使他们改变自己的生活方式。所有人都不得不考虑如何保护自己的人身与财产安全。社会焕发了新的活力。结果，哥特人的蹂躏造成的损失、瘟疫导致的人口死亡使得幸存希腊居民的生活状况在总体上有所改善。

　　我们在此必须注意到，成功进入罗马帝国中心地区的北方民族最初的大规模入侵针对的是东部诸行省，希腊世界在第一波蛮族入侵中损失惨重。但帝国东部地区在孤立无援的情况下逐走了蛮族，没有让其居民同哥特民族融合。这次抵抗的胜利主要依赖于希腊人的民族精神和政治组织。希腊人保留下来的制度使得他们在危难关头不至于束手无策：官吏们拥有足够的合法权威，可以针对任何特定危机采取措施；拥有财富与才智的公民们可以在不严重违背当地行政治理规则的情况下做出自己的卓越贡献。[1] 希腊世界并未在遭遇入侵之后又蒙受无政府状态的不幸。对于希腊人而言十分幸运的是，当他们采取上述举措时，由于自身兵力有限，他们的民族情感不至于引起罗马元首或行省军官们的震怒。

　　从该时期历次哥特战争的不同记载来看，显而易见的是，这些蛮族入侵的目的仅仅是劫掠诸行省的财富。入侵者没有想过要在帝国境内永远定居下来。由于行动迅捷，他们的数目往往看上去比事实上更为庞大，但装备与军纪等方面的缺陷使得他们无法抵挡人数少得多的披坚执锐的罗马军队。当入侵者遭遇组织严密的坚决抵抗

98

---

[1] *Cod. Justin.* xi. 29.3.4, and 41.1.

时，他们便会被轻而易举地击败。不过，只要罗马帝国的防务稍有
松懈，他们便会以丝毫不减的斗志再度发起攻势。克劳狄乌斯二世、
奥勒里安和普罗布斯（Probus）取得的胜利表明，罗马军队在指挥
得当时拥有巨大优势。但到了这个时候，从蛮族中间招募军团的做
法已日趋流行，这反映了三百年来的暴政和弊政使得帝国陷入人口
下降与内部虚弱的可悲状态。[1]一方面，政府更害怕的是拥有武器
的民众所焕发的精神，而非蛮族的劫掠。另一方面，它又不希望将过
多的劳动者招募到军队里，减少纳税公民的数量。帝国的财政体系要
求谨慎地解除所有行省土地所有者的武装，以防止他们叛变或试图恢
复共和制度。[2]而在罗马元首眼中，为了保护帝国免遭入侵，他们
需要维系的军队规模是自己国土上招募的兵源所无法支撑的。[3]

君士坦丁堡成为罗马帝国首都之前的形势变化

　　罗马人早已意识到，他们社会生活中的罪恶可能会毁掉自己的

---

［1］　Amm. Marcell. xix. 2; xxxi. 4.10; Spanheim, *Orbis Romanus*, p. 508.

［2］　吉本提到过伽利埃努斯在元老院赶走蛮族入侵者时的警觉。*Decline and Fall of the Roman Empire*, i. 394, Smith's edit.

［3］　不列颠被撒克逊人蹂躏、高卢被诺曼人洗劫时也处于类似的社会状态。"塞昆纳人和利格里人中的民众英勇抵抗着丹麦人；但他们过于弱小，被我们的精兵强将轻而易举地歼灭。"（Vulgus promiscuum inter Sequanas et Ligerim adversos Danos fortiter resistit; sed quia incaute suscepta est congregation, a potentioribus nostris facile interficitur.）*Ann. Bertin. ad ann.* 859; 转引自 Depping, *Histoire des Expéditions Maritimes des Normands*, p. 213。

帝国，但他们却从未想过，他们的怯懦可能会使帝国成为蛮族征服者的俎上鱼肉。奥古斯都徒劳地想要惩治社会上层的道德堕落，遏制腐败的洪流。但特权阶层在通常情况下总是异常强大，能够构建自身的社会道德符码，袒护自己的罪恶——只要这个阶层还能存在下去。最终，罗马人的道德堕落瓦解了帝国的政治体系。在奥古斯都整顿失败的两百五十年后，元首德奇乌斯改革社会的努力同样收效甚微。[1] 这两位统治者都不明白，治愈帝国痼疾的秘方究竟是什么。他们想要惩罚个别贵族身上的若干司空见惯的罪恶，达成改善社会状态的目的。其实，他们本应该做的是消灭特权，这种特权让元老和贵族凌驾于法律与公共舆论之上，只受元首专制权力的约束。但圣保罗告诉我们，当时的社会风气已经积重难返，就连这样的举措也无法取得应有的效果。[2] 民众跟元老院一样邪恶，各个阶层都染上了人力无法治愈的道德烂疮。世人并非没有意识到，罗马社会正在坠入怎样的危险深渊。警觉意识逐渐深入罗马世界中的每一个阶层。元首、元老乃至军队都感到了无以名状的恐惧。世人的思想发生了转变，某种神秘的影响力带来了凡人的智慧与力量所望尘莫及的改革效果。从亚历山大·塞维鲁去世到戴克里先即位，社会经历的巨变在多神教中清晰可辨，世人的思想状态似乎经历了一次彻底革新。基督教的精神随处可见，我们必须承认，它也促成了多神

[1] Tac. *Ann.* iii. 24; *Hist. Aug.*; Trebell. Pollio, *Valer.* 2.
[2] *Rom.* i. 24, 32.

教世界的道德转变，延长了西罗马帝国的国运。

异族的入侵、军队的混乱、税收的重负、帝国体制的朝令夕改等合在一起，促使世人普遍相信必须整顿军队和政府，才能适应新形势的需要，拯救帝国于危难。奥勒里安、普罗布斯、戴克里先和君士坦丁成了罗马帝国的改革者。他们的改革属于罗马政治史的内容，这些措施很少涉及诸行省的制度，只有一部分可被纳入本书的范畴。尽管这些行政改革并未对希腊人的处境产生多大影响，希腊人却通过皈依基督教后组织教会的方式，主动促成了自身社会生活模式的深刻变革。我们不应忘记的是，早在基督教成为帝国国教之前，希腊人就已经建立了基督教会。

戴克里先意识到，罗马帝国内部在很大程度上已不是铁板一块，不再能通过一个行政中心进行治理。他试图创设四个行政权力中心，由帝国的四个合法统治者分别控制，以求挽救集权模式日趋明显的颓势。但人力无法长期维持四名君主之间的和谐关系。君士坦丁恢复了罗马帝国的统一。他的统治标志着历史进入了这样一个时代：古老的罗马政治情感已经失去效力，对罗马本身的迷信崇拜业已消散。希腊人没有忽视新社会组织带来的新政治观念所赋予的自由。政治中心向拜占庭的转移削弱了公共管理模式的罗马特征。当然，从帝国政府建立起，罗马人已不再是一个唯我独尊的民族，也不再有一种普遍的国家认同感。行省居民分享了罗马公民权后，对于大部分罗马人而言，罗马只是一个理想中的国家概念了。然而，在许多行省中，罗马人毕竟构成了社会中的一个文明阶层。他们居住在较为粗鲁的原住民和奴隶中间，没有跟当地的居民主体融合在一起。但在希腊诸行省中，他们没有占据那样的优势。希腊人拥有了罗马公民的名号与地位，却保留着自己的语言、行为方式和制度。随着君士坦丁堡建立并成为帝国首都，一场事关将它塑造为希腊城市还是拉丁城市的拉锯战展开了。

君士坦丁本人似乎并未意识到，希腊人已在东方排挤掉了罗马的语言和生活方式，占据了压倒性的优势地位。他的新都城完全是以罗马人的观念与成见为模板的。君士坦丁堡在奠基时是一座罗马城市，拉丁语是其上层居民所使用的语言。我们不应忽视这一事实，因为它足以解释，首都的情感与利益和希腊民族的情感与利益为何长期格格不入。君士坦丁堡是皇帝恩宠的产物，对自身优越地位的考量使得它对专制君主俯首帖耳，却对任何民族情感无动于衷。那里的居民享受着免税特权和谷物配给，帝国的苦难和行省的破败对他们几乎没有什么影响。尽情享受竞技表演的居民收了政府的贿赂，对帝国事务漠不关心。君士坦丁堡的民众在城市奠基之际身处的地位便是如此，这种局面持续了数百年之久。

第二章

330—527 年

从君士坦丁堡被确立为

罗马帝国首都到查士丁尼即位

改革罗马帝国政府的君士坦丁造成了行政体系
与民众的直接对立

  罗马人的好战无厌使得皇帝们从军队统帅变成了国家的主人。可一旦士兵们充分意识到，自己在左右皇帝人选方面拥有多么巨大的权力，便会试图让皇帝们成为自己操纵帝国的代理人，他们认为自己才是帝国真正的主人。于是，军队成了政权的主宰，其他一切都退居次要地位。军队导致的混乱和他们经历的挫败最终削弱了其影响力，促使皇帝将军队降格为帝国权威的单纯工具。君士坦丁的几位前任关注过两项重大的改革举措。塞维鲁试图废除元老院管理帝国市政事务的权威，清除古代政体的残余。戴克里先尝试剥夺军队选举、废黜君主的权力，但直到君士坦丁统治时期为止，帝国仍然完全是一个军事化国家，皇帝尊严的首要表现仍是掌握军事指挥权。君士坦丁率先将前任皇帝的各种改革举措融合为一套新的治理体系。他在戴克里先打好的基础上完成了政治体系建设：重组了军队，重塑了行政权力，建造了新首都，接受了新宗教。对于民众而言十分不幸的是，由于君士坦丁地位超然，他在开始实行其改革方

103

案时，完全无视臣民中各个阶层的民众情感或民族情感。他认为这种遗世独立的状态才是帝国权力的最稳根基，也是公正执法的最佳保障。[1]

　　长期以来，皇帝们已不再认为自己属于任何一个地区，帝国政府已不再受到任何古罗马情感或制度的影响。在永无休止、任务繁重的治理、保卫帝国的工作中，共和国的荣耀早已被人遗忘。新的政策原则已经成形。在早先皇帝们还会自视为罗马人的情况下，君士坦丁最睿智的谋士们尚能冷静地便宜行事。在后世皇帝们的眼中，臣民们心目中的民族事务只是行省事务而已。希腊、罗马、埃及和叙利亚的历史、语言与宗教差异仅仅是帝国不同部分的独特表现而已。皇帝、政府与军队高高在上，和民众的希望、恐惧与利益毫不相干。君士坦丁将各项行政权力集中到皇帝手中。与此同时，他也设立了管理各项公共事务的官僚机构，预防未来皇帝的庸碌或疯狂可能会导致的恶果。罗马帝国从未拥有过更加完美的国家机器。假使辅之以某些帝国复兴政策来遏制衰落，在不至于触发革命的前提下展开强化责任的政治合作的话，这套模式原本是有可能长期维系下去的。诚然，依据普遍的道德法则，政府理应合乎维护真理与正义的准绳；但在实践层面上，只要政府行为不被民众视为罪大恶极，它便足以维护国家的内部安全。只要政府和人民能够为了共同利益而团结起来，罗马帝国便可以轻而易举地打败一切来犯之敌。不幸

---

[1]　吉本在《罗马帝国衰亡史》的第十七章中，出色地分析了君士坦丁的政策。

的是，在组织罗马帝国政府时，君士坦丁仅仅把它视为皇帝的家产，而将帝国官吏树立为独立于民众之外的特权群体。在将罗马世界从无政府状态拯救出来的努力中，他制造了行政机构与被统治者之间的尖锐对立，这种对立此后一直存在于采用君主制与罗马帝国法律的所有地区，或活跃或潜藏。在这些地区，如何调和高效的行政体系与持久的责任感的问题似乎并未得到解决。

罗马政府的一系列变化早在君士坦丁时代之前就开始了。但君士坦丁改革的广泛与持久及其目的的独具一格，使得这位君主足以跻身最伟大的立法者之列。尽管他晚年时的头脑和身体不再具备过问、把控集中于君主之手的各种专制权力的活力，暴露了一些弱点，我们也不应改变对其大量明智法律政策与审慎改革措施的评价。立法者很少完成过比君士坦丁更波澜壮阔的变革。他把作为军队主帅的皇帝享有的专制权力转交给了作为国家政治首脑的皇帝，促使整个政治体系中的军事权力服从于行政权力。凭借普遍适用的法律体系（他认为这足以成为保护民众免受政府压迫的屏障），他巩固了全帝国范围内的正义原则。尽管这些理论上的法律保护在紧要关头未免显得苍白无力，我们还是必须承认它们在日常公共事务中产生了效果，阻止了罗马帝国像其他大部分君主专制国家那样迅速陨落。君士坦丁为帝国建造了一座新首都。凭借着旁人难以企及的深谋远虑，他接受了一种新宗教，在极度困难的处境下确立了它的优势地位。有人认为，他的改革意在拯救帝国，却加速了帝国的衰落，但真实的情况恰恰相反。君士坦丁意识到，戴克里先为消除内战与无

105

序而采取的那些举措很快就会让帝国解体为若干小国。他通过一系列辉煌的军事胜利将诸行省重新整合到一起，他的立法目标是通过高度中央集权（君士坦丁自己称之为帝国政府的神圣等级体系）来维持行政管理的整齐划一。但他的行为与政策存在着矛盾，因为他把权力分给了自己的三个儿子和两个侄子，于是帝国政府只得杀害他的大部分家庭成员，才使国家免于解体或内战。[1] 或许在那个交流手段并不完善的时代，在那个不接受皇帝世袭制或嫡长子继承原则的社会中，罗马帝国的疆域实在过于广大，诸行省的差异过于悬殊，想要维持行政体系的统一比登天还难。

君士坦丁改革的持久成功依赖于其财政政策，后者为各种治理需要提供了充足资金。这一事实表明，君士坦丁政府同当前欧洲大部分君主制政权面临着相似的政治局势，认真研究前者财政举措的失误对于现代政治家来说是不无裨益的。帝国政府每年的开销十分巨大，为了从臣民手中征收尽可能多的钱财，君士坦丁修改了税收项目的征收办法，将其数额尽量提高。他采用了各种办法，努力将帝国每年使用的各种流通媒介收进国库。节俭或勤奋都无法让他的臣民积聚财富，而任何意外——如一次火灾、一场洪水、一次地震或蛮族入侵——都可能让整个行省无力纳税，陷入令人绝望的债务与毁灭之中。

总的来说，君士坦丁并未大幅改动税收的名目，但他让整个财政体系变得更为规范和严格。罗马政府的一项基本原则——农民不

---

[1] 君士坦丁二世、君士坦提乌斯、君士坦斯、达尔玛提乌斯和哈尼巴利亚努斯。

过是为帝国宫廷与军队提供衣食的工具——在这一时期体现得最为清晰。[1]一切特殊优待均被废除，所有罗马臣民的地产都要缴纳土地税。即便在照顾教会的情况下，他通常也会采取一些措施来保护国家财库的权利。君士坦丁为教士提供了部分免税特权，让基督教神职人员享有跟古时的元老相当的地位。但这一举措同他的立法原则格格不入，于是在君士坦提乌斯统治时代遭到废除。公元312年，罗马帝国全境肯定进行了一次全面的税收改革。君士坦丁当时还不是唯一的皇帝，他后来统治期间的财政政策显然与这次改革密切相关，是一套组织严密的体系的延续。政府高度重视帝国臣民课税，这使得资产评估的修订周期成为一种常规的纪年手段。人们将新评估体系生效的年份作为元年，当十五年有效期结束、新一轮修订开始的时候便进入下一个周期。因此，除了计算税收的年度轮回外，民众已经不在乎时间的流逝。[2]诚然，君士坦丁通过了许多法令，保护臣民免受税吏的压迫，但这些法律的数目与性质恰恰提供了最有力的证据，表明宫廷派出的税吏权力过大、难以约束。皇帝很难阻止他们彻底击垮纳税人，毁掉政府税收的来源。[3]君士坦丁并未削减皇室规模、调整宫廷开支，以此增加国家市政与军事活动

107

---

［1］　Julian, *Orat.* ii. 92, edit. Span.

［2］　该周期从公元312年9月1日算起，君士坦丁于是年10月27日打败马克森提（Maxentius），进入罗马城。这一年被称为征税元年。使用这种纪年法的文献往往没有描述征税元年之前时间点的手段。但有证据表明，这种征税周期的时间计算在之前的时代里也出现过。参见 Ideler, ii. 350。

［3］　Amm. Marcell. xxv. 4.

的可调配资金。相反，他的奢侈装饰与豪华庆典加重了那个原本就养活着大量无用人口的体系的负担。他显然将宫廷里的肥缺当成了诱饵，以此吸引、拉拢文吏与武将为自己效劳。他采取的举措是成功的，此后的叛乱开始变得稀少，因为大多数官吏认为，通过玩弄权术争取晋升要比在内战中撞运和冒险更为划算。以下的事实充分反映了罗马世界所陷入的野蛮、蒙昧状态：统治者试图通过气派的排场来赢得民众的崇拜，他认为那些人无法看穿自己在危殆局面下的举止。民众已同中央政府脱离干系，只知道本行省内发生过的历史，对宫廷所炫耀的辉煌与财富惊愕不已。由于无法改善自身处境，他们将皇帝视为彰显神力的工具。

君士坦丁的改革需要更多的收入作为支持。他新增了两个税种。在世人看来，这是他统治时代最严重的苦难，典型地体现了他的对内政策，因而遭到批判。两个税种分别是元老税（Senatorial tax）和金银税（Chrysargyron）。前者疏远了贵族阶层；后者则引发了社会中各个阶层的抱怨，因为那是一项针对所有收入形式的苛刻税种。[1] 所有的常规与非常规现行制度，还有各种影响谷物贸易的垄断和限制措施都被原封不动地保留了下来。之前历任政府的敲诈勒索得到了理直气壮的支持。[2] 之前献给前代统治者的礼物成了君士坦丁的权利，并被视为常规的财政收入来源。

---

[1]　Zosimus, ii. 38.

[2]　Amm. Marcell xvii. 3; *Cod, Theod.* xi. tit. 28.

希腊世界对罗马行政管理体系的屈服塑造了希腊历史上社会影响深远的一个时代。但这一转变的完成悄无声息，以至于我们无法精确复原这场政治革命的相关事实与年代。卡拉卡拉的法令将公民权授予全体行省居民，从而废除了罗马殖民地、古老的自治城市和希腊自由城市的一切特权。更加适合中央集权统治的新型行政组织模式逐渐应用于整个帝国，最终显著改变了希腊人的民族观念与性格。君士坦丁的立法将帝国行政机构变成了处理财政事务的机关，这一特征一直延续到帝国终结之际。他的法律让历史学家明白，古希腊城邦的影响已经一去不复返了。跟希腊彻底丧失了政治自由一样，民意也从希腊社会中消失了。古代语言的罗马化已经开始，全新的希腊民族进一步巩固了这一进程。新臣民忠于专制政权，并自诩为罗马人而非希腊人。雅典与斯巴达的居民和阿凯亚人、埃托利亚人、多利亚人、爱奥尼亚人丧失了自身的独特性，杂糅为同一群平庸的罗马化希腊人，成了帝国财政机构管辖的公民。

在本书中，我们只须交代君士坦丁时代之后罗马帝国诸行省的行政组织机构类型，无须探讨关于该主题细节的许多争议性问题。罗马行省中的土地所有者通常住在城镇里。每个城镇拥有一块构成其领土的农业生产区。拥有二十五尤格（jugera）土地的居民构成了一个阶层，他们中间会产生市政官员，在某些情况下采取的是选举方式。[1] 一切行政权威属于由寡头集团主导的地方议事会（curia），

[1]　一尤格相当于两万八千八百平方英尺。

该机构可能由该城镇最富有的一百名土地所有者组成。它负责选举市政官员，填补相关席位空缺。因此，地方议事会产生于本地的土地所有者，但独立于该群体之外，又应当代表其利益。地方议事会（而非全体土地所有者）乃是真正的地方治理者，被帝国政府用来勒索钱财，瓦解反对中央集权税收模式的势力。地方议事会负责征收土地税，相应数额被摊派给议事会的成员们。他们是本地最富有的人物，担保着国家的正常税收，作用极其重要，以至于任何地方议事会成员都不得改变其社会地位或辞职不干。[1] 即便想要短期离开希腊，一位地方议事会成员也必须获得行省总督的许可。

　　地方上的其他自由居民——商贩、艺术家和手艺人——无须缴纳土地税，但须支付人头税。他们组成了一个地位略低一等的独立阶层。这些人被称为"纳人头税者"（tributaries），以此跟土地所有者相区分。他们跟地方议事会无关，但拥有自己的组织与贸易行会。[2]

110　　随着罗马帝国财富与人口的减少，它的行政体系日趋高压。帝国行省总督们主要关注的是如何防止收入下降；罗马的立法举措则力图从日益稀少与贫困的人口那里征收跟从前数额相等的土地税与人头税。各项法律固化了社会中每个阶层的纳税额度。地方议事会成员的儿子必须继承父亲的地位；土地所有者的儿子无法成为商人

---

[1]　地方议事会成员被称为"curiales"或"decuriones"。

[2]　Savigny, *Geschichte des Römischen Rechts im Mittelalter*, i. 75.

或士兵，除非他有另一个兄弟能够接替父亲缴纳土地税。工匠的儿子也必须承袭父亲的职业，这样人头税的数额才不致下降。每个行业组织或行会都有权强迫其成员的儿子加入。财政领域的保守态度构成了罗马帝国立法的基本精神。为了防止城镇范围之外的土地无人耕种——那里的乡村自耕农很容易离开土地，前往城镇改善生活——法律逐渐把农民绑定在土地上，将之转化为农奴。

在这样的社会状态下，皇帝们完全了解普遍存在的民怨。为了防止叛乱，他们小心翼翼地解除了纳人头税者和土地所有者的武装。军人与土地所有者之间出现了一道不可逾越的鸿沟。土地所有者无法成为军人；士兵也无法成为地方议事会成员。当罗马帝国的自由人口数量严重下降到难以提供兵源时，士兵的儿子就得继承父亲的戎马生涯。但罗马的军队主要是从住在帝国疆界之外的蛮族中招募的。

为了保护纳税人免受帝国行省总督、财务官吏和军官的盘剥，每座城镇都需要一个拥有合法身份的庇护者，其职责是监督市政、司法权威与财务官吏。他被称为"守护者"（defensor），由包括纳人头税者和土地所有者在内的全体城镇自由公民选举产生。本城镇的贵族或地方议事会成员均不得担任守护者，后者的职责是向皇帝检举地方议事会的勒索行径，还有行省总督或法官的压迫政策。

上述地方行政组织模式取代了古希腊的城邦集体，扼杀了希腊生活方式的基本精神。希腊人肉体上与精神上的自由行动均受到这些新增社会枷锁的束缚。我们在《狄奥多西法典》和查士丁尼的立法中看到了许多匪夷所思的怪异细节。它们的影响在西罗马帝国的灭亡和东罗马帝国萎靡不振的社会状态中体现得淋漓尽致。

自此，地方上的行政权力开始被视为一种负担而非特权。这些地方官吏构成了与罗马政体相对应的贵族阶层。他们起初乐意接受这些负担，只要还能将其中最沉重的部分转嫁给治下的民众。但民众最终陷入了赤贫，无力减轻富人的负担；政府则意识到，必须让所有富有的公民加入地方议事会，用私人收入去填补该地区赋税的亏空。随着罗马帝国江河日下，地方议事会的成员们接二连三地陷入了同样的赤贫状态。君士坦丁时代过后仅仅百余年，帝国西部诸行省便遭遇了灭顶之灾。但帝国东部的社会状态和希腊特性与生俱来的活力却避免了同样命运的降临。

在同民众和地方的各种关系中，罗马帝国中央政府的基本原则是在矛盾中极力逃避自身完全有能力承受的一切负担。这种态度在臣民心中播下了仇恨帝国行政体系的种子。臣民们意识到自己完全无法指望在财政事务中得到公平对待，便往往会欢迎蛮族的入侵。[1]

112　在希腊，古老的地方行政体系虽然按照帝国的模式进行了调整，但并未被彻底清除。不过，每当帝国政府想要节约开支的时候，它便会向希腊强加各种财政负担。与此同时，从前能够减轻某些地区

---

[1] *Cod. Theodos*. xi. tit. 36. l. 6, &c. 为了逃避财政负担，城镇议事会的成员们经常选择成为隐士和修士；皇帝们有时会要求他们结束归隐，迫使他们重新承担在城镇议事会中的责任。*Cod. Theod*. xii. 1. 63; *Cod. Justin*. x. 31. 26.

税收压力的特权被废止了。曾在罗马统治初期占有整个行省土地的大贵族已经走向灭亡。当希腊社会的道德水准在基督教影响下有所提升时，若干较小的土地所有者出现了。社会的上层阶级变得更为节俭，下层民众则更加勤劳。这一变化使得帝国东部诸行省较西部更易承受财政负担。

　　君士坦丁大幅调整了罗马军队的组织形式。这一改革值得注意，因为蛮族正在学习罗马皇帝们认为必须放弃的战术原则。古代的罗马军队组织体系旨在提升士兵们在疆场上的战斗力。由于罗马人一直是主动进攻的一方，他们非常清楚，自己总能迫使敌人在阵地战中一决高下。但守卫帝国边疆却需要另一套办法。军队的首要任务是在绵长的防线上对付战斗力远逊于自己但十分活跃的敌人。确保大小不同编制队伍的机动性成了新战术优先考虑的目标。君士坦丁重组了军团，将其编制缩减为一千五百人；他让骑兵与步兵彻底分离，为骑兵设置了单独的指挥官。他提升了轻装部队的规模，增设了军队中的新编制，并大幅改造了罗马人的盔甲和武器。这一军事改革之所以势在必行，一定程度上是因为政府面临的困境——它难以按照旧体制的模式招募地位合适、体魄强健的足量兵源，维持军团的原有规模。罗马帝国要么裁军，要么就得吸纳社会地位较低的兵士来充实军队。[1]经济方面的考量和军团哗变的威胁也要求政府调整帝国军队的组织形式。从这时起，罗马军队的兵源质量每况愈

113

----

[1]　*Cod. Theod.* vii. tit. 18, l. 4.

下，北方民族开始敢于在战场上与罗马人正面交手了。

罗马政府同行省居民之间经济利益的对立，使得皇帝小心翼翼地提防着士兵与民众串通一气。皇帝必须留意将军队的利益与其他公民的利益区别开来。当君士坦丁为了省钱而从边疆军营里撤回大量士兵，将他们安置在城镇要塞里时，皇帝放松了这些人的军纪，对他们疏于管束，为的便是防止他们跟当地公民打成一片。[1] 由于蛮族不会受任何行省或帝国境内政治势力的左右，并且肯定会被帝国内部的各个阶层视为敌人，他们便成了皇帝们最中意的兵源。[2] 这些得宠者很快就意识到了自己的重要地位，变得像之前最放肆无礼的禁卫军一样目中无人。[3]

在帝国宫廷看来，防止税收下降跟维持军队效率同等重要。于是，土地所有者和富裕公民不得从军，这样他们便无法逃避纳税。只有不缴纳土地税的平头百姓和农民才有资格应征入伍。[4] 罗马征服希腊人后，共和国的军队由罗马人组成，被征服的行省则以税收供养这些军队。但当行省居民们获得了罗马公民权后，情况变成了穷人有义务参军，富人负责向国家纳税。这一局面导致的后果是，

114

---

[1]　Zosimus, ii. 34.

[2]　Amm. Marcell. xix. 11.

[3]　Ib. xiv. 10; xv. 5.

[4]　诺德（Naudet）纠正了吉本（iii. 65）的下列观点："所有土地所有者要么参军，要么承担徭役，要么通过支付重税来购买相应的豁免权。"参见 Naudet, *Sur les Changemens dans l'Administration de l'Empire Romain*, ii. 175; *Cod. Theod.* viii. 4. 30; *Cod. Justin.* x. 31. 17: "离开议事会参军者应被召回议事会。"（Qui derelicta curia militaverit revocetur ad curiam.）

罗马军队常常是从奴隶中招募的——尽管国家多次颁布过禁止这种行为的法律。君士坦丁时代过后不久，奴隶们经常以获得自由为条件进入罗马军队。[1]因此，皇帝的臣民们对帝国政府没有什么认同感，因为后者是靠蛮族和奴隶组成的雇佣军维系的。但各行省中的居民都无法捍卫自身的权益，因为帝国精心解除了他们的武装。[2]

君士坦丁的改革未能改善希腊人的处境

君士坦丁政权的基本结构不利于希腊民族的发展。他将帝国分成四块进行分治的新型治理模式，弱化了希腊人凭借流通的语言在地中海东岸拥有的影响力。帝国的四部分为东方、伊吕利库姆、意大利和高卢，每部分各由一位大区长（praetorian prefect）治理。帝国的四个部分各自被分成若干区，这些区又分别包含若干行省。[3]东方大区包括五个区：第一个就叫东方区，其余四个分别是埃及、亚细亚、本都和色雷斯。在所有这些区中，希腊人只构成总人口的

115

---

[1]　*Cod. Theod.* vii. 13. 16; *Cod. Justin.* vii. 13. 4; *Novell.* 81.

[2]　出售武器的行为被明令禁止。"我们允许从私人手中获得和购买、允许私人出售的只有无人能在战争中使用的小刀。"（Solos autem fieri et vendi a privatis et privatis vendi permittimus cultellos minores, quibus nullus in praeliis utitur.）*Pand.* xlvii. 6. 2. 2; *Novell.* 85. 即便在奥古斯都时代，行省居民和蛮族也是可以加入罗马军队的。见 Tac. *Ann.* i. 24; Sueton. *August.* 49. 尼禄时代罗马城市卫队中的一部分兵源来自释奴。见 Tac. *Ann.* xiii. 27.

[3]　见 Gibbon, ii. 315, Smith's edit 中的表格。

一部分，其影响力受到当地居民与之对立的成见与利益的掣肘。伊吕利库姆包括三个区：阿凯亚、马其顿和达契亚。阿凯亚保留着由一位行省总督治理的荣耀。与之分享这一殊荣的只有亚细亚区，因为此时只剩下两个直接由行省总督治理的行省。但阿凯亚是贫瘠的，其有限的疆域和影响决定了它不值得再被进一步划分成若干行省。它包括伯罗奔尼撒半岛和帖撒利、伊庇鲁斯以南的大陆部分，那几乎就是现代希腊王国的全部领土。马其顿拥有六个行省：上下马其顿、克里特、帖撒利、老伊庇鲁斯和新伊庇鲁斯。在阿凯亚和马其顿这两个区中，居民几乎全部是希腊人。在达契亚，也就是被多瑙河、哈伊莫司山（Mount Haemus）、亚得里亚海与黑海环绕的诸行省中，比之希腊元素，罗马的语言和成见对当地居民的影响更深。直接由行省总督治理的亚细亚区不受执政官的节制，而是直接接受皇帝的管辖。它包括两个行省：赫勒斯滂及希腊与小亚细亚之间的诸岛屿。那里的本土居民全部都是希腊人。[1]

自哈德良时代以来，希腊人在东方逐步走向式微。佩斯凯尼乌斯·尼格尔（Pescennius Niger）指出，当时煽动民众反抗罗马己无须利用希腊人的成见。奥德纳苏斯（Odenathus）建立了帕尔米拉（Palmyra）王国，征服了叙利亚、埃及，大大消减了希腊人在这些地区的影响。诚然，芝诺比娅（Zenobia）受过希腊文学的耳

---

[1]　*Notitia dignitatum Imperii Romani.* 色雷斯地区的语言，即帖撒利与达契亚之间许多地区所讲的方言，似乎同拉丁语而非希腊语更为接近。

濡目染，但她同样能够流利地讲叙利亚语和科普特语。当芝诺比娅的统治被推翻时，她似乎懊悔自己听从了隆吉努斯（Longinus）和其他希腊谋臣的建议，执行了一些胃口太大、跟臣民切身利益无关的计划，让他们成了罗马人复仇的牺牲品。她的军队由叙利亚人和萨拉森人组成；在市政管理体系中，每个行省的本地居民都是跟希腊人平起平坐的。从这时起，希腊人（尤其是住在叙利亚和埃及的希腊人）的利益开始更紧密地同江河日下的罗马势力结合在一起。早在奥勒里安时代，埃及发生的一场暴乱已经显示了本地居民的敌意：他们试图挣脱罗马的桎梏，并推翻希腊人的统治地位。由于夹杂在奥勒里安打败众多元首竞争者的历史叙述当中，菲尔姆斯的暴动几乎无人关注。但战胜者称之为强盗而非对手的事实表明，此人的立场使他比那些单纯作为军事将领的元首觊觎者更加危险。[1]

君士坦丁当然不会无视这些民族情绪抬头的迹象。他提升了帝国政治组织的行动效率，以求扼杀臣民当中最轻微的民族情绪苗头。但是，就改善希腊人的处境而言，君士坦丁毫无建树。他的两道法律曾因人性化而饱受赞誉，但实际上它们有力地表明政府的残酷已使民众陷入了无比悲惨的境地。尽管这些法律无疑减轻了希腊的负担，它们的着眼点却是出于帝国全局政策的考虑。其中一条用死刑严禁税吏抢

---

[1] Vopiscus, *Probus.*

劫农夫的奴隶、牲畜和农具，另一条禁止在播种、收获季节强征公共劳役。[1] 在戴克里先和君士坦丁统治时代之前的普遍内战状态中，希腊本土的安宁为农业的发展提供了便利。但在帝国政府那里，商业仍然受到保守观念的歧视和垄断局面的制约。来自宫廷的官吏（甚至还有基督教教士）可以携带商品从一个行省前往另一个行省，不必承担普通商人必须缴纳的繁重关税。[2] 迟至瓦伦提尼安三世时代，帝国才最终禁止教士经商。[3] 皇帝本人便是商人和制造商，他的经商活动加剧了臣民的贫困，损害了帝国内部的贸易活动。帝国皇室构成了一个有别于其他臣民的庞大人群，帝国官吏则努力用最少的公共支出养活这批人，并支付巨大的军事开销。公职提供了免税运输商品的资格，于是官吏们开始倒卖一切有利可图的商品，利用这个空子肥己。皇家制造商们负责提供能够在帝国境内生产的商品，私人制造商很少敢生产同样的物品，以免他们的生意触犯某个权贵官吏的秘密收益。这些事实足以解释罗马帝国民众的贸易、制造业和财富为何会在迁都君士坦丁堡后迅速走上下坡路。商业陷入了这步田地，小店主卑微但正派的行当仍被视为可耻的职业，同时受到两方面鄙夷。他成了自己所依附商业组织的奴隶；迫使他陷入贫困的种种限制又影响了他的勤勉。商人在旅行时随身携带的钱财不能超过规定的数额，否则便会遭到

---

[1] *Cod. Theod.* ii. 30.1; *Cod. Justin.* viii. 17.7; xi. 47.1.

[2] *Cod. Theod.* xvi. 2.7.

[3] 公元 452 年。*Novell.* lib. ii. 12.

流放。[1] 这条古怪法律的用意部分在于保护进口商人的垄断地位，部分在于保护政府官吏的某些利益，完全没有考虑到帝国的普遍福祉。

　　尽管从罗马迁都君士坦丁堡的行为导致了政府的许多变化，它对希腊人的影响其实远没有想象中的那么大。新城君士坦丁堡完全是从前罗马城的翻版。它的制度、礼仪、利益和语言都是罗马的。它也延续了旧首都遗世独立的气质，直接站在了希腊人和各行省居民的对立面。住在那里的是从罗马城迁来的元老们。各行省的富人同样被迫在君士坦丁堡保留房产。他们由此获得一笔年金，还有与这些住房相对应的由国库支付的配给品。埃及的谷物贡赋为君士坦丁堡提供了面包；阿非利加行省的小麦则供罗马城消费。新都的居民每天获得的配给为八万块面包。享受配给是对公民贡献的一种褒奖，但它会在某些情况下变成世袭特权，还会被享受者转让，并且始终是同君士坦丁堡城内的房产挂钩的。因此，君士坦丁堡的配给在本质上有别于罗马城为没有其他生计的贫困公民提供的配给。[2]

118

————————————————

［1］ *Cod. Theod.* ix. 23.1. 这条法律规定的数额为一千弗里斯。一弗里斯（follis）对应一百二十五个"千币单位"（miliaresia），如同今天的土耳其人用"一个钱包"代表五百皮亚斯特里（piastres）一样。鉴于当时的六十至七十千币单位对应一磅白银，这一数额大致相当于五千六百英镑。在该法令颁布的公元 356 年，还存在着一弗里斯铜币，相当于一个千币单位的二十四分之一。吉本对这些数值之间的巨大反差感到困惑不已，于是猜想肯定还有另一种居中的弗里斯单位，但这一假说并无存在的必要。东方的商人们在贸易中确实需要此类大额货币单位。参见 Naudet, ii. 119, 316; Dureau de la Malle, i. 119; Gibbon, iv. 74, *note* 27, Smith's edit。

［2］ Gibbon, ii. 300，其中史密斯博士的注释纠正了诺德的观点。参见 Naudet, *Des Secours publics chez les Romains. Memoires de l'Académie des Inscriptions*, tom. xiii。参见 Soc. *Hist. Eccles.* ii. sect. 13 与 Photius, *Bibl.* No. 257, p. 475, edit. Bekker; *Cod. Theod.* xiv. 17.12, 13; *Cod. Just.* xi. 23.1。

我们从中可以看到新都与皇帝之间的纽带，并理解皇帝们何以会对竞技场中的各派系和民众的骚乱宽容以待。皇帝和首都居民发现彼此之间存在着共同利益，他们都需要维护专制权力，通过剥削行省财富来支付宫廷的奢侈开销，为首都民众提供配给和娱乐。因此，民众骚乱永远不会促使皇帝们削弱首都的影响力；皇帝的暴政也不会促使首都公民们要求彻底限制皇帝的权威。

119   信仰的转变在改善帝国行政方面的作用也十分有限。古老罗马暴政的罪恶此时被掩盖在更规范、合法的暴政与更纯粹的宗教幌子之下，但其压迫性总的来说并未减弱。随着民众日益贫困，政府的力量也被不断弱化。帝国人口急剧下降，社会结构逐步解体。行政治理在细节上的完善强化了针对民众的压迫；军队的顺从只能通过放松军纪来维系。因此，随着历任皇帝的更迭，帝国对抗蛮族入侵的屏障日益虚弱。

基督教与民族性的融合为希腊人社会生活状态带来的变化

罗马影响的弱化、罗马政府力量的减退为希腊人改善自身处境提供了若干有利条件。基督教同民众的社会组织形式结合在一起，但并不试图直接改变他们的政治地位。通过宣扬博爱精神、创造新的社会活力，它很快显著地改善了希腊人的社会、道德与宗教地位。尽管基督教无力阻止罗马帝国的衰落，它却为民众提供了一个富有吸引力的终极目标，聚焦了他们的注意力，为他们处理生活中的种种关系提供了永恒的指导。由于基督教的影响力长期局限于社会中下层的范围内，它不得不在帝国的每个行省中同本地的语言、习俗相结合，从而将个人皈依与帝国权力调和起来。但我们必须认识到，自从君士坦丁同教会结成政治联盟，将教士们组织起来的时代起，基督徒的感情和举止发生了巨大变化。罗马帝国的居民从前曾因其主教、长老同本地民族情感的结合而获得过巨大的好处，但这一局面此时已荡然无存。教会变成了一个政治机构，像其他行政部门一样依附于皇帝的权威；自此以后，只要基督教教士与布道者同民族情感产生密切联系，他们便会被指控为异端。

120

多神教在罗马帝国建立之际经历过一场巨变。死后复活的信仰开始在罗马人和希腊人中间广为流传。塞拉皮斯（Serapis）崇拜的盛行和土葬取代火葬的普遍趋势均与该信仰有关。[1]早在基督教传播于希腊之前很久，多神教就已经走向了衰落。民众的无知和哲学家的沉思几乎已经毁掉了世人对古代希腊诸神的一切敬意；这种崇奉更多地基于神话与历史记忆，来自艺术领域或跟艺术有关的元素，而非道德准则或精神信仰。希腊的多神教是一种跟具体的部落与地区紧密结合的崇拜形式；而居住在亚洲和亚历山大里亚的希腊人长

---

[1] 塞拉皮斯是未来之神，也是死者的判官。Visconti, *Museo Pio-Clem.* v. 10 证明，相关丧葬习俗始于奥古斯都时代。

期以来一直感受到这种地域、物质纽带的缺失，试图引入一些补充元素，比如亚历山大里亚的哲学家总是试图将希腊式的迷信同自己的形而上学观点结合起来。许多希腊人和罗马人从犹太人那里学到了宗教观念。"关于神圣性的本质及神明对世人的职责要求，他们已经形成了基督教式的认识。"[1] 此外，一种居然会将康茂德和某些最糟糕的皇帝神化的信仰必然要被富于思辨精神的人们嗤之以鼻。即便那些相信超人权威说法的人也会对之产生一定的反感，因为该信仰跟统治他们的暴君结成了不义的同盟。因此，毫不令人惊讶的是，帝国东部的民众普遍丧失了对帝国所供奉诸神的信仰。但一个人是无法生活在社会中却不怀有任何宗教情感的。于是，对诸神的崇拜很快被若干迷信形式所取代，后者要么来自异邦民族，要么产生于蒙昧时代下层阶级传统信仰的复兴。

希腊诸神庙的富有、公共宴饮和宗教仪式所花销的大笔资金，勉强维持着虔诚的表象。但这些钱财中的很大一部分开始成为世袭祭司们的私产，或被管理这些活动的机构移作他用，不再花于神庙活动——这些变化并未引发任何抱怨。皇帝们颁布的禁止秘密占卜和术士、预言者、占星者仪式的诸多法律证实了古代宗教的急剧衰落。尽管罗马人和希腊人一直认为，这些试图窥探未来的做法是不

---

[1] Arnold, *History of the later Roman Commonwealth*, vol. ii. p. 399 已注意到，他们在《使徒行传》中被称作"虔诚者"。见 Acts of the Apostles, x. 2; xiii. 50; xvii. 4.17；另见 xiii. 43, xvi. 14, xviii. 7。

虔诚的，同国家信奉的宗教相悖，并通过公开的法令加以严格限制，它们还是在帝国境内不断传播开来。[1]早在图拉真时代，民众对牺牲仪式和节日庆典的冷漠已经反映了他们对古代宗教的轻视态度。[2]当多神教与基督教的竞争关系公开化后，这一特征表现得十分明显。皇帝尤利安经常在其作品中抱怨这种冷漠，并用一则亲身经历的轶事为例，说明了这种普遍存在的情绪。身为皇帝和大祭司长的他在盛大宴饮日当天修缮了安条克附近达弗尼的阿波罗神庙。他声称，自己原本以为神庙里会装满祭品，结果却发现里面没有进献一块饼或一粒粮食。要不是祭司亲自买了一只鹅，将之作为阿波罗在自己的节日获得的唯一牺牲的话，那位天神当天就不会获得任何献祭了。尤利安提供的这则轶事表明，安条克当时的所有居民已经是基督徒了。否则的话，即便仅仅是出于好奇心，也会有几个人前去参观神庙的。[3]

122

如果不愿承受具有积极影响的阵痛，那么道德领域的准则总是会阻碍社会中的重大变革。人们往往会用极其高贵的人道情感去为

---

[1] Bonamy, *Du Rapport de la Magie avec la Théologie Palenne. Mémoires de l'Académie des Inscriptions*, vii. 25; Sueton. *Tiber.* 63; *Cod. Theod.* ix. 16. 见本书第 84 页。

[2] Pliny, *Ep.* x. 97: "神庙已遭废弃，其庄严早已不复存在。"（Prope jam desolata templa sacra—solennia diu intermissa.）另见 Lucian. *Jupiter Tragoed.* 15; Julian. *Misopogon.* 361, edit. Spanh。

[3] 即便在雅典城内，到了尤利安即位之前，人们也已经不再公开尊奉多神教的习俗。见 Libanius, *in Julian. necem*, vol. ii. p. 288, edit. Morell. 世人对《圣徒行传》（*Acta Sanctorum*）的认真研究或许可以在一定程度上展示公元 1—2 世纪，基督教与多神教在希腊城市官吏们身上影响力的相互竞争情况。

很有问题的制度辩护。在岁月流逝中被奉为神圣的一切观念都会
受到古老记忆的尊奉；世人往往会忽视显而易见的真理，断然否
定广大民众的福祉，倘若它们触犯了现有的成见的话。因此，任
何政治智慧和世人的谨慎举止都无力消除罗马帝国宗教变化造成
的诸多阵痛，即便那一变化是从迷信转向真理、从多神教转向基
督教。

　　如果考虑到成见的强大、神庙的富有、哲学家的高傲和学园捐
赠的影响的话，那么基督教对多神教的节节胜利、它给社会中产阶
级与哲学学派信徒们留下的深刻印象无疑堪称奇迹。在整个帝国东
部，具备独特思维模式的希腊知识精英欣然聆听着新教义与新体系
的宣扬。即便在雅典，哲学家中也有许多人满怀敬意地倾听着圣保
罗的布道。当他在战神山上向雅典人发表完了公共演说后，有人说
道："我们还会再来听您讲述这一问题。"相信政治与宗教上的统一
性原则必将凭借其单纯与正确而走向完美，这乃是基督教广泛传播
之前在世人中间通行的错误观念。人们日益认可全宇宙具备同一种
精神，存在着唯一的神明（万物的创造者）。[1] 这种政治上走向独
裁化、宗教上走向自然神论的趋势，在某些社会状态与文明衰退的
过程中反复出现。与此同时，世人又普遍对这些结论感到不满。建
立世人的责任义务原则及他与另一种存在状态的联系，似乎难以同

---

[1]　Maximus Tyrius, *Diss*. xvii; *Quarterly Review*, July, 1840: 'Alexandria and the
Alexandrines.' 在世人看来，尘世与天国的统治模式应当是对应的。这一观念促使后
来的军队要求在三位皇帝中间分配帝国权力，以便代表天上的三位一体。

哲学家钟爱的神圣统一性调和。事实上，自然神论确实是宗教领域中的主流观念，但世人普遍感到，它并不能填补古代多神教神祇崇拜缺失留下的虚空——那些神祇遍布自然界，永远住在地下或天上，以人类的同情心关注着世人的举动。自然神论的影响是冷漠、了无生气的。哲学家对高人一等智慧的嗜好几乎总会促使他们在其学说中掺入某些违反人类常识的箴言，而人性总是厌恶悖论的。民众感到多神教徒朱文纳尔在满腔怒火中生动描述过的那种道德腐化，最终必将毁掉所有政治秩序。一场改革已经迫在眉睫，但现存的一切力量都不足以承担那项使命。基督教在这场危机中应运而生，向民众展示了他们苦苦寻找着的具体的神性图景。信徒们承认它所强加的义务是必须履行的，并逐渐认识到了它所要求的信仰具有何等强大的力量。

在这样的背景下，基督教必然会拥有众多皈依者。它大胆地宣扬了自身对真理的认识，而希腊哲学家的相关论述只是浮光掠影。它旗帜鲜明地反对曾经盛极一时但正在走向崩塌的希腊民族信仰迷梦。它要求世人要么弃绝，要么皈依。因此，基督教在全体希腊人中间都有好奇、专注的听众。公众的情感当时正处于休眠状态，基督教为演说术提供了新的资源，恢复了公共舆论的影响力。从那时起，拥有卓越文明水准的希腊民族开始聆听布道者的演说，他们肯定会接受这种宗教。希腊人有可能改造、修正或歪曲基督教，但他们不可能反对这种信仰。由于希腊人本来就拥有议事会，在会上用探究真理的语言、恳切劝诫的语气探讨全人类最珍视的价值，必

124

然会给拥有希腊制度与情感的人们的新教义研究披上一层令人难
以抗拒的迷人色彩。真诚、真理和说服他人的愿望很快创造出了
一种信徒集会时使用的演说术。基督教复兴了演说术，并通过演
说术唤醒了已经沉睡几个世纪的民族性特征。围绕基督教展开的
讨论提升了民众的文化水平，因此它也为公共管理制度注入了新的
活力。[1]

　　希腊世界中的每一位母亲都能感受到，社会道德败坏的风气对
女性地位产生了多么严重的伤害。因此，受过教育的希腊女性自然
会感激、热情地欢迎《福音书》中所倡导的纯粹道德。她们的努力
在一定程度上加速了中间阶层的皈依。为了合理分析希腊人皈依基
督教所带来的社会变化，我们不可忽视女性的影响力。

　　基督教还一视同仁地要求各阶层履行道德义务，利用公共舆论
从责任感中孕育出一种自尊心，从而对政治产生了影响。基督教的
政治影响力很快便在希腊人当中显现出来。希腊人一直固守着平等
观念，罗马征服后的处境促使他们建立起一套道德符码，这套符码
对尊卑高下具有同等的约束力。然而，基督教在希腊人眼中具备独
特吸引力的特定因素，却在罗马官方权威那里引起了怀疑。事实上，
如果考虑到基督徒在帝国东部的各城镇里单独集会，完全独立于国
家行政权威之外，考虑到许多基督教领导人的崇高美德和争取民心

125

---

[1]　尤利安的言论提供了基督教提升民众道德水准的大量证据。即便在多神教徒眼
中，祭司和他们的儿女前去观看竞技场内的表演也并不合适。

的才能等因素，罗马皇帝当然有理由对这一新教派的成长壮大产生警觉，并认为有必要通过镇压将之扑灭。在帝国政府决定接受基督教，并将帝国等同于基督徒共同体之前，基督徒自然会被视为一个遗世独立因而怀有敌意的群体。我们必须承认，基督徒的政治组织是如此严密，以至于任何政府都不可能漠然视之。我们不妨想象一下当时希腊城市中必然存在着的日常生活图景。一名造访阿哥斯或斯巴达的基督教商人很快就会在广场（agora）和柱廊（lesche）里引起注意。人们会盘问他的见解并与之辩论。从贩油商梭伦的时代起，口才与知识在希腊商人身上一直不算什么稀罕的技能。在集市上进行的讨论会延伸到地方议事会中。那些享受地方特权的城市及雅典和斯巴达等"自由城市"会因此掀起罕见的波澜，罗马行省总督当然感到震惊和警觉。[1]

毋庸置疑，作为一个政治群体，基督徒拥有不容忽视的力量，这导致他们数次遭受迫害。他们受到的指控——反人类的罪名——来自他们所坚持的基本人道原则与罗马政府专制统治政策之间的矛盾。相传，第一位对基督教施加大规模迫害的元首德奇乌斯曾经宣称，他宁愿与另一位元首平分宝座，也不能容忍跟罗马主教平起平坐。[2]一旦民众的仇恨被煽动起来，舆论又添加了基督徒集体淫乱

126

---

[1]　我们在此看到的一些情况同当今奥斯曼帝国境内穆斯林社会的道德状况类似。同样根深蒂固的腐败令世人相信，凡人采取的任何改革举措都是远远不够的。

[2]　Gibbon, ii. 261.

和用人献祭的指控——这是跟那个时代的轻信愚昧密切相关的。[1]
基督徒最早从罗马政府那里得到的法律宽容，来自将他们视为一个
政党的马克森提（Maxentius）。[2]马克西米努斯结合维护自身现实
利益的需要，对基督徒时而迫害，时而宽容。长期充当基督教政治
领袖的君士坦丁最终确立了这一宗教的统治地位。凭借他的谨慎，
地中海世界在数年之内享受着宗教宽容带来的幸福。[3]

　　从希腊人接受基督教的时代起，它就成了该民族行为习惯的特
性，并与希腊民族后来的历史紧密地结合在一起。起初，彼此独立
的希腊基督徒组织是通过社会与宗教的双重纽带维系的。每个组织
的成员之所以要参加集会，不仅是为了崇拜上帝，还是为了在涉及
集体利益的议题上发表意见或进行决断。这些组织的日常事务由他
们的精神导师和社会上最具影响力的人士负责。我们无法具体断定，
公元 1 世纪不同基督教团体中教士与长老的权限究竟是怎样的。由
于它们在内部通常是团结一致的，很可能并不需要明确界定教士的
127　权威和社会事务管理的形式。事实上，我们也无法想象，不同地区
的各个基督教组织在内部管理方面都会采取整齐划一的模式。那种
格局很难同希腊人的习惯和罗马帝国的本质兼容。在地中海东部的

---

[1] "埃普拉·图耶斯特的门派同女性杂乱交媾，堪称全人类的公敌。"（Epulae
Thyesteae, promiscuus concubitus, odium generis humani.）

[2] Euseb. *Hist. Eccles.* viii. 14, ix. 9.

[3] Tzschirner, *Der Fall des Heidenthums*, Leipz. 1829; Beugnot, *Histoire de la
Destruction du Paganisme en Occident*, 2 vols., Paris, 1835.

某些地区，客观形势必然要求那里的基督教会采取集权模式；而在希腊世界，即便是制订社会规范，也会按照这些小型自治城市处理公共事务的方式进行——那才更加合乎信徒们的宗教精神。这些差异并不会让那个时代里不同教会的成员介意，因为在他们看来，两种模式都是合乎基督教精神的。具体的法律与规定往往产生于遏制具体罪恶行径的需求，因此教会的组织规范往往体现为具体的行动准绳，它们在被纳入公共法则多年之前就已经对数以千计的世人产生过实际影响。

帝国东部偏远地区的希腊基督徒组织拥有最紧密的联系纽带，那不仅是为了宗教崇拜，也是为了在遭受迫害的岁月里提供保护与扶持。基督教在希腊人中的传播是如此迅速，以至于希腊基督徒群体很快就在行为规范迥异于罗马帝国普通民众的组织之中脱颖而出，其人数、财富与影响位居首位。希腊语成了帝国东部神学讨论中的常规交流媒介，希腊人的基督教组织逐渐融合成了一个联盟——该联盟不仅拥有统一的宗教信仰，还在许多事务上拥有共同的法则与行政规范。基督教会的权威凭借其道德力量占据了地方行政权力的上风，最终能够同帝国的政治管理体系分庭抗礼。早在君士坦丁决定建立希腊教会与罗马帝国的紧密联盟之前，不断成长壮大的前者几乎已经可以同后者平起平坐了。

早在公元 2 世纪，基督教会内部已构建起稳固的等级体系。基督教从此成了一个联盟，包括帝国核心地带的众多教会组织。帝国政府自然要将它视为眼中钉，因为基督教的那些原则直接否定了

（即便不是公开反对的话）罗马帝国最珍视的一些金科玉律。来自希腊境内不同基督教团体的代表会定期在指定地点召开本行省的公会议，它取代了从前的阿凯亚、福奇斯、彼奥提亚与安菲克提昂议事会。[1] 至于这些会议的人员构成情况如何，民众在教士代表的选举过程中扮演什么角色，俗人在行省公会议中享有哪些权利，目前似乎很难确定，还存在着广泛争议。民众、俗人长老和教士（或精神导师）是构成早期各基督教团体的基本要素。[2] 由于基督徒数目激增，人们很快就必须在每个城市里建立多个基督教团体。为了保持彼此的和谐一致，这些团体需要建立持续的联系。因此，各团体会派出代表召开集会。地位最突出、能力最强的教士自然会出任会议主席。于是，这样的人物变成了主教，不久之后便开始负责集会间歇期的日常教务管理工作。由于主教们的受教水平、人格魅力十分突出，他们掌握着大部分团体公共事务的管理权。管理神学事务乃是他们的天职，信众对他们充满信任。当时还没有人担心，这些毫无私心的虔诚人士会滥用托付给他们的权力，他们的权威从未受到过质疑。乐善好施是基督徒特有的一种美德，它将基督徒紧密团结在一起，并让他们赢得了民众的强烈支持，提升了社会影响力。皇帝尤利安抱怨道，基督徒不受皇帝权力的节制，因为他们永远无须被迫接受皇帝的赏赐。他还承认，基督徒不仅维系着本团体内部一

129

---

[1] Tertull. *De Jejun*. p. 650, Paris, 1580; Euseb. *Hist. Eccles*. v. 16.

[2] Acts of the Apostles, vi. 2, xv. 22.

切穷人的生计，还会慷慨地施舍贫穷的多神教徒。[1]

当基督教成了皇帝信奉的宗教后，基督教团体的政治组织和影响力自然也会引起罗马当局的关注。在民众心目中，行省公会议已经取代了从前本民族的各项制度。过了不久，安条克与亚历山大里亚枢机主教的势力便引起了皇帝的忌妒。帝国东部希腊人奉行的王权观念使得当地的主教和枢机主教赢得了广泛的权威。同希腊本土居民按照希腊城邦行政制度构建的宗教事务管理模式相比，上述地区的基督教引起了罗马政府更多的警觉。我们只要研究一下在公元3世纪死于迫害的殉教者名单，就能认识到这一显而易见的事实。促使政府痛下杀手的不是宗教狂热，而是政治警惕。尽管有很多人在安条克、亚历山大里亚、凯撒里亚、士麦那和塞萨洛尼卡遇害，科林斯、雅典、帕特雷和尼科波利斯的牺牲者却为数寥寥。[2]

基督教业已具备的实力显然在一定程度上促使君士坦丁做出了迁都的决定。他要将首都转移到一个力量强大且人数众多的组织所在的帝国领土之上。这个组织依附于皇帝及其立场。君士坦丁和基督徒都有理由对罗马和罗马人抱有敌意。元老院和罗马贵族仍然坚定地信奉着多神教，后者已成为维系帝国西部保守势力的纽带。希腊人在基督教会中占据着主导地位，君士坦丁身为皇帝的成见似乎让他忽略了这个事实。在很长一段时间里，他恐怕并未意识到，基

[1]　Julian. *Ep.* 41.

[2]　*Menologium Graecorum jussu Basilii Imp. editum*, Urbini, 1727; Fallmerayer, *Geschichte der Halbinsel Morea*, i. 110; Zinkeisen, 604.

督教会和希腊民族的诉求已经紧密交织在一起。但他在弥留之际对阿里乌斯教派的垂青可能表明，他试图压制已经在帝国东部教会里露出苗头的民族精神。君士坦提乌斯则更为公开地继承了限制东部教会权力的政策，因为教会与民族情感的联系已经过于密切。

130

尼西亚的第一次基督教大公会议召开时罗马帝国境内的基督徒数量，对于我们准确分析许多历史事实都是至关重要的。倘若通常的估算——君士坦丁皈依时的基督徒人数不超过帝国总人口的十二分之一，但不低于二十分之一——不谬的话，那么这一数值可以充分证明，将基督徒团结起来的组织体系是令人称道的。[1] 但该数据不大可能适用于帝国东部诸行省，并且肯定不适用于希腊诸城市。马克西米努斯的手谕、殉道者卢奇亚努斯和大量旁证材料都可以表明，基督徒已经在整个帝国东部的希腊社会中产阶级里占据了大多数。[2] 皇帝的权威得到了对宗教和民族精神都无兴趣的军队的支持，足以根据个人好恶去镇压、迫害任何一方的势力。一些基督徒尝试怂恿君士坦提乌斯迫害多神教徒，攫取他们神庙里的财富。[3] 君士坦丁的权力足够稳固，这使得他敢于从许多神庙中夺走金银雕像与装饰品。这些行为是在当地基督徒的认可与帮助下完成的，因而它

---

[1] Labastie, 4*me. Mémoire sur le Souverain Pontificat des Empereurs Romains; Mémoires de l'Académie des Inscriptions*, xv. 77.

[2] 但 Milman, *History of Christianity*, vol. ii. p. 341 对基督徒已在帝国东部占据人口主体的说法表示怀疑。

[3] Beugnot, i. 149.

们似乎只会发生在全体居民或至少是拥有相关事务合法管理权的组织机构已经皈依基督教的地区。[1] 我们无法想象，身为大祭司长的皇帝会如此滥用职权，劫掠自己本有义务保护的神庙。那是同君士坦丁统治时代一以贯之的宗教宽容政策背道而驰的。

　　多神教徒中的狂热分子迫切希望信奉多神教的尤利安迫害基督徒。他似乎也从未怀疑过，自己是有能力发起一场迫害运动的。因此，他在自己的作品中标榜宗教宽容。[2] 然而，尤利安复兴多神教的尝试对于一位政治家而言极不明智。它恰恰充分暴露了多神教徒人数的锐减，预示着这种古老的宗教即将灭亡。尤利安的信仰十分狂热，这种热情驱使他采取了一些极端措施，试图恢复一些早已被人遗忘、在同时代的多神教徒眼中显得滑稽可笑的仪式与惯例。他在帝国东部加速了自己所信奉宗教的衰落。他本人对多神教的认识主要来自书本和哲学家的讲授，因为他在很长一段时间内被迫在表面上皈依基督教，只能偷偷接受关于多神教的知识。当他按照古老仪式的条文履行大祭司长的职责时，人们把他看成过时仪式的迂腐复兴者。他钻研的宗教是古希腊人的信仰体系，那套信仰体系已经无可挽回地消亡了。他从未同罗马城内的保守多神教徒建立联盟。因此，尤利安试图复兴希腊文化的狂热，还有自称希腊人的举动，被帝国境内的所有派系视为皇帝个人的疯狂。尤利安对身处时代的

---

[1]　Euseb. *Laud. Const.* c. 8.

[2]　Julian. *Epist.* 41, p. 98. Beugnot, *Histoire de la Destruction du Paganisme en Occident* 清晰、公允地评价了尤利安时代的宗教宽容政策。

舆论一无所知，这种王公贵族特有的心态令他觉得宣扬多神教可以唤醒希腊人的民族情感，同基督教分庭抗礼。事实上，希腊人的民族性早就同基督教紧密联结在一起了。当时的罗马人已经意识到了皇帝的错误观念，尤利安时代的历史学者也对此印象深刻。他们异口同声地批评尤利安的迷信，在他们眼中，尤利安对陈旧希腊风俗的狂热效仿就是一种迷信。[1]

　　我们无法否认一个重要的事实：在很长一段时间内，各阶层普遍敌视基督教，认为它是一个危险的秘密政治组织。知识最渊博的异教徒似乎相信，这种新宗教的特征之一是仇恨现有的社会秩序，罗马人称之为"对人类的恨意"（odium humani generis）。罗马贵族和民众，还有所有抱有罗马式偏见的人，都认为基督教是导致罗马帝国衰落的原因之一。罗马原是一个尚武的国家，基督教则是一种和平的宗教。基督徒同样意识到了两种原则的对立，他们似乎相信基督教的胜利预示着帝国的衰亡。由于罗马帝国的延续与文明社会的维系看似是不可分割的，他们便认为世界末日已经近在眼前。这种看法并不令人惊讶。蛮族的入侵威胁着社会；任何内部改革似乎都无望促成社会复兴；基督的国无疑正在降临，那一国并不属于这个世界。

　　但这些观点与思考在帝国东部并不像在西部那样盛行，因为希腊人并未跟罗马人一样受到某些政治情感的影响。希腊人距离战场更远，所受蛮族入侵的危害也较轻。他们专注于日常生活，不会经

---

[1]　Amm. Marcell. xxv. 4; Aurelius Victor, *Epit.*

常把注意力转移到皇帝们的罪行和国家的不幸之上。当希腊人看到罗马的势力江河日下时，他们并不会感到同情或懊悔。他们认为，这场变革或许对自己还是有利的。

基督教社会的一大特征便是存在着大批修士与隐修者，在尤利安登基之际，这引起过普遍的非议。这些与社会生活为敌的人宣称，与其履行凡俗的义务，保卫文明免遭蛮族毁灭，还不如隐居起来准备迎接天国。数以百万计的基督徒虽然没有效法他们，但也公开支持他们的做法。一种对基督教不妙的局面出现了：所有尚未成为基督徒的人都对基督教十分反感，将之视为仇恨罗马帝国现有政府的政治组织。基督教自身的腐化堕落和基督教徒之间的派系纷争同样导致了君士坦提乌斯二世统治后期抵制基督教的运动。尤利安是这种情绪的受益者，但他缺乏足够的才干，未能利用这种情绪为自己的立场服务。作为一名皇帝和哲学家，他痛恨基督教的真正原因在于，教士和神学家将个人决断的自由视为人的基本权利之一。要想在同基督教的斗争中掌握些许胜算，尤利安必须将各派别阐释的多神教理论同道德准则、虔诚信仰结合在一起。为了完成这一任务，他必须传播一种新宗教，并扮演先知的角色。尤利安本人是无力承担这一使命的，因为他缺乏民众的支持、坚定的信仰、火热的激情，以及穆罕默德的那种深邃才智。[1]

---

[1] Neander, *Julian and his Generation* 出色地补充了吉本对“叛教者”尤利安的精彩叙述。

正教会成为希腊民族的象征

在君士坦丁皈依基督教后，他保留了多神教的国家信仰地位，还有多神教徒的全部特权。宗教宽容被视为罗马政府的一项基本政治准则，并在几乎未受干扰的情况下延续到了狄奥多西大帝时代。狄奥多西通过法律手段取缔了多神教。直到格拉提安（Gratian）统治时期，基督教皇帝们一直担任着大祭司长和多神教的政治领袖。皇帝在政治地位上高于多神教祭司的传统也延续到了基督教会内部。在君士坦丁时代，全体基督教教士都认可了皇帝对教会内外事务的管理权。君士坦丁尊重基督教长老们，但也并未忽视这一优势地位。即便在尼斯大公会议上，与会的教士也只敢在皇帝已经就座、准许他们开会时才敢议事。君士坦丁对教会的所有赏赐都被视为皇帝的恩宠，并且他认为自己有资格改造他们，让他们皈依阿里乌斯派。在信奉阿里乌斯派的君士坦提乌斯和瓦伦斯统治时期，国家掌控教会的权力进一步凸显。[1]

从君士坦丁之死到狄奥多西大帝即位，中间过去了三十年之久。在此期间，基督教虽然是皇帝们和一部分臣民的宗教，却并非国教。在帝国西部诸行省中，多神教依旧占据着主导地位。即便在信奉基督教的东部诸行省里，教派纷争也削弱了基督教的实力。阿里乌斯

---

[1]　Euseb. *De Vita Constant. Mag.* iv. 24. 他告诉主教们，他们受命传播教会规定的教义，但他自己才是国家中的最高主教。

派和三位一体派之间充斥着强烈的敌意，一如他们和多神教徒的关系一样。在此期间，三位一体派的教士们处于经受考验的阶段，这有力地加强了他们同希腊人的利益、情感联系。君士坦丁已经决定，要不折不扣地按照行政管理的模式来组织基督教会。这一安排的目的是让教会完全接受帝国的管理，尽可能地切断它同民众的联系。因此，皇帝让教会上层的宗教决策独立于公共舆论之外。凭借君士坦丁的宠幸，教会突然获得了财富与世俗权力，暴富与不负责任的权力常常会有的腐蚀世人灵魂的恶果随之而来。教士们对教职肥缺的争夺加剧了阿里乌斯教派的争论，他们的斗争是如此声名狼藉，以至于变成了公共娱乐场合下的民间讽刺诗题材。[1]信奉阿里乌斯派的皇帝们对该派系的恩宠，最终令三位一体派的教士们获得了好处。罗马帝国在名义上仍是多神教的，罗马皇帝们则信奉阿里乌斯派。希腊人很少会去理解征服者的古老迷信，抑或他们主子的个人立场。于是，在此期间，他们更加专注地聆听三位一体派教士的信条。从这时起，希腊民族和正教会建立了紧密联系。

宣讲福音书的三位一体派远离了由宫廷恩宠分配的神职肥缺，遭到野心勃勃、头脑庸俗的教士们的抛弃。三位一体派培养着自己的美德，奉行着自己尊崇的行为准则。于是，这些早期基督教布道者的形象在信众心目中变得更为高大。以民众为中心的古老教会组织保留了下来，并同希腊民族的社会制度日趋紧密。民众会参与他

[1] Euseb. *De Vita Constant. Mag.* ii. 61.

们精神导师的选举，影响主教的人选。希腊人的民族与宗教情感被
调动了起来。为了支持三位一体派教士对抗皇帝与阿里乌斯派的权
力，他们召开行省公会议。正教会的信众主体是希腊人，教士使用
的是希腊语。拉丁文则是宫廷和异端派别使用的语言。因此，许多
因素一起巩固了帝国东部诸行省中正教会与希腊人之间的联系。其
中一些因素特别显著地将三位一体派教士同受过教育的希腊人结合
在一起，为正教会成为一种民族制度铺平了道路。

在古代希腊与伯罗奔尼撒半岛，多神教仍未完全绝迹。一如历
史上常常会出现的情况那样，不太在乎古代宗教的民众继续举行着
因古老而被神圣化的仪式与赛会。[1] 瓦伦提尼安和瓦伦斯重新颁布
了取缔各种多神教仪式的法律，两位皇帝都鼓励以莫须有的罪名迫
害被告。但我们需要看到，这些指控通常是针对富有公民的。总的
来说，这些举动合乎古老的帝国统治原则，即通过没收私人财产来
充实国库，避免了征课新税的风险。[2] 在希腊，常规的多神教庆典
通常跟被禁的仪式十分相似。因此，新法律在推行过程中必然会全
面镇压多神教，尽管那似乎并非皇帝们的本意。一位希腊的行省总
督本身就是多神教徒，他向皇帝瓦伦斯呼吁，不要在自己的行省中
推行该法律。由于罗马的行政治理对没有什么油水可捞的地区相当
宽容，希腊便得以继续庆祝多神教的节日。[3]

---

[1]　Beugnot, vol. ii. p. 162, *note* b.

[2]　Amm. Marcell. xxx. 8.9; Zosimus, iv. 13.

[3]　Zosimus, iv. 3.

　　直到此时为止，神庙的一部分财产和收入仍由私人管理，或来自同公共财库无关的收入。这些神庙之所以会在瓦伦斯统治时代之后迅速消失，肯定在很大程度上是因为这些财富的管理者改宗基督教。在世袭的祭司们能够将异教神祇的财富据为己有的情况下，他们自然乐得看到神庙迅速灭亡，即便还不敢公开摧毁。在自己统治的末期，皇帝格拉提安放弃了大祭司长的头衔，并将胜利女神的祭坛移出了罗马元老院。[1] 这些举动等于是在宣称，多神教已不再是元老院和罗马人民公开信奉的宗教了。然而，最终将基督教确立为帝国国教的是狄奥多西大帝。他在帝国东部彻底将正统基督教会同帝国权力结合在一起。但在帝国西部，罗马贵族的权力与成见阻碍了他的举措。

　　在将正教确立为帝国国教的同时，狄奥多西也提升了主教们的行政与司法权力。由于希腊人在正统教会中拥有压倒性的影响力，他们便成了地位最高的臣民。保留着本民族语言与习俗的希腊主教此时已能跟使用罗马姓名和语言的行省总督平起平坐。不过，宫廷和狄奥多西大帝的行政治理模式都是罗马化的，而且在圣安布罗斯的巨大权力和崇高人格的支持下，拉丁教士并没有让希腊教士在帝国西部享有过高的宗教权威、占据过多的教职。教士掌握的权力源自他们的民众出身和信徒的热烈拥护，通常会被用来服务和保护人民，并且往往能够限制皇帝的暴政。教士开始成为国家政权的一部

137

---

[1]　公元 383 年。参见 Clinton, *Fasti Rom.* vol. ii. 122。

分。深孚民望的主教不大可能会被调离自己的教区，除非他让政府感到拆散猛将和军队时的威胁。皇帝君士坦丁在将圣阿塔纳修斯调离亚历山大里亚教区时遇到的阻力，还有他不得不在大公会议上面对的谴责表明，即便在早期发展阶段，教会已经拥有保护成员的能力，一种以法律约束皇帝专制意志的新权力已经浮现。然而，我们不应认为，当时的主教已经获得了仅受同侪监督的特权。皇帝仍被视为行政与宗教事务的最高裁断者，塞尔迪卡公会议指望的权利，只是信仰自由和免受行政长官压迫。[1]

138　　尽管基督教对古代世界道德与政治状态的积极影响从未受到质疑，历史学家却不止一次提出谴责，他们认为基督教加速了罗马帝国的衰落。如果认真比较东西部行省的社会发展进程的话，研究者必然会得出不同的结论。可以肯定的是，由于罗马贵族固守着多神教已被遗忘的传统和遭到放弃的迷信（它们在人民心中早已丧失了一切现实影响力），他们毁掉了拉丁诸行省。但是，我们也无须怀疑，各阶层在皈依基督教问题上的团结一致拯救了东部诸行省。在西罗马帝国中，民众、罗马贵族和帝国政权构成了社会中相互独立的三个部分，其宗教观念与民族情感毫不相干。每个部分都会为了

---

［1］ 公元 347 年。"君士坦丁不敢评判主教的观点"（Constantinus non ausus est de causa episcopi judicare）只是圣奥古斯丁的信口开河而已。参见 Milman, *History of Christianity*, vol. ii. p. 362; *Cod. Theod.* xvi. 2.12。需要对比 Baronius, *Ann. Eccl.* A.D. 329, viii 中君士坦丁在提及阿塔纳修斯和优西比乌斯关于行省公会议的争议时的答复："需要考虑的是你们而非我对此事的判断"（Vestri est, non mei judicii de ea re cognoscere）和本书第 134 页注释中优西比乌斯记载的君士坦丁言论。

保全各自的利益或坚持自己的成见与贪欲而同帝国境内的异族武装结盟。这种局面导致的结果是，尽管罗马城与西罗马帝国拥有可观的财富和人口，它们却很容易被相对弱小的敌人征服。虽然君士坦丁堡起初十分虚弱，它却凭借基督教激发的同仇敌忾精神击退了鼎盛时期的哥特人和匈人（Huns）。由于元老院和罗马人长期固守已被大部分帝国臣民放弃的古老制度，罗马城最终陷落了。通过与基督教的联盟，希腊人社会组织中的民主元素为社会注入了活力，拯救了东罗马帝国。多神教徒与基督徒的对立，还有这种对立导致的政见不合，则毁掉了西罗马帝国。

从君士坦丁到狄奥多西大帝时代帝国境内希腊居民的处境　139

新都君士坦丁堡的建立通常被视为罗马帝国遭受的一次沉重打击。然而，从戴克里先时代起，罗马城就已经不再是皇帝们的居所了。种种因素均促使皇帝们远离罗马城：罗马元老们的财富和影响力制约着他们的权威；民众的庞大数量与骚动不已甚至威胁着他们统治的稳固；馈赠、提供配给、举办豪华仪式、竞技所需的巨大支出给帝国财库带来了沉重负担；禁卫军的桀骜不驯时刻危及着皇帝们的身家性命。因此，随着成为基督徒的皇帝站在了同罗马元老院对立的位置之上，罗马城显然已经不适合作为基督教宫廷的所在地了。君士坦丁不得不选择一座新都，他是明智的。诚然，他选择拜占庭，是考虑到与帝国行政相关的一些因素，并未顾及臣民的福祉。他的首要目标是维系东罗马帝国的统一。在君士坦丁统治之前的一段时间里，罗马帝国已有分裂为若干小国的明确迹象。皇帝亲自控制诸行省行政权力的必要性已十分迫切，虽然君士坦丁本人曾竭尽全力加强政府的中央集权，却在去世之前认为必须将帝国的行政权力分配给自己的家人。军权、市政管理权与司法权的集中防止了分割行政权力的恶果——帝国分裂。直到东西帝国彼此之间的交流困难造就了两个彼此独立的政治中心，分治的局面才最终形成。

140　　　　正是君士坦丁堡的建立确保了东部诸行省的领土完整，阻止了它们解体为若干独立国家。诚然，它使得帝国东部的行政权力更彻底地落入了希腊人手中，引发了叙利亚人和埃及人的民族情绪，但这些情绪似乎并未对帝国构成威胁，因为这些行省的居民大多纳税，对兵源的贡献相对较小。君士坦丁堡政府的建立帮助皇帝们革除了许多弊政，推行了大量改革，从而提高了资源利用率，恢复了帝国东部的实力。由此焕发的活力使得东部帝国最终逐走了征服西部的蛮族铁骑。

　　迁都之后，帝国权力与社会状态都趋于稳定。在君士坦丁统治之前，野心一直是罗马国家中的主导因素。所有人都在追求更高的社会地位。皇帝们的你方唱罢我登场，元老们频繁被宣告为公敌，富有罗马人的财产经常被充公，这些现象无疑大大降低了夺取宝座或身居高位的难度。通过建立正规的皇权统治形式，君士坦丁让社会变得更加稳定。由于野心已无法像从前那样轻易实现，贪婪（或者说是巧取豪夺）成了统治阶级的典型特征。对财富的渴望很快导致了司法腐败。在帝国普遍的无序状态和经济压迫下沉沦的中产阶级此时又面对着贵族的勒索。小土地所有者的产业几乎同从前大地主的一样朝不保夕。

　　然而，从伽利埃努斯时代的高卢人侵到君士坦丁时代，希腊的局面有了很大改观。诚然，我们只能通过若干零星的历史记载推断出这一转机，但局面的逐步改观是令人信服的。当君士坦丁与李锡尼乌斯准备为统一帝国而决一死战时，他们集结了两支强大的舰队，二者均主要由希腊船只构成。君士坦丁的兵力包括两百艘轻型战舰和两千条运输船。这支庞大兵力是在比雷埃夫斯港装备的。选择比雷埃夫斯为海军基地的事实表明，那里已不再是公元 2 世纪波桑尼阿斯目睹的萧条景象，并且雅典也已从哥特入侵的伤害中恢复过来。希腊城市中古时的那些庞大废墟之所以没有留下痕迹，恐怕是因为在本书探讨的八百五十年内，居民数量与财富几起几落，建筑、城墙频繁重建——它们被拆除后充当了新建筑的材料。

　　君士坦丁的舰队是从欧洲居民那里征召的，李锡尼乌斯的三列桨战舰则主要由亚洲和利比亚的希腊人提供。叙利亚与埃及的船只数量小于两百年前的规模。可见，地中海的商业已经回到了希腊人手中。取道黑海的中亚贸易影响了红海、埃及与叙利亚的地位，却为希腊人的事业提供了新的动力。

　　西欧地区的转运贸易再次落入了希腊人手中。作为古时希腊世界的中心，雅典凭借其自由城市的地位和发达的学校教育再度崛起。

君士坦丁尊敬这座城市，给予了特别的恩赐——这当然是考虑到它的政治重要性，而非推崇当地多神教哲学家的研究成果。他不仅从帝国收入中拨款为雅典公民们提供每年一次的谷物配给，还接受了雅典民众献给自己的"将军"（Strategos）头衔。[1]

当尤利安在高卢紫袍加身，开始向君士坦提乌斯发难之际，他极力赞美希腊人来争取他们的支持。他也试图劝说希腊人与自己结盟，对抗君士坦提乌斯领导的罗马政权。总的来说，他似乎赢得了希腊人的好感，但他对基督教的反感必然引起了一些猜疑。如果不是欧洲的希腊居民在前一个世纪里的财富和影响有了显著提升，罗马在东方的势力出现了显著衰退，尤利安不大可能会采取那些意图明显的手段，争取希腊人的支持。他给雅典、科林斯和拉栖第梦的市政机构写信，试图说服这些城市加入自己的阵营。他写给雅典人的信是一篇精心设计好的政治宣言，解释了自己被迫穿上紫袍的原因。雅典、科林斯和拉栖第梦当时肯定在帝国范围内拥有一些举世公认的政治与社会影响力，否则的话，尤利安在如此生死关头给这些城市写信未免显得滑稽可笑。尤利安或许并不了解普通民众的宗教信仰，但他肯定非常熟悉帝国的统计数据，不可能会在这类政治决策上犯下错误。我们还应看到，史书对瓦伦提尼安和瓦伦斯在位期间的希腊地震灾害大书特书，这清楚地表明在当时希腊民众的福

---

[1]　见 Julian, *Opera*, p. 8, edit. Spanh 对君士坦提乌斯的颂词。在那个特定的时代，"将军"的职责是维持公共秩序、平抑面包价格。

祉具有重要意义。[1]

哥特人对多瑙河南岸附近行省的蹂躏肯定在一段时期内对希腊有利。尽管一些蛮族部落入侵过马其顿和帖撒利，希腊仍然是遇袭地区的富人们的理想避难所。[2]因此，当狄奥多西打败哥特人后，欧洲与亚洲的希腊诸行省已位居帝国最富庶的地区之列。毋庸置疑的是，希腊人作为一个整体在皇帝的臣民中是数量最多、管理最善的。一言以蔽之，将财富保存在希腊人那里是最安稳的选择。

143

然而，帝国政府的横征暴敛丝毫没有收手的意思。税收的重负仍然到处压迫着人民，侵蚀着他们从前积攒下的资本，迫使他们放弃一切需要长期等待才能获得回报的投资。[3]北方遭受蹂躏地区的财富涌入，还有贸易线路改变的收益，只能暂时带来繁荣的气象，无法在长达一两个世代的时期内减轻公共税收造成的压力。毫无疑问，帝国财库最终会吸干所有这些意外得来的财富。事实上，这种回光返照的迹象也仅仅出现在希腊人的古老中心城市里。在叙利亚、埃及和库勒尼，希腊居民显然承受着帝国普遍衰落带来的恶果。同这些地区的本土居民相比，他们的数量在逐渐下降。他们的文明堕落到了社会下层的水平。公元363年的一次沉重打击使得亚洲地区

---

[1]　Amm. Marcell. xxvi. 10; Zosimus, iv. 18.

[2]　Zosimus, iv. 20; Eunapius, p. 51, edit. Bonn.

[3]　我们无须汇集关于该时代财政管理性质的证据，每一页史书都提供着这样的材料。皇帝尤利安说道："官吏们只会劫掠，不会接收。"（Rapere non accipere sciunt agentes in rebus.）Amm. Marcell. xvi. 15.

的希腊人再未恢复元气。约维安同萨普尔二世签订条约，向波斯割让了阿扎尼涅（Arzanene）、莫克索尼（Moxoene）、扎布狄克尼（Zabdicene）、瑞希麦尼（Rehimene）和科尔杜尼（Corduene）五个行省，还有两河流域的尼西比斯（Nisibis）与辛伽拉（Singara）等罗马殖民地。由于萨普尔对基督徒实行坚决的迫害政策，这些地区的全体希腊人被迫迁出。此后，由于波斯人对玛哥僧的执着崇拜，希腊人无法重新在这些地区立足或在贸易中扮演举足轻重的角色。自此之后，本地居民在幼发拉底河以东的所有地区占据了压倒性的优势。在分析途经亚洲北部地区的印度贸易转移到黑海沿岸的诸多因素时，我们不可忽视波斯政府的固执。

144

希腊人同罗马帝国境外国家的交往

倘若我们承认，人类世界在两安东尼时代过后的普遍衰落乃是高度文明社会无法逃避的盛极而衰规律所致，这无疑是一种悲观主义的看法。这种论调认为，道德堕落将导致无可挽回的腐败，使得良好的统治模式无以为继，即便基督教的影响力也无法消除此类罪恶。一言以蔽之，一切文明元素的毁灭乃是社会与政治体系重获新生的必要条件。但幸运的是，此类观点并无根据。当时的社会罪恶源自罗马政府的不公与压迫。这个政权是如此强大，以至于各民族无力迫使它进行改革。中产阶级几乎无法影响地方议事会寡头制度管理下的本地事务，公共舆论因而显得苍白无力。当罗马的中央集权瓦解之后，同样的原因也在帝国西部领土上的蛮族王国内产生了类似的影响。只有当民众掌握了一定力量，能够让他们的情感和权利得到些许尊重之后，文明的复兴才能步入正轨。历史文献偶然地保留了罗马帝国境外的希腊族群的零星记录，我们从中可以发现政治因素如何改变希腊人的性格、破坏他们的活动习惯。陶里斯（Tauris）境内的独立城市克尔松（Cherson）一度享有的繁荣局面充分地说明了希腊人的社会具备美德、活力充沛——那是维系政治独立的必要条件。然而，由于民众无法通过制度掌控政治权力和公共事务中的某些切身利益，这些族群很快便陷入萎靡不振，只有战争才能重新唤醒他们的民族精神。

145

本都境内赫拉克勒亚（Heraclea）的殖民地、希腊城市克尔索尼斯（Chersonesos）位于重要港口塞巴斯托普尔（Sebastopol，一个在欧洲史上令人难忘的名字）西南方的一个小湾内。[1]之前统治那里的米特拉达梯的战败并未使该城市重获独立。但到了奥古斯都时代，它在罗马保护下获得了自由与自治的特权。偏僻的位置让它免受罗马官吏们的肆意盘剥，享受着事实上的市政独立地位。到了哈德良时代，这种独立地位得到了官方认可：克尔索尼斯成了罗马人的同盟城市。到了公元3世纪，我们发现该城市的名字已被简化为克尔松，城址也迁移到了旧城东侧。城市的范围有所萎缩，克尔

---

[1]　Pliny, *Hist. Nat.* iv. 85.

松的防御工事设置在今天塞巴斯托普尔检疫港口西侧的海岬上，长度仅为两罗马里左右。该城市保留着共和政体，在几个世纪里努力捍卫着自身的自由，对抗着博斯普鲁斯国王们的野心和占据周边开阔领土的哥特人的进攻。克尔松的财富和权力依赖于商业，这一行当在保护财产权的制度下兴旺发达。在同哥特的战争中，皇帝君士坦丁曾请求这个小邦支援，他还公开感谢了克尔松的居民，他们为罗马帝国提供了大量兵力。倘若我们能够找到帝国衰落期间克尔索尼斯的希腊人的行政、税收记录的话，肯定可以提供说明专制独裁教训的绝佳史料。令人遗憾的是，此类材料并未流传下来。公元前 350 年左右，作为一块希腊殖民地，齐墨里亚的博斯普鲁斯王国正处于农业发展欣欣向荣的局面，那里的国王甚至能够在一个收获季提供两百万蒲式耳小麦，解除了雅典的一次饥馑之灾。[1] 但到了公元 350 年，古希腊的一切都已发生变化。在希腊人居住的所有城市中，只有克尔松还享受着自由的福祉。曾经养育了雅典人的肥沃农田已成为哥特畜群的牧场，但克尔松人的商业使得他们还能从罗马帝国最富庶的行省进口谷物、油和葡萄酒。

　　帝国境内从事商业的希腊人开始意识到，他们可以在罗马行政管辖之外的一些地区生活并享受富足。基督教已在东方广为流传，各地的基督徒都被十分牢固的纽带团结在一起。贸易机遇在社会中非常重要。许多有教养的希腊人受到贸易驱使，前往文明程度并不

---

[1]　Boeckh, *Public Economy of Athens*, i. p. 121.

逊于罗马多少但在财富方面更胜一筹的异邦生活。这些旅居者势必会用目睹过许多国度、比较过各种财政制度优劣的批判眼光来看待罗马帝国的行政管理。因此，在他们看来，一旦压迫超过了某种界限，他们就有权利带着财产移居到帝国税吏们管不到的地方。西罗马帝国的居民们则是无法指望逃避此类压迫的。

　　君士坦丁时代前后，希腊人同黑海北岸、亚美尼亚、印度、阿拉伯和埃塞俄比亚进行着大规模贸易，一些商人甚至将自己的冒险之旅推进到了锡兰。托勒密王朝时期，希腊人在索科特拉岛（Socotra，即狄奥斯科里德斯）建立了一处殖民地，作为同印度开展贸易的据点。尽管这个有若干叙利亚人加入的殖民地不时受到红海北岸的萨拉森人骚扰，并同诸皇帝尤其是瓦伦斯鏖战，它还是生存了下来。[1] 哲学家麦特罗多鲁斯（Metrodorus）的游历，还有印度主教特奥菲鲁斯（Theophilus）的传教活动，证明罗马帝国、印度和埃塞俄比亚通过红海水域建立了长期联系。普通商人的报告激发了哲学家的好奇心和传教者的热情；稳定的交通联系提供了贸易保障，在各个地方便利了他们的事业。当时的宗教情感提升了基督徒的积极性，打开了新的贸易渠道。两名希腊奴隶让埃塞俄比亚王国皈依了基督教，他们在那个国家中身居高位，其影响力必然来自他

147

---

[1]　Soc. iv. 36; Sozomen, *Eccl. Hist.* vi. 38. 印度在古时有东西之分，其界线为曼德海峡（Babelmandeb）。埃塞俄比亚也经常被称为"印度"。狄奥斯科里德斯的居民在公元 4 世纪中期讲叙利亚语，而在 6 世纪科斯马斯（Cosmas Indicopleustes）访问时说希腊语。Lebeau, *Histoire du Bas-Empire*, i. 441, with the notes of Saint-Martin.

们同罗马帝国的联系。与此同时，他们的权力也必然打开了同非洲南部异教徒交往的新途径，帮助了希腊商人和基督教传教士深入罗马人此前不敢涉足的国度。

公元 395 年东西帝国分治对希腊民族的影响

　　阿卡狄乌斯与霍诺里乌斯时代罗马帝国东西分裂为两个独立国家的局面，乃是一长串历史事件的最终结果。这些历史事件似乎有利于希腊民族重获独立。东罗马帝国统治者的利益开始同其希腊臣民的命运密不可分。东部皇帝们的宫廷里主要讲希腊语，希腊人的民族情感逐渐渗透进了行政管理部门与军队，甚至影响了皇帝们的家庭。东罗马帝国希腊人口众多的局面赋予了臣民统一的情感，赋予了政府民族性，赋予了基督教会一定的权力。那是西罗马帝国松松垮垮的社会结构完全不具备的要素。帝国政府似乎被注入了新的活力。新的形势强烈要求皇帝们关注臣民的情感与民族利益。这些希望并非全然虚妄。在一系列蹊跷事件的交织作用下，罗马帝国缓慢、巨大的衰落进程戛然而止。这似乎生动地说明了一个历史教训：罗马政权是由于自身的错误而灭亡的——它耗尽了自身资源生产出来的资本，束缚了人民的生产力，结果导致了自身人口的下降。即便在帝国西部，蛮族也只有能力占据那些已经由于帝国政策而出现了人口下降的行省。

148

东罗马帝国同西部帝国彻底分道扬镳之后，各希腊城市的自治精神，还有民众与教士的直接纽带，马上就显著地影响了帝国的整体政治格局。地方市镇中"守护者"权威的日益提升在一定程度上改造了罗马式地方议事会的寡头体制。尽管在财务方面，帝国行政体系仍奉行古老的原则，认为民众不过是国家的奴隶，皇帝们却已没有贵族可以剥削，不得不依赖于人民的直接支持，因而不能无视他们的意愿。我们不应认为，在帝国整体走向衰落的背景下，文明社会解体的种种趋势在罗马治下的所有民族中都是显而易见的。诚然，各地区的人口数量都在下降，但并没有出现动摇整个社会结构的乱局。财产安全依然如故，法庭还拥有了更高的权威和更好的组织模式。市政生活中的美德并不比盛世时代少。在东罗马帝国的大部分地区中，平稳的生活节奏仍在一代代地传承下去。由于政治生活中没有什么波澜壮阔的事业，社会上层主要关注哲学和形而上学。随着基督教的广泛传播，知识精英的注意力逐渐聚焦到了神学问题之上。这些研究无疑对整体的道德水准（如果算不上是人类的本性的话）产生了积极影响。社会风气中的道德纯洁和济贫仁心或许达到了前所未有的水平。皇帝尤利安的作品再好不过地展示了人性原则所达到的广度。尽管此人狂热地信仰多神教，他仍然不断借用基督徒的情感，宣扬基督教的博爱精神。

在前一个世纪里，公共舆论曾将帝国的衰落归咎于基督教的传播。此时它更为公正地指出，财政体系乃是帝国式微的首要原因。在君主和民众的共同默许下，抱怨公共行政管理压迫的矛头指向了滥用职权的税吏们。这个时代的历史学家，还有亲自颁布敕令的皇帝，都认为是官吏的侵吞公款之举导致了帝国每况愈下。但没有一位皇帝考虑过，应当认真改革容许这些乱象出现的体制。罗马官吏们的贪赃枉法引起了君士坦丁的愤怒，他公开威胁要对继续勒索的官员处以极刑。一道严厉谴责腐败行径的法律间接反映了当时社会状态的积极一面：行政管理中的罪恶已受到了强烈的批判。[1]

　　尽管不具备历史典型性的轶事暗藏风险，比之长篇大论，它却往往能更准确地诠释社会风尚。一则有趣的轶事忠实反映了当时的整体风气，准确剖析了罗马行政体系最突出的弊端。东方大区的大区长阿辛杜努斯（Acindynus）以干练、正直、严厉而扬名于世。他以不可通融的公平精神征收着公共税款。在日常统治中，他曾威胁一名已经入狱的安条克居民：如果无法偿清欠帝国财库的款项，就要处以其死刑。世人承认他拥有那样的权力，他对财政问题的一贯重视意味着，那位欠下国家债务的安条克居民难逃一死。那名囚犯之前娶了一位美丽的女子，夫妻十分恩爱。这起案子和他们的境遇引起了一定的关注。一个十分富有的人提出要为男方偿清债务，条件是占有此人美貌的妻子。这一提议令女子愤怒不已。但当她跟身陷囹圄的丈夫商议此事时，他认为值得通过这样的牺牲来保全自己

150

---

[1] *Cod. Theod.* i. 7.1：“如今官吏必须停止勒索，我要求他们马上收手。如果他们在受到警告后还不住手的话，将逃避不了刀剑的惩罚。”（Cessent jam nunc rapaces officialium manus, cessent, inquam: nam si moniti non cessaverint, gladiis praecidentur.）Salvian. *De Gubernatione Dei; Magna Bibliotheca Patrum*, v. 89–92.

的性命。他的乞求比那个追求者的财富和甜言蜜语更有效。那个宣称要帮助他们的人虽然富有，却是一个吝啬贪婪的家伙，想用一袋沙子冒充黄金欺骗女子。不幸的妻子失去了拯救丈夫的希望，便跪在大区长阿辛杜努斯面前，吐露了整桩可耻的交易。长官因其严厉所致的恶果而深受触动。他震惊于自己引发的种种罪行，开始努力主持正义，使用自己的职权给每个罪犯判下应得的处罚。为了惩罚施加严厉政策的自己，他宣判由自己缴纳亏欠帝国财库的款项。他又判决了那个行骗的引诱者，让他用不义之财赔偿那位受害女子。债务人被立即释放——囚禁与蒙羞已让他接受了足够多的惩罚。[1]

　　这则轶事充分说明了税收法令的严酷，还有大区长在财政事务上享有的专断权力。这样一套行省管理模式对社会造成的伤害必然是数不胜数的。即便是阿辛杜努斯这样刚正不阿的大区长也会犯下严重罪行。毕竟，他的美德无法确保自己不会压迫臣民。

　　尽管基督教已经广为流传，旧贵族集团上层中仍然存在着大批多神教信徒。他们维系着一些哲学学校，教授着一种隐喻式的泛神论信仰。这套哲学所宣传的纯粹道德、这些学校中教师的正直生活，使得这些哲学家仍然拥有追随者，即便多神教早已不再是民族信仰。多神教徒中还拥有一批知名作家，但相当多的基督徒已开始公开藐视所有不包含在圣经中的知识。这一事实同行省民族情感影响力的增强、本地居民反感于罗马政府的压迫和希腊官吏的傲慢密切相关。

151

---

[1]　参见 Lebeau, *Histoire du Bas-Empire*, i. 414 及其中引用的证据。

在世人眼中，舞文弄墨体现着罗马人的霸权与希腊人的傲慢。希腊人长期以来一直享有罗马公民的特权，并自称罗马人，此时他们占据着东罗马帝国的大多数文官职位。

　　从君士坦丁时代起，法律与宗教两大体系便开始在日常中缓和同民众打交道的帝国专制行政权力，这对希腊社会产生了积极影响。两大体系创造了新的国家制度，享有独立于皇帝专制权力之外的空间。律师和教士跟政府官员一样拥有了固定的地位，跟他们打交道的政府部门在一定程度上也不会遭到随意变更，而是拥有了系统的体制形态。司法权虽然依旧独立于行政权，却已由一个特定阶层垄断。由于法律工作需要漫长、艰苦的培养过程方能胜任，这方面的事务基本按照稳定、一成不变的模式运转，不容易被其他行政部门干扰。律师和法官是同一个学校培养出来的，遵循着同样的条文规范，受到有限的公共舆论影响——这至少可以确保法律事业在职业利益的支撑下、在公正总纲的基础上获得某种尊严。律师群体不仅完全掌控了法庭的司法诉讼，抑制了行省总督与大区长的不端行为，还限制了早先皇帝们实行过的野蛮暴政。律帅们同样要监管整体性立法工作的部门。此后，即便是最糟糕的皇帝的敕令，也能合乎公正原则。这种安排的好处是显而易见的。

　　教士的权力起初建立在比法律更具民意、更为纯粹的基础之上。它最后变得过于巨大，走上了腐败的道路。这是人类获得不受限制的权力后无法避免的结果。主教的权力几乎跟行省总督旗鼓相当，而且不受帝国行政体系的直接管理。为了争取这样的职位，候选人往往会使用阴谋诡计、权钱交易和煽动民众等手段。有了民众的支持，主教就敢同皇帝抗衡；如果同时获得了皇帝和民众的支持，他甚至还敢无视基督教的基本原则。亚历山大里亚的枢机主教特奥菲鲁斯便任命柏拉图主义哲学家叙内修斯（Synesius）为昔兰尼加境内托勒迈斯（Ptolemaïs）的主教，尽管后者才刚刚成为基督徒，尚未接受三位一体派信仰。作为一名主教，此人拒绝休弃妻子，并宣称自己并不相信肉体复活和死后刑罚。[1]

在分析法律与宗教对希腊人社会生活的影响大小时，我们必须注意到从东部教会同帝国政权相结合的那刻起，它就一直使用希腊语。对于法律而言十分不利的是，迟至查士丁尼时代，拉丁语一直是帝国东部法律事务中使用的语言。这一事实可以解释，在确立东罗马帝国中希腊民族优势地位的过程里，管理法律事务的小圈子的影响为何相对较小；它也能够说明，教士何以会在市政管理事务中发挥巨大的影响力。倘若法律领域使用人民的语言，东罗马帝国的律师们有了希腊人市政机构和民主情感的支持，肯定能够跟教会方面精诚合作，体系化地限制帝国权威的滥用。没有法律体系方面的民族制度，乃是希腊人社会生活状态中难以弥补的缺陷。

奴隶制的状况跟此前没有什么不同，奴隶贸易是罗马帝国商业最重要的一环。诚然，哲学时代的人道精神，还有福音书的教导，

[1]　Neander, *History of the Christian Religion and Church*, translated by Torrey, ii. 702; Synesius, *Epist.* 95–105.

多少能抑制一点罗马人决定奴隶生死的野蛮权力。但无力缴纳税款的自由人仍会被贩卖为奴，父母也可以出卖自己的儿女。帝国财政制度导致的后果便是，一种比旧有的人身占有关系更新、更成体系的奴隶制在乡村地区发展了起来。政府公文中记载了每个庄园农业生产中使用的奴隶数量；地产所有者必须按照这些奴隶的不同劳动内容缴纳一定数量的税款。即便在使用自由农民耕种土地的情况下，地产所有者也必须向财政部门缴纳人头税。因此，政府和土地所有者的共同诉求在于防止自由劳动力放弃耕种土地。这些劳动力被束缚在固定的土地上，逐渐降格为农奴。在用奴隶耕种的情况下，政府的诉求则在于阻止地产所有者撤除这些耕种土地的劳动力。于是，这些奴隶上升到了农奴的地位。因此，耕种者跟土地结合在一起，奴隶的所有权不再属于个人。奴隶获得了一些权利，在社会中占据了一定的地位。这是人类废除奴隶制的第一步。[1]

　　为了解释罗马法中若干明显矛盾的条款，我们必须认真分析农奴的双重来源。《查士丁尼法典》中保留了君士坦提乌斯时代的一条法律，表明奴隶当时已被束缚在土地上，不能与土地分离。皇帝阿纳斯塔修斯的一道法令表明，为他人耕种土地三十年的自由人不得再离开那块土地，但他在其他方面仍保持着自由人的身份。[2] 罗

[1]　关于古代奴隶制问题，参见 Blair, *Inquiry into the State of Slavery amongst the Romans*, Edin. 1833; E. Biot, *De l'Abolition de l'Esclavage ancien en Occident*; and Wallon, *Histoire de l'Esclavage dans l'Antiquité*. 3 vols。

[2]　*Cod. Justin.* 'de Agric. et Cens.' xi. 48.2 and 19.

马人称此类土地耕种者为"种植者"（colonus），他们既可以是奴隶，也可以是自由人。但当最初的制度遭到破坏后，该阶层的命运很快就任由专门的法律摆布了。[1]

哥特人在希腊立足的尝试

哥特人向多瑙河以南的第一次大规模移民是在皇帝瓦伦斯的许可下进行的。然而，由于罗马政府并未采取任何举措来保证他们在那里过上平静的生活，这些喜好惹是生非的殖民者很快变成了危险的敌人。因为给养不足，而且看到当地无兵保护，自己又获准保留了武器，他们便开始为了补给而去劫掠默西亚、色雷斯和马其顿。最后，因胜利而壮起胆量的他们将侵扰范围扩大到了从君士坦丁堡城墙到伊吕利库姆边界的整个地区。罗马军队被击败了。皇帝瓦伦斯冒失地认为自己稳操胜券，却在亚得里亚堡战役中惨败，于公元378年阵亡。由于大批哥特人遭到屠杀、在亚洲被扣留为人质或被征募为雇佣兵，他们节节胜利的同胞们怒不可遏，在随后三年内发动了异常残酷的劫掠战争。狄奥多西大帝结束了这些混乱。即便在

---

[1]　一部见解深刻的作品（Savigny, *Ueber dem Römischen Colonat*, Abhand. Acad. von Berlin, 1822）当中的若干观点似乎忽视了君士坦丁时代之后农奴地位的双重起源。税收对自由农民不利，反而有利于耕种土地的奴隶，这自然会导致法律对前者残酷，对后者仁慈。参见 *Cod. Justin*. xi. 48.4, 6, 7, 12, 18, 23 及 *Const. Justin. Justini et Tiberii*, vii。

不犯错误的情况下，哥特人还是无法抵挡罗马的兵力。狄奥多西说服了哥特人中的精锐战士为帝国效劳。残余的哥特部族要么被歼灭，要么被驱逐到了多瑙河以北。

帝国人口减少的局面促使狄奥多西建立了哥特人的殖民地，强迫他们居住在弗里吉亚和吕底亚。从此以后，罗马政府开始吸引新的定居族群进入自己的疆域，以此弥补原来的行省居民缺口。狄奥多西将许多特权赏赐给这些危险的殖民者，准许移民保留本民族制度赋予他们的狂野自由，只要他们能够为帝国军队提供一部分兵源就行。[1] 随着帝国境内的原住人口逐渐减少，世人不免要怀疑，这种情况主要是政府造成的。罗马政府与被统治者之间的利益分歧是如此根深蒂固，皇帝们对其臣民是如此缺乏信任，以至于帝国宁愿信赖异族雇佣兵，也不愿降低、调整税额——尽管后者能够争取原住臣民的支持，激发他们的活力。

罗马的专制制度使得民众几乎没有什么政治权利可以捍卫，也没有多少公共义务需要履行。自由居民则会哀叹农业人口数量和自身地位的下降，决定聚居到城镇里。他们没有发现（或许是不敢声张），这些罪恶是帝国的管理模式造成的，只有通过更为温和、平衡的政府体系才能得到缓和。为了汇集必要的道德与物质力量，捍卫自己的财产和权利免遭外敌破坏，文明开化的民族必须确信，自己

---

[1] 这些殖民地讲希腊语。拜占庭作者经常提及这些哥特人与希腊人的混血后裔。见 Theophanes, *Chronograph*. p. 323, edit. Paris。

的财产和权利不会遭到国内君主不义行径与专制压迫的损害。

　　哥特人早在公元 3 世纪中期之前就已开始同罗马帝国打交道。　156
在定居于罗马行省周边地区的那段时间里，他们的文明程度和军事、
政治水平都有了长足的进步。[1] 自从奥勒里安把达契亚行省让与哥
特人之后，他们成了一片土壤肥沃、精耕细作、人口众多的国土的
主人。罗马人在撤离该行省时留下了大部分农业人口，哥特人成了
那里的土地所有者，他们的处理办法似乎是把土地留给从前的居民
耕种，收取一定数额的税款。对于生活方式非常简单的战士而言，
这笔款项已足够维持他们狩猎、购买武器及马匹、招募训练侍从的
花销。由于拥有土地岁入的每名哥特战士都是独立的，被他们征服
的那些地方陷入了比之前更糟糕的无序状态。早先的时候，它们处
于罗马政权的系统压迫之中。即便如此，哥特人仍能在达契亚改善
自己的武装与军纪，并推行军事贵族领主的观念与行为方式。尽管
哥特人在军事知识与行政管理方面始终逊色于罗马人，他们的勇敢
却跟罗马人不相上下，并在正直、诚实方面更胜一筹。因此，哥特
人在为帝国效劳时始终受到欢迎。我们不可忘记的是，从行省招募
来的兵源是无法跟哥特军队相提并论的。哥特战士是从一批十分尚
武、拥有土地的贵族中精选出来的；而帝国自己的兵力主要来自贫
困潦倒的农民——他们从自己的茅屋中被生拉硬拽出来，同来自城
市的奴隶和暴民阶层为伍，后者从军是因为饥肠辘辘或游手好闲。

---

[1]　*Excerpta e Petri Pat. Hist.* p. 124, edit. Bonn. A.D. 230.

狄奥多西统治时期罗马军队中的哥特兵力十分庞大，并发挥着举足轻重的作用，他们当中的几位首领得以身居高位。这些军官中最引人瞩目的自然是日后生涯轰轰烈烈的阿拉里克。[1]

狄奥多西去世后，东罗马帝国的大权落入了阿卡狄乌斯的大臣鲁菲努斯（Rufinus）之手。西罗马帝国的权力则属于霍诺里乌斯的监护人斯提利科（Stilicho）。在这两位权臣治下，罗马帝国的各色不和谐元素开始凸显种种不协调之处。鲁菲努斯是一名来自高卢的文官。他身为罗马人的习惯与感情，身为帝国西部居民的成见，使其同希腊人格格不入。斯提利科出身蛮族，无法被罗马贵族接受。但他是一名出色、深孚众望的战士，在帝国东部和西部立下了汗马功劳。由于斯提利科是狄奥多西大帝的侄女兼继女塞琳娜的丈夫，此人能够对帝国治理产生非同小可的影响力。两位野心勃勃的权臣对彼此恨之入骨。由于不受任何爱国情感的约束，两人更在意的乃是干掉对方，而非为国效劳。事实上，效劳于罗马的大部分文官武将都很容易为了满足自己的贪欲或野心而放弃种种公共义务。

此时，一方面由于自己预期的待遇未能得到完全满足，另一方面想要强迫东罗马帝国政府答应条件，阿拉里克便不再为帝国效劳，退回至帝国边境，在那里集结了一支足够庞大的兵力，以便自行其是。由于自身卷入了辅佐两位皇帝的权臣的斗争，或许还参与了鲁菲努斯或斯提利科的阴谋，他在多瑙河以南的几个行省驻扎了

---

[1] Zosimus, v. 5.

下来。公元 395 年，他率军推进到了君士坦丁堡城墙边上。但这次行动显然只是佯攻而已，因为阿拉里克十分清楚，自己是无法攻克那样一座人口众多、拥有坚固要塞、即便在和平时代也主要依靠海上交通获取补给的大城的。在这次示威后，阿拉里克率军进入了色雷斯和马其顿，并将其蹂躏范围拓展到了帖撒利。有人指控鲁菲努斯在阿拉里克的入侵过程中扮演了为虎作伥的角色，他同阿拉里克在君士坦丁堡近郊的会谈也引起了怀疑。当这名哥特人发现北方诸行省差不多已被掏空时，他决定入侵长期以来享受着和平的伯罗奔尼撒半岛和希腊本土的其他地区。鲁菲努斯的两个朋友——阿凯亚行省总督安提柯（Antiochus）和罗马军队将领格隆提乌斯（Gerontius）——的怯懦表现被视为他通敌的罪证。[1] 温泉关无人把守，阿拉里克在未遇任何抵抗的情况下进入了希腊。

作家们用惊恐的措辞描绘了阿拉里克部下对希腊的蹂躏：村庄与城镇遭到焚毁，男人遭到屠杀，妇女儿童则被哥特人劫走并贩卖为奴。然而，这次入侵也足以证明，希腊已从波桑尼阿斯所见的凋敝状态中恢复了元气。底比斯的城墙已得到重建。那里的城防是如此牢固，以至于阿拉里克不敢冒险对它展开围攻，而是匆匆赶往雅典，同当地的行政与军事长官签订了协议，在未受抵抗的情况下进入了雅典城。促成阿拉里克成功的因素或许还有他跟鲁菲努斯商定

[1] Hertzberg, *Geschichte Griechenlands unter der Herrschaft der Römer*（Part III, pp. 380 foll.）讨论了鲁菲努斯的叛变问题，认为该指控并无充分依据。——编者注

的诡计——因为他似乎是以领主而非异族征服者的身份占领雅典的。佐西穆斯记载了这样的传说：基督徒阿拉里克受到女神密涅瓦显现的感召，决定放过雅典。但其他作家提及了雅典城的投降，直接否定了佐西穆斯的说法。[1] 与此同时，令人信服的证据表明，阿拉里克的劫掠行径与叛将们的通常做法并无二致。他的征服并未摧毁辉煌的古代公共建筑与纪念物，但毫无疑问的是，他和军队向雅典城及其居民征课了重税。雅典受到的善待显然有赖于其居民的生活状态，或许还有其固若金汤的城池——那令哥特人多少有些忌惮。阿提卡的其他区域则未能逃脱蛮族入侵所过之地的常见命运。埃琉西斯镇和谷物女神的宏伟神庙遭到劫掠，毁于一旦。至于这一劫难的祸首究竟是跟随哥特军队的基督教教士（他们劝说心胸狭隘的阿里乌斯派教徒以宗教名义向埃琉西斯的异教徒神庙施加报复，因为他们不得不放过雅典的圣所），还是贪婪的劫掠者，抑或是纪律涣散、爱搞破坏的冲动兵士，其实并不是什么重要问题。偏执狭隘的教士、掠夺成性的部将和军纪涣散的士卒在阿拉里克军中的数目或许都相当的多。

　　之前放弃守卫温泉关隘口的格隆提乌斯，也没有想要把守科林斯地峡和格拉尼亚山（Mount Geranea）的险要隘口。于是，阿拉里

---

[1] Zosimus, v. 6. 佐西穆斯略去了阿拉里克摧毁埃琉西斯的记载，言之凿凿地声称他没有在阿提卡境内采取任何破坏之举。这使得他的叙述完全不可凭信。见 Zosimus, i. 5; Hieronymus, *Ep.* 60; *Opera*, i. p. 343, edit. Veron. 1734; Philostorgius, xii. 2; Claudianus, *in Rufin.* ii. 191; Synes. *Epist.* 136。

克兵不血刃地进入了伯罗奔尼撒半岛，并迅速在未遇抵抗的情况下占领了那里几乎全部的城市。科林斯、阿哥斯和斯巴达均遭洗劫。由于希腊本土承平日久，加之政府有意打压那里的独立制度，该地区已没有保护，那里的民众也没有武器。[1]因为阿拉里克的征服一帆风顺，而且他本人希望以帝国将领或行省总督的身份在帝国境内获得立足之地，所以他的军队并不像一支来犯之敌。然而，他们还是经常会将所到之处劫掠一空，焚毁村庄并屠杀居民。[2]

阿拉里克在伯罗奔尼撒半岛过了冬，并未遭遇当地人民的任何抵抗。然而，许多希腊城市当时仍然拥有战力。倘若帝国将领们尝试在该地区组织正规的抵抗力量的话，他们原本是稳操胜券的。[3]这一局面的出现似乎证实了哥特人的举止有度，还有罗马行省总督的叛国行径。阿卡狄乌斯统治之初，东罗马帝国的政府已陷入严重混乱。即便在鲁菲努斯被军队暗杀后，继任的帝国新大臣们仍然不大关心希腊的命运。霍诺里乌斯的辅佐者斯提利科更加能干、更为活跃、更具雄心，决定要惩罚在未获许可的情况下进入罗马帝国的大胆妄为的哥特人。在前一年里，斯提利科曾试图驰援帖撒利，但

---

[1] Zosimus, v. 6, p. 254, edit. Bonn 有一段引人注目的文字，讲述了罗马政府使希腊人陷入不设防的状态："以斯巴达为首的全部希腊地区都沦陷了；由于罗马人的盘剥，这些地区没有武器和兵力组织防御。"(Καὶ αὐτὴ δὲ ἡ Σπάρτη συναπήγετο τῇ κοινῇ τῆς Ἑλλάδος ἁλώσει, μήτε ὅπλοις ἔτι μήτε ἀνδράσι μαχίμοις τετειχισμένη διὰ τὴν τῶν Ῥωμαίων πλεονεξίαν.)

[2] Eunapius, in Prisc. i. 17, edit. Boissonade.

[3] Procopius, De Aedificiis, iv. 2.

在抵达塞萨洛尼卡后收到了皇帝阿卡狄乌斯（或者说是他的大臣鲁菲努斯）的急令，被迫返回意大利。公元 396 年春，他在拉文纳集结了一支舰队，将部队直接运抵科林斯。哥特人似乎并未在那里设置要塞，罗马行省总督可能仍然居住在此地。在本地居民的帮助下，斯提利科的军队很快肃清了乡间的哥特部族。阿拉里克将残兵败将集结于弗洛伊山（Mount Pholoë）上的高地——那里此后成为其他北方部族入侵希腊的撤退地点。[1] 斯提利科试图把守从那里突围的隘口，但他的粗心大意或部队的纪律废弛使得机警的阿拉里克有机会率军带着全部的战利品逃脱，并控制了科林斯地峡。[2]

阿拉里克成功地率军抵达伊庇鲁斯。他对当地居民的处置与在伯罗奔尼撒半岛相似。舆论认为斯提利科有意按兵不动，目的是把危险的敌人留在东罗马帝国的中心地带，以此让自己的角色显得不可或缺。但事实似乎是，阿拉里克利用了君士坦丁堡宫廷对斯提利科的忌妒，与东罗马帝国签订了和约，重新获得了为帝国效劳的身份，并作为阿卡狄乌斯麾下的将领进入了伊庇鲁斯。斯提利科再次收到了撤离东罗马帝国的指令。他服从了命令，以免因继续追击阿拉里克而挑起一场内战。哥特军队在伊庇鲁斯的举止或许跟罗马军团一样规矩。因此，在被任命为东伊吕利库姆帝国兵力总指挥的四

161

---

[1]　1770 年俄军入侵失败后，阿尔巴尼亚军队蹂躏了莫雷亚（Morea）。在 1779 年被奥斯曼帝国帕夏哈桑（Hassan Pasha）击退后，阿尔巴尼亚军队残部逃往弗洛伊山上拉尔拉（Lalla）的殖民据点。

[2]　Zosimus, v. 7.26; Clinton, *Fasti Romani*.

年期间，阿拉里克也许是被尊奉为当地的保护者的。[1]他在此期间集结了兵力，打算在西罗马帝国那里碰碰运气。[2]罗马与蛮族的军事将领都对他们负责保卫的人民的命运漠不关心，斯提利科与阿拉里克的部下对希腊人的压迫似乎并没有什么区别。

　　由于哥特人的这次灾难性劫掠，欧洲地区希腊人的处境严重恶化。他们的财产与奴隶损失巨大，只有优良的统治和严格的财产保护才能慢慢修复这些创伤。而在东罗马帝国当时的颓势下，这种改观注定是毫无希望的。过了很长时间，希腊人民才重新享有阿拉里克入侵前的繁荣局面，而被阿拉里克摧毁的一些城市再也没有得到重建。经济繁荣、蒸蒸日上的时代里通过资本积聚而建造起来的道路、水渠、蓄水池与公共建筑一经损坏，是无法被人数锐减、积贫积弱的民族修复的。通常情况下，史料很少记载仅仅影响民生的破坏行为。但希腊突然陷入的悲惨局面是如此严重，同她之前的安宁形成了鲜明对比，以至于显露其苦难的证据赫然出现在了帝国法典之中。她的处境引起了狄奥多西二世时代政府的同情。在哥特人的蹂躏和阿拉里克的高压统治之后，一道法令免除了伊吕利库姆地区诸城市居民承担君士坦丁堡公共表演支出的义务。另一道法令表明，由于哥特人侵导致了人口下降，那里的许多土地已没有主人。第三条法令考虑到希腊居民陷入的贫困状态，免除了常规贡赋的三分

162

---

[1]　希腊当时是东伊吕利库姆的一部分。

[2]　Claudianus, *De Bell. Get.* 535.

之二。[1]

这个不幸时代的著名事件包括匈人在亚洲、哥特人在欧洲的大肆蹂躏，它们标志着希腊民族的人口数量开始急剧下降，希腊文明开始在全帝国范围内走向衰落。正当阿拉里克破坏着欧洲地区的希腊诸行省时，一支匈人军队从塔奈斯（Tanais）河畔经亚美尼亚侵入卡帕多西亚，并将其蹂躏范围拓展到叙利亚、奇里乞亚和美索不达米亚。最终，安条克顶住了他们的攻击，阻止了他们的继续推进。但他们已经攻占了许多重要的希腊城市，对行省居民造成了难以估量的伤害。几个月过去，在大大加速了文明世界最为富庶、稠密地区的衰落进程之后，他们返回了自己在亚速海（Palus Maeotis）的大本营。[2]

希腊人顶住了北方蛮族的入侵

从阿拉里克蹂躏希腊诸行省的时代起，直至查士丁尼登基为止，东罗马帝国统治模式的行政化特征日益加强——这一特点一直延续到帝国于 1204 年被十字军与威尼斯的联军摧毁为止。希腊人日益认可皇帝与臣民的利益一致。政府对于改善民生的关注又进一步强化

---

[1] *Cod. Theod.* xv. 5.5; x. 8.5; xi. 1.33.

[2] Philostorgius, ix. 8; Lebeau, *Histoire du Bas-Empire*, v. 101. Ammianus Marcellinus, xiv. 6; xxviii. 5 提及了帝国的人口下降。

了这种认同。在此期间，司法与财政部门的权力得到了加强，呈现 163
出更为鲜明的官僚机构特征。政权的力量已不再完全依赖于军队。
军事哗变日益稀少，它们往往缘自国内的阴谋或未获嘉奖的雇佣兵
的不满。我们只要粗略浏览一下东罗马帝国的历史，就可以看到君
士坦丁堡的宫廷在最有权势的官吏面前也保持着一定权威，并同最
偏远的行省保持着直接联系。这种局面在此前的罗马帝国中并不
存在。

　　然而，东罗马帝国之所以能够成功抵挡北方民族的入侵，并不
是因为希腊人的民族精神、罗马军团的战斗力或帝国政府的某项改
革措施，而是因为本地居民的好运、拥有防御工事的城镇众多及那
里的地理形势。东罗马帝国最成功的防御也是消极被动而非积极主
动的。分隔欧洲与亚洲的海洋为侵略者制造了天然的困难，却为罗
马军队的防御、撤退与重组提供了便利——只要罗马人还能维持自
己的海军优势。不幸的是，这种局面在帮助中央政权保护人民的同
时，也强化了它对民众的压迫，并促使皇帝们坚持巧取豪夺的财政
政策。广大民众赖以为生的很大一部分财富受到了威胁。正当这套
体系的弊端明显暴露出来，出现了一丝推动改革的希望时，政府却
陷入了财政上捉襟见肘的困境。金钱在战争中扮演着重要角色，可
以在危难、败退或胜利的不同情况下招募兵源、运输兵力和集中资
源。在很多情况下，究竟是保卫一个行省，还是为它缴纳赎金，成
了一种财政上的考量。许多边疆地区的位置极其偏远。这一方面加
大了抵御敌人入侵的难度，但另一方面可以预防某位叛将把整个帝

164　国的兵力集中到自己麾下。因此，帝国政府能够控制自己的所有军官，通过集中管理武器、给养和士兵薪饷来整饬军纪。一名将领打了胜仗后积累的个人影响力，再也不能切断军队与政府之间的直接联系。皇帝对军队的全权控制、公民与士兵社会地位的彻底分隔，使得任何要求改革的民众运动都毫无成功的希望。一次成功的起义充其量只能建立一支新的武装势力，它无法将军队和人民的利益联结在一起，除非社会经历了翻天覆地的变革。这种巨大、广泛的变革不是一位立法者、一个世代所能完成的。帝国的臣民由诸多民族构成，他们在语言、风俗和文明程度等方面各不相同，所以人民的统一行动是不可能实现的，何况诸行省也无法指望通过一次起义解除自己的所有苦难。

　　这是一个充斥着战争与征服的时代。然而，尽管东罗马帝国并不缺乏尚武专制国家的雄心壮志，其财政处境却迫使它采取守势，将注意力聚焦于如何让军队服从行政权力，避免自身被守卫者反噬。它的举措最终获得了成功：来自北方的入侵者被击退，军队俯首听命，希腊民族也避免了罗马人的命运。军队慢慢变得只关注薪饷和荣誉。这折射出了所有专制政府而非东罗马帝国独有的特点：士兵们往往表面上忠于帝国政权，实际上却对君主本人漠不关心。我们必须对比西罗马帝国和东罗马帝国的状态，才能准确评价君士坦丁堡政权是在怎样的危机下凭借有利的形势和一些谨慎的做法明哲保身的。在西罗马帝国中，尽管政府已经濒临解体，罗马官吏们的不端行径对帝国造成的损害仍高过敌人的进犯。倘若没有卜尼法斯

（Boniface）的邀请与叛乱的话，强如盖萨里克也是很难侵入阿非利加行省的。不列颠、高卢与西班牙的帝国官吏则在霍诺里乌斯统治末年拥兵自立，并让这些行省暴露于蛮族的铁蹄之下。早在异族最终完成征服之前，西罗马帝国的政权已被摧毁，政治体系已经崩解，诸行省十室九空。与希腊人的民族组织借助正统教会的影响力对东罗马帝国做出的贡献相比，罗马式的贵族统治原则是无法提供团结一切力量的纽带的。

　　我们已经看到，东罗马帝国的地理特征对其命运产生了重要影响。无论在欧洲还是亚洲，面积辽阔的行省均被一直延伸到亚得里亚海、黑海或地中海沿岸的山链包围或分隔。这些山脉迫使入侵者只能选择某些尽人皆知的道路与隘口，只有深谋远虑和周密安排才能为大军提供充足的沿途补给。周边行省之间的常规陆上交通往往十分艰苦和困难，许多山区居民在整个罗马统治时期一直原封不动地保留着自己的民族性、制度和语言。这些行省的民众会积极抵抗所有外来入侵者。他们坚信山地环境为自己提供了不可攻克的要塞，这种信念确保了他们的成功。这部分帝国居民的情感与成见从前曾使他们同罗马政府对立，此时却使他们有力地支持了帝国政权。这些局面，还有帝国文明整体衰落后出现的一些新变化，共同提升了东罗马帝国诸行省中本土居民的地位，阻止了希腊人在偏远行省中占据道德与政治上的优势地位。在欧洲，色雷斯人凭借自己的坚韧和军事素养脱颖而出。在亚洲，拿到了武器去对付大肆侵扰诸行省的匪帮的帕姆弗利亚人，在抗击哥特人的战斗

166

中获得了胜利。[1]一直保留着武装的伊苏里亚人凭借自己的独立、尚武精神，开始在帝国历史中崭露头角。亚美尼亚人、叙利亚人和埃及人都已能够同希腊人分庭抗礼，甚至开始在文学和神学等领域挑战后者的优势地位。这些现象对君士坦丁堡宫廷产生了巨大影响，阻止了它将自己界定为希腊人的宫廷。因此，东罗马帝国的皇帝们继续坚守着古罗马的信条与荣耀，宣称自己是众多人类种族的统治者。

东罗马帝国的财富是它抵御蛮族的主要手段。财富一方面会吸引敌人的入侵，另一方面则提供了击退其攻势或通过贿赂转移其锋芒的资源。金钱是诱使一些敌军撤退的有效手段，他们在突破了罗马人的防线后，发现自己无法夺取任何防御工事或扩大劫掠范围。他们往往不敢为了在乡间劫掠而延缓行军速度，因为这会带来同罗马军队交手的风险。他们乐于在不惊扰当地的情况下撤军，从而换取一笔赎金和一批给养。这些成本通常是微不足道的，只有陷入疯狂的政府才会拒绝支付款项，让自己的臣民陷入毁灭与奴役。然而，蛮族的一次得手必然会引来更多的入侵。帝国政府居然没有让暴露在敌人铁骑下的居民们做好备战工作，避免财库反复支出屈辱的赔款，这一事实着实令人惊讶。不过，罗马政府对臣民的不信任乃是其压迫性统治的必然结果。政府将武器发放给民众似乎才会导致最严重的危险。

---

[1] Zosimus, v. 15.16, p. 265, edit. Bonn.

　　东罗马帝国的商业，还有色雷斯和本都的金银矿藏，仍能提供大量贵金属。我们知道，君士坦丁堡的铸币厂一直富有黄金，因为它发行的金币在西罗马帝国灭亡几个世纪后继续流通于西欧和北欧。金银的价格比在希罗多德时代是1∶13，到了八百年后的阿卡狄乌斯与霍诺里乌斯时代则为1∶14.4。[1] 君士坦丁堡几乎已同当时的全部已知世界建立了贸易联系。东方的制造业为西欧提供了许多日用品，商人们还跟中亚进行着广泛的转运贸易。非洲南部与印度的产品取道红海，在曼德海峡周边海岸的众多民族那里集散——那些国度比如今更加富庶、稠密，享受着更高程度的文明。由于贸易停滞，原始社会交易有限，贵金属在欧洲日益稀少，但仍能在东罗马帝国保持着活跃流通的状态。来自偏远地区的商品的消费量仍然很大。红海边上的自由城市约塔巴（Jotaba）岛成了十分重要的商业中心。东罗马帝国的皇帝们肯定还会通过税吏们，对所有进入罗马帝国的商品征课10%的税额。[2] 阿拉伯人一度占领过该岛，但又在阿纳斯塔修斯统治时期将它归还给了东罗马帝国。[3]

　　由于东罗马帝国总体上占据着压倒性的海军优势，它的商业很少经历严重的中断。公元438年侵扰赫勒斯滂海峡的海盗，公元466年、475年在盖萨里克率领下蹂躏希腊沿海地区的汪达尔人之所以令民众谈虎色变，主要是因为他们的残酷杀戮。政府和商人则

[1] Herod. iii. 95; *Cod. Theod.* xiii. 2.1. 公元397年。
[2] Malchus, *Hist.* p. 232, edit. Boon. 什一税（Δεκατηλόγοι）。
[3] Theoph. *Chron.* p. 121, edit. Paris.

不太担心他们的胜利带来的后果——因为他们从来没有成过什么气候。[1] 在整个西欧陷入普遍动荡的情况下，适合储存商品的地方只有东罗马帝国。皇帝们看到了帝国商业影响力的重要性，于是努力维持着海军优势。在准备攻击阿非利加行省的汪达尔人时，狄奥多西二世集结了一支由一千一百条船组成的舰队。[2] 利奥大帝出于同样目的组织起来的武装力量规模更大——那是罗马政权有史以来最为强大的海军。[3]

东罗马帝国欧洲诸行省中希腊民众生活状态的每况愈下

在从瓦伦斯战败到东哥特人迁入意大利的一个世纪间，北方民族对边疆行省的侵扰连绵不绝，多瑙河南岸一线的农业人口几乎全部消失。与此同时，色雷斯与马其顿的人口逐渐减少，开始放弃自己的古老语言。消费能力下降、贫困和财产所有权面临的威胁导致了贸易衰落，并降低了全体希腊人的文明水平。只要还有可抢劫的财富，蛮族部落就会接踵而至。阿提拉麾下的匈人蹂躏了多瑙河南岸诸行省约五年之久，直到从皇帝那里拿到了六千磅黄金，并得到

---

[1] Procopius, *De Bello Vand.* i. 5; Malchus, p. 260, edit. Bonn; Clinton, *Fasti Romani.*

[2] 公元 441 年。见 Theoph. *Chron.* p. 87。

[3] 公元 468 年。

了其每年继续进贡两千磅黄金的许诺后方才撤兵。[1]东哥特人以帝国盟友的身份驻扎于多瑙河南岸，并得到了皇帝马西安犒劳他们守卫边疆的津贴，但之后他们却炮制借口劫掠了默西亚、马其顿、色雷斯和帖撒利。事实证明，他们的国王狄奥多里克乃是东罗马帝国遇到的最危险的敌人。由于此人曾作为人质在君士坦丁堡宫廷接受教育，他利用十年光阴全面了解了帝国政府的语言、政治与行政管理模式。[2]尽管狄奥多里克后来通过继承当上了潘诺尼亚境内的独立君王，那个地区却早已在其同胞的压迫和其他蛮族的蹂躏下变得满目疮痍，全体东哥特人不得不迁徙。狄奥多里克成了一名为罗马效劳的军事冒险家，随着形势的变化分别扮演着罗马人的盟友、雇佣兵和敌人的角色——只要那种身份在当时最有利于自己的发展。

如果我们逐一复述那些记载狄奥多里克与帝国宫廷矛盾的相关史料，或是详细描写他或另一位同名哥特雇佣兵首领对黑海沿岸至亚得里亚海沿岸诸行省的蹂躏的话，对于读者理解希腊人当时的处境并没有多大帮助。这些伴随着劫掠的迁徙直到狄奥多里克离开东罗马帝国去征服意大利、建立东哥特王国并自称大帝时方才结束。[3]

阻止阿拉里克、盖萨里克、阿提拉和狄奥多里克尝试攻克君士坦丁堡的当然不是世人想象中的敬意。倘若他们认为这一任务像攻陷罗马城一样简单的话，东罗马帝国肯定会像西罗马帝国一样遭到

---

[1]　公元442—447年。分别相当于二十八万八千英镑和九万六千英镑。

[2]　公元461—471年。

[3]　公元489年。

猛烈攻击，而这座新罗马或许也会承受地中海世界昔日都城的不幸命运。这些战士之所以知难而退，是因为他们确信自己将会遭遇当地民众较为坚决的抵抗，那跟帝国宫廷与行政体系一望即知的腐败状态截然不同。从前民事与军务中的经验已让他们意识到，东罗马帝国的民众天然拥有强大的力量和众多的资源。他们的攻势将会唤醒这些潜力，而非将之征服。零星的交手也可以证明，在形势于己有利的情况下，东罗马帝国的民众并不缺乏勇气与武魂。作为令哥特人和罗马人心惊胆战的上帝之鞭，阿提拉却在伊吕利库姆边防要塞城镇阿塞莫斯（Asemous）铩羽而归。尽管他将攻克该地视为作战计划中的重中之重，当地居民却挫败了他的各种尝试，挑战了他的权威。[1] 盖萨里克则被拉科尼亚境内小镇泰纳鲁斯的居民打败。[2] 即便塞萨洛尼卡的居民因帝国政府的轻慢而怒不可遏，赶走了皇帝芝诺派来的官吏，推倒了他的雕像，做好了在孤立无援中抵御蛮族人侵的准备，狄奥多里克仍然不敢贸然对那里发动进攻。[3] 马其顿城市赫拉克勒亚是希腊人民凭借独立精神守护自身财产的另一个著名案例。当地居民在危难之际选择让他们的主教出任政治领袖，委托他与狄奥多里克进行谈判。后者看到该城严阵以待，认为明智的做法是在讨要一份给养后撤兵，没有冒险劫掠当地。其他例子也足

---

[1] Priscus, p. 143, edit. Bonn. 吉本认为那就是特奥弗拉克图斯（Theophylactus, vii. c. 3）所说的保留着本地要塞的地方。参见 Gibbon, c. xlvi, *note* 36。

[2] Procopius, *De Bello Vand.* i. 22.

[3] Malchus, p. 245, edit. Bonn.

以证明，北方蛮族的人数并未多到足以粉碎希腊民族的坚决抵抗。他们在罗马帝国境内顺风顺水的首要原因在于罗马政权自身的不义之举。

在公元 479 年，狄奥多里克使用诈术奇袭了杜拉齐乌姆（Dyrrachium）。君士坦丁堡宫廷对这次征服十分警觉，这表明帝国政府明白，必须阻止一切异族势力长期占领一座希腊城市。皇帝芝诺提出将面积广大但当时几乎已无人居住的达尔达尼亚行省让给哥特人，条件是狄奥多里克从杜拉齐乌姆撤军。皇帝宣称，杜拉齐乌姆乃是帝国人烟稠密的诸省的一部分，狄奥多里克打算长期占领那里纯属痴心妄想。[1]这一值得注意的现象表明，北方诸行省的衰落已迫使东罗马帝国政府转变观念，将人烟相对稠密的希腊人聚居区视为罗马帝国在欧洲的固有领土。

从阿卡狄乌斯去世到查士丁尼即位期间东罗马帝国形势的好转

从阿卡狄乌斯去世到查士丁尼即位的一百二十年间[2]，相继统治东罗马帝国的是六位性格迥异的皇帝，后人往往带着宗教偏见看

---

[1]　Malchus, p. 254, edit. Bonn.

[2]　公元 408—527 年。

待他们的统治。尽管个人举止千差万别，这些皇帝的大政方针却体现出相似的特征。皇帝们的权力史无前例地不受限制，但行使方式却史无前例地有条不紊。皇帝及其家族的统治权力被视为君主的私产，臣民的生命和福祉则被视为帝国主人财富的组成部分。[1] 皇帝的权力此时取决于外敌的入侵和教会的势力。被压迫者可以跑到蛮族中间去避难，受到宗教迫害者则可以借助正统教派教士们的力量来对抗政府——后者得到了大批民众的有力支持。世人对教会（它当时已与政权密不可分）内部分裂的恐惧也在一定程度上限制了皇帝的独断专行。君主的利益从此变得与大部分臣民的立场一致。然而，统治者在异端与三位一体派的神学争论中应该采取何种政策是十分困难的问题，以至于有时会让几位皇帝的宗教立场看起来犹豫不决、举棋不定。

罗马势力的式微使得人们迫切希望改善帝国的混乱状态。这种状态已将帝国推至毁灭边缘。帝国西部行省的大部分居民都是一盘散沙的各族群大杂烩；军事将领的权力是不受公共舆论制约的；皇帝、元老院和上层教士都跟民众缺乏直接联系。[2] 而在东罗马帝国，人民的意见具备一定权威，因而会受到关注和尊重。政府深刻意识到了公平司法的重要性，故而皇帝们将自己的立法权局限在特定的

---

[1]　*Cod. Theod.* ix. 14.3: "那是我们自己的手足。"（Nam et ipsi pars corporis nostri sunt.）*Cod. Justin.* ix. 8.5.

[2]　西罗马帝国灭亡后，西部地区人口缺乏统一性的状态影响了生活条件的改善，并导致居民陷入隔绝而日益贫弱。如今，奥斯曼帝国境内的许多行省同样缺乏人口统一性，当地也出现了类似的结果，苏丹的权力得以苟延残喘。

个别案例中。皇帝阿纳斯塔修斯命令法官们无视自己的批示，只要它们违背了帝国的现行法律或公共利益。在这样的情况下，他要求法官们遵循既定法律。[1] 君士坦丁堡的元老院在管理整体行政事务方面其实享有很高的权威，但元老的依附地位使得世人不会忌妒其权力。这一机构的稳固让它能够建立起明确的政治原则，并使这些原则成为政府日常决策的基础。系统的行政体制由此得到巩固。公共舆论能够对它产生若干直接影响。这套体制的系统运作和明确原则在一定程度上限制了君主的随心所欲和反复无常。

狄奥多西二世在 8 岁时继承了父亲阿卡狄乌斯的帝位，统治东罗马帝国达四十二年之久。在此期间，他将大部分公共行政管理事务交给他人负责。他的姐姐普尔克里娅（Pulcheria）虽然只比弟弟大两岁，却对后者的教育产生过重要影响。她的所有举动似乎都是在仁慈、虔诚的精神指引下完成的。她教会了弟弟如何高贵、威严地完成皇帝职责中的礼仪性部分，却无法教育他（或许狄奥多西二世也无法学会）如何按照合乎罗马皇帝的方式去行动和思考。普尔克里娅在 15 岁时便获得了"奥古斯塔"（Augusta）的头衔，开始辅政。狄奥多西生来温和、仁慈而虔诚。尽管自身具备一些男子汉的特征，他的心志和性格却是柔弱的。狄奥多西潜心钻研过书写与绘画的技巧，其手稿是一大亮点。他的希腊臣民半开玩笑半认真地称他为"笔迹优美者"（Kalligraphos）。由于狄奥多西二世几乎不懂得

173

---

[1]　*Cod. Justin.* i. 22.6.

如何理政，后人很难指责他的哪桩举动加深了治下臣民的苦难。帝国的行政管理模式中渗透着除旧布新的精神和改善现状的愿望。内政方面的不少改良确实提升了狄奥多西时代的口碑，其中最重要的举措是《狄奥多西法典》的颁布和君士坦丁堡大学的建立。《狄奥多西法典》使民众获得了借助明确的法律原则批评统治者举动的途径；君士坦丁堡大学则奠定了希腊文学的影响力，使希腊语在东罗马帝国获得了官方地位。[1] 两次大规模减免税收欠款也成为狄奥多西时代的亮点。这些减免让民众获得了极大好处，因为它们一笔勾销了整整六十年间拖欠的税款。[2] 这位皇帝本身的弱点让他把公共事务的管理权交到了元老院和大臣手中，这在很长一段时期内强化了治理模式的系统性——此后的继任者也延续了这种系统性。狄奥多西二世是第一个情感、品味更像希腊人而非罗马人的帝国皇帝，但垂拱而治的方式使得他的个人性格无法对其统治产生多少影响。

从阿卡狄乌斯奠基东罗马帝国到帝国被十字军摧毁的八百年漫长岁月里，没有任何一名雅典公民在帝国编年史中占据过荣耀的地位。雅典的学校训练出了大批书生，但培养不出真正的人才。早在古典时代，人们就已经注意到，那些按照运动员模式培养出来的人物无法成为出类拔萃的士兵。现当代的经验也为东罗马帝国的历史提供了佐证：学校里的教授们，哪怕是政治哲学的教师们，只会培养出糟糕的

---

[1] *Cod. Theod.* xiv. 9.3; *Cod. Justin.* xi. 18.1.

[2] 第一次减免于公元 414 年实施，针对公元 408 年之前的四十年。第二次减免于公元 443 年实施，针对公元 428 年之前的二十年。见 *Cod. Theod.* xi. 28. 9, 16, 17.

政治家。尽管雅典的男性已堕落为一批文弱书生，那里的女性却无愧于密涅瓦之城的美名。两位雅典美女——优多奇娅（Eudocia）和伊琳妮（Irene）登上过君士坦丁堡的宝座，位居最著名的皇后之列。狄奥多西二世的妻子优多奇娅一生充满传奇色彩，根本无需东方传说再去添油加醋。讲述者只须原原本本地复述她那些内容丰富的爱情故事就够了。即便在严肃的本书中，她的若干经历也值得占据一席之地，因为它们偶尔可以揭示希腊人的社会生活状态。

美貌的优多奇娅是雅典哲学家勒昂提奥斯之女，后者当时还在祭祀多神教神祇。她在多神教徒中的名字是雅典纳伊丝（Athenais）。她接受了古典教育，拥有贵族圈子自柏拉图时代起点缀生活的优雅品味——据说柏拉图在家中铺地毯，并允许贵族女性听他的课。[1] 优多奇娅的天赋异禀促使父亲为她精心准备了一套文学与哲学教育体系。她的所有教师都感叹她的进步神速。她的乡音令习惯了"金口"约翰演说、操纯正阿提卡方言的君士坦丁堡居民如痴如醉。她也能用罗马贵妇的庄严口吻讲拉丁语。她的传记中只有一条信息还能让我们管窥到一丝雅典人的乡土气息：她的父亲身为哲学家且家境富裕，却相信凭借女儿的美貌、品德和技艺，不靠嫁妆就能为她觅得一桩合适的婚事。他把自己的全部财产都留给了儿子。结果是美貌的雅典纳伊丝无法在行省贵族之间找到夫婿，不得不前往君士坦丁堡宫廷去碰运气。普尔克里娅成了她的庇护人，

175

---

[1] Diog. Lart., *Diogenes*, vi. 26; Plato, iii. 46.

安排她做地位并不高贵的宫女。普尔克里娅当时只有 15 岁，优多奇娅可能已经有 20 岁。[1] 年轻的奥古斯塔很快就因自己美丽的被保护人弃绝多神教、皈依基督教而喜出望外。但随着时间的流逝，君士坦丁堡的廷臣并未证明自己比行省官吏们更能慧眼识珠。身无嫁妆的优多奇娅一直未婚，直到普尔克里娅劝说顺从的弟弟与这位美丽的雅典女子谈婚论嫁。她在 27 岁时成了 20 岁的狄奥多西二世的妻子。于是多神教徒纷纷称赞没有给她预留嫁妆的勒昂提奥斯，认为他不是书呆子，而是富有先见之明。

结婚二十余年后，有人指控优多奇娅与英俊的宫廷侍卫保利努斯（Paulinus）偷情。事实上，年近五旬的人通常已进入欲望衰减、行将就木的状态。我们还得接受一位编年史家的牵强说法：因博学和俊俏而被皇后爱上的保利努斯憔悴枯槁、瘦骨嶙峋，皇后的不端举止正是由于他身患痛风而暴露的。相关传说如下：当皇帝狄奥多西在主显节那一天前往教堂时，一个穷人献给他一只大得出奇的弗里吉亚苹果。皇帝和全体元老都停下脚步欣赏这只硕大的苹果。狄奥多西吩咐掌管财库的官吏付给那个穷人一百五十拜占庭金币。他随即将苹果送给了优多奇娅，后者立刻将它转交给了自己心心念念的身患痛风的保利努斯。保利努斯出于趋炎附势而非忠诚，将那只苹果作为礼物献给了皇帝。皇帝从教堂返回时，第二次看到了那只

[1] 公元 414 年。优多奇娅于公元 421 年结婚，于公元 423 年成为奥古斯塔，于公元 444 年被流放至耶路撒冷。参见 Clinton, *Fasti Romani*; Tables and Appendix, p. 136。

价值不菲的苹果。狄奥多西对于妻子处置礼物的方式很不满意，便询问优多奇娅是如何处理那只苹果的。年逾五旬的优多奇娅似乎对于水果仍然食欲不减，便假装单纯、快乐地回答说，自己已经将那只非同寻常的苹果吃掉了。这句谎言引起了狄奥多西心中的妒意。这位"笔迹优美者"或许还在从教堂回家的路上思考着用优多奇娅手捧硕大苹果的袖珍画像来装饰一份手稿的首字母。接下来自然是一出好戏：皇帝出示了苹果，并用动人的口才表达了谴责；皇后同样娓娓动听地哭诉了一番——那幅场景或许更适合现代小说，而非古代历史。最后的结果是那位身患痛风的男子遭到放逐，不久后又被处决。皇后则在荣耀的幌子下遭到流放——借口是她需要去耶路撒冷朝圣，她还在耶路撒冷展示了自己的学识，用英雄诗体阐释了几段圣经文本。吉本正确地指出，这个关于苹果的著名故事只适合《一千零一夜》，当中不乏与此高度雷同的情节。吉本的观点具有双重价值：一方面，它从整体上告诉我们，诸如此类的流言蜚语有多么不可凭信；另一方面，它也揭示了普罗柯比乌斯《秘史》的性质，尽管吉本自己赋予了该书言过其实的权威性。[1]优多奇娅在临终之际宣称，关于自己同保利努斯通奸的说法完全是子虚乌有。这说明那些流言蜚语肯定一度甚嚣尘上，否则皇后是不会认为有必要对它

177

---

[1]　该传说见于 *Chron. Pasch.* 316; Theoph. 85; Zonaras, ii. p. 44; and Cedrenus, *Hist. Comp.* p. 337; Constant. Manass. *Compend. Chron.* p. 55, ed. Paris; Gibbon, chap. 32, note 77, vol. iv. p. 165, Smith's edit. 三只苹果的故事很可能是对希腊原本的模仿。其中哈伦（Haroun）一角的真实形象十分值得注意。

们予以庄严否认的。史学家认为，她去世于公元 460 年。

出身低微的色雷斯人马西安从行伍之间爬到了元老的地位，并在 58 岁时被普尔克里娅视为最适合继承她弟弟帝位的人选。[1] 他同意成为普尔克里娅的丈夫，只是为了稳固自己的皇帝头衔。普尔克里娅早先曾立誓成为修女，但她在弟弟统治期间继续管理着大量公共事务，扮演着皇帝参谋的角色。[2] 而马西安当上皇帝后的表现足以证明，普尔克里娅的选择是明智的。之前他是元老时，很可能也支持过普尔克里娅为重振帝国而采取的系统政策。这些政策试图通过明确的制度、规范的行政流程和富于教养、纪律较强的行政官吏们来限制君主权力的独断专行。作为一名军人，马西安热爱和平，但也不畏惧战争。他登基后最早的举措之一，便是回绝了阿提拉向狄奥多西索要的贡金。他的统治持续了六年半，主要致力于恢复帝国实力，减轻它的负担。在导致臣民分裂的神学争论中，马西安努力做到不偏不倚。他召集了查尔西顿大公会议，徒劳地想要建立一套得到全帝国认可的神学教义。他试图将基督教会与罗马帝国联系起来，但反而加深了基督教各派别之间的裂痕。被视为异端的宗教派别具备了民族性，各地的宗教团体都开始展示出民族特征。异端优迪克派（Eutychian）成了埃及的宗教；聂斯托利派

---

[1]　马西安在跟随阿斯帕尔（Aspar）率军支援卜尼法斯时被盖萨里克俘虏。见 Procopius, *De Bello Vand.* i. c. 4。

[2]　值得注意的是，当时世袭继承和独身主义同时在发展。在公元 5 世纪，掌权者宣誓隐修后继续在公共事务中扮演活跃角色的现象并不罕见。

（Nestorianism）成了两河流域的宗教。在这样的形势下，马西安只
能以人道情怀敷衍了事，偏执者则不断责难这种宽容精神。

在出身蛮族的将领阿斯帕尔（此人的权力与领导西罗马帝国的
斯提利科和埃提乌斯类似）的影响下，另一个色雷斯人老利奥（Leo
the Elder）在马西安去世之际被选为皇帝。作为一个异邦人和阿里
乌斯派教徒，阿斯帕尔虽然在军队里深孚众望、具有很高的影响力，
自己却并不敢觊觎皇帝宝座。事实表明，政府的管理体制和公共舆
论的压力是可以在一定程度上控制君士坦丁堡宫廷的专制权力的。
阿斯帕尔及其家族的飞扬跋扈，促使利奥限制为帝国效劳的蛮族首
领的权力，转而从希腊民族中征兵。前任皇帝们更多地信任异邦人
而非希腊人。他们会从异族雇佣兵中挑选禁卫军，薪饷最高的精锐
部队中清一色都是蛮族士兵。由于本土兵源受到轻视，他们在帝国
的法律体系中直接被列为低人一等的级别。[1] 为了改革军队，利奥
必须除掉阿斯帕尔。他认为其他手段都毫无得手的希望，便采用了
暗杀的办法。谋杀自己恩人的行为给老利奥留下了严重的污点，世
人称其为"屠夫"。在他统治期间，帝国的军事行动总的来说并不顺
利。他对盖萨里克的大规模征讨——那是罗马有史以来组织过的最
强大、昂贵的海军兵力——彻底失败。[2] 事实上，即便将如此庞大

---

[1] *Cod. Theod.* vii.

[2] Theoph. *Chron.* p. 99; Gibbon. iv. 284, Smith's edit. 这支舰队由一千一百一十三条船只组成，陆军和海军共有十万人。根据吉本的估算，这次远征的开销相当于五百二十万英镑；Lydus, *De Magist.* iii. c. 43 认为这笔开销达到了六万五千磅黄金和七十万磅白银。参见 Suidas s.v. χειρίζω, and *Excerpta e Menandri Historia*, p. 427, edit. Bonn。

的兵力交给一位天才将领都存在着风险，更别说担任主将的是皇后的兄弟巴希利斯库斯（Basiliscus）。他的庸碌无能、盖萨里克的审慎与天才使得汪达尔人打败了远征军。与此同时，东哥特人将其蹂躏范围从多瑙河流域拓展到了帖撒利，并似乎有机会在伊吕利库姆和马其顿建立一个完全独立于帝国权力之外的王国。老利奥的内政治理则十分审慎。他遵循着前代君主们的政策，尽力减轻臣民的负担，改善他们的生活状况。当安条克遭遇了一场严重地震后，他将公共税额降低为一千磅黄金，并免除了那些需要重建住宅者的全部税款。在那些仍旧制造着教会分裂的神学争论中，他支持希腊人信奉的三位一体正统派，反对优迪克派和聂斯托利派。希腊人献给他"大帝"的头衔，那似乎主要是因为他是名叫"利奥"的第一位皇帝并坚持正统信仰，而非个人成就的突出。[1] 他去世于 63 岁，继承人是自己的外孙、婴儿利奥二世。后者在登基后只活了几个月。那是公元 474 年发生的事情。

芝诺在他的儿子利奥二世去世之际登上了帝位。他是伊苏里亚人，被利奥大帝挑选为女儿阿里阿德涅（Ariadne）的夫婿。他当时致力于激发臣民的尚武精神，让他们同蛮族雇佣兵展开竞争。在希腊人眼中，伊苏里亚人并不比蛮族雇佣兵好到哪里去，但他们因勇武在首都军队中享有很好的口碑。芝诺的出身让他在希腊人中不得

---

[1] 利奥最早颁布法令，将皈依基督教后重新信仰多神教者处以死刑。奥斯曼土耳其人只是效法了君士坦丁堡的这些基督教先人的偏执而已。见 Cod. *Justin.* i. 11.10。

民心。由于他在宗教和血统上都跟希腊人的民族特性格格不入，他遭到了信奉异端的指责。他似乎存在着观点摇摆、举止不端的问题。他的处境十分艰难，针对他的偏见极其强烈。不过，尽管芝诺的统治时代是一个多事之秋，他仍能维持东罗马帝国的领土完整，这证明了他拥有勇气与才华。在他登基后的第二年，利奥的遗孀维里娜（Verina）的兄弟巴希利斯库斯把他逐出了君士坦丁堡。但巴希利斯库斯只占领了首都二十个月左右，随后芝诺便恢复了他的权威。芝诺在长达十七年半的统治中完成了一项重要工作：他组建了一支由帝国本土居民构成的军队，以此来制衡有可能让东罗马帝国重蹈西罗马帝国覆辙的蛮族雇佣兵。他在其统治开始之际曾目睹过西罗马帝国的灭亡。狄奥多里克家族在许多年头里威胁着要吞并东罗马帝国的大部分欧洲行省。能够成功挫败狄奥多里克大帝的计划、抵挡其强大兵力的人肯定并非不值一提的皇帝，即便我们有理由怀疑他的信仰是否算得上正统。因此，只要想到芝诺是伊苏里亚人，并在宗教争端中秉持息事宁人的立场，我们就不会奇怪，为什么将他视为异端蛮族的希腊人要在回忆此人时造谣中伤他。从《查士丁尼法典》中保留的芝诺法令来看，他似乎采取过一些明智的举措，减轻了土地所有者的经济负担。芝诺没有建议元老院让他的兄弟继承皇位，这也足以反映他的审慎。那是一个时局艰难的阶段；他的兄弟庸碌无能，而帝国贵族集团的支持则是不可或缺的。于是，帝国皇冠的归属又要由阿里阿德涅来决定了。

　　阿纳斯塔修斯娶了阿里阿德涅，得以在选举中胜出。他是杜拉齐乌姆人，在登基时肯定已经年逾六旬。公元 514 年，阿斯帕尔之孙、蛮族雇佣兵将领维塔里安（Vitalian）称帝，并试图攻占君士坦丁堡。[1] 他主要依靠的是正统派希腊教徒的支持，因为阿纳斯塔修斯是支持优迪克派的。但雇佣兵的军事实力已被利奥和芝诺削弱，不足以摆布整个帝国。他们从希腊人那里获得的支持也十分有限，因为后者更擅长神学研究，而非英勇杀敌。维塔里安进攻君士坦丁堡的企图以失败告终。他同意接受一大笔钱和色雷斯的统治权，放弃皇帝称号。不幸的是，阿纳斯塔修斯的宗教观点让他一直不得人心。他还不得不对付一些严重叛乱，与此同时帝国仍在同波斯人、保加利亚人和哥特人作战。阿纳斯塔修斯更畏惧的是内部叛乱与哗变，而非被外敌击败。他大大分割了部队的指挥权，以至于将士们几乎不可能在战场上获胜。在对抗波斯的一场重要战役中，主将仅仅是一名五万人军队的长官。在这样的布局下，军权上下级关系的确立和富于活力的战术安排都是无从谈起的。在这样的情况下，罗马军队没有在战场上全军覆没，已经在一定程度上证明了自身的训练有素。

阿纳斯塔修斯十分关注减轻臣民的不幸，降低压迫他们的税款额度。他改革了罗马氏族中的寡头制度——人们之前已对之进行过一定调整——以便缓和由全体氏族成员共同肩负的向国库上缴税款的沉重负担。这些改革立竿见影地增加了财政收入，原因也许是它

---

[1] 维塔里安发行的若干金币一直保存至今。

们阻止了地方权贵同财务官吏的勾结。这些改革虽然对普罗大众十分有利，却很少得到历史学家的高度赞赏，因为他们在写作时普遍会受到上流社会偏见的影响。[1]他修筑了长墙，目的是防止君士坦丁堡郊外的富庶乡镇遭到摧毁。长墙从塞吕姆布里亚（Selymbria）附近的马尔马拉海（the Sea of Marmora）直抵黑海，构成了一道长约四十二罗马里、距首都二十八罗马里的屏障。[2]牺牲自己的收入，为了增强民众的幸福感而约束自己的权力，乃是君主中极其罕见的美德。阿纳斯塔修斯最高贵的举动是主动减轻了国家税收。他废除了影响所有臣民生计、数额可观但极具压迫性的金银税。这一减免措施对社会繁荣的促进作用立竿见影。查士丁尼时代的辉煌必须追溯到阿纳斯塔修斯重振罗马帝国政治体制。他还投入大量资金，抚平了战争与地震带来的创伤。他修建了连通索福昂（Sophon）湖与尼科米底亚附近阿斯塔库斯湾（the Gulf of Astacus）的运河——那是小普林尼向图拉真建议过的工程，后来又被拜占庭皇帝阿莱克修斯一世（Alexius I）重建。[3]与此同时，由于自身精打细算，加之东罗马帝国财政收入可观，阿纳斯塔修斯还能在统治期间为国库攒

182

---

[1] Lydus, *De Magist.* iii. c. 49. 吕杜斯（Lydus）是一个保守派，在帝国行政改革中利益受损。

[2] Evagrius, iii. c. 38. 该长墙的遗址至今依然可见，宽约二十英尺。

[3] Anna Comnena, p. 282; Pliny, *Ep.* x. 50; Ainsworth, *Travels and Researches in Asia Minor*, i. 26. 该作品的重要性已促使奥斯曼帝国的几位苏丹讨论重建该运河。钱德勒（Chandler）抄写的一则墨伽拉铭文告诉我们，阿纳斯塔修斯治下的官吏第欧根尼（Diogenes）修缮过它的防御工事——此人曾在伊苏里亚暴乱中崭露头角。参见 Chandler, *Travels*, c. 43; Leake, *Travels in Northern Greece*, ii. 390。

下三十二万塔兰同黄金。[1] 他登基的时候，民众就祈祷此人能够统治帝国一辈子。即便在希腊人眼中，他原本也大有希望成为完美君主的典范——倘若他不是信奉了异端的话。由于阿纳斯塔修斯包容教会中各支派（及帝国境内的各个民族）的意愿受到误解，或者他确实过分极端地支持优迪克派，正统派别的反对之声四起。盛气凌人的后者用几次危险的骚乱威胁了阿纳斯塔修斯的内政，并使希腊人忽视了他的仁慈善政。他的统治时间长达二十七年以上。

　　阿纳斯塔修斯的继任者查士丁拥有一个优点：他严格信奉正统教派。他是一名来自达尔马提亚境内陶瑞修姆（Tauresium）的色雷斯农民，以普通士兵的身份加入了帝国禁卫军。阿纳斯塔修斯去世之际，已经 68 岁的他既是元老，又是禁卫军队长。相传有人给过他一大笔钱，让他帮助某个庸碌的廷臣戴上皇冠。结果他动用这笔钱确保了自己的当选。[2] 他试图将教会和帝国政权联结得更为紧密，并在拥有民族教会和民族语言的众多行省以更具民族性的方式镇压异端。查士丁没有受过教育，但富于经验和才干。他在内政管理中遵循着前任君主的明智、节俭政策。军事经验则帮助他提升了军队的状态。他用大笔资金缓解了安条克的一场可怕地震所带来的灾难，

[1]　约合一千三百万英镑。参见 Procopius, *Hist. Arc.* 19; Gibbon, v. p. 64, Smith's edit。

[2]　君士坦丁一世曾在色雷斯境内建立过若干斯拉夫殖民地（Eusebius, *Vit. Const.* iv. 6），但查士丁可能拥有古老的色雷斯人血统——该族裔历经转变，最终成为瓦拉几亚族裔。（本卷在这里和其他地方提到，南方的瓦拉几亚人是色雷斯人的后裔。对该观点的批评见第三卷 *Byzantine Empire*, Book iii. ch. 3. §1。——编者注）

并注意修缮全帝国境内的公共建筑。他的统治从公元 518 年延续到公元 527 年，共计九年。

前文概括了五位皇帝性格与政策的突出特点，我们必须看到，他们均出身于社会中层或下层。除芝诺外，他们都曾以普通人的身份目睹过蛮族在自己的行省中蹂躏，是帝国虚弱、混乱局面的受害者。他们都是在成年后登基的。这些共同点使得他们的政权采用了整齐划一的治国方略，那正是他们统治时期的突出特征。他们的情感更接近于民众而非统治阶级，也就是说他们是站在臣民而非罗马人一边的。只有并未长期享受过宫廷荣华富贵的人物才能共情民众，在那些出生或受教于皇帝宝座周围的伟大人物中，这样的情况极其罕见。这些君主的一部分优点通常被归功于他们在漫长生涯中积累的经验。这一点在皇帝查士丁对元老们的答复里体现得非常鲜明。传言元老们希望授予四十岁的查士丁尼"奥古斯都"的高贵头衔。但谨慎的皇帝说道："你们应该祈祷，永远不要让一个毛头小伙子披上皇袍。"[1]

在这段多事之秋里，西罗马帝国走向了灰飞烟灭，而东罗马帝国则凭借皇帝们建立的治理体系得以存续。但这套模式却被贴上了"拜占庭"的标签，并遭到了极不公正的污名化。位高权重的官吏和心高气傲的将领都已完全服从于帝国中枢机构，密谋叛乱必有惩罚。

184

---

[1] 吉本认为，元老们在将选票卖给查士丁尼时一定会暗自冷笑，因为这种有利可图的局面反复出现，当然是对他们有好处的。参见 Gibbon, v. p. 39; Zonaras, vol. ii. p. 60, edit. Paris。

最高统治者的人身安全已不复危如累卵，国家财库也不会再随意遭到侵吞。然而，不幸的是，中央行政权力无法像守卫财库那样，保护人民免遭讹诈。皇帝们也从未认为有必要赋予民众自卫的权力，使之免受下级官吏们的经济压迫。

　　事实上，罗马帝国的民众几乎不懂政治理念和社会自由是怎么一回事。政府的立法、司法与行政权力都杂糅起来，集中于皇帝一人。皇帝代表着罗马的主权。在基督教成为国教之后，皇帝被视为某种超人，即便他们不再被奉为神明。然而，专制制度很难平衡帝国境内的各方势力，了解被统治者的具体处境。即便在最优秀的皇帝治下，骚乱与暴动也屡见不鲜。那些极端形式乃是民众让政府听见自己呼声的唯一手段。一旦民众摆脱了军事力量的高压，各种鸡毛蒜皮的不满情绪就会在成熟的时机以叛乱的形式爆发出来。皇帝们也意识到了专制权力不断被滥用的事实，其中几位曾试图予以限制，这样一来皇帝的个人指令不至于破坏基本的立法原则。相关法令体现了公正精神，为国家治理注入了一丝活力，但它们始终无法达到预期效果。除非有一个独立于国家立法权、司法权之外的机构负责监督施行效果，否则任何此类法令都只能是一纸空文。倘若当真出现了这样的机构，那就意味着形成了王在法下的局面。可是，即便许多罗马皇帝追求公正，他们当中也没有一位同意如此大幅度地削弱自己的权威，让法律永久地高于自己的意志。但整个帝国已经感受到了改善现状的强烈需求。要不是社会中层、上层阶级的人数急剧下降，对文明发展的影响力几近于无的话，罗马的政治重生原本是极有希望的。不过，只有在人民可以制约统治者的行为，统治者自己又公开宣布其政治准则的前提下，爱国精神和政治诚信才能成为民族性的美德。

政治经济方面的错误观念也使得许多皇帝走了错着，在想要改革弊政的情况下反而制造了更多罪恶。[1]倘若皇帝阿纳斯塔修斯让他积攒在国库里的三十二万塔兰同黄金在臣民中间流通，或用这笔钱来拓展民众的致富渠道、保障他们的财产安全，他的统治可能会大大增加帝国人口，并将蛮族赶回人口稀少的故土。倘若阿纳斯塔修斯能运用自己的权力设置一些预防措施，阻止继任者的独断专行和行政官吏的巧取豪夺，他的统治无疑能让帝国在很大程度上恢复共和国时代的活力。那样一来，他的历史贡献就不再是为查士丁尼时代罩上一层华而不实的光环，而是增进文明程度最高的一部分人类的福祉，促进他们的人口增长。

186

在此期间文明的生存状态及民族情感的影响

尽管东罗马帝国挫败了哥特人和匈人的征服企图，他们在欧洲和亚洲的劫掠还是大大影响了帝国的文明状态。许多行省的上层阶

---

[1] 根据 Julian, *Misopogon* 的记载来看，尤利安规定了配给品的价格，并冒失地分配了四十万蒲式耳谷物，这引发了安条克的一场饥荒。见 Julian, *Opera*, pp. 369 et seq., edit. Spanheim。

级被彻底消灭了。由于自己的奴隶和农奴被入侵者掠走，他们要么沦落为卑微的农民，要么被迫移民并放弃自己的土地——在奴隶被俘、农业设施遭毁、市场萎缩导致的恶劣耕种条件下，乡村的这些土地已经无法为他们带来什么收入了。在许多城镇里，由于街区遭到破坏，数目锐减的居民陷入了悲惨境地。在地方管理的高压下，那里的上层阶级消失殆尽。房屋租不出去，即便租出去，帝国课税后余下的那点可怜收入也满足不了当地的开销需求。只有劳工和工匠还能勉强糊口，居民们坐视城墙化为废墟，街道变得冷冷清清，许多公共建筑已毫无用处，水渠无人修缮，城里的交易活动陷入停顿。由于富有、饱读诗书的上层阶级已不复存在，下层阶级的地方偏见成了主导社会的法则。不过，即便关于帝国许多地区衰落、悲惨状态的证据层出不穷，一些幸运的城市与地区仍呈现出欣欣向荣的迹象。与希腊罗马史上最光辉灿烂的那些时代相比，社会下层尤其是奴隶的生命和财产得到了好得多的保护。社会治安有所改善。奢侈之风一方面损害了社会的悍勇之气；另一方面则稳定了社会秩序，促进了文明的发展。东罗马帝国大城市的街道在夜晚和白昼都可以安全通行。

　　北方入侵者的蹂躏大大影响了多瑙河与地中海之间居民生活的状态。新的族裔从境外涌入，本地土地所有者与境内外奴隶的融合杂居又创造了新的族群。帝国各个行省都建立了农业移民的殖民地。东欧地区时至今日仍在使用的几种语言印证了始于该时期的若干变化。现代希腊语、阿尔巴尼亚语和瓦拉几亚语虽然已掺杂了不少外来元素，却在一定程度上仍可被视为古代希腊、伊庇鲁斯和色雷斯语言的延续。在行省中，只有教士们还能凭借自身的特殊地位，将一部分时间用于学术研究。因此，他们成了知识的主要传授者。由于同民众的关系非常密切和良好，教士们便采用大众的语言去教导信徒，巩固同他们的联系，激发他们的热情。通过这种方式，基督教文学在各个行省发展起来，并拥有了自己的语言和民族性。民众用自己的亚美尼亚语、叙利亚语、科普特语、哥特语方言翻译、阅读、传播圣经，它们与拉丁文、希腊文的版本并行不悖。民众与教士的这种联系使得东罗马帝国的正教会保持着一种人民性——尽管皇帝和教会竭尽全力构建着罗马式或帝国式的管理体系。作为一种宗教，基督教始终是普世的，但基督教会一直保留着诸多民族特色。最早的教会在形式与观点上带有犹太人的特征，那在亚历山大里亚的异端信仰里留下了难以磨灭的东方哲学痕迹。在基督教成为国教后，拉丁教士与希腊教士为主导权展开过斗争。由于希腊教士们更有学问、更为亲民，加之支持他们的帝国东部的俗人拥有更高明的学识和更重要的地位，他们很快在希腊人中间产生了压倒性的影响。但这种影响力附属于罗马主教的权威。后者以精神世界的皇帝自居，声称自己代表着罗马的至高地位——希腊人也承认这种说法，尽管不无妒意。罗马主教和拉丁势力的权威在马西安统治时期的教会中举足轻重。罗马枢机主教利奥一世在查尔西顿大公会议上的代表是一位希腊主教，听其发言者也都是东罗马帝国的主教们，他还是要用拉丁语发言，需要有人把他的讲话译成希腊语。配得上罗马主教高贵身份的只有罗马的语言——尽管圣彼得无疑使用过希腊语（他获得神奇能力，以各种语言布道的时刻除外）。拉丁语乃是帝国的官方语言，皇帝马西安在那次大公会议上讲话时也要使用拉丁语，尽管他明知聆听的绝大部分主教只能听懂希腊语。对于希腊人或许整个基督教世界而言十分幸运的是，那个时代的罗马枢机主教们并未真正获得神奇的语言能力，无法针对特定民族以特定语言布道。倘若普世性教会的首脑会讲各种语言的话，罗马城内的主教们恐怕就要成为整个基督教世界的政治主宰了。

罗马枢机主教们将拉丁语引入东罗马帝国的尝试遭到了全体希腊人的抵制。东罗马帝国的教会组织仍然允许俗人参与主教选举，并要求神职人员努力获得民众的爱戴。在东罗马帝国，民众的语言成了宗教和基督教文学的语言，进而成为希腊教士与民众之间的纽带。这条纽带让希腊教士们拥有了举足轻重的权威，对于限制罗马枢机主教们的独断、制约皇帝的暴政非常有用。

虽然皇帝仍在教士面前保持着高高在上的地位，将罗马枢机主教及其他枢机主教视为自己的臣子，但作为组织的教会已经超越了作为个人的皇帝，确立了一大信条：皇帝信奉的正统教义即为帝国准则。[1] 君士坦丁堡的枢机主教怀疑皇帝阿纳斯塔修斯信奉异端优迪克派，一度拒绝为他加冕，直到后者书面保证自己信奉正统教

---

[1]《狄奥多西法典》尤其是第十六卷，证明了行政权力高于一切。

派。[1] 由君士坦丁堡枢机主教为皇帝加冕的仪式最早始于利奥大帝登基之时，早于阿纳斯塔修斯当选六十六年。[2] 诚然，教会无法一直贯彻自己的原则，确保东罗马帝国的统治者是一位信奉正统教派的君主。贵族和军队有时要比三位一体派的教士们更加强大。

文学与高雅艺术总能准确反映希腊人的社会状况，尽管罗马帝国的高雅艺术更多关乎政府与贵族而非民众的情感。基督教加速了罗马帝国衰落的论断业已遭到驳斥。不过，尽管东罗马帝国在政治与社会层面上享受过基督教带来的种种好处，希腊的文学和高雅艺术确实遭受了基督教的致命打击。基督徒很快就宣布，自己是一切异教文学的敌人。荷马与阿提卡悲剧作家的著作成了禁书；高雅艺术的创作遭到禁止（如果说还没有被彻底销毁的话）。在早期教父当中，许多人的观点跟早期穆斯林对文学、艺术的轻蔑并无本质区别。诚然，如果不是社会的衰落使知识变得罕见，学习条件较之前更为恶劣的话，这种敌视多神教的精神本来很快就会淡去。

小狄奥多西发现，帝国的行政体系即将陷入危机，因为社会无法持续培养出受过良好教育的官吏。为了避免国家陷入那样的不幸，他在君士坦丁堡建立了一座我们之前提到过的大学[3]，并用公费维持其运转。这所大学的人员构成反映了希腊民族占据的重要政治地

190

---

[1] 优迪克宣扬基督只有一种性质，即化为肉身的"道"。参见 Mosheim, *Ec
l. Hist.*, translated by James Murdock, D.D., edited by Soames; 4 vols., London, 1845; vol. i. 479。

[2] Gibbon, ch. xxxvi, *note* 68.

[3] 本书第 173 页。

位：十五名教师负责教授希腊文学；十三名教师讲授拉丁文学；另外还有两名法律教师和一名哲学教师。那便是狄奥多西建立的帝国最高学府，他竭尽全力想要增添教师职业的光彩。想在大学中谋得教职的候选人必须前往元老院接受面试，他必须在道德方面无可指摘，并证明自己学识渊博。能够在大学里任职二十年的教师便可封爵，跻身帝国贵族的行列。显然，东罗马帝国还是尊敬和重视学问的。但社会上大部分人的注意力都集中于宗教争论，最伟大的才华都消耗于这些论战之中。个别抽身于基督教会论争之外的哲学家又陷入了对人类智识更加有害的神秘主义，后者跟那些愤怒的争吵一样，对社会其实毫无用处。大部分形而上学研究者对国家命运和尘世事务漠不关心，一心想着自己能够通灵，与某个虚构的精神世界建立联系。除了宗教与史学作品外，这个时代的文学中没有什么可以归入大众文学的范畴。民众自娱自乐的手段是赛车竞技，而非戏剧表演。在社会上层中间，音乐早已取代了诗歌的地位。但诗人们缺乏的其实是才华，而非激励。吕底亚的约翰（John Lydus）告诉我们，他的一首诗作得到了赞助者的欣赏，每行诗可换一个拜占庭金币。就连品达或许也无法指望获得如此丰厚的犒赏。[1]

191　　美术创作同样需要才华。不过，由于后者的创作过程相对机械，即便在创作冲动完全消退后，通过模仿优秀的范例，高雅的品味仍能存续。公元 5 世纪的社会制度似乎容不得天才的存在。为了在文

---

[1] Lydus, *De Magist.* iii. 27, p. 219, edit. Bonn.

学与艺术作品中表现至高的卓越，创作者和公众都必须具备感受简洁、优雅、崇高之美的能力。当社会环境使得赞助者身处与创作者截然不同的阶层，并让一个小圈子的排外意见取代了文学和艺术的法则时，一种矫揉造作的审美趣味便会产生，以投那些垄断犒赏资源的少数人所好。作家和艺术家必须迎合这种品味，他的创作随之成为一种曲意逢迎，而非真情实感的自然流露。这必将炮制出一种浮夸风格或形式主义。在人类的各项事业中，再没有什么比审美趣味更具民主性了。索福克勒斯的观众中既有饱学之士，也有目不识丁者；德摩斯梯尼（Demosthenes）是向民众发表演说的；菲狄亚斯（Phidias）也是为人民创作艺术的。

　　基督教则成了这些艺术的敌人。希腊人曾将绘画、雕塑与建筑熔于一炉，让所有这些艺术之美在自己的神庙中得到和谐的展示。由于这些最为精美的神庙恰恰是多神教的博物馆，基督教一直避免同此类建筑产生瓜葛，直到自己有机会拆毁、污损它们。基督教堂选择的模板不是多神教的神庙，而是法庭与宫殿。古代雕塑所承载的理想之美遭到了基督教的轻视。早期教父希望把耶稣基督的形象塑造得迥异于多神教神祇。

　　艺术品逐渐丧失了精神创造价值。如果它们的制作材料十分贵重，或在其主人眼中可以派得上其他用场，毁坏便在所难免。《狄奥多西法典》中的许多法令都是禁止破坏古代艺术品或盗墓的。[1] 当

192

---

[1]　*Cod. Theod.* ix. tit. 17.

基督教势力消除了神庙和雕像的宗教意义后，它准许贪婪者毁掉它们，以便让建筑材料重新派上用场。当人们不再尊敬古代传统时，盗掘多神教徒的墓穴、攫取其中的装饰品便成了为人不齿但一本万利的生意。新宗教的教士们需要建造新教堂，正在沦为废墟的建筑可以提供比采石场更廉价的材料。

在君士坦丁堡奠基时被运到那里的许多著名艺术品都被频繁的火灾吞噬了。那座城市一直无法杜绝此类灾害。有名的缪斯女神群像毁于阿卡狄乌斯时代。树立雕像的风尚并未过时，但雕塑的审美品味总体上在下降。追名逐利之徒更看重的是雕像贵重的材料，而非工匠精美的手艺。安置在斑岩石柱上的一座优多奇娅银像引起了"金口"约翰的强烈义愤，他用十分激烈的言辞辱骂了皇后。因为他的偏激言论，帝国政府革除了他的枢机主教职务。许多珍贵的希腊青铜艺术品被熔化，用来浇铸皇帝阿纳斯塔修斯的巨大雕像。后者被放置在一根很高的柱子上，装点着首都。[1] 还有一些金银艺术品被熔化后制成钱币，用来增加国库的收入。毋庸置疑的是，有教养的富裕阶层尚未完全丧失欣赏绘画的品味。镶嵌画和雕刻品是当时非常时髦的奢侈品。不过整体的贫困化减少了艺术赞助者的数目，基督徒的偏见也严重限制了艺术的传播范围。

---

[1] 芝诺在宫廷中为盟友狄奥多里克树立了一座骑马雕像，见 Jornandes, *De Reb. Get.* 57。罗马元老院树立了一座狄奥多里克的金像，见 Isidor, *Hist. Goth.* c. 39。普罗柯比乌斯描述过一幅狄奥多里克的粗糙镶嵌画像。它很快就变得破碎，被民众误认为那位东哥特国王的徽章。但它或许是哥特人照着某件黄金象牙雕像做的仿制品？Procop. *De Bell. Gotth.* i. c. 24.

第三章

527—565 年

查士丁尼时代希腊人的生活状况　193

查士丁尼时代帝国权力对希腊民族的影响

在很长的时期内，历史学家并不关注民族情感和影响民众生活的各项制度，这种现象并不罕见。那些信息的蛛丝马迹往往被重要的历史事件湮没，后者仿佛是偶然因素、命运或上帝意志导致的结果。在那些情况下，历史叙述就变成了史实的编年记录，或一系列人物传记的剪影。只要跟地方风俗、民族习俗和民众的普遍观念脱离了联系，历史就不再能提供它惯常富含的教益。东罗马帝国的史籍往往呈现出这种面貌，差不多只是编年记录的流水账而已。东罗马帝国的历史学家很少揭示民族性或民众的情感，仅仅复述着现实社会生活中的迷信观念和党派见解。尽管查士丁尼时代的波澜壮阔使之在人类历史中占据着醒目位置，相关史料为我们呈现的却只是一系列孤立、前后矛盾的事件。其中最引人注目之处来自贝利撒留、塞奥多拉和查士丁尼的传记回忆录；最具启发意义的教训则来自立法活动对其他民族的影响。然而，颠扑不破的人类直觉断定，这个时期是人类历史上最伟大的时代之一。这些历史人物或许才具平平，但他们参与的事件却造就了波澜壮阔的社会变革。古代世界的框架

194

已经灰飞烟灭，后人只能怀着敬畏之心回望残存下来的碎片——它们证明之前曾经出现过更为高贵的人物。东罗马帝国虽然强大到了不畏惧任何外敌的程度，却由于国家盘剥民众、贪欲过重而日趋衰微。即便在当时最睿智的人士眼中，罗马政权的腐败痼疾也是无可救药的，终将导致罗马世界的分崩离析。在当时已知世界的范围内，还没有哪一种新型社会组织模式崭露头角。人类中的很大一部分（也许占到了大多数）依然生活在奴役状态之中；奴隶仍被视为有智力的家畜，而非人类。[1]社会注定要消除农业奴隶制来求得重生，但为了摧毁农业奴隶制，文明世界的自由居民必须降格到此前数个世纪中奴隶身处的贫困、无知地位。只有当奴隶和自由人同呼吸共命运时，阶级偏见才能被摧毁，人类的生活状态才能得到普遍改善，社会的重组才能开始启动。最后，人类生存所需的必要条件也会激发慈善之举。

查士丁尼时代是作为人类历史的一部分而非罗马帝国或希腊民族编年史的一章受到关注的。原本几百年才能完成的转变在一代人的光景里迅速完成了。无论是真实还是虚构，贝利撒留的一生都堪称那个时代的缩影。在他的早年时代，罗马世界人口众多，十分富有，帝国处于富强之中。他征服了辽阔的王国和强大的民族，将俘获的君王带到文明的立法者查士丁尼脚下。随后到来的是老年，贝

195

---

[1]"你这个蠢货啊，难道那个奴隶是人吗？"（Oh demens, ita servus homo est?）Juvenal, *Sat*. vi. 222.

利撒留遭到了身体虚弱、忘恩负义的主人的怀疑，陷入了贫困的深渊。从幼发拉底河畔到塔古斯（Tagus）河畔的广大区域满目疮痍，饥馑与瘟疫横行，城市变为废墟，种族几近灭绝。世人对此印象深刻。哥特语的诗歌残篇、波斯文学中的传奇故事和关于贝利撒留的传说都告诉我们，后人对这个时代始终抱着浓厚兴趣。

在查士丁尼登基之际，很多人觉得他能重建罗马的权威，这并非毫无道理的预测。然而，在他去世之前，这一幻想已彻底破灭。通过充实国库和重组军队，阿纳斯塔修斯已经为改革财政制度、改善人民生活铺平了道路。不幸的是，查士丁尼对自己继承的巨大财富和高效军队使用不当，结果加重了帝国政府的负担，该体系之后的改革变得毫无希望。但我们必须牢记，在查士丁尼统治后期急剧恶化的帝国内部资源耗竭问题，其实跟当时的社会结构密不可分。在长达六百年的时间里，罗马政府一直统治着安宁（同人类的普遍命运相较而言）的地中海东部。在这段漫长的时期内，民众已沦为帝国财库的奴隶。查士丁尼的改革举措旨在增加中央政府的权力和收入，反而加快了几个世纪以来财政压迫引发的不可避免的灾难。

我们只有对罗马行政体系的本质进行整体观察（尽管难以避免挂一漏万），了解它对帝国全体居民的影响，才有可能准确把握当时希腊人的生活状态。政府试图对行政事务的各个方面实行集权化统治，但地方分离倾向却在偏远的行省中不断发展。二者之间的矛盾乃是统治者的需求不断膨胀、人民大众的文明走向衰落的结果。这看似古怪，实则自然。帝国的内政管理在查士丁尼时代臻于完善：

196

帝国权力终于在军官和领圣俸的教士面前占据了上风，将他们置于国家行政部门的控制之下；皇帝的绝对权威得到了全面确立，系统掌控着军队、教会与国家。长达百年的谨慎治理为政府注入了新的活力，查士丁尼继承了这份遗产，使自己成为罗马帝国编年史上最伟大的征服者之一。随着时间的推移，从君士坦丁时代到查士丁尼时代，皇帝的地位发生了不小的变化。在任何一种政体下，两百年的时间都足以制造巨变。

诚然，从理论上讲，领导征伐的皇帝可以跟治国安邦的君主一样，拥有巨大的权力。按照时人的说法，君士坦丁和查士丁尼都是合法君主，在行使权力时同样受到法律和习俗的影响。[1] 但将领和君王在地位上存在着本质差异，而阿卡狄乌斯登基之前的所有罗马皇帝都是将领。军队的领导者必须在一定程度上与士卒同甘共苦。他必须经常跟部下交心，确保他们的利益和观点与自己一致。这种情感互动通常会建立一种密切联系，士卒的意志能对将领的行为产生显著影响，约束其极端举止，至少使之遵守军纪和军事生活惯例。狄奥多西大帝之后的帝国军事改革牢牢确立了罗马皇帝们的政治优势，皇帝不再同军队保持联系，自视为领取薪饷的士兵们的主人——正如他是纳税的臣民的主人一样。统治者已不再关注教会、宫廷、竞技场派系之外的任何民意。然而，直到查士丁

---

[1]　"在罗马统治的自由之下"（Sub libertate Romana）这一措辞意在描述帝国行政的规范性。它以明确流程和法律规则为基础，与专制独裁截然不同。

尼时代，绝对君主权力的直接影响才开始在行政细节中得到充分展现。我们在上一章中已经注意到了各种背景，它们将公元 5 世纪数位皇帝的政策同臣民们的利益联系在一起。查士丁尼看到，公共管理的方方面面都已井井有条，帝国财库中积聚了大量财富，军纪得到了整饬，教会对信奉正统的皇帝予以鼎力支持。对于人类而言十分不幸的是，皇帝权力的扩张让他不再善待自己的臣民，他觉得他们的利益不如公共管理的需求那样重要。在罗马帝国史上，查士丁尼的统治大大损害了臣民的道德、地位。在评价查士丁尼统治时代的种种事件时，我们需要牢记，那个时代的力量与荣耀有赖于阿纳斯塔修斯打下的基础，而查士丁尼则为莫里斯的不幸埋下了祸根。他摧毁了信奉异端的臣民的民族性，反而为穆斯林的征服铺平了道路。

查士丁尼在登基之际的想法和地位合乎世袭君主的身份，但他也希望利用各种有利条件建立明智、审慎的统治。他在出生和受教时只是一介平民，在登上帝位时已过 45 岁的盛年。[1] 他接受过十分良好的教育。查士丁尼本人拥有崇高的愿景。他工作勤奋，勤于

198

[1] 在本书中堆砌和普罗柯比乌斯有关的注释未免显得盲目。《秘史》《建筑》《战争史》的叙述差异过大，并不适宜在不加解释的情况下引用。然而，即便在《秘史》中，普罗柯比乌斯的文字似乎也足以构成宝贵的史料。他在《战争史》中的记述通常是可信的。查士丁尼似乎是斯拉夫人的后裔。他的父亲名叫伊斯托克（Istok），萨巴提奥斯（Sabbatios）是其译名。他的母亲和姐妹都叫维格勒尼查（Wiglenitza）。他自己的原名为乌普拉瓦达（Uprawda），对应拉丁文中的"法律"（jus）或"公正"（justitia）。 参 见 Schafarik, *Slawische Alterthümer*. ii. 160; Aleman, *Hist. Arcana* of Procopius, vol. iii. p. 418, edit. Bonn 中的相关注释。

理政，精通法律与神学。但他的才能较为平庸，判断力较差，性格不够果敢。尽管自己生活简朴，他却让帝国宫廷的仪式变得更为奢华，在政府的公共活动中突出皇帝的唯我独尊。虽然查士丁尼渴望荣誉，但他更在乎的是展示自己的权力，而非采取措施巩固国本。

东罗马帝国是一个按部就班、体系严密的绝对君主制国家。皇帝是政府首脑，是所有公共管理参与者的主人。但行政管理是一项庞大的事业，其细节需要技巧和科学。[1] 政府各部门任用的庞大官吏群体汇聚了一批专业人士，他们需要钻研耗费毕生精力方能掌握的技能，凭借自己的才华和勤奋脱颖而出。每个政府部门都具备独特的职业技能，其内部组织完美无缺，正如现代欧洲的法律部门一样。罗马皇帝不会突然心血来潮，想要设立一个财务官或首相的职位，正如现代统治者不会贸然增设一个律师岗位一样。这一局面清晰地说明，教育和行政管理的知识已在罗马政府中得到了良好延续。正如法律部门与教会中的情况一样，这些知识始终维持着较高的水平，即便其他阶层的文学技能已丧失殆尽。[2] 这也可以解释罗马政府具备的独特韧性，还有它与生俱来的活力。即便它欠缺浴火重生的必要能量——那只能来自自由人对君主权力的影响，它至少没有沦落到公开的无序状态或统治无力的境地。只有罗马行政管理部门

199

____

[1]　我们只有参考 Dr. Boecking, *Notitia Dignitatum et Administrationum*, Bonn, 1839, &c. 这一杰作，才能形成对罗马行政管理的准确印象。

[2]　瓦伦提尼安禁止学生们在年满20周岁后继续留在罗马城，这条法律反映了对教育的管控。见 *Cod. Theod.* xiv. 9.1。

的体系性，才能在一个内战频仍、外敌肆虐的时代阻止帝国的解体。由于这一体系性高于个人意志，它让行政管理模式进入了一成不变的状态，君士坦丁和查士丁尼的臣民们都可以夸耀，他们生活在罗马体制的保护之下。帝国体制的最大缺陷在于，民众完全无法控制官吏们的道德举止。跟纯粹的审美趣味一样，政治道德也是不能脱离公共舆论的环境的。[1]

　　比之行政制度，东罗马帝国的社会状态经历了大得多的变化。富有的贵族阶层——他们的富可敌国和我行我素导致了早期元首们的恐惧和觊觎——早已灭亡。帝国宫廷成员与皇室构成了首都范围内的上等阶层。元老此时只是一批官吏，民众在国家中只是纳税人而已。行政、财政和司法领域的官吏，还有教士和军人都是皇帝的仆人，民众——罗马人民——则是他的奴隶。[2]没有任何共同利益或民族认同的纽带能够将各个阶层团结为一个整体，并在他们与皇帝之间建立联系。唯一的联盟纽带只有无处不在的压迫，因为帝国政府中的一切都服从于充实财库的需要。数百年来，罗马政府奉行的严酷财政政策榨干了社会的全部积蓄，因为腰缠万贯之人几乎必然成为财产充公的对象。即便行省中的社会上层人士避免了那样的

[1]　在谴责罗马政府的罪恶时，我们也不应忽视以下因素：社会衰落导致的不便、对大规模代表大会广泛关切问题的漠视、对权宜之计的一味坚持，还有那个时代在满足地方利益诉求方面的无能为力。
[2]　当时，罗马帝国的民众主要由希腊人构成，但伊吕利库姆和色雷斯境内仍有相当一部分人口讲拉丁语。

200　命运，在帝国体制下，他们的财富也要被用来填补税收不足的亏空。因此，各地方的富人迅速陷入了普遍贫穷的状态。早在查士丁尼开始对行省施行一系列改革之前，社会上层阶级的瓦解已经消灭了所有独立的土地所有者。

　　这些改革的效果波及后世，对希腊民族的内部结构产生了重要影响。在古代，大部分社会都使用奴隶。奴隶在乡村人口中占据很大比重。由于没有受过什么道德教育，他们在精神层面上甚至逊色于北方的蛮族。恰恰是由于这一点，奴隶们是完全无力改善自身处境的。无论身处的行省是属于罗马人还是希腊人，是属于哥特人还是匈人，他们仍然是奴隶。罗马的财政制度先是造成了上层阶级的衰落和富人的贫困化，最终把土地税的重担压在了小地产所有者和土地耕作者的肩上。耕地的人成了对帝国财富至关重要的群体。作为向国家提供财政收入的主要群体，他们在财务官吏眼中的地位几乎跟土地所有者同等重要。那些最早赋予奴隶若干权利的法令之所以颁布，是因为罗马政府试图阻止土地所有者不让自己的奴隶耕种需要课税的土地，而让他们从事对奴隶主更为有利的工作——那将使得帝国财库的收入减少或不再稳定。[1] 帝国财库的贪得无厌使得广大自由人口变得跟奴隶一样贫困，从而消除了两个阶级之间的一

201　大差别。当罗马财政法律迫使在某块土地上耕种三十年的自由人世世代代固定在同一块地产上之后，人们不再觉得奴隶道德低下，他

---

[1]　*Cod. Theod.* xi. 3.1.2; *Cod. Justin.* xi. 47.

们的政治地位也变得同贫苦农民一般无二。[1]从此以后，这些下等阶层融合成了同一个阶级：奴隶升为本阶级的成员，自由人的地位确实下降了，但他们的沉沦是劳苦大众地位的提升及奴隶制的终结必然会导致的结果。这便是东罗马帝国的文明演进历程。查士丁尼的各项巧取豪夺措施使自由人变得跟奴隶一样贫穷，反而为人类整体生存状态改善之际奴隶地位的提升铺平了道路。

查士丁尼意识到，全帝国范围内的地区性机构与团体，还有正统教派和异端的宗教集会，仍在支撑、控制着中央政府的权力。它们大多需要不菲的收入。古代世界的基本结构仍然存在着。人们每年还在提名执政官。罗马城虽然已被哥特人征服，却还保留着元老院。君士坦丁堡继续享受着赛车竞技表演。罗马、君士坦丁堡、安条克、亚历山大里亚和其他许多城市继续接受着谷物配给。雅典和斯巴达还在按照小型城邦的模式治理民众，仍有一支希腊行省军队守卫着温泉关隘口。希腊各城市拥有自己的收入，维系着自己的道路、学校、医院、武装、公共建筑和水渠。城市向学者和医生支付薪饷，并让内部街道铺满干净光亮的大理石路面。民众享受着地方上的节庆与竞技，尽管音乐已取代诗歌，剧场仍然面向公众开放，提供娱乐活动。

与在意大利的狄奥多里克相比，在希腊的查士丁尼更迅速地扫除了古代世界的遗留。他是一个无情的改革者，并且他的改革完全

---

[1]　*Cod. Justin.* xi. 47.13 and 23. 参见本书第 153 页。

是为了敛财。[1] 执政官的重要性被削弱了，目的是省下维持其体面的费用。在几乎消灭了罗马城全部旧有居民的意大利战争中，罗马元老们也已消失。[2] 亚历山大里亚的谷物配给被取消，埃及希腊人的数目与地位不断下降。侯斯罗斯攻陷了安条克，叙利亚希腊人的地位不再重要。

但希腊本土的希腊族裔和制度遭到了最沉重的打击。查士丁尼攫取了各个自由城市的收入，剥夺了它们最宝贵的特权，让它们以丧失收入为代价换取政治上的生存权。贫穷导致了蛮荒的状态。除非借助帝国财库的支持，世人已无法修缮或新建道路、街道和公共建筑。中世纪缺乏武装的弊端已经在东罗马帝国中有所体现。公共法令遭到忽视，但公共救济却得到了广泛支持。教师和医生失去了赖以为生的资助。地方政府继续在虚弱不堪的状态中苟延残喘——查士丁尼的本意在于改革，从未打算摧毁它们。即便对他造谣中伤的普罗柯比乌斯也只是控诉他横征暴敛，没有说他摧毁了地方行政系统。由于希腊人身陷贫困之中，他们无法为地方政府提供新的资金，甚至交不起维持旧体系运转的地方税款。在这一危机关头，教士与民众之间的密切联系，还有教会的强大影响力拯救了人民。共

---

[1] Procopius, *Hist. Arc.* pp. 74, 76, edit. Paris.

[2] 当罗马城重新迁入人口后，城里似乎组织了一个元老院。但它只是沿用了之前的名称，罗马市政机构的权力已遭到致命打击。罗马枢机主教接管了市政事务，开始为未来的世俗统治做准备。参见 Savigny, *Geschichte des Römischen Rechts im Mittelalter*, vol. i. p. 367。

同的语言、情感乃至成见将教士和人民团结在一起。作为这一联盟中最有势力的阶层，教士自然而然地接管了行省中一切公共事务的领导权。他们协助维持慈善制度，革新法令，并传承医术。他们维系着民众的民间组织与市政组织。他们维系着希腊人的地方归属感，巩固了民族组织的基础。希腊教士在这一时期同独立于中央权力之外的民众地方性组织建立了联盟，但现存史书并没有保留多少相关材料。这种联盟具有重大的民族意义，并在查士丁尼的改革导致地方贫困化后发挥着持久的作用。

203

帝国的兵力

贝利撒留的秘书普罗柯比乌斯记述了查士丁尼的战争史与征服史。他目击了很多事件，往往能用精确的笔触，提供关于那个时代军事管理体系的大量宝贵信息。罗马军队的征服范围十分广大，地中海世界内的大部分民族都同帝国直接打过交道。在这一时期里，查士丁尼的将领们改变了欧洲的格局，消灭了若干导致西罗马帝国解体的民族。同时，由君士坦丁堡和波斯的统治者主导的一些局面造成了中亚人口的大迁徙，超出了国际外交政策体系的控制。从中国边境到大西洋沿岸的全体人类陷入了躁动之中。这场混乱摧毁了当时的许多政权，导致了若干强大民族的灭绝。但与此同时，它也为新政权和新民族的权力奠定了基础，其中一些一直延续到了今天。

在让西地中海世界翻江倒海、稳定东方局势、铲除哥特人和汪达尔人、遏止阿瓦尔人和突厥人进犯等事情上，东罗马帝国均扮演着重要角色。然而，历史学家通常认为罗马军队人数稀少、组织弱小。在这段挂一漏万的概述中，我们无法全面评估查士丁尼时代东罗马帝国的总兵力。但在关注这套军事体系对希腊民众的影响时，一些整体性的判断是不可或缺的。[1] 东罗马帝国的军队包括两个截然有别的系统——常备军和雇佣军。常备军中既有被征募的罗马帝国臣民，也有被准许住在帝国境内、保留自身生活习俗、向军队提供一定数量兵源的蛮族。罗马政府仍然尊奉帝国的基本原则：需要缴纳土地税的臣民不得通过服兵役免除自身的义务。[2] 土地所有者负责收齐税款，种植土地的奴隶和农奴需要缴纳足够的公共税收，他们都不得以服兵役为理由推卸自己的义务。[3] 在几个世纪内，雇佣蛮族要比养公民兵更为划算。倘若不是帝国行政体系的高压破坏了国家资源，侵夺了民众资本，导致了人口减少，这种局面或许还会持续很久。公民兵源大多来自山区——那些地方交不出多少税款，当地居民很难维持基本生计。与此相似，蛮族入侵使得多瑙河南岸的大量农民无以为生，其中许多人选择了从军。游手好闲、生性贪婪的城镇居民也提供了一部分

[1] Lord Mahon, *Life of Belisarius*（chap. i）概述了查士丁尼时代罗马军队的情况。
[2] *Cod. Justin.* x. 32.17; xii. 32.2.4. 擅离财务职位的官吏会被遣送回去。除在狩猎和旅行的情况下，公民们均不得持有武器。
[3] 军人的免税特权成了教士要求类似特权的借口，因为他们认为自己是同魔鬼大军交战的军人。

兵源。[1]最健壮、聪明的士卒加入了骑兵。该兵种必须机警行事、严守纪律，在战场上捍卫罗马军队的荣耀。[2]由于行省中的上层、中层早已不再从军，后来的军队里充斥着粗鲁无知的农民、被释放的奴隶和野性十足的蛮族，服兵役成了遭人唾弃的事情。文明人对参军一事极其反感。与此同时，帝国人口的减少使得征兵日益困难，而帝国又需要兵源来守卫广阔的领土，补充巨大的伤亡损失。

普通兵种尤其是步兵，在查士丁尼时代已经严重退步。但在技术和效率等方面，机弩兵与工程兵同帝国的辉煌时代相比并不逊色。帝国损失的是军事资源，而非军事知识。从前的兵工厂依旧存在，同样的机械技术仍在沿用。国家对军用工匠、铁甲匠和工程师的现实需求不允许世人轻视相关的理论知识，他们的实用技能也不会因为缺乏用武之地而荒废。我们必须牢记这一事实。[3]

---

[1] 当然，罗马法不允许奴隶服兵役。见 *Cod. Justin.* xii. 33.6.7。但在帝国走向衰落的情况下，国家有时也会为了征召奴隶而授予他们公民权。查士丁尼宣布，经主人同意从军的奴隶可以获得自由。这条法令说明，奴隶正在迅速升到新地位，而自由公民正在迅速降到同等地位，见 *Novell.* 81。殖民地居民也不得从军，见 *Cod. Justin.* xi. 48.18。

[2] 骑兵也需要训练步战能力。他们在遭遇优势敌军包围后下马的沉着作战表现，证明了罗马军纪一直维持到查士丁尼时代的优越性。Procopius, *De Bello Pers.* i. 18 在记述卡利尼库姆战役时提到过这种行为。萨洛蒙（Salomon）在对抗阿非利加行省的摩尔人时也曾让骑兵下马列阵作战。发生在皇帝莫里斯统治时期的索拉孔（Solacon）战役再度运用了这种作战技术，见 Theophylactus Simoc. ii. 4. p. 73, edit. Bonn。汉尼拔嘲笑过埃米利乌斯·保卢斯在坎尼战役中命令罗马骑兵下马步战的做法，见 Livy, xxii. 49。但战法并不是一成不变的。

[3] 狄奥多里克大帝麾下的工程师不可能比查士丁尼帐下的更为高明，因为狄奥多里克不得不经常从东方招募工匠。但拉文纳附近的狄奥多里克墓与前荷马时代的迈锡尼遗迹一样精美。穹顶的圆石直径为三十五英尺，重九十四万磅。研究者认为，它是从伊斯特里亚的采石场运来的。参见 Seroux D'Agincourt, *Histoire de l'Art par les Monumens, depuis sa Décadence au IVe Siècle*, tom. i. pl. xviii 中的插图（Engl. trans., published by Longmans, London, 1847）。

　　雇佣兵是军队中最宝贵、最英勇的作战力量。模仿、推崇蛮族骑兵的服饰与举止成了那个时代的风尚。东罗马帝国当时被若干小王国包围。它们的统治者凭借武力夺取了从前属于罗马人的行省，并经常在战场上同皇帝对垒，但他们仍然在一定程度上承认自己依附于罗马的权力。其中一些，如赫鲁尔人的国王与格皮德人的国王，还有科尔奇斯人（Colchis）的国王都是经过正规的授权仪式登基的。这些君主和伦巴德人、匈人、萨拉森人、摩尔人的国王都领取着定期发放的赏赐。作为回报，他们麾下最优秀的战士们组成独立的部队，在自己领袖的指挥下，使用本民族的武器为罗马效劳。他们被纳入罗马常备军的组织体系，服从罗马的军纪。但他们并不遵守罗马的军事操练体系，也不使用罗马人的作战技巧。一些蛮族也会以志愿军的身份加入，丰厚的军饷和这一身份带来的权利吸引着他们。

　　这些部队天然具备优势。入侵罗马帝国的北方民族是一批从小接受军事训练，除征战杀伐外不知有其他事业的蛮族。负责耕种土地的是奴隶，或在他们占领的行省活下来的罗马臣民。但他们仅有的财富源自对邻人的劫掠，或是罗马皇帝的赏赐。他们的生活习惯、机动性和精良的铠甲使之成为那个时代最理想的兵源。罗马皇帝喜欢重金招募一小撮蛮族雇佣兵担任自己的卫队，他们的首领永远无望获得尊贵的政治地位，发动叛乱对他而言有百害而无一利。过往的教训告诉皇帝们：把本民族的军队交给本民族的将领将会危及他们的宝座，因为那名将领可能会从一个深孚众望的士兵摇身一变，成为自己危险的竞争对手。[1] 总的来说，为罗马效劳的雇佣兵比公民兵更有效率，但他们却比不上查士丁尼麾下由本土士卒组成的骑兵队（Cataphracti）。后者按照波斯人的方式全身覆盖铁甲，使用希腊的长枪。他们在那个时代堪称战场上最优秀的战士，是中世纪骑士的先驱。

207

　　查士丁尼的改革措施从几个方面削弱了罗马军队。他急于压缩支出，减少了罗马军队中的骆驼、马匹和马车，它们原本是用于为部队运输军事器械与辎重的。从前的辎重运输队伍十分庞大，这样可以阻止军队以运输需要为借口进而干扰农民的生产活动，征用他们的牲畜。查士丁尼降低了部队的薪俸，不再按时发放军饷、保障士兵的衣食供应，各种过火之举随之产生。此外，查士丁尼延续了阿纳斯塔修斯限制将领权力的政策，更加严重地损害了军队的作战效率。但我们也必须承认，这项政策对于避免更严重的罪恶而言是不可或缺的。查士丁尼时代的多次叛乱、大部分罗马将领毫无民族情感与爱国心的事实充分说明了这一点。当时的罗马大军由不同部队合并而成，名义上的主帅缺乏或毫无实权。哥特战争与波斯战争中几次失利的原因恰在于此，而非罗马军队自身的弱点。即便跟查士丁尼关系密切的贝利撒留也在皇帝的强烈忌妒下受到监督。皇帝始终不信任他，他的下属军官们在怂恿下屡次质疑他的举措，从未

---

[1]　然而，查士丁尼有时也会将文职权力与军职权力集中到一起。见 *Novell.* 24.31。

因为抗命不从而遭到惩戒。[1] 事实上，倘若查士丁尼坐视不管的话，

208 贝利撒留确实有机会穿上紫袍，或许还会推翻他的主人。纳尔塞斯
（Narses）是唯一得到明确信任和积极支持的将领，但他是个年老的
宦官，永远不可能抢夺皇帝的宝座。

东罗马帝国的总兵力为十五万人。这些部队需要守卫极广的边
境，许多敌对部落觉得有机可乘。但是，查士丁尼还是能够集结
一批精兵良将发动对外征服。[2] 跟着贝利撒留出征阿非利加行省
的有一万步兵、五千骑兵和两万水手。而在攻占拉文纳之前，贝
利撒留在意大利境内肯定有三万左右的兵力可以调遣。日耳曼努
斯（Germanus）在抵达阿非利加时发现，迦太基附近只有三分之一
的部队还是忠诚的。斯托扎斯（Stozas）麾下的叛军达到了八千人。
鉴于努米底亚境内还有一些部队并未加入叛军，阿非利加境内的全

---

[1] 纳尔塞斯显然是在维提格斯的征服开始之前，被查士丁尼派往意大利的。他
的任务是监视贝利撒留，防止后者在军中拥有过高的个人影响力。考虑到皇帝的嫉
妒心，允许 名将领指挥 支规模庞大、同时敨忠于主将和皇帝的骑兵卫队的现象
十分罕见。在结束对意大利的征服、返回君士坦丁堡之际，贝利撒留身边的卫队多
达七千骑兵。见 Procopius, *Gotth*. iii. c. 1, vol. iii. p. 283, edit. Bonn。相传克拉苏曾
经说过，自己只有在能够维持一支军队的情况下才算得上富人。披索和他的妻子普
兰奇娜（Plancina）家丁众多，当披索抵制日耳曼尼库斯（Germanicus）的命令时，
他武装了几千名奴隶，组织了一支部队，规模相当于一个罗马军团，见 Tac. *Ann.*
ii. 80。

[2] 根据阿伽西阿斯的记述，帝国兵力曾达到过六十四万五千人。他的记载似乎是
以官方档案为基础的，因为另一位作家也重复过同样的说法。该数据可能同时统计
了常备军、地方武装与要塞驻军，见 Agathias, v. 157, edit. Paris; Joannes Antiochenus,
Frag. Hist. Graec. iv. 622, edit. Bonn。 Gibbon, i. 27 声称哈德良时代的罗马帝国兵力为
三十七万五千人，这么小的数字恐怕仅仅统计了正规军。

部罗马兵力肯定不会少于一万五千人。在公元 551 年，当查士丁尼统治导致的恶果开始凸显之际，纳尔塞斯仍能集结三万精兵，靠这支队伍打败了托提拉，消灭了想从罗马人手中夺走意大利的强悍的法兰克人和阿拉曼人（Alemanns）。尽管常常受到现代学者的贬低，罗马军队事实上却是斗志昂扬的，哥特人骁勇的国王托提拉甚至想要用高额薪饷吸引他们加入自己的队伍。没有任何军队能够在战场上跟罗马军队旗鼓相当，他们在西班牙、阿非利加、科尔奇斯和美索不达米亚的战功证明了自身的优秀。不过，他们在波斯人处和多瑙河畔遭遇的失败表明，他们的敌人已在军事学上取得了进步，罗马政府不可再掉以轻心。

209

　　大量例子都可以证明当时军队组织的杂乱无章，这往往是由帝国政府的弊政造成的。贝利撒留曾试图整饬军纪，但一筹莫展[1]——因为他的士兵往往被拖欠薪饷，他麾下的将领们有时又被怂恿自行其是。两千个赫鲁尔人在意大利境内开了小差，在跑到亚得里亚海沿岸时得到了查士丁尼的原谅，重新为帝国效力。普罗柯比乌斯反复告诉我们，无薪士兵们的无法无天毁掉了诸行省。在阿非利加，至少有三名罗马军官——斯托扎斯、马克西明（Maximin）和贡塔里斯（Gontharis）——尝试过拥兵自立，并得到了大批部下

---

[1] 在远征阿非利加开始之际，他处决了两名在醉酒争吵中杀死一名同伴的匈人士兵，见 Procopius, *Vand*. i. 12。贝利撒留如此告诫军队，波斯人胜过他们的地方不是勇敢，而是军纪严明，见 Procopius, *Pers*. i. 14。

的支持。[1] 臣民中只有希腊人自认为必须忠于帝国政府，或至少会主动拿起武器抵御敌人。因此，贡塔里斯为了保住迦太基，下令不分青红皂白地处决那里的希腊人。然而，由于希腊人多为市民和纳税者，他们几乎是不会参军的。尽管希腊人在水手中占据多数，他们总体上并不好战。哥特国王维提格斯声称贝利撒留麾下的罗马军队是一支希腊军队，由海盗、戏子和江湖骗子组成。[2]

查士丁尼最具灾难性的举措之一便是解散了行省的所有地方武装。普罗柯比乌斯的《秘史》曾在不经意间提及，温泉关从前由两千地方武装兵力把守。但帝国政府解散了这支队伍，在希腊设置了一座由常备军驻扎的要塞。[3] 作为一项广泛推广的措施，它可能是出自财政改革的计划，而非对民众起义的恐惧。但它对衰落中的帝国造成了极大的伤害，加剧了中央权力的混乱。尽管该措施或许能够防止若干行省拥兵自立，却为阿瓦尔人和阿拉伯人轻而易举的征服铺平了道路。查士丁尼专注于集中一切权力，统一、系统地摊派一切公共负担。在他看来，保卫帝国更廉价的手段是城墙和要塞，而非具备机动性的军队。由于需要经常快速移动部队米保护边疆，将领们放弃了加固常设兵营的古代惯例。最后，就连安营扎寨的技巧也遭到了忽

210

---

[1]　意大利境内的一名军官君士坦丁试图刺杀贝利撒留，因为后者要求他归还自己劫掠的财物。阿非利加的军队发动过反对贵族约翰的叛乱，见 Corippus, *Johann.* vii. 50。佩特拉（Petra）的要塞驻军曾为侯斯罗斯效劳，见 Procopius, *Pers.* ii. 17。斯波勒托（Spoleto）的军队加入了托提拉的队伍，见 Procopius, *Gotth.* iii. 12; iv. 26。

[2]　Procopius, *Gotth.* i. 18, 29.

[3]　Procopius, *Hist. Arc.* 26; vol. iii. 147, edit. Bonn; *Gotth.* iv. 26.

视。[1] 然而，蛮族总能比帝国常备军保持更高的机动性。

为了巩固边疆防务，查士丁尼建立了一套新的防御体系。他建造了由大量要塞和堡垒组成的绵长防线，在其中驻扎军队，以便他们能够随时出去迎战入侵之敌。这些防线从亚得里亚海延伸到黑海，因阿纳斯塔修斯建造的保护君士坦丁堡的长墙，保护色雷斯境内克尔索尼斯及帕勒尼（Pallene）半岛的长墙和温泉关、科林斯地峡等地的防御工事得到大大巩固——这些均得到了妥善修缮。这些据点安置了常备驻军。普罗柯比乌斯为查士丁尼公共建筑事业所写的颂词似乎跟这位君主统治末年的一些事件不太协调：匈人国王扎贝尔甘穿越了未经修缮的长墙缺口，几乎推进到了君士坦丁堡的近郊。

我们还应提及反映当时军事技术衰落的另一个例子，它必然来自军队，而非政府的任何安排。各部队集结的纪律被人遗忘，吹笛声变得毫无用处，士兵们无法理解。应征入伍的杂七杂八、习俗各异的士兵无法在必要的短时间内掌握古代音乐的微妙之处。罗马步兵们再也不能

> 伴随着柔和的笛声，按照多利亚人的方式
> 集结成完美无缺的方阵。

在意大利围攻奥克希穆姆（Auximum）期间，贝利撒留突然陷

---

[1] Menandri *Frag.* p. 440, edit. Bonn.

入了困境，无法向正在同哥特人激战的部队下达即时指令。此时，他的随军秘书、历史学者普罗柯比乌斯建议他别再使用已被遗忘的笛声，改用骑兵的铜号下令冲锋、步兵的号角下令撤退。[1]

皇帝们往往喜欢让异族将领掌管最高军权。宫廷对蛮族首领的信任，使得其中的许多人占据了军中的要职。贝利撒留之后最有名的军事领袖纳尔塞斯曾是波斯治下亚美尼亚一方的战俘。在公元 528 年的战役中对阵波斯的彼得（Peter）也是波斯治下的亚美尼亚人。将格利默尔围困在帕普亚山（Mount Pappua）上的法拉斯（Pharas）是赫鲁尔人。在伊利里亚和达尔马提亚领兵的蒙杜斯（Mundus）是格皮德人的王公。[2] 从名字推断，奇尔布德（Chilbud）肯定来自北方，他打赢了几仗后，在同自己的部下抵御斯拉夫人入侵边境时牺牲。以巨大勇气和卓越能力治理阿非利加行省的萨洛蒙是来自达拉（Dara）的宦官。阿塔班（Artaban）是亚美尼亚的王公。科瑞普斯（Corippus）诗中的主人公、绰号"约哈尼德"（Johannid）的约翰·特罗格利塔（John Troglita），很可能也是亚美尼亚人。[3] 但帝国自身似乎也能培育出卓越将领和优秀士兵。伊苏里亚人和色雷斯人继续在各个战场上扬名立万，与最强悍的蛮族一样勇敢。

212

---

[1] Procopius, *Gotth.* ii. 24. 步兵的号令笛是用木材和皮革制成的。

[2] Joan Malalas, vol. ii. p. 64, edit. Ven.

[3] Lebeau, *Hist. du Bas-Empire*, tom. ix. 91, 93; *Notes de Saint-Martin*. 我们或许还可以补充许多信息。在追击格利默尔时阵亡的约翰（John）是亚美尼亚人，指挥伊利里亚部队的阿库姆（Akoum）是匈人，见 Theoph. *Chron.* p. 184。佩兰（Peran）是伊贝里亚的一位王子；贝萨斯（Bessas）是哥特人，但臣服于帝国；亚美尼亚人伊萨克（Isak）和匈人菲勒穆特（Philemuth）都是罗马帝国的将领，参见普罗柯比乌斯著作的相关索引。

　　模仿蛮族的举止与习惯成了东罗马帝国军队中的风尚，即便是最高级别的将领，也十分推崇他们不惧死亡的英勇。这一点对东罗马帝国军队的军事技艺产生了恶劣影响。罗马军队的将领们此时更在意的是凸显自己的个人功绩，而非不折不扣地遵守部队的命令和纪律。就连贝利撒留有时也会忘记身为将领的职责，渴望骑着战马展示自己的匹夫之勇。他或许会认为，在那样的场合下，自己的轻率冒进是为了振奋部下的精神。毋庸置疑的是，作为一支战斗力量，东罗马帝国军队的素质早在查士丁尼登基之前就已经下降不少。他的统治则使之进一步走向沉沦。当时更引人注目的乃是将领们的蛮勇和武艺。大量高级将领在轻率发动的会战或零星战斗中阵亡，这一点足以证明上述事实。不过，罗马军队承袭了古代战争传统的一大特色，它令罗马人在敌人面前占据着决定性的优势。他们依旧信赖自己排兵布阵的军纪和技巧，列成整齐的方阵去迎战对手。无论是在多瑙河畔还是在底格里斯河畔，罗马人最英勇的对手也只敢在近距离混战中与他们互有攻守。[1]

查士丁尼的立法对希腊人的影响

　　长期以来，希腊人一直对罗马法感到十分陌生。自由城市继续

---

[1]　阿非利加哗变的部队在作战方式上更像蛮族，并没有采用罗马人的正规作战阵型。

按照自己的法律体系与地方习俗治理社会，希腊的律师们也不认为
有必要学习统治者的内政法令。但在君士坦丁将希腊城镇拜占庭改
造为罗马城市君士坦丁堡后，局面发生了重大变化。从此以后，帝
国行政体系与东地中海臣民的联系日益紧密。皇帝们的立法权对行
省事务的干预日趋频繁。在团结整个希腊民族的事业中，基督教会
也经常号召开展整体性的立法。世人已普遍意识到，旧的法律与新
的社会需求之间的矛盾导致了诸多混乱；希腊诸城市的日趋贫穷、
人口下降与教育退步也使得古老的法庭难以为继。希腊人往往不得
不前往只教授罗马法的学校学习，最后，地方上的法庭也开始按照
罗马法的原则进行裁决。由于本地法官的数量不断下降，他们的职
责改由帝国行政机构提名的法官承担。于是，在未经历任何剧变或
直接立法改革的情况下，罗马法在希腊世界得到了普及。

　　从登基时起，查士丁尼一直竭尽全力想把复杂的罗马行政机器
的控制权集中到自己手中，那是他本人最为重视的政策。他深深感
到，必须整合纷繁复杂的罗马司法权力，将五花八门的法学观点汇
集成一套立法准则，使之整齐划一，便于参考。这样一套立法体系
在任何地区都是有用的，对于经历过漫长文明发展历程的绝对君主
制国家而言尤为不可或缺——因为国家需要通过成文法约束地方法
庭的裁决权，防止法官们以解读过时敕令与相互矛盾的判例为借口，
掌握独断专行的权力。在一定程度上，法典可以成为限制独裁的工
具，因为它让民众掌握了武器，可以利用公认的正义原则，心平气
和地驳斥政府法令与法官裁决。与此同时，它也可以成为专制君主

的有用武器，因为它有助于后者察觉官吏们的不端行为。

查士丁尼法律体系的得失归于负责执行其计划的法学家，但下令开展这项工作的荣誉或许应当归于皇帝本人。令人遗憾的是，一名绝对君主的立场很容易因为现实形势的瞬息万变而摇摆不定，查士丁尼无法阻止树立了自己声望的最牢固的丰碑被后来的法令破坏——显然，这些法令要么出自他自己与日俱增的贪欲，要么来自他屈从于妻子或廷臣贪欲的软弱。[1] 我们无法设想，查士丁尼的政治智慧能够制定出保护臣民免受自己权力压迫的办法，但他有可能坚持了伟大的公正原则，使得立法永远不致成为可撤销的决议。他或许还要求自己的官吏们像埃及法官们那样宣誓，保证自己上任后永不背弃公正（法律）原则，并在君主命令他们作恶的情况下拒绝执行指令。但查士丁尼更多地是一名专制君主，而非通情达理的政治家。即便控制着立法权，他本人也不会公开宣称法律的权威高于帝国行政部门。但在指出查士丁尼的法律本可以更加完美，更好地造福人类的时候，我们仍然不能否认，这部法典堪称人类智慧最伟大的丰碑之一。我们必须心怀感激地牢记，《学说汇纂》（the Pandects）曾在一千三百年间充当着东欧与西欧基督教世界的法律准绳。如果说它曾在欧洲大陆君主国被当成专制暴政的工具的话，那么错误也在于那些民族自身——他们拒绝奉行公正的司法原则，没有将法律置于君主权威之上，也没有让每名官吏在履行职责时受

---

[1] 查士丁尼表示，自己对此心知肚明，见 *Cod. Justin.* xii. 24.7。

到跟地位最低下的公民一样的法律监督。[1]

215　　　查士丁尼帝国的统治是罗马式的，它使用的官方语言是拉丁语。东方的风俗习惯、时代变迁和专制权力确实会给古老的统治方式带来一些变化，但将帝国的行政统治视为希腊式的观点肯定是错误的。希腊语成为同希腊人打成一片的东罗马教会及帝国宫廷的日常用语，这一偶然事实足以营造出一种印象：似乎东罗马帝国在吸纳希腊性的过程中丧失了某些属于罗马的荣耀。东罗马帝国的敌人经常指责它是一个希腊帝国，那足以证明这一责难在世人看来极具侮辱性质。由于帝国的行政体系完全是罗马的，查士丁尼下令整理的法律——《法典》《学说汇纂》和《法学阶梯》(*the Institutions*)——都是用拉丁文出版的，尽管许多后续敕令（《新律》）是用希腊文出版的。拉丁文成为帝国的法律语言，希腊文则成为教会和民众的语言，这一事实再好不过地说明，东罗马帝国的政权带有强烈的人为建构性和反民族性。拉丁文继续在政府事务、公共仪式中出现，保留着罗马人古老声望、罗马帝国尊严的荣誉感。崇古传统对世人头脑的影响是如此根深蒂固，以至于像查士丁尼这样一位公认的改革者也无法突破完全不合理性的惯例——用大部分使用者无法理解的语言颁布法律。

---

[1] 罗马法体系中通常会有一项条款，声称全体公民在法律面前一律平等。但接下来的其他条款则会允许皇帝设立特别裁判官，根据一套被称为"行政法"的特权、豁免权体系裁决政府官员的行为。而在真正自由的地方，从治安官吏到财务官吏的全体行政管理人员都必须对治下的公民负责。这是英国自由的真正基础，也是使得英国法律有别于欧洲大陆各民族法律，还有作为它们前身的罗马法的重要原则。

查士丁尼的法律和立法只能浮光掠影地反映希腊民众的生活状态。它们完全来自罗马，关注罗马的社会状况，聚焦罗马的惯例与制度。查士丁尼强烈要求保证它们的纯粹性，并采取了两条举措来防止它们遭到篡改：书吏们不得删减原文；评注家必须遵循法律的字面意思。除君士坦丁堡、罗马和贝吕图斯外的所有法律学校都遭到取缔，该规定显然是为了防止罗马法落到希腊教师们手中后变质，掺杂进各希腊行省的习惯法。[1] 这一限令和皇帝对它的高度重视表明，罗马法此时已成为东罗马帝国境内的行为法则。查士丁尼竭尽全力确保罗马法官们拥有最完善、最纯粹的法令文本和执法流程。但只有少数学生能够进入官方许可的法律学校学习，在该法令颁布之际，其中之一（罗马的法律学校）还掌握在哥特人手中。因此，查士丁尼的立法举措颁布之后，世人对于罗马法的认识反而急剧退步，这并不令人意外。

查士丁尼的法律很快被翻译成了希腊文，皇帝并未要求这种翻译必须逐字逐句。不久之后，带有解释性质的希腊文注疏也得以出版。出于现实的需要，查士丁尼后来颁布的《新律》直接用希腊文出版。但显而易见的是，在查士丁尼谋臣们一丝不苟的努力下，希腊法律和习俗的残余元素很快被整合到了具备更高权威的罗马立法体系之下。那个时代法官与地方官吏的办案方式有了若干调整。我

[1] *Const. ad Antecessores.* and *De Confirm. Digestorum*; *Cod. Justin.* i. 17.3. Joan. Malalas, vol. ii. p. 63, edit. Ven. 声称，查士丁尼将法律的抄本同时送往雅典和贝吕图斯。

们必须承认，普罗柯比乌斯的记载可以被视为查士丁尼兜售司法官职的有力证据，但这一指责的含糊使得我们无从断定，对之前体系的调整是在何种名义之下完成的。我们或许无法确认，在查士丁尼改革了财政、攫取了很大一部分地方收入后，希腊地方官吏在司法和治安中还保留着多少权威。意大利境内的希腊市政当局表明，他们在整个罗马帝国境内还是光明正大地存在着的。

帝国内政对希腊民族的影响

查士丁尼的宗教不宽容政策和财政方面的巧取豪夺加剧了各行省对皇帝权力的刻骨仇恨[1]；他的继任者很快就尝到了上述政策酿成的苦果。早在他的统治开始之际，民众的态度已流露出若干危险苗头。爆发于竞技场内党派之争的著名尼卡起义之所以重要，正是因为民众对皇帝财政措施的不满。这场暴动在帝国编年史中臭名昭著，因为叛乱者纵火毁掉了许多公共建筑和古代艺术品。直到查士丁尼意识到自己的宝座已危如累卵、下令大开杀戒，贝利撒留才费尽九牛二虎之力镇压了起义。这次危机一直令查士丁尼心有余悸。他在统治期间不止一次意识到，民众起义可以限制专制权力。后来的一次暴动曾迫使他放弃效仿专制君主的念头，不再推行使货币贬

---

[1] Evagrius, iv. 29; Procopius, *Hist. Arc.* c. 11.

值的财政改革措施。[1]

我们手头只有很少的材料描述过查士丁尼治下希腊民众的生活状态。希腊诸行省和城市同中央政权的关系始终存在着严重的问题。随着时间推移，这种状态经历了缓慢调整，但始终没有碰上整体改革，直到卡拉卡拉的敕令将罗马公民的权利与特权授予全体希腊人。这道敕令让全体希腊人成为罗马人，势必对自由城市、自治城市的制度产生了重大影响。但相关史料无法帮助我们确定，它究竟对希腊居民产生了哪些具体影响。查士丁尼开启了另一项重大调整，没收了地方上的财政收入。但在从罗马共和国灭亡到希腊城市的自治权丧失的六百年间，罗马行政体系的典型特征始终如一，即财政上的贪得无厌，这导致帝国人口逐渐减少，为后来的异族征服创造了条件。

罗马政府的体制下有大量廷臣和皇室成员，许多行政官吏、财务官员和法官，强大的陆军和海军，严密的教会组织。大量贵族获得了特权，其中一些人被任命为管理公共事务的地方官吏，另一些人曾在人生的某一阶段从政。这种贵族的头衔带有官方性质，地位由政府决定，通过利益纽带同皇帝联系在一起。他们可以免交某些税款，享受使自己有别于民众的特权。这一群体人数众多，看上去更像是一个独特民族，而不仅仅是一个特权阶层。他们散居在查士丁尼帝国的所有行省中，从大西洋直至幼发拉底河畔，构成了那个

218

---

[1]　Malalas, *Ch*. vol. ii. p. 80, edit. Ven.

时代罗马世界文明社会的真正核心。即便罗马的势力在西地中海和东地中海都已成为过眼云烟之后，我们还是能够找到证明该阶层影响力的许多明显痕迹。[1]

219　　行省居民尤其是土地所有者和耕种者，同罗马霸权的代表们截然不同，几乎处于与政府直接对立的位置。罗马的桎梏沉重地压迫着所有行省。一般情况下，他们不得从军。[2] 贫困使得他们轻视农艺、科学和文学，他们时刻关注着帝国财库与日俱增的贪欲，琢磨着如何才能摆脱自己似乎根本无力承担的沉重压迫。土地税和人头税乃是这种压迫的根源。或许没有哪个税种所奉行的基本原则比它们的更为公平合理，但也没有哪个税种会在如此长的时期内不折不扣地征课着民众。这些税种的严酷性是慢慢体现出来的，它们每年对民众积蓄的侵蚀不算厉害，帝国之前积累起来的资本足够消耗数百年之久，但臣民的财富最终还是被国库搜刮殆尽。自由人被迫为了纳税而出卖自己。为了避税，人们将果园里的作物连根铲除，将建筑拆毁了事。

　　征收土地税和人头税的方式一丝不苟：税吏们要评估地产的价

---

[1] *Notitia Dignitatum*, edit. Boecking; Lydus, *De Magist. Reipub. Rom.* ii. 13; *C. T.* vi. 5; *C. J.* xii. 8. "以便保护高贵等级"（Ut dignitatum ordo servetur）。查士丁尼准许阿非利加行省总督拥有三百九十六名下属官吏和随从，他的每名副手可以拥有五十名随员，见 *Cod. Justin.* i. 27.3。阿卡狄乌斯禁止东方区区长（东方大区长的下属）的随员人数超过六百，见 *Cod. Justin.* xii. 57。参照 Lactantius, *De Mort. Pers.* c. 7; Manso, *Leben Constantius*, p. 139。

[2] 希腊的地方武装一直保留到查士丁尼时代，见 Procopius, *Hist. Arc.* c. 26；本书第 209 页。

值，以便制订课税标准；他们还以毫无人性的智慧榨干了土地产出的最后一点利润。地产登记每十五年才会公开修订一次，但税额则是根据帝国的指令每年调整的。整个帝国被分为不同的国土区域（capita）。[1] 各个区域的土地所有者被组织起来，其中最富裕的成员担任永久性的官职，负责本团体的税收征缴。城市与自由市的议事会和官吏也按照同样的模式承担责任。自帝国初年起，私人财产的充公一直被视为重要的财源。在提比略时代，由于罗马城贵族们的权力、影响和个性刺激了妒忌心极强的暴君，他们最终被扫地出门。尼禄也曾为了充实空虚的国库而打击富人。从那时起，直至查士丁尼时代，首都和行省中最富有的公民不断因为各种冒犯而遭到系统迫害，自己的财产则被充公。苏维托尼乌斯、塔西佗、佐西穆斯和普罗柯比乌斯的记载证明了这场针对私人财富的掠夺有多么广泛与持久。在罗马政府看来，最严重的政治冒犯是未能履行公共职责，而罗马臣民长期以来最重要的职责便是缴足国家要求的税款。公共负担的不断加码最后变得异常严重，每年都有某些行省交不齐税款。于是，不得不没收某个富裕公民的私人财产，直到所有富裕土地所

220

---

[1] 一方面，每块区域需要征收的税额在条件各异的行省中有所不同；另一方面，即便在同一行省中单位区域的应缴税额是固定的，每块区域的尺寸又会因土壤肥沃程度的区别而不同。每块区域相当于现代希腊的"耕作地块"（ζευγάρια）。在可灌溉的肥沃土壤上，一个"耕作地块"有时不超过三十英亩；但在土地贫瘠的阿提卡地区，一个"耕作地块"的面积要超过一百英亩。（译者在翻译本注释相关术语时，曾请教过北京大学历史学系的陈莹雪博士，北京外国语大学欧洲语言文化学院的阚建容博士，中国社会科学院世界历史研究所孙思萌博士和法国里尔大学古代历史、考古与文学研究室石晨叶博士等专家。在此一并向各位表示感谢。——中译者注）

有者倾家荡产，法律成为一纸空文。希腊乡村地区的穷苦、无知居民已经忘记了祖先的文学和艺术。由于他们没有东西可卖，也没有钱财可买，货币停止了流通。

　　尽管高傲不羁的贵族与雍容华美的艺术、文学、哲学作品一去不复返，尽管独立的公民与土地所有者当时孤零零地散居在各行省，已无法对时代风气产生任何直接影响，古代世界的空壳仍能不时展示它的庄严与伟大。世人可以察觉到它的威风和力量正在消逝，预感到重大的变革已迫在眉睫，但革命毕竟还没有到来。希腊世界往昔的光辉照耀着吉凶未卜的未来，而当我们关注查士丁尼的统治时，未来的阴影也会投射到当时——这番光景中的人们则对此浑然不知。

　　古代文明的许多习俗和制度仍在希腊人中间留存着。私人财产虽在日积月累的缓慢侵蚀中不断消散，世人却依旧坚信，公共舆论可以保护它们免遭无法无天的抢夺或不分青红皂白的充公。如果我们将罗马帝国臣民和当时已知世界中其他地区的土地所有者做比较的话，那么情况的确如此。如果说当时的社会中存在着许多罪恶的话，那么其中毕竟也有善的成分。当站在现代社会的立场上去审视那段历史时，我们必须时刻牢记，毁灭了罗马人和希腊人财富、艺术、文学和文明的那些因素已开始消灭人类中最悲惨的罪恶——奴隶制。

　　在查士丁尼时代，希腊民族已失去大部分优势地位。作为这个国家里古代文学的最后避难所，各哲学学园长期受到忽视。在查士丁尼用一纸敕令将其关闭之际，它们原本就已处于消亡的边缘。希腊境内居民的贫困和无知使得人们彻底远离了哲学。各地区的城镇人口已全部皈依基督教。乡村居民中很多是释奴和奴隶的后裔，没有受过任何教育，多神教继续存在于伯罗奔尼撒半岛境内的偏远山区。缘自观念、利益殊隔，罗马帝国民族混杂、缺乏统一国家面貌的分而治之原则，对希腊人、埃及人、叙利亚人和亚美尼亚人都产生了巨大的影响。贫穷的农民、城镇里的手工业者和帝国行政体系的仆从，构成了社会中三个截然不同的等级。无论在城镇还是乡村，为帝国效劳的希腊人和民众之间都出现了一道鸿沟。广大希腊民众自然对罗马的行政体系抱有敌意，但受命于国家和教会上层机构的大量希腊人中和了民众的反抗情绪，并让希腊失去了精神领袖——这些人原本是有可能教育民众团结起来争取民族独立的。

　　我们已经看到，查士丁尼限制了希腊城市的权力，减少了它们的收入。但相关组织依旧存在，尽管其权力和影响已经不复往昔。辉煌的建筑纪念物和精美的艺术品依旧装点着许多希腊城市的广场和卫城。在古代城墙被弃用、无人租赁的建筑化作废墟的地方，人们清空了断壁残垣，建造了新的防御工事、教堂和修道院。查士丁尼不断在帝国各行省兴建这些建筑。由于它们是用周边古代建筑的材料草草堆砌起来的，一方面数量惊人，另一方面又会很快不留痕迹地消失。不过，即便在建筑领域，这一时期的东罗马帝国仍能展示自己的伟大。圣索菲亚大教堂和君士坦丁堡水渠足以证明，查士丁尼时代在建筑成就方面还是要优于此后东欧和西欧的许多时代的。

222

在这一时期，希腊民族仅剩的优势主要体现在内政和治安管理等方面。[1] 公共道路仍旧可以保养到能用的水平，尽管它们在外观上或质量上还无法跟令普罗柯比乌斯赞叹不已的意大利阿庇安大道（the Appian Way）相提并论。[2] 住宅的业主们承担着修缮道路的职责。[3] 人们还在选举城市治安长官（astynomoi）和市场管理人（agoranomoi），但他们的数量只能让人怀念日益萎缩的族群往昔的伟大。邮驿站点和各种交通设施仍经营得井井有条，但它们长期以来一直被用来压迫人民。[4] 罗马帝国始终密切关注着公共道路的治安问题，直至政权灭亡。这些是它保持军事优势和商业盈利的秘诀。

223　　政府清剿乡村盗匪的活动及严厉的相关法律表明，导致帝国收入减少的一丁点儿危险都会引起罗马政府的关注和动作。[5] 其他保障民众商业利益的手段也未被忽视。人们一丝不苟地清洁着港口，像从前一样用灯塔指示入口。[6] 一言以蔽之，当时虽然资源匮乏，但只有政权已无力维系的古代文明遗存遭到了忽视。人们在私人生

------

［1］ 普罗柯比乌斯在《秘史》中指责查士丁尼忽视了对公共水渠的修缮工作。但我们手头并无任何史实材料可以证明，查士丁尼究竟对水利政策和管理做了哪些具体调整。分配克菲苏斯河（the Cephisus）灌溉用水，还有伯里克利时代之前分配供应雅典城的地下水资源的官吏分别叫作"河官"（ποταμάρχης）与"地下水官"（νεροκράτης）。

［2］ De Bello Gotth. i. 14.

［3］ Dig. xliii. 10.11.

［4］ Cod. Theod. viii. tit. 5，"关于公共差旅的规定"（De Cursu Publico）。

［5］ Cod. Justin. i. 55.6，"保护公民人身安全的规定"（De Defensoribus Civitatum）；x. 75，"行省治安的规定"（De Irenarchis）；ix. 47.18，"惩戒的规定"（De Poenis）。

［6］ Pliny, Hist. Nat. xxxvi. 83 表明，奥斯提亚（Ostia）和拉文纳等意大利城镇均引进了希腊的这一发明。

活与公共生活中到处追求着实用与便利。但永垂不朽所要求的牢固、品味和耐久已不再被视为可以实现的目标。人们把废弃神庙的坚固材料打成碎片，用已遭毁坏的圣所或异教徒的多人墓葬中的大理石烧成石灰将之粘合起来，建造成教堂或修道院。这些场所的造价和便利实用，与查士丁尼时代和我们身处的当代对于建筑的要求完全一致。

查士丁尼时代内政的最大弊端是贪赃枉法。诚然，这一罪恶普遍存在于一切不受公共舆论影响、建立在官僚主义之上的行政体系之中。这是因为，一旦官吏数量庞大到了上级无法直接监督下属道德品行的程度，官场上很快就会形成一种惯例：官吏们只要没有特别严重的玩忽职守行为，就可以一直保有自己的铁饭碗。而且，查士丁尼通过公开卖官鬻爵的做法，助长了下属们的腐败行为。皇帝本人的立法措施也足以证明，普罗柯比乌斯的激烈抗议是不无道理的。[1] 尽管廉耻之心使得皇帝本人还不至于出卖官职的任命权，他却并不介意皇后塞奥多拉收受明码标价的赃款。[2] 这一做法为帝国权臣和行省总督的滥用权力打开了方便之门，并在很大程度上造成了查士丁二世的不幸。它削弱了罗马政权在偏远行省的影响，抵消了查士丁尼的法律汇纂带给帝国的好处。只要关注这个时代记下的各种不幸的历史，我们就能找到关于希腊民族衰落状况的明确证据。

224

---

[1]　Procopius, *Hist. Arc.* c. 14, 21; *Cod. Justin.* i. 27. 1, 2，"阿非利加行省总督职权的规定"（De Officio Praefecti Praetorio Africae）。*Nov.* 8; *Nov.* 24.

[2]　*Nov.* 30, c. 6.

只有当世人放弃消除疾病、火灾与地震的祸害时，这些不幸才会永久地影响民族的福祉。而在一个不断进步的社会中，无论这些危害有多么严重，它们都只会成为个体的不幸和临时的弊病。它们制造的人口空缺很快会被填补；它们毁掉的建筑会以更为坚固、壮美的形式从废墟中拔地而起。当瘟疫导致某个地区的人口下降持续了几个世代之久，火灾和地震毁掉的城市再也无法恢复从前的规模时，世人便会误以为这些祸害才是民族衰落的首要原因，民众也会赋予它们过于夸张的历史重要性。查士丁尼时代因不断肆虐帝国各行省的可怕瘟疫、消灭了大量人口的饥荒，还有让大量曾经繁荣昌盛、人口众多的城市遭到废弃的地震而留下了众多史料。[1]

自阿拉里克离开后，希腊很少受到外敌攻击。盖萨里克的劫掠侵袭范围不算很广，也难言成功。在这些蛮族入侵之后，地震灾害开始在历史记载中占据醒目位置，并被视为导致希腊贫穷衰落的重要原因之一。诚然，匈人在公元 540 年将其劫掠范围一直推进到了科林斯地峡，但他们似乎并未攻占过什么著名城镇。[2] 托提拉的舰队劫掠过科库拉（Corcyra），还有从尼科波利斯到多杜纳的伊庇鲁斯海岸。然而，这些不幸都是一时的和局部的，不会导致人口、财产无可挽回的损失。事实很可能是这样的：希腊世界正在走向衰落，

225

---

[1] Cibbon, ch. xliii 记述了多次地震和一场大瘟疫。见 notes 58, 60, 83, and 95。Procopius, *Gotth.* ii. c. 17 描绘了意大利饥馑的可怕场景，并声称死了上百万人的阿非利加行省也没有意大利损失惨重，见 *Hist. Arc.* c. 18。

[2] Procopius, *Pers.* ii. 4.

但民众赖以谋生的手段还很充足，他们没有正确、清晰地认识到政府消耗了基本生活物资，导致了人口减少。在这样的情况下，伴随着异常现象的强烈地震造成了衰落社会状态下难以修复的伤害，给世人留下了深刻印象。科林斯仍是一座人口众多的城市，但帕特雷、诺帕克图斯（Naupactus）、喀罗尼亚和科罗尼亚（Coronea）都已成为废墟。当时有希腊人曾为庆祝公共节日举行过一次盛大集会，结果所有参与者都在节庆期间被吞噬了。马利克湾（the Malic Gulf）的水位突然下降，使得温泉关沿岸变得干涸，但水位又突然急剧上升，冲进了斯佩凯乌斯谷地（the valley of the Spercheius），卷走了那里的居民。在那样一个蒙昧、迷信的时代里，人类的前途似乎黯淡无光，皇帝消除了祖先宗教——它让海洋和陆地遍布着守护神祇——的最后遗迹。这些悲惨事件必然导致世人的警觉，自然会被视为超自然力量，印证着世间的绝望情绪。那让许多人想象，这个世界的末日已经迫在眉睫。不少多神教徒跟普罗柯比乌斯一样确信，查士丁尼便是那个注定要制造人类灾难的魔鬼，那并不是什么美妙的事情。[1]

查士丁尼的廷臣们似乎并不了解阿凯亚行省境内希腊人的状况，就像巴伐利亚的主人和给予保护的列强不理解新建立的希腊王国一样。在万里晴空下熠熠闪光的古代纪念物和崭新的晚近建筑为希腊城市塑造的辉煌面貌，使得君士坦丁堡的居民和其他访问希腊的外

---

[1]　Procopius, *Hist. Arc.* c. 18.

226　来者认为，这种随处可见的高雅、精美景致乃是地方上不断投入财力的结果。君士坦丁和狄奥多西在首都兴修的建筑或许已在烟熏尘染之下变得肮脏不堪，因而世人会想当然地认为，伯里克利和伊帕密侬达的建筑只是凭借着可观的支出才得以长期保持光鲜。作为宜居场所、求学圣地和富人退隐的地方，雅典城的名满天下、它仍旧享有的特权、它经常接待的圈子使得首都居民倾向于高估希腊的富足程度。查士丁尼时代的人们在评价希腊人时，过高估计了他们同古代自由城邦居民的联系。与此相反，现在的我们却过分武断地将他们等同于伯罗奔尼撒半岛遍布斯拉夫和阿尔巴尼亚殖民地后的那些粗鲁居民。倘若普罗柯比乌斯准确判断了乡村人口的状况，想到了农民们抛弃土地去从事陌生职业会万分困难，还有在缺乏剩余产品买主的情况下无法在乡村赚到钱，那么他是不会将吝啬视为希腊人的民族特征的。[1] 当时影响罗马治下操希腊语的首都居民的那种精神已与真正希腊世界居民的精神迥异。随着帝国实力每况愈下，这种情感隔阂日益突显。中央政权很快就不再特别关注希腊了——它总会按部就班地纳税，因为它痛恨罗马人的程度毕竟不及它畏惧蛮族的程度。因此，在这以后，希腊居民们几乎从帝国史学家的视

---

[1] *De Aedificiis*, iv. 2：由于吝啬（ταύτῃ τε τῇ σμικρολογίᾳ）。普罗柯比乌斯的史学著作是写给知识精英看的，《秘史》则是写给民众的。也许《秘史》等许多在帝国下层流传的作品是专门写给希腊读者的。参见《秘史》第二十四节中的文字："他称呼一些人为'希腊佬'，仿佛来自希腊地区的人物中就不会有正直之士一样（Ἐπικαλοῦντες τοῖς μὲν ὡς Γραικοὶ εἶεν, ὥσπερ οὐκ ἐξὸν τῶν ἀπὸ τῆς Ἑλλάδος τὸ παράπαν τινὶ γενναίῳ γενέσθαι）。"这段文字同上面引述的《建筑》文本形成强烈反差，表明作者不愿指责希腊人。

野中消失了。君士坦丁堡、小亚细亚、叙利亚和亚历山大里亚成分混杂、来源各异的居民，在文学作品中被视为真正的希腊民族。这一错误使得我们无法继续研究希腊民族的历史，只能代之以宫廷的编年史和政府的公文记录。

227

查士丁尼的征服事业对希腊居民的影响，他对阿非利加汪达尔王国的征服带来的变化

查士丁尼之前的几任皇帝致力于改善帝国内政。帝国臣民中最重要的操希腊语的人口最大程度地享受了这些改革的成果。显然，希腊人看似很快就要在东罗马帝国境内占据优势，结果查士丁尼迫使他们退回到了之前的附属地位。因为他将帝国治理的重点放到了军队和法律之上，而希腊人在很大程度上是被排除在这两个政府部门之外的。不过，查士丁尼的征服也将商业拓展到了西地中海，从而改善了希腊商人和手工业者的处境。随着罗马帝国的行政体系开始在各行省解体，得到拓展的商业起到了支撑君士坦丁堡中央政权的作用。除西西里和意大利南部之外，查士丁尼在西地中海的征服区域都是拉丁人的地盘。那里的居民虽然拥护君士坦丁堡皇帝，视之为正统教会的政治首领，却早已站到了希腊民族的对立面。

当哥特人、苏维汇人（Sueves）和汪达尔人在西班牙、阿非利加和意大利定居下来，以土地所有者的身份遍布于这些地区后，被

征服的广大民众便清清楚楚地看到了蛮族人数稀少。在以公民身
份开展个人交往时，蛮族失去了他们武装联合时的优势。尽管罗马
228　人交了一部分地产给征服者，并遭受着种种压迫，他们仍然是中产
阶层的主体。大部分地产的管理权、本地商业和市政、司法的组织
都集中在他们手里。除此之外，他们的宗教信仰也有别于征服者。
西罗马帝国的北方侵略者是阿里乌斯派教徒，罗马帝国的居民则信
仰正统教派。这种宗教情感是如此强烈，以至于法兰克人的天主教
国王克洛维（Clovis）经常能在对哥特国王的战争中，获得阿里乌
斯派哥特人治下正统教派臣民的支援。[1] 然而，一旦查士丁尼证明
东罗马帝国已经恢复了古罗马的一部分活力，西班牙、高卢、阿非
利加和意大利的所有罗马臣民都会将目光投向帝国宫廷。毋庸置疑
的是，查士丁尼政府同全欧洲的罗马民众和正统教派教士保持着密
切联系，他们为皇帝的军事行动提供了大量支持。

　　查士丁尼是在帝国同波斯激战之际登基的。但他足够幸运，得
以同在自己统治的第四年登上波斯宝座的侯斯罗斯大帝缔结和约。在
东方，皇帝查士丁尼永远无法指望完成任何永久性的征服，而在西
方，相当一部分居民已准备好要箪食壶浆迎接他的部队。一旦查士丁
尼取得了胜利，他们便会成为顺从的或许还是忠心耿耿的臣民。出于
策略和宗教两方面的考虑，查士丁尼首先选择拿阿非利加境内的侵略
者开刀。跟哥特人、勃艮第人和法兰克人对西罗马帝国其他广袤行省

---

[1]　Gregory of Tours, *Hist. Franc*. l. ii. c. 37.

的征服一样，汪达尔人对阿非利加北海岸的征服也是通过一系列战役逐步完成的，因为最初跟着盖萨里克进入那一地区的汪达尔人数量有限，不足以征服并守卫整个行省。于公元 428 年退出西班牙的汪达尔人只能武装八万士兵。公元 431 年，盖萨里克在打败卜尼法斯后夺取了希波，但他直到公元 439 年才占领了迦太基，而征服所有阿非利加海岸、直抵昔兰尼加希腊人定居点边境的进程迟至瓦伦提尼安三世去世、罗马城于公元 455 年陷落之后方才完成。汪达尔人是偏执的阿里乌斯派教徒，其政权十分残暴。他们将阿非利加境内的罗马居民视为政治上的敌人，并将之作为宗教上的竞争对手加以迫害。西班牙的西哥特人霸占了被征服土地中的三分之二，意大利的东哥特人则满足于仅占领三分之一，他们都认可了罗马人作为公民和基督徒所拥有的社会生活权利。汪达尔人则采取了截然不同的政策。他们赶走了罗马的领主，夺取了所有富庶的土地。盖萨里克把大片领地留给了自己和儿子们。他把阿非利加境内人口密集、相对富裕的地区分给了汪达尔战士，免除他们的税款，以换取他们为自己服兵役。他分配了八万块土地，这些领地遍布在高级军官的大地产周围。只有相对贫穷的土地所有者才被准许保留自己在阿非利加偏远地区的贫瘠地产。即便如此，众多的罗马人仍令汪达尔人感到畏惧。他们拆毁了该行省各城镇的城墙，这样当地居民在想要起义时便无险可守。这些举措确实削弱了罗马人的力量，但他们对汪达尔政权的痛恨也与日俱增。当格利默尔于公元 531 年登上王位时，特里波利斯（Tripolis）的民众发动了叛乱，并请求查士丁尼增援。

　　查士丁尼无法忘记阿非利加在被盖萨里克征服之际的富庶，忘不了它为罗马城提供的配给谷物，还有它从前缴纳的巨额贡赋。他几乎无法想象，汪达尔诸王的统治会在一个世纪的光景里导致了那里的人口减少，消耗了那里的大部分财富。野蛮战士对文明居民的征服，总是伴随着以制造高品位消费品为生的大量阶层的衰落，即便还不到彻底灭绝的程度。最初的征服者鄙视被征服者的生活方式，不会马上接受他们的昂贵衣饰——那自然会被视为柔弱胆怯的象征，也不会以之前的高雅品味欣赏后者的居住方式。被征服者被剥夺了维持这些奢侈生活方式的财富，相应的需求减少，这必将导致众多手工业者阶层和相当一部分劳动人口消失。成千上万的工匠、商人和劳动者要么迁往他处，要么就只能饿死。维持从前生活方式的巨大商业资本会以令人惊异的速度飞快消亡。但征服者将长期生活在自己认为的富足与奢侈之中。被征服地区长期积累的财富在许多年里足够满足他们的一切欲望。当贫困的苗头显露之际，所有财富基本都已消耗殆尽，相应的再生产能力也已大不如前。汪达尔人在阿非利加的统治再清楚不过地反映了这些事实。从西班牙外迁的汪达尔各家族中适合服役的男性只有八万人。当盖萨里克征服迦太基后，他的全部兵力只有五万人。但就是这一小股人在一个世纪内吸干了阿非利加的全部财富，并从一支铁军变成了住在迦太基周围豪华庄园里的奢靡贵族。[1] 为了深刻理解汪达尔人对其征服地区的影响，我们必须看到，他们建立的压迫政权已

---

[1] Procopius, *Vand*. i. c. 5.

经导致了罗马行省的处境恶化与人口减少，土著摩尔人又重新占领了罗马的手工业和资本曾将他们挤出的地区。摩尔人的文明水平比罗马社会的底层还低。被压迫的农民无力修复遭到破坏的建筑与田地，但摩尔人可以在不宜居住的地区继续生存下去。因此，从汪达尔入侵的时代起，我们看到摩尔人不断侵蚀着拉丁殖民者的地盘，逐渐拓展了居住空间，增加了自身的数目与势力。

在面对贝利撒留的攻击时，汪达尔人已成了世上最奢侈的民族之一。但他们还保留着军人的特质，因而拥有令人羡慕的武装，能够将全部适龄男性投入战场。他们的装备十分精良，但缺乏军纪和军事学使得他们的部队缺乏效率。他们不久前还经历过一次政变。盖萨里克之孙、罗马皇帝瓦伦提尼安三世之女优多奇娅之子、汪达尔王国的第五任国王希尔德里克（Hilderic）表现出了一些保护正统教派罗马臣民的倾向。[1]他的举动及其罗马血统引起了阿里乌斯派汪达尔同胞的猜疑，却不足以争取到正统教派臣民的支持，毕竟他是他们痛恨的族群的君主。盖萨里克的曾孙格利默尔利用普遍的不满情绪将他赶下了王座，但这场政变也激起了一部分人的反抗。特里波利斯的罗马行省居民想要借机挣脱汪达尔人的桎梏，决定向查士丁尼求援；作为汪达尔王国的附庸，在撒丁岛领兵的一名哥特军官也背叛了那名篡位者。

格利默尔的篡位让查士丁尼有了入侵汪达尔王国的堂而皇之的

231

---

[1]　汪达尔王国的君主世系如下：入侵阿非利加（公元 428 年）；盖萨里克登基（公元 429 年）；胡内里克（Hunneric）登基（公元 477 年）；古达蒙德（Gundamund）登基（公元 484 年）；托里斯蒙德（Thorismund）登基（公元 496 年）；希尔德里克登基（公元 523 年）；格利默尔篡位（公元 531 年）。

借口。在波斯战争中脱颖而出的贝利撒留奉命领导这次大规模的远征——尽管它远远比不上利奥一世讨伐盖萨里克的那次远征。[1] 五百条运输船搭载着一万步兵和五千骑兵，由九十二条战舰护送。这些部队是纪律严明的老兵，骑兵也由为帝国效劳的精兵强将组成。在经历了漫长航程并在迈索尼（Methone）和西西里耽搁一段时间后，他们终于抵达了阿非利加。汪达尔人早在盖萨里克时代便是人人喊打的海盗和从事商业的希腊民族的公敌。但他们当时富裕到了忘记危险的程度，并对罗马军队的进犯一无所知，直到获悉贝利撒留正在向迦太基进军时才如梦方醒。他们人数众多，无疑十分骁勇；但他们已疏于操练、军纪废弛，在战场上的表现不堪一击。区区两场骑兵会战——即便在其中较激烈的一次里，汪达尔一方也不过折损了八百人——便决定了阿非利加的命运，让贝利撒留征服了汪达尔王国。格利默尔的兄弟们在战场上英勇牺牲，他本人的举止却让后人有理由质疑他的英勇。此人逃到了聚居于山区的摩尔人中间，但残酷战事的磨难和围困处境的拮据很快浇灭了他对荣誉、独立的向往。他选择了屈膝投降，贝利撒留下令将他押往君士坦丁堡，让他出现在凯旋庆典之上。一位攻城略地的将领、一名身陷囹圄的国王和一场罗马式的凯旋自然会引后人生出无限浪漫幻想。但那个时代其实由轰轰烈烈的大事件和平庸务实的凡人构成。查士丁尼赐予格利默尔伽拉提亚的大块地产，准许他和亲属在那里隐居。查士丁

---

[1]　见本书第 178 页。

尼还授予他贵族头衔和元老身份。但格利默尔固守阿里乌斯派信仰，认为保全自己名节的最好办法还是不要位列一批充满奴性的元老之中。他拒绝加入正统派教会，谢绝了赐给自己的荣誉。[1]

　　汪达尔人跟他们的国王一样缺乏爱国精神和刚毅品格。有些人在战争中被杀，剩下的人或加入了罗马军队，或逃到了摩尔人中间。行省居民获准收回了汪达尔人侵略时从他们手中抢走的土地。信奉阿里乌斯派异端者的财产遭到充公，这些威风凛凛的征服者在很短的时间内便被彻底扫地出门。一代人的光景已足够让他们的妻子儿女融合进行省居民的汪洋大海，很快他们的姓氏被彻底遗忘。在民族史的记录中，像阿非利加的汪达尔人这样迅速、彻底地消失的例子十分罕见。在被贝利撒留征服后，他们便从世间消失得无影无踪，就像西庇阿攻占迦太基后的迦太基人那样。他们的第一位国王盖萨里克曾经威风八面，率领区区五万将士劫掠了罗马和希腊。他的继任者在一百零七年内贵为阿非利加的绝对主宰，但麾下部队的规模好像并未扩大。汪达尔人在突然之间获得了巨大的财富，但他们的数量似乎从未显著增加，维持着自己的寡头统治者地位。[2]

　　贝利撒留很快牢固确立了东罗马帝国的权威在迦太基一带的影

[1] Procopius, *Vand.* ii. c. 9.

[2] 汪达尔人在西班牙的统治留下了不可磨灭的记忆，"安达卢西亚"（Andalusia）这个名称便来自"文德里奇亚"（Vindelicia）。[并非来自"文德里奇亚"，而是"汪达卢西亚"（Vandalusia）。Gibon, c. li. *note* 166 认为这一词源解释最为靠谱，但"安达卢西亚"这一名称也有可能来自阿拉伯语中的"汉达卢西亚"（Handalusia），意即"夜晚或西方之地"。——编者注]

响，因而能够腾出手来往四面八方调兵遣将，保护并拓展其征服成果。他对西侧海岸的征服一直推进到了直布罗陀海峡。他在塞普图姆（Septum）建造了要塞，并在特里波利斯驻军，以便保护这个广阔行省的东部免遭摩尔人侵扰。撒丁岛、科西嘉岛、马略卡岛（Majorca）、米诺卡岛（Minorca）和伊维卡岛（Iviça）都被并入了帝国版图，贝利撒留要做的只是派出军官去接管这些岛屿，并运输士兵前去设立要塞。同希腊人的商业联系和罗马人的市政管理模式仍能对这些岛屿上的居民产生巨大的影响。

查士丁尼决心一丝不苟地按照汪达尔人征服之前的模式重建罗马帝国的管理。然而，鉴于从前的土地税、人头税与官方地产评估结果的档案材料已荡然无存，他从君士坦丁堡派遣了官吏去重定税收标准。这些官员在摊派税额时使用的仍是尽可能多地压榨土地剩余产品的老办法。然而，在行省居民眼中，帝国在财政上的巧取豪夺总归比汪达尔人的暴政更易忍受，因此他们在很长一段时期里真心拥护着罗马的统治。不幸的是，蛮族雇佣兵（他们是阿非利加境内查士丁尼军队中的精锐）的叛乱、被镇压的阿里乌斯派教徒的孤注一掷、汪达尔妇女们的诱惑和摩尔诸部落的进犯侵扰加重了税收负担，加速了这个一度欣欣向荣的行省的衰落进程。由于罗马臣民不得拥有武器或建立地方武装，哪怕是为了保护自身财产免遭毗邻蛮族劫掠，阿非利加行省居民放弃了对独立的渴望，只能在经验丰富（尽管军纪败坏）的帝国军队帮助下守卫自己的财产。宗教迫害、财政压迫、无薪士卒的暴乱和蛮族部落的入侵虽未导致当地居民的大规模起义，却毁掉了他们的财富，减少了他们的人口。普罗柯比乌斯记录了他的时代里阿非利加行省衰落的开端。此后，由于帝国政府日趋虚弱、混乱和腐败，它对行省居民生计和福祉的压榨变得更为沉重，野蛮的摩尔人得以不断蚕食罗马文明的地盘。[1]

我们有理由拿贝利撒留的荣誉同被人遗忘的贵族约翰的功业进行对比，后者也是查士丁尼麾下最有才干的将领之一。这位经验丰富的大将在阿非利加陷入动乱之际接过了行省的军事指挥权。当地居民暴露在危险的摩尔人联盟的威胁之下，东罗马帝国的军队则陷入了物资匮乏，他们的首领得想办法从其他行省调运必需的补给品。[2]尽管约翰打败了摩尔人，重现了行省的繁荣局面，他的名字却几乎被人忘记了。那是因为他的行动与才华仅服务于拜占庭帝国的利益，令东罗马帝国的阿非利加行省得以苟延残喘，但对于现代人研究的欧洲民族历史没有产生任何影响。近年来发现的科瑞普斯（最后的、最蹩脚的一位罗马诗人）诗篇才让世人重新得知了这些事件。

235

贝利撒留轻松征服意大利的东哥特王国的原因

东哥特王国的统治虽然是由狄奥多里克凭借伟大的智慧在公正

[1]．Procopius, *De Bello Vand.* ii. 14–28; *Hist. Arc.* 18; Corippus, *Johann.*
[2]　Corippus, *Johann.* v. 384.

原则之上建立起来的，它也像汪达尔王国一样，很快陷入了无序状态。但哥特人更为文明开化，更认可保护罗马臣民财产的法律效力。就个体而言，他们不至于因为拥有财富便走向极端腐败。东哥特人对意大利的征服并未导致当地状况的任何巨变。长期以来，罗马人已经习惯了为皇帝效劳的雇佣兵首领的存在——他们名义上保护着自己，实际上进行着统治。即便在皇帝的统治下，他们也已经有很长时间完全不服兵役了。他们在哥特国王们治下的生活与之前并没有什么区别。尽管蛮族征服剥夺了自己三分之一的地产，他们却可以在比原先更有力、更稳定的治理模式下利用剩下三分之二的土地。他们还保留了自己的所有动产。鉴于罗马臣民摆脱了沉重的军饷负担，他们的收入也许并未显著下降，社会地位也没有发生多大变化。[1] 出于统治策略的考虑，狄奥多里克对待意大利居民的态度十分温和。为了长期维持征服成果，他需要一笔可观的收入，而只有意大利臣民的勤勉和文明才能为他提供这笔收入。理智告诉他，更

236

---

[1]　奥多亚克（Odoacer）和狄奥多里克将意大利境内三分之一的罗马帝国地产分配给了自己的部下。见 Procopius, *De Bello Gotth.* i. c. 1. 关于对意大利境内东哥特政权的记载，参见 Sartorius, *Essai sur l'état, civil et politique, des Peuples d'Italie sous le gouvernement des Goths*, Paris, 1811; Manso, *Geschichte des Ost-Gothischen Reichs in Italien*, Breslau, 1824. 值得注意的是，当蛮族在意大利境内定居下来时，他们沿袭了古罗马分配被征服土地三分之一的惯例。对于一个在国土管理方式上大量借鉴了罗马法的民族而言，这种同古时罗马殖民地相似的做法不可能仅仅出自巧合。哥特人自诩为手无寸铁的纳税者的军事保护者。凭借这种身份还有征服者的身份，他们可以依据罗马法享有奥古斯都赐予老兵殖民地的所有特权。罗马人到头来也承受了他们从前施加给他人的伤害。尽管罗马人在哥特军队中服役的例子十分罕见，但确实存在于萨尔托里乌斯（Sartorius）作品第两百四十八页援引的文献中。

聪明的办法是向罗马人课税，而非劫掠他们。为了确保稳定的税收，统治者必须允许他们保留捍卫自身文明的法律与特权。怪异的是，罗马行省征服者建立的面积最广、名气最大的国家——狄奥多里克帝国——却是延续时间最短的。狄奥多里克的公正和盖萨里克的野蛮都难以维持长久的统治。罗马人的文明比最强大的蛮族王权更为有力，在那种文明降格到与征服者的水准持平之前，罗马人的制度总能压倒蛮族的民族凝聚力。在狄奥多里克治下，意大利仍实行着罗马帝国的治理模式。罗马元老院、其他城市的议事会、古老的法庭、竞技场内的党派、教会里的派系，甚至帝国虚职所享有的头衔和年金都原封不动地保留了下来。角斗士继续在罗马大竞技场（the Coliseum）里同野兽搏斗。[1]信奉正统教派的罗马人生活在自己的法律之下，拥有自己的教士；信奉阿里乌斯教派的哥特人则享有一样的自由。无论是罗马人还是哥特人，拥有权势和金钱的人都不必担心无法得到公正待遇，而穷人都面临着遭受压迫的危险。[2]

　　狄奥多里克大帝留给自己孙子阿塔拉里克（Athalaric）的王国

[1] Procopius, *Hist. Arc.* c. 24.26. Munso, p. 140 指出，狄奥多里克并不支持竞技场里的表演，只是容忍了这种做法，见 Cassodorus, *Variae*, v. 42。
[2] 狄奥多里克在敕令中宣称："但一切贵族，无论是副帝本人还是他麾下的总督，无论是蛮族还是罗马人，都不会出于其他任何因素而不受本法令的保护"（Quod si forsitan persona potentior, aut ejus procurator, vel vicedominus ipsius, aut certe conductor seu barbari, seu Romani, in aliquo genere causae praesentia non permiserint edicta servari），参见 Sartorius, 284。在狄奥多里克统治的三十年间，意大利乡村居民的生活状况有了巨大改善。大量从前用作牧场的田地重新得到耕种，因为取消配给制和市场最高限价激活了谷物贸易。意大利恢复到了自给自足的粮食生产水平。这一变化导致了自由农阶层的诞生，他们是在哥特战士的地产上耕作的罗马人。

由他的女儿阿玛拉索塔（Amalasonta）监护，其领土范围不仅包括
意大利、西西里和法兰西南部的一部分，还包括达尔马提亚、伊吕
利库姆、潘诺尼亚、诺里库姆和雷提亚的部分领土。在这些广阔的
地区内，哥特人仅占人口的很小一部分，拥有特权的他们受到广大
民众的忌妒。王室家族内部出现了纷争，阿塔拉里克早早夭亡，他
的继任者特奥达图斯（Theodatus）谋杀了阿玛拉索塔。由于她一
直同君士坦丁堡政府保持着联系，这一罪行为查士丁尼提供了干
涉哥特人事务的堂而皇之的借口。为了做好再征服意大利的准备，
他派遣贝利撒留去进攻西西里岛，后者于公元 535 年率领一支由
七千五百人组成的兵力，轻而易举地征服了那个地方。在同一场战
事中，达尔马提亚先是被帝国军队征服，随后被哥特人夺回，但又
被查士丁尼的部队占领。阿非利加行省的军队哗变一度影响了贝利
撒留的进军，迫使他前往迦太基。但他很快又返回了西西里，渡海
抵达雷吉乌姆（Rhegium），径直向那不勒斯进军。在前进途中，他
受到当地居民的欢迎，他们几乎清一色是希腊人。就连驻守意大利
南部的哥特将领也支持那位罗马大将。[1]

---

[1]　埃弗默尔（Evermor）或欧里蒙德（Eurimond）——约纳德斯（Jornandes）在
其《哥特史》和《编年史》中分别用这两个名字称呼同一个人——是国王狄奥多里
克的女婿，但加入了贝利撒留的队伍。哥特人中存在着一个亲罗马派，再征服完成
后，许多哥特人从阿里乌斯派转为了正统派。约纳德斯在自述中说："我，约纳德
斯，在皈依之前是何等的蒙昧无知。"（Ego item, quamvis agrammatus, Jornandes, ante
conversionem meam notarius fui.）但这段文字或许说的是他后来步入了教士生涯。他的
各种作品表现了强烈的亲罗马倾向，见 Jornandes, *De Rebus Geticis*, c. 60。

那不勒斯城进行了英勇抵抗，但在帝国方面围攻三周后，一支军队沿着一条古老水渠进入城内，夺取了那不勒斯。贝利撒留在城陷之后的奉命行事毫无人道可言。当地居民曾支援那里的哥特要塞来保卫城市，此类行为大大增加了贝利撒留在意大利开展战事的难度。为了恐吓其他城市的居民，贝利撒留似乎对劫掠行为坐视不管，听凭许多居民在避难的教堂里遭到屠杀，并对底层贱民谋杀亲哥特派首领的暴乱袖手旁观。贝利撒留随后从那不勒斯向罗马进军。

此时距奥多亚克征服罗马才仅仅过去了六十年的光景。在此期间，罗马城的庞大人口数量、罗马主教在基督教世界中首屈一指的神圣与世俗权威，还有罗马元老院（它在世人眼中仍是最高贵的政治组织）的影响力，使得它保留了一套独立的市政体系。狄奥多里克本人也利用了这套市政体系，消除了管理意大利期间的许多困难。然而，虽然哥特人让罗马人保留了自己的法律与制度，却并未消除他们对异族统治的反感。不过，除了认同帝国统治和宗教正统信仰，罗马人并无明确的民族意识。因此，罗马人从未渴望过独立，仅仅满足于将东罗马帝国皇帝视为他们的合法统治者，贝利撒留进入"永恒之城"时的身份是朋友而非征服者。贝利撒留进入罗马城后，马上就意识到自己必须小心翼翼地保护征服成果，以防新哥特国王维提格斯的反扑。他马上修缮了城墙，用低矮护墙予以加固，收集了大量给养，做好了守城的准备。

哥特战争构成了罗马城市史上的一个重要时代。在短短十六年

238

内，城市的控制权五易其手，并经历了三次艰苦的围城战。[1]罗马
城的居民损失殆尽。由于城防的紧迫需要，城里公共建筑和城墙的
面貌也发生了巨大变化。有人认为现在的罗马城墙就在奥勒里安时
代的位置，这种看法未免有些想当然。当时，许多古代艺术珍品毁
于一旦，令后世震惊——查士丁尼的将领们毫无悔意地摧毁了它们。
我们有理由认为，贝利撒留的征服宣告了罗马城古代历史的终结；
他对维提格斯攻势的抵抗则标志着罗马城中世纪史的开端——那是
一段充斥着毁灭与变局的历史。[2]

　　维提格斯率领着一支军队围攻罗马城。普罗柯比乌斯声称这支
部队有十五万人，但它却不足以将城墙完全包围起来。[3]哥特国王
将自己的部下布置在七个设有防御工事的兵营中。其中六个负责包

239

[1]　相关进程如下：贝利撒留占领罗马城（公元 536 年）；维提格斯围困罗马城（公
元 537 年）；托提拉攻并攻陷罗马城（公元 546 年）；贝利撒留重新夺回罗马城（公
元 547 年）；托提拉再次围困并夺回罗马城（公元 549 年）；纳尔塞斯攻克罗马城（公
元 552 年）。参见 Clinton, *Fasti Romani*。

[2]　霍诺里乌斯改造并修缮了城墙。狄奥多里克也修缮了它们，见 Cassiodorus, *Var. i.*
ep. 25; ii. ep. 34. 贝利撒留看到的城墙已经残破，一些地段是用壕沟联结起来的。总的
来说，在哥特战争期间的历次围城战中，防守的一方需要在可能的情况下尽量压缩空
间。维瓦里乌姆（Vivarium）外城的不堪一击表明，它并不是最初的罗马城墙。托提
拉拆毁了约三分之一的罗马城墙，见 Procop. *Gotth.* iii. 22; Marcell. *Chron.* ap. Sirmond.
ii. 295, Ven. 1728. 贝利撒留肯定在这次拆毁后的修缮中改造了罗马城墙。第欧根尼在
公元 548 年再度保卫罗马城免遭托提拉攻陷时很可能也这样做过。托提拉补建了阿德
里安防波堤附近的城墙，见 Procop. *Gotth.* iii. 36; iv. 33. 纳尔塞斯肯定也效法了他们
的防御手段，修建了大量临时工事，匆忙完成了许多修缮工作，参见 G.A. Becker, *De
Romae veteris Muris atque Portis*, Lips. 1842. 罗马枢机主教格里高利二世着手从圣劳伦
斯门修缮城墙，见 Anastasius, *De Vitis Pont. Roman.* 67, edit. Ven。

[3]　*De Bello Gotth.* i. 14.

围罗马城，第七个把守着米尔维亚桥（the Milvian bridge）。前五个兵营覆盖了从普雷涅斯特门（the Praenestine gate）到弗拉米尼亚门（Flaminian gate）的空间，第六个兵营位于台伯河对岸、梵蒂冈下方的平原处。按照这样的布置，哥特人只能包围罗马城墙的一半，去往那不勒斯和台伯河港口的道路仍可通行。罗马步兵当时是罗马军队的软肋。即便在守城战中，步兵的地位也低于骑兵，罗马军队的优势在于骑兵雇佣军。奇怪的是，普罗柯比乌斯对中世纪战术的记述是用古典希腊文写就的。哥特人完全不懂兵法，他们没有使用军事器械的技巧，也无法在进攻中利用自己的人数优势。攻防战的核心在于城墙下的数次骑兵会战，在这些战斗中，贝利撒留麾下雇佣兵的纪律严明和技术优势通常能够确保他们获胜。罗马骑兵——他们的精锐由匈人、赫鲁尔人和亚美尼亚人构成——主要仰仗弓箭；哥特人依靠的则是长枪和刀剑，但敌方的有效战术使得他们的这些武器很难派上用场。通常情况下，两军中的步兵只能无所事事地充当战斗观众。贝利撒留认为，步兵在战场上是毫无用处的。有一次，在步兵主将的强烈要求下，他不情愿地将步兵投入战斗。但这支三军用命的队伍遭到的惨败进一步使贝利撒留相信，他对骑兵的青睐是正确的。

240

　　尽管贝利撒留采取了谨慎的措施，从新近征服的西西里与阿非利加运来了一批补给品，罗马城还是在围城期间饱受饥馑困扰。哥特军队也不得不忍受同样的苦难，并因疾疫流行而遭到了更严重的减员。要塞同海岸之间的联系一度被切断，但查士丁尼派来支援贝利撒留的五千生力军和充足给养最终进入了罗马城。增援部队抵达后不久，哥特人意识到自己不得不放弃长达一年的围攻。而查士丁尼又再度向意大利增兵，派军事才华不亚于贝利撒留、同样名留史书的宦官纳尔塞斯率领七千人前往战场。出于谨慎，皇帝查士丁尼对帝国所有手握重兵的将领实行严格约束，却准许纳尔塞斯随心所欲地指挥自己的部队。那位将领也摸准了查士丁尼的心思，于是给贝利撒留设置了重重障碍。两位将领的不和延缓了罗马部队的进军。哥特人利用这一机会，精神抖擞地继续战斗。他们成功地夺回了设有帝国要塞的米兰，攻克了这座在财富和人口方面仅次于罗马的城市。他们屠杀了全体男性。据说，心狠手辣的他们足足杀戮了三十万人，那差不多就是当时米兰的总人口。[1]

241

战争状态很快瓦解了本就摇摇欲坠的哥特政权。大规模军事行动转化为一连串围城战和近郊会战，它们造成的破坏给意大利北部带来了一场可怕的饥荒。行省中的大片土地无人耕种，许多勤勉的本地居民饥饿而死，艰苦环境与疾病削弱了哥特人的战斗力量。社会向蛮荒状态后退了一步。当时就在意大利的普罗柯比乌斯记载了一个骇人的故事：两个靠人肉为生的妇女被发现谋害了十七条人命，目的是食用这些人的尸体。[2]这场饥荒加快了罗马军队的推进速度，因为帝国军队的补给品来自东地中海，而意大利本地普遍的物资匮

---

[1] Procopius, *De Bello Gotth*. ii. 21. 公元 539 年。

[2] *De Bello Gotth*. ii. 30.

乏则让他们敌人的行动陷于瘫痪。

维提格斯看到自己手头的资源无法抵挡贝利撒留的征服，便向法兰克人求援，同时向侯斯罗斯遣使，试图激起波斯君主的妒意。提乌德贝特（Theodebert）麾下的法兰克人进入了意大利，但旋即被迫撤出。贝利撒留则在纳尔塞斯被召回后成为全军统帅，迅速结束了战事。哥特人的首都拉文纳遭到了包围，但这场城防战的出名之处在于战斗期间的讨价还价，而非军事行动。在维提格斯的首肯下，哥特人向贝利撒留提出一个古怪的谈判条件：他们准备承认他为西罗马帝国皇帝，但他得跟哥特人合兵一处，并准许他们保留在意大利境内的地位和财产，保有民族特性和独特法律。贝利撒留麾下的雇佣兵和哥特民族其实不太可能说服得了他。显然，贝利撒留假意答应该建议只是为了促使拉文纳尽快投降，并在避免更多流血牺牲的前提下俘虏维提格斯。于是意大利臣服了查士丁尼，波河以北少数保持独立的哥特人则徒劳地敦促贝利撒留称帝。但即便没有这些敦促，他的权力也早已引起了主子的恐惧。于是，他带着荣光从意大利主帅的位子上被召回。贝利撒留返回君士坦丁堡时带着囚徒维提格斯，就像他之前带着格利默尔出现时那样。

贝利撒留一离开意大利，哥特人马上就重新集结了自己的兵力。他们已习惯于统治，并且精于武艺。查士丁尼派遣文职行政官员亚历山大前去治理意大利，希望他的财政措施能让新征服地区为帝国财库提供收入。但新行省总督的财政管理措施很快引起了普遍的不满。他削减了罗马军队的规模，并剥夺了战争状态下士兵们通常享有的好处。与此同时，他取消了构成上层阶级很大一部分收入来源的津贴与特权——即便在哥特人治下，它们也从未被完全废止。在某些情况下，亚历山大在推行这些举措时可能过分严厉。但从这些做法的性质上看，亚历山大肯定是收到了明确指令。查士丁尼觉得贝利撒留治下的支出过分奢侈，要求亚历山大立刻裁减。

在维提格斯投降后，意大利北部的一部分哥特人仍然维持着独立地位。他们将希尔狄巴尔德（Hildibald）扶上了王座。后者统治了一年左右，随后被自己卫队中的一名士兵谋杀。卢吉亚人（Rugians）的部落随后又将他们的领袖埃拉里克（Erarich）扶植为王，但此人仅仅统治了五个月，在开始同罗马人谈判后遭到谋害。此后，托提拉被推选为哥特人的国王。倘若托提拉的对手不是那个罗马帝国的衰落时代所能孕育出的最杰出的人物的话，他本有可能重建意大利境内的哥特王国。[1] 他的胜利赢得了同胞的爱戴，而他的公正统治与查士丁尼政府的巧取豪夺构成了鲜明对比，也赢得了意大利人的尊敬与顺从。当他正准备围攻罗马城时，一度离开拉文纳投入波斯战争的贝利撒留又被派回意大利来收复失地。帝国军队当时缺乏将不同队伍团结成一支兵力的统一纽带和军事组织。各支部队由相互完全独立的军官指挥，只服从于主帅贝利撒留。查士丁

---

[1] 东哥特人的国王世系情况如下：狄奥多里克，公元493—526年；阿塔拉里克，公元526—534年；阿玛拉索塔，特奥达图斯，公元534—536年；维提格斯，公元536—540年；希尔狄巴尔德，公元540—541年；埃拉里克，公元541年；托提拉（钱币上称他为巴杜伊拉），公元541—552年；泰阿斯（Theias），公元552—553年。

尼一如既往抱有忌妒之心，并且比之前更不信任贝利撒留，于是将那位将领的大部分卫队和全部老兵都扣留在君士坦丁堡。因此，当贝利撒留出现在意大利时，他的身边并没有一批军事专家和富于经验与纪律、能够一丝不苟地执行其指令的老兵陪同。由于他的军队成分复杂，任何协同行动都难以实现，而敌人的变化则使他的处境变得更加不利。托提拉此时能够要求他的追随者做出任何牺牲。哥特人从前的不幸遭遇和财富损失让他们明白了团结和纪律的重要性，一丝不苟地执行国王的指令。那位哥特国王对罗马城展开围攻。贝利撒留本人驻扎在台伯河的港口处。但他试图支援被困城市的各种行动均以失败告终。托提拉挫败了他的一切努力，迫使罗马城在贝利撒留的注视中投降。

罗马正统派教徒的民族情感与宗教情感使他们成了阿里乌斯派哥特人的死敌。托提拉很快便意识到，由于需要防御的范围过于广大，并且无法把帝国军队从台伯河口的要塞逐走，他自己是无力在精通军事的敌人和充满敌意的民众面前保卫罗马城的。他同样意识到，如果没有罗马人的支持，东罗马帝国的皇帝也无法在意大利中部立足，而罗马人手工业、商业、贵族和神学的影响力在罗马城居民身上体现得淋漓尽致。因此，他决定摧毁那座"永恒之城"。倘若国王们可以在紧要关头无视任何人权的话，那么这名哥特人的君主或许有权摧毁罗马人的都城。即便是政治家也会设想，倘若托提拉的决定以毫不留情的方式得到执行的话，它或许能够净化意大利社会的道德风气。托提拉一度已经开始拆毁罗马城墙。但或许是因

244

为他的计划难以实现，或许是因为他的高尚志向必须秉持人道精神，他听取了贝利撒留使节的建议，后者要求他放弃野蛮的焦土政策。[1] 然而，托提拉仍然减少了罗马城的人口，他迫使当地居民前往坎佩尼亚避难，并逼迫元老们抛弃了故乡。这次迁徙导致了古老罗马民族和行政体系的彻底消亡。当贝利撒留和后来的托提拉想要重新安置罗马城的人口时，他们奠定了一个全新社会的基础，与之相联的是中世纪史，而非之前时代的历史。

贝利撒留在哥特人离开后进入了罗马城。他发现那里已是一座空城，费尽九牛二虎之力才布置好了城防工作。尽管贝利撒留可以凭借军事技术保卫罗马城，顶住托提拉的攻势，他还是无法在开阔的战场上打败哥特军队。在想为意大利的罗马军队赢得胜利的希望落空后，贝利撒留获准交出指挥权并返回君士坦丁堡。他的师老无功完全是由于自己掌握的资源不足，无法战胜托提拉这样活力充沛、才能过人的君主。他二度治理意大利时的不得民心主要是因为查士丁尼忽视了保障部队的薪饷，非常情势迫使主将向意大利人征课重税。这些情况使得当局无力维持严格军纪、保护民众财产免受无饷士兵劫掠。然而，为了做到不偏不倚，我们也不能隐瞒下述事实：虽然贝利撒留灰头土脸地返回了君士坦丁堡，他却并未忽视自身的经济利益，财产毫无损失。

尽管贝利撒留确实才华过人、决策理智，我们也必须承认，他

---

[1] 在对待古代艺术方面，贝利撒留的品味或许并不比托提拉更为高雅。

在历史上享有的声望是高于自身的功绩的。他的征服碰巧灭掉了两个强大王国，将可怕的盖萨里克、伟大的狄奥多里克的继任者押解到君士坦丁堡。此外，他的功绩又幸运地得到了最后一位希腊历史学家普罗柯比乌斯的古典记述，原本已经十分辉煌的生涯在这一载体的衬托下显得更加光彩夺目。与此同时，关于贝利撒留失明和深陷贫困的轶事赋予了他因帝王忘恩负义而陷入英雄迟暮的悲壮色彩，将对他不幸遭遇的同情拓展到了并不关心真实历史的文化圈子里。贝利撒留虽然拒绝了哥特人和西罗马帝国的王座，却并非轻蔑、忽视财富。倘若不是让军事与行政体系服务于自己的经济利益的话，任何一名身处战火与饥馑中的主将都不可能像他一样积累那么多财富。从意大利返回后，贝利撒留在君士坦丁堡享受着与皇帝一般无二的奢华，并保留着为自己家族效劳的七千骑兵。[1] 在一个财产充公已成为常规财源的帝国里，在忌妒已成为君主谨慎态度不可或缺一环的局面下，贝利撒留的财富自然会激起皇室的贪欲，促使皇帝侵夺其中的很大一部分。那名将领在不幸中的表现，还有普罗柯比乌斯为初次蒙羞而陷入贫困的贝利撒留所描绘的凄惨画像，其实并不能拔高他的人格。日后，他的财富再度因为叛国罪指控而遭到没收。相传他被刺瞎了双眼，陷入了落魄田地，不得不在公共广场上为了面包而乞讨："请给贝利撒留一枚零钱吧！"但古代史家并不知晓这个传说，现代拜占庭史的权威学者一致否定了这个说法的可靠

246

---

[1]　Procopius, *De Bello Gotth*. iii. 1.

性。查士丁尼在冷静思考之后，没有轻信针对一位年轻时本有机会篡位的人物的叛国罪指控；另一种可能则是他宽恕了自己对其汗马功劳有所亏欠的名将贝利撒留的微小过失。于是贝利撒留收回了自己的一部分财产，在享受着财富与荣誉的生活中过世。

当托提拉摆脱了对贝利撒留的恐惧，能够放开手脚行动后，他马上重新征服了罗马城。意大利的沦陷看似已经在所难免，但查士丁尼决心再次收复失地。由于皇帝不得不派出一支大军对付哥特人，并授予其主将极大权力，要不是他幸运地拥有骁勇的宦官纳尔塞斯的话——后者永远不可能指望通过反叛而戴上皇冠，他原本可能找不到比贝利撒留更值得信任的将领。因为忠诚可靠，纳尔塞斯在宫内拥有很大的影响力，并获得了其他将领无法享受到的支持。纳尔塞斯的军事才华十分突出，而且没有什么贪财的坏名声，这进一步提高了他的个人声望。凭借勤勉和开明，他很快集合起了一支强大的军队。一批精锐雇佣兵——匈人、赫鲁尔人、亚美尼亚人和伦巴德人——同罗马老兵们一起聚在他麾下。纳尔塞斯抵达意大利后的首要目标便是迫使哥特人同己方展开一场大规模会战。他认为麾下队伍精良，相信自己能够指挥这支纪律严明的部队。两军在诺克拉（Nocera）附近的塔吉纳（Tagina）对垒，结果纳尔塞斯完胜。[1] 托提拉和六千哥特人阵亡，罗马城再度被纳入查士丁尼帝国的版图。在哥特人的吁请下，奥斯特拉西亚（Austrasia）国王特奥巴尔德派

---

[1]   Gibbon, *Decline and Fall of the Roman Empire*, ch. xliii. *note* 34.

出由法兰克人和日耳曼人组成的部队进军意大利，为哥特人牵制敌方兵力。[1]这支军队的主将布切林（Bucelin）在卡普亚（Capua）附近的乌尔图努斯（Vulturnus）河畔遭遇了纳尔塞斯的兵力。法兰克人的兵力达到了三万人，罗马人一方则不超过一万八千人。但纳尔塞斯仍大获全胜，入侵兵将中逃生者寥寥无几。哥特人又选举出了国王特伊亚斯（Theïas），后者在萨尔诺（Sarno）河畔同部下一道阵亡。他的死亡标志着东哥特王国的终结，使得纳尔塞斯有机会将自己的全部注意力转移到新征服区域的内政治理之上，从而建立了繁荣的保障和严格的司法。纳尔塞斯似乎是一个特别擅长应对各种局势的人。他拥有第一流的军事才华，还掌握了行政与财务管理的各种知识，能够不折不扣地向君士坦丁堡缴纳规定的税款，同时又不致影响意大利经济的缓慢恢复。然而，意大利人认为他的财政举措过于严苛，他在罗马城居民那里是不得人心的。

在西班牙居住着大量罗马人，他们因古老纽带的记忆、现实的商业往来和反对阿里乌斯派西哥特人的强烈正统信仰而依恋东罗马帝国。因此，查士丁尼也可以像在阿非利加和意大利那样利用这些有利条件。他的攻势并不成功，当时的形势也不利于他马上尝试报仇雪恨。[2]不过，该地区的内部纷争很快就让皇帝找到了借口，派出舰队和兵力去支援一名叛将，从而夺取了西班牙南部的大片土

---

[1]　特奥巴尔德的统治时期为公元 548—555 年。

[2]　公元 545 年，见 Procop. *De Bello Gotth*. ii. c. 30。

地。[1] 叛将阿塔纳吉尔德在被选为西哥特人的国王后，徒劳地想把罗马人赶出这些土地。随后的胜利进一步拓展了查士丁尼的征服范围，从塔古斯河、埃波拉河（Ebora）和科尔多瓦河（Corduba）的河口沿着大西洋与地中海沿岸一直推进到瓦伦西亚（Valentia）附近。罗马人同内陆正统教徒的联系一度让他们的兵锋直抵西班牙的心脏地带。[2] 东罗马帝国将这些远方的征服成果保留了约六十年之久。

北方诸民族同罗马帝国和希腊民族的关系

查士丁尼时代的人们目睹了多瑙河畔哥特民族势力的全面衰落，还有匈人和斯拉夫人无法填补的人口真空。随之而来的结果是新的蛮族从东方涌入黑海和卡林西亚阿尔卑斯山之间的地区。哥特贵族的社会组织尚能同古代文明世界的体系兼容，但他们被更为粗野的游牧部落取代了。这一变化的原因在于改变世界各地不同民族地位的同一条重要法则。由于反复遭受蹂躏，多瑙河南岸地区的文明元素被摧毁了。在村庄、农舍和谷仓化作焦土，果树遭到砍伐，

---

[1] 阿吉拉（Agila）于公元549年当选国王，他的遇害和叛徒阿塔纳吉尔德（Athanagild）的当选发生于公元554年。

[2] Aschbach, *Geschichte der Westgothen*, p. 192; Le Beau, *Histoire du Bas-Empire*, ix. 306, Saint-Martin's notes.

园圃被摧毁，耕牛被夺走之后，农业人口只得自甘沉沦到文明社会中的最底层，否则便不可能维持生计。一度统治过从亚速海到亚得里亚海之间所有地区的哥特人本是罗马帝国的入侵者中最为文明开化的民族，但他们也是最先消失的。只有一个名叫泰特拉克希特斯（Tetraxits）的部落继续保留着他们在陶里斯的克尔索尼斯的古老聚居地，一些后裔一直繁衍到了 16 世纪。[1] 与他们血统相近的格皮德人曾打败过匈人，并在阿提拉死后取得了独立。[2] 他们从马西安手中获得了多瑙河畔的一大片土地和一笔年度津贴，这是同帝国联盟、保卫其边疆免遭其他入侵者骚扰的报酬。在查士丁尼时代，格皮德人的领土已缩减到萨维（Save）和德拉维（Drave）之间的一小块区域，但他们同罗马帝国的联盟依旧有效，并继续领取着津贴。

普罗柯比乌斯曾提及，赫鲁尔人同斯堪的纳维亚有着联系。[3]该民族参与了诸哥特部落对罗马帝国最早的入侵。在经历了许多兴衰沉浮后，他们从皇帝阿纳斯塔修斯手中获得了一处安身之所。在查士丁尼时代，他们占据着萨维以南的土地，并控制着辛吉杜努姆（Singidunum, 即贝尔格莱德）。日耳曼部族伦巴德人曾臣服于赫鲁尔人，但后来打败了他们的主人，迫使后者逃至帝国境内避难。查士丁尼又将伦巴德人组织起来去入侵东哥特王国，之后将他们安置在德拉维北边的潘诺尼亚。他们占据着多瑙河与蒂萨河之间的土地，

249

---

[1]　Busbequius, *Epist*. iv. p. 321, edit. Elz. 1669; Gibbon, ch. xl. *note* 126.

[2]　Jornandes, *De Rebus Geticis*, 17.

[3]　Procopius, *De Bello Goth*. ii. 15.

并像邻邦一样从东罗马帝国领取年度津贴。[1] 这些哥特人从未构成过他们领地上的主体居民。他们不过是那些土地的领主，从事的活动只有战争和狩猎。但战争中的胜利和让他们富裕起来的津贴滋长了粗鲁的奢侈风气，那种大手大脚的生活方式日益难以为继。因为他们自身的压迫政策，还有更加野蛮的邻邦的侵扰，周边地区的人口减少了。当他们跟其他北方征服者一样成了这些土地上的贵族之后，便开始陷入脱离大众的特权阶层的必然命运。这些人的奢侈程度与日俱增，数量则在不断减少。与此同时，接二连三的军事战争与土地破坏消灭了手无寸铁的本地居民，最终迫使征服者放弃这些领土，转而去寻找更肥沃的土地。例如，美洲大陆上的印第安人便离开了被他们破坏的土地（野生动物消失殆尽），闯入了新的森林。

在伦巴德人的领土之外，南方和东方的土地上定居着各种斯拉夫人部落。他们占据着亚得里亚海和多瑙河之间的地区，包括匈牙利和瓦拉几亚的一部分，同早已居住于此的达契亚诸部落混杂在一起。[2] 当时，独立的斯拉夫人是一群凶恶的强盗，处于社会文明的底层。他们的劫掠和侵扰很快就使得周边邻人陷入同样的野蛮状态。斯拉夫人的劫掠对象主要是罗马帝国的乡村居民，他们经常会在跋

---

[1] 提到过伦巴德人的文本如 Strabo, lib. vii. c. 1, p. 290; Velleius Paterculus, ii. 106; Tacitus, *De M.G.* c. 40; *Annal.* ii. 45; Procopius, *De Bello Gotth.* iii. 33。

[2] Schafarik, *Slawische Alterhümer*, Leipz. 1843. 关于斯拉夫人的情况，参见 vol. i. pp. 44, 68, 159, 199, 252; 关于达契亚人的情况，参见 pp. 31, 292, ii. 199。 Thunmann, *Untersuchungen über die Geschichte der östlichen Europäischen Völker*, Leipzig, 1774 在引用史料方面始终非常细心。

涉多日后直抵多瑙河南岸。斯拉夫人的残忍令人谈虎色变，但该民族的人数和实力尚不足以令人担心他们会永久地征服东罗马帝国的内部领土。[1]

拥有匈人或突厥血统的保加利亚人占据着从喀尔巴阡山脉到第聂斯特河之间的古代达契亚东部地区。比这些地区更为偏远、直抵塔奈斯河东侧平原的土地仍由匈人统治，后者当时已分裂为两个独立王国：西边的王国名曰库提古尔（Kutigur），东边的王国叫作乌图古尔（Utugur）。匈人已征服了除克尔松城之外的陶里斯的克尔索尼斯全境。克尔松在南北民族商业关系中占据的重要地位对各方都有好处，身处这个偏远据点的希腊殖民者因而得以保有独立的政治状态。[2]

在查士丁尼统治前期（公元 528 年），匈人攻占并洗劫了博斯普鲁斯城。身处奥德苏斯（Odessus，即瓦尔纳）的罗马皇帝组织远征，很快收复了那处失地。但像匈人这样的游牧部落和帝国军队中的雇佣兵反复征服这处商业贸易港和农业殖民地，必然会对陶里斯的克尔索尼斯的希腊文明生存造成不利影响。[3] 这些地区的日益蛮

251

---

[1] Procopius, *Götth*. iii. 14, iv. 25.

[2] Procopius, *De Bello Gotth*. iv. 18. 关于匈人一度占领了整个克里米亚的证据，见 *De Aedificiis*, iii. 7; *De Bello Pers*. i. 12. 关于查士丁统治时代守卫克尔松和博斯普鲁斯的罗马要塞，见 *Pers*. i. 12; 查士丁尼时代的相关例子见 Theophanes, *Chron*. p. 159。Procopius, *De Bello Pers*. i. 12 提及了罗马帝国最边远的城市克尔松，指出它距博斯普鲁斯城有二十天的路程。但他指的是哪座克尔松城呢？在今天的瓦尔纳附近也有一座名叫克尔松的城市，见 Theoph. *Chron*. 153。

[3] Theoph. 150, edit. Paris; Le Beau, viii. 105.

荒损害了周边一度兴盛的商业，当时相关活动几乎仅限于克尔松。前来劫掠的蛮族队伍从不定居一处，没有什么可卖的东西，也缺乏购买外来奢侈品的钱财。一度在黑海沿岸盛极一时的希腊语和希腊生活方式开始受到冷落。[1] 在查士丁尼时代，保留着某些古代社会、市政组织的希腊城市遭到了沉重打击。齐墨里亚的博斯普鲁斯王国周边的城镇克普伊（Kepoi）与法纳戈里斯（Phanagoris）被匈人攻占。[2] 在科尔奇斯战争期间，要塞驻军放弃了位于黑海东岸、相隔两日路程的塞巴斯托波利斯（Sebastopolis，或狄奥斯波利斯）和皮图奥斯（Pityous）。阿瓦尔人的征服最终使得罗马帝国的影响力及希腊人的贸易、文明范围局限于博斯普鲁斯和克尔松这两座城市。[3]

252 　　我们有必要记述标志着多瑙河南岸地区野蛮化、贫困化和人口下降趋势的几个事件，并解释迫使罗马人和希腊人放弃这些定居点的原因。查士丁尼统治初期的标志性事件是罗马军队打败了强大的斯拉夫部落安特人（Antes），但该民族的侵扰很快就变得跟从前一样活跃。他们在公元 533 年打败并杀死了罗马名将齐尔布狄乌斯（Chilbudius），此人的姓名表明，他出身于北方民族。公元538 年，一群保加利亚人打败了负责守卫该地区的罗马军队，俘获了将领君士坦提奥鲁斯（Constantiolus），迫使他用一千磅黄金为自

[1] Procopius, *De Bello Gotth.* iv. 7. Agathias, l. iv. p. 108 曾经提及，拉泽人的酋长是懂得希腊语的。

[2] Procopius, *De Bello Gotth.* iv. 5.

[3] 在查士丁二世统治时期（公元 575 年），一支突厥军队围攻并夺取了博斯普鲁斯，随后在克尔索尼斯驻扎了一段时间，见 Menander, p. 404, edit. Bonn。

己赎身——人们认为这笔钱足够从波斯君主侯斯罗斯手中赎回繁荣的安条克城了。[1] 公元 539 年，格皮德人蹂躏了伊吕利库姆，匈人劫掠了从亚得里亚海到君士坦丁堡长墙的所有地区。卡珊德拉沦陷，帕勒尼半岛遭到洗劫，色雷斯的克尔索尼斯的要塞受到围攻。一批匈人渡过赫勒斯滂海峡进入亚洲，另一队在蹂躏了帖撒利后扑向温泉关，洗劫了南抵科林斯地峡的希腊地区。据说在这次远征中，匈人抓获并劫走了十二万俘虏，他们主要来自希腊诸行省的乡村。[2] 查士丁尼修建了防御工事，他看到军队屡遭惨败，不得不加大投入，提升北部边防部队的效率。这些举措在匈人可怕入侵之后的若干年里遏制了蛮族入侵。但到了公元 548 年，斯拉夫人再度蹂躏了直抵杜拉齐乌姆城墙的伊吕利库姆地区，杀戮了大量当地居民，当着一万五千名无力阻止他们进犯的罗马士兵的面将幸存平民劫掠为奴。[3] 公元 550 年，新一轮攻势又令伊吕利库姆和色雷斯化作焦土。爱琴海边上的繁荣城市托皮鲁斯（Topirus）被攻克。那里的一万五千名居民遭到杀害，大量妇女儿童被俘。公元 551 年，蛮族在亚得里亚堡附近打败了负责守卫色雷斯的宦官斯科拉斯提库斯（Scholasticus）。到了下一年，斯拉夫人再度进入伊吕利库姆和色雷斯。这些行省陷入了严重混乱。一名被放逐的伦巴德王公不满意查

253

---

[1] 公元 540 年。侯斯罗斯曾提出以收取一千磅黄金为条件放过安条克。但他的建议遭到拒绝，于是他攻占了那座城市。

[2] Procopius, *De Bello Pers.* ii. 4.

[3] Procopius, *De Bello Gotth.* iii. 29.

士丁尼赐予他的地位和待遇，利用了这一混乱局面，带着一支皇家卫队和少数同胞逃离了君士坦丁堡。他们穿越色雷斯和伊吕利库姆全境，大肆劫掠所过之地，避开了帝国军队的围追堵截，最终安然无恙地抵达了格皮德人的领地。[1] 通常可以凭借距离和隘口抵御北方民族侵扰的希腊也难逃毁灭的命运。根据史料记载，托提拉从意大利派出三百条船只，蹂躏了科库拉和多杜纳沿岸地区。反复的蹂躏最终将默西亚的辽阔平原化为一片焦土，查士丁尼甚至准许桀骜不驯的匈人在多瑙河南岸建立定居点。

此后，罗马政府开始用游牧部落替代农耕人口，不再徒劳地在日益强大的蛮族势力面前守卫文明的成果。

这一时期对东罗马帝国最著名的入侵（虽然远非最具破坏性）来自库提古尔匈人国王扎贝尔甘，他于公元 559 年渡过了多瑙河。这次入侵之所以在史书中留下了浓墨重彩的一笔，是因为敌人成功迫近了君士坦丁堡城墙，也是因为挫败敌人行动乃是贝利撒留最后的军事业绩。扎贝尔甘兵分三路，寻找着帝国防御体系中的一切可乘之机，大胆地派出其中一支队伍（仅有七千人）直扑首都。尽管查士丁尼在修建要塞、防御工事时挥金如土，他却坐视阿纳斯塔修斯长墙陷入坍塌状态。扎贝尔甘不费吹灰之力便越过长墙，一直推进到了距君士坦丁堡十七罗马里处，方才遇到激烈抵抗。如果现代

254

---

[1] Procopius, *De Bello Gotth.* iv. 27 关于这位大胆冒险家伊尔狄吉萨尔（Ildigisal）及格皮德人和伦巴德人国王言而无信的故事值得一读。——德译者注

史学家敢于转述关于这次远征的古代记载的话，他们肯定担心自己会制造帝国过于虚弱、统治过于混乱的错误印象。然而，查士丁尼继任者经历的灾难表明，古代作家对查士丁尼统治末年悲惨图景的描绘是真实的。同波斯人和哥特人的战争一结束，查士丁尼便解散了雇佣军的大部分精锐力量，尽管他们已证明自己是当时最优秀的士兵。皇帝也没有通过招募新兵来填补本民族军团中的编制空缺。由于查士丁尼在防御工事、市政与宗教建筑、宫廷庆典等方面开销过大，他不得不在其他方面压缩开支，两种行为都是不负责任的。曾经完成过那么多次对外征服的军队遭到裁减，而刚刚得到贝利撒留麾下七千骑兵驰援的君士坦丁堡则缺兵少将，长墙无人防卫。扎贝尔甘在阿图拉斯（Athyras）河畔的麦兰提亚斯（Melantias）村安营扎寨，那条河汇入如今被世人称作"大桥"（Buyuk Tchekmedjee）的湖泊。

在这场危机中，东罗马帝国的命运系于前线薪饷不足、受到冷落的士兵（他们守卫着首都的常设要塞），还有碰巧住在那里、仓促间重新拿起武器的老兵。"忠仆军"（Silentiarii）、"护卫军"（Protectores）和"内府军"（Domestici）等皇家卫队共同承担着守卫皇宫和查士丁尼的任务，他们不仅要对付蛮族敌人，还要应对叛将或暴民的种种图谋。在布置好了君士坦丁堡城墙防务后，贝利撒留率军出了城门。精英军团（the scholarians）构成了他部队中的主力，其突出特征在于组织严密、装备精良。这支享有特权的部队由三千五百人组成，其常规职责是守卫宫廷外围和皇帝居所的周边街道。他们可被视为早期罗马帝国史中禁卫军的后继者。查士丁尼败

255

坏这支部队军纪的方式与其他专制国家中的相应现象极为类似。精英军团拿着高于其他部队的薪饷。在芝诺统治时代之前，这支部队由老兵组成。只有表现良好的士兵，才能获得奖励，填补其编制空缺。芝诺的前任们通常更青睐亚美尼亚人。他们认为，较之本民族臣民，这个好战民族中的志愿兵会在叛乱中更坚决地支持皇帝，因为前者可能会因政府举措而心生不满。由于芝诺的宝座并不稳固，他不得不改变精英军团的组织形式。他的目标是建立一支出于利益关系而对自己死心塌地的部队。他招募的不再是会把自己的惯习、成见带入部队的老兵，而是来自伊苏里亚山区的老乡。这些人作战勇猛，精通武艺。尽管这支军队不懂战术、目无军纪，但他们爱戴自己的老乡和赏赐者芝诺。他们凭借芝诺的皇帝权力才获得如此令人羡慕的职务，因此对自己的领袖绝对顺从。全军对这些粗鲁山民的忌妒，还有君士坦丁堡民众对他们的仇恨，使之与世隔绝，待在自己的兵营里，专注于宫廷里的职责。阿纳斯塔修斯和查士丁一世开了凭借恩宠任命精英军团人选而不考虑军功的先河。查士丁尼受到的指控则是将军团职位出卖给富裕公民，还有无意从军但愿出钱购得头衔，以便享受特权的首都地产所有者。值得注意的是，专制君主们的权威会因军队效率下降而受到严重损害，但他们自己往往扮演着败坏军纪的角色。[1] 统治者滥用权力，将精兵变成了无用士

---

[1] 这段文字写于 1841 年。1862 年国王奥托的退位证明了这一论点。此人导致了军队的腐化，最终被后者推翻。

卒，查士丁尼的精英军团就是这样的例子。但士兵滥用权力也可能导致这样的情况，他们将自己的编制变成了一种世袭组织，比如奥斯曼帝国的禁卫军。[1]

贝利撒留不得不仰仗这样的部队守卫君士坦丁堡近郊，更难的是需要在自己的晚年保全尚未被污损的良将声誉。精兵强将负责守卫查士丁尼，他的将领只能率领一支杂牌军前去对抗匈人——它的主力是一批老弱士卒，还有看似军容齐整的精英军团。尽管精英军团表面上光鲜亮丽，事实上他们却是这位将领麾下最差劲、最胆怯的军士。还有一批志愿兵加入了贝利撒留的队伍，他能够从中挑选出三百名老兵组成的骑兵卫队——他们曾在同哥特人和波斯人的战斗中屡传捷报。贝利撒留选择在克图科姆（Chettoukome）安营扎寨，因为他能够从那里限制匈人的劫掠活动，并阻止他们前往君士坦丁堡近郊的村庄和乡间居所。逃离敌人虎口的农民聚集在贝利撒留周围效力，他们的付出使得贝利撒留能够赶在匈人攻击他的队伍之前，用坚固工事和一条深壕沟保护自己的阵地。

我们有理由怀疑，声称罗马军队人数少于扎贝尔甘麾下挺进君士坦丁堡的匈人分队的历史学家可能搞错了史实。东罗马帝国的劣势只可能存在于骑兵方面。但我们也知道，贝利撒留并不信任罗马步兵，而麾下纪律涣散的部队也必然会遭到他的轻视。但是，这些

---

[1] Agathias, lib. v. p. 159, edit. Paris; Procopius, *Hist. Arc.* c. 24. 参见 Tacitus, *Hist.* i. 46 对禁卫军滥用权力的记述，起因是军官们在收受贿赂后准许士兵们开小差。

257　士兵因为自己的人数优势而信心十足。他们的将领非常担心，部下的轻率会破坏自己的作战计划。因此，贝利撒留向部下发表了演说，阻止了他们的轻举妄动，许诺自己会在推迟交手的情况下为他们带来胜利。在一场骑兵会战中，由扎贝尔甘亲自率领的冲击罗马人营地的两千匈人遭到惨败。贝利撒留先是允许敌人在未遭抵抗的情况下推进，随后亲率两百骑兵精锐从峡谷丛林杀出，直扑敌军侧翼。这种出其不意的行动是难以抵挡的。匈人马上陷入溃逃。但他们身处的位置对于撤退十分不利，结果又损失了四百人。这次变故结束了战事。匈人看到自己无法继续取得给养，便急于省下掠得的战利品。他们拆除了自己在麦兰提亚斯的营帐，退至圣斯特拉托尼科斯（St. Stratonikos），准备向长墙以外撤退。贝利撒留没有足够的骑兵，不敢贸然追击精力充沛、富于经验的敌军。一场败仗仍可能危及许多地区的安全，而且查士丁尼的忌妒或许跟扎贝尔甘的军队一样危险。胜利者返回了君士坦丁堡，受到了廷臣和进谗言者的许多责难——因为他没像从前将汪达尔人和东哥特人的君王俘获至查士丁尼的宝座前那样，生擒库提古尔国王。贝利撒留受到了查士丁尼的不公对待，后者怀疑他在被控叛国、财产充公、得到宽恕后，对帝国的忘恩负义怀恨在心。

被派往色雷斯的克尔索尼斯的匈人分队跟主力军队一样作战不利。匈人无力夺取保卫地峡的长墙，还无视罗马要塞，派出六千人坐上木筏，想要划桨绕过罗马人的防御工事。但负责防守的拜占庭将领拥有二十条战舰，这支海军力量轻而易举地消灭了所有冒险渡海的敌人。另一场恰到好处的出击打退了目睹同伴们覆灭的敌军余部，证明了他们过于肆无忌惮，竟然轻视罗马的军事力量。第三支匈人部队奉命穿越马其顿和帖撒利。它一直挺进到温泉关，但没有多少收获，跟前两支队伍一样不光彩地撤退了。

查士丁尼看到这个蛮族人率领两万兵力蹂躏了自己帝国的相当一部分领土。他并未追击并消灭入侵者，而是试图用金钱收买乌图古尔匈人的国王，让他去攻打扎贝尔甘。这些计谋取得了成功。两名国王之间的不和使得匈人无法再度进攻帝国。这次侵扰数年之后，阿瓦尔人侵入了欧洲，降伏了两个匈人王国。罗马皇帝从此拥有了一个比不久前威胁过自己北部边疆的匈人更为危险、强大的邻居。

迟至查士丁尼统治末年，希腊人才第一次了解突厥人和阿瓦尔人的政权。从那时起，突厥人一直以古代文明摧毁者的身份，在人类史上占据着重要地位。作为先于突厥人向西推进的民族，阿瓦尔人在闯入欧洲时引起了世人的高度警惕，迅速控制了辽阔的领土。但阿瓦尔人的彻底灭绝（也许是跟臣民的血统融合）使得人们无法理清他们的民族史。有人认为，阿瓦尔人是一个强大亚洲帝国的部分居民。在古代中国的编年史中，那个帝国统治着亚洲中部的大片地区，一直向东延伸到日本海。阿瓦尔人的庞大帝国被突厥臣民的叛乱推翻，他们的高贵血统随即在中华帝国的变革浪潮中消失于史籍。[1]

[1]　在本节中，乔治·芬利依据他在 19 世纪中期所能获得的译文或转述材料，概述了突厥与欧亚草原诸民族势力的发展历程，但其版本同中国古代史书中的记载存在着不少出入。读者在阅读过程中应注意甄别。——中译者注

　　突厥人发源于阿尔泰山脉一带。作为阿瓦尔人的臣民，他们的
冶铁技巧十分突出。勤勉让他们获得了财富，财富则激发了他们争
取自由的愿望。在摆脱了阿瓦尔人的桎梏后，他们又向后者开战，
迫使其军力兵分两路溃逃。其中一支返回了中国，另一支进入西亚，
最终抵达欧洲。突厥人过着征服者的生活，其疆域很快覆盖了从伏
尔加河与里海到太平洋与日本海沿岸，从奥克苏斯河到西伯利亚冰
原的广阔空间。向西迁徙的阿瓦尔人融合了许多畏惧突厥人统治的
部落，在进入欧洲时已俨然是一批征服者而非逃亡者。这支军队的
主体可能是突厥种，因为日后欧洲境内使用阿瓦尔人姓氏的居民似
乎属于这一族裔。但我们不应忘记，庞大的阿瓦尔移民大军很容易
在几代人的光景里，在数量更为庞大的匈人臣民中间丧失自己的一
切民族特性，忘记自己的母语——尽管我们有理由认为，这两个民
族起初在血统上是截然不同的。即便是最早的历史学家，有时也将
阿瓦尔人称为突厥人。从广义上讲，"突厥"这个称呼也包括蒙古
血统。类似的用法见于特奥弗拉克图斯·西摩卡塔（Theophylactus
Simocatta），他是一位对亚洲东部地区情况非常了解的作家。他将繁
荣的桃花石（Taugast）王国居民称为突厥人。[1]但这个称呼可能具
有时代色彩，因为他描述的那部分中国地区当时臣服于一个外来王

[1]　Theoph. Sim. vii. c. 7："凭借自身的伟大，该民族无疑成了人世间行为最勇、
人数最多的聚落之一。"（ἔθνος ἀλκιμώτατον καὶ πολυανθρωπότατον καὶ τοῖς κατὰ τὴν
οἰκουμένην ἔθνεσι, διὰ τὸ μέγεθος, ἀπαράλληλον.）他将阿瓦尔人称作斯基泰人，见 vii. c.
8。 Menander, 298, edit. Bonn 提及，突厥人在写给查士丁二世的一封信中使用了斯基
泰字母（存疑）。在公元 6 世纪，哪种字母算斯基泰字母是一个很难弄清的问题。

259

朝（也就是他口中的突厥王朝）。

　　阿瓦尔人很快推进到了多瑙河沿岸地区，在查士丁尼去世前已在潘诺尼亚边境站稳脚跟。追击他们的突厥人日后才进入欧洲，但他们在中亚拓展着征服范围，消灭了曾被侯斯罗斯控制的波斯东边的嚈哒（Ephthalite）王国。[1] 突厥人同波斯人进行了旷日持久的战争，但我们只须对最早的突厥帝国一笔带过，因为它对希腊民族的命运没有产生多少直接影响。不过，突厥人同波斯人的数次战争严重削弱了波斯帝国，消耗了国内的资源，加重了盘剥勒索之下民众的负担，为穆罕默德的追随者轻而易举地征服该地区埋下了伏笔。

　　阿瓦尔人和突厥人在历史上突然出现，反映了长期虐政和接二连三的征服战争导致的后果——那个繁荣一时的地区出现了罕见的人口真空。这两个民族都在摧毁欧洲和亚洲古代社会框架的过程中扮演着醒目的角色，但二者对于近代世界重构政治、社会或宗教的贡献却乏善可陈。这些民族的帝国很快走向衰落，他们几乎再度从历史长河中消失。阿瓦尔人在尝试征服君士坦丁堡后最终走向灭亡；突厥人则在长期被人遗忘后，逐渐积聚起强大的力量，最终完成了他们古时的对手未能实现的目标——攻克君士坦丁堡。

260

---

[1] Vivien de Saint Martin, *Les Huns Blancs ou Ephthalites des Historiens Byzantins*, p. 77. 这部作品反映了现代学术研究中关于匈人民族史的种种争议。

罗马帝国同波斯的关系

罗马帝国的亚洲边境易守难攻。高加索山区居住着许多操不同语言的小型民族，他们保持着高度的独立性，自身居住地的特点使得他们能够在周边罗马人、波斯人和匈人的军事战争与讨价还价中生存下来。科尔奇斯（明格雷利亚，Mingrelia）王国同罗马人长期结盟，其君主从罗马皇帝手中定期领取津贴。住在法塞斯（Phasis）河源头附近山区的特赞人也曾通过领取津贴的形式与查士丁尼结盟，直至他们对帝国辖区的劫掠迫使后者在他们的居住地设置要塞。科尔奇斯东边的伊贝里亚位于今天的格鲁吉亚境内，那是波斯保护之下的一个独立王国。

作为一个独立王国，亚美尼亚长期以来一直是罗马帝国与波斯帝国斗争中的一个小砝码。狄奥多西二世统治期间，它被强大的邻邦瓜分。到了公元 429 年，它连有名无实的独立地位也没有了。亚美尼亚国土的大部分归了波斯人，但由于那里的民众是基督徒，拥有自己的教会和文学，他们在丧失政治独立后一直保留着民族特征。亚美尼亚的西部被并入罗马帝国，那里被孕育阿拉克塞河（Araxes）、波阿斯河（Boas）与幼发拉底河的群山环绕。靠近波斯治下亚美尼亚边境处的特奥多西奥波利斯（Theodosiopolis）据点（即埃泽罗姆）保护着罗马免受波斯侵扰。[1] 从特奥多西奥波

---

[1]　Saint-Martin, *Mémoires Historiques et Géographiques sur l'Arménie*, i. 67.

利斯出发，构成边境的山脉穿过幼发拉底河，延伸到尼姆菲乌斯河（Nymphaeus）畔，那里是位于幼发拉底河以东的罗马治下亚美尼亚首府玛图罗波利斯的所在地。[1] 从尼姆菲乌斯河与底格里斯河的交汇处出发，罗马帝国边界沿着山脉走向直抵达拉，并推进到哈波拉斯（Chaboras）和军事据点齐克修姆（Circesium）。

住在齐克修姆和伊度迈亚（Idumaea）之间的阿拉伯人或萨拉森人分裂为两个王国。毗邻叙利亚的伽珊王国（Ghassan）同罗马人结盟；东侧的希拉（Hira）王国享受着波斯的保护。在狄奥多西二世时代后化为废墟的帕尔米拉得到了修缮和保护。[2] 埃拉特湾（Gulf of Ailath）和苏伊士之间的地区构成了第三巴勒斯坦行省，由西奈山脚下的精兵保护。[3]

这样的边疆地理形势虽然使得东罗马难以进攻波斯，但也为帝国提供了令人羡慕的天然防线。波斯军队确实很少侵入罗马行省。迟至查士丁尼统治时期，东罗马帝国才需要通过防线来遏制波斯人的进犯，因为后者导致前者若干繁荣、开化的地域遭遇了财富与文明的浩劫。查士丁尼同波斯进行的数次战争没有给他的统治带来什么荣耀，他的对手侯斯罗斯·努什尔万的赫赫威名让他的政治、军事统治在史学家眼中显得腐败不堪。当时的波斯帝国与罗马帝国在实力和文明方面旗鼓相当，二者均由开启了民族历史新时代的君王

262

---

[1]　那里是第四亚美尼亚行省，见 Justinian, *Nov.* xxxi。
[2]　Malalas, *Ch.* ii. p. 53, edit. Venet.
[3]　Procopius, *De Aedificiis*, v. 8; Le Beau, *Histoire du Bas-Empire*, viii. 115.

统治着，但历史记载也提供了充足的证据，表明这两位帝王的辉煌武功伴随着民族资源的严重浪费，还有臣民生命与财产无可挽回的损失。两个帝国都再也无法回到从前的繁荣局面了，社会也无法从这些震荡中恢复元气。两个政府均因道德败坏而不敢施行政治改革，无知、虚弱的臣民也难以发动民族革命。

走向衰落的国家政权只要还能与传统意义上的敌友维持着惯常的和战关系，就不会暴露多少虚弱不堪与行将解体的迹象。但非常形势下的些许压力就可能使其政治结构分崩离析。由于长期以来知己知彼，东罗马和波斯的军队都找到了抵消敌人各种特殊优势的办法，通过改革战术或加强军纪来弱化相关效果。此后，两国之间的战事便会按部就班地进行，在经历了一系列付出鲜血与财富的战役，双方将领赢得了种种荣誉之后，二者的力量对比与边疆格局并不会发生任何实质的改变。

263 　　查士丁尼的吝啬，还有他追求政治、军事目标时的反复无常，往往会让帝国东部边疆处于防御力量不足的状态之中。但这处边疆国土恰恰是集结在底格里斯河对岸的波斯军队的攻击目标。波斯人可以决定要不要将战火燃烧至叙利亚、美索不达米亚、亚美尼亚或科尔奇斯。在侯斯罗斯发动的旷日持久的战事中，他曾经尝试从这处边疆的各个地段侵入东罗马帝国。尽管罗马的军事组织已发生巨大变化，它的军队仍能在战场上保持自身的优势。

查士丁尼登基之际，东罗马同波斯的战事正酣。最终，罗马人向侯斯罗斯支付了一万一千磅黄金，缔结了和平。波斯君主需要和平，以便管理国内事务；查士丁尼则认为，这笔费用与继续作战的支出相比是微不足道的。这种看法或许有其道理，但并不足以否定赔款的失策——事实上，它等于承认了东罗马帝国的失败。查士丁尼的目的是让麾下的庞大兵力腾出手来，以便实现收复西罗马帝国失地的计划，那在他的心目中是高于一切的。倘若查士丁尼以放弃一部分领土为条件同波斯媾和，选择加固帝国防线而非继续开疆拓土的话，他或许是有机会重建罗马霸权的。侯斯罗斯一获悉查士丁尼在阿非利加、西西里和意大利的征服，便马上在忌妒心的驱使下重启战端。相传，维提格斯使者的挑唆在他兴兵的过程中发挥了一些作用。

公元 540 年，侯斯罗斯率领一支强大军队入侵叙利亚并围攻安条克，那是东罗马帝国在人口与财富方面排名第二的城市。他开出的撤围条件是一千磅黄金，但当地居民拒绝支付这笔小小的费用。侯斯罗斯奇袭了安条克，将城市建筑付之一炬，掳掠了当地居民，把他们安置在波斯。希拉波利斯、贝罗亚（Berrhoea，即阿勒颇）、阿帕梅亚（Apamea）和哈尔奇斯（Chalcis）均支付赎金避免了城破的命运。为了避免叙利亚遭到灭顶之灾，贝利撒留奉命率军前去负责当地防务。但他获得的支持非常有限，取得的战果也不算辉煌。不过，他确实让叙利亚免于毁灭，这意味着他在公元 543 年组织的战役对于帝国而言并不是无关紧要的。这场战争持续了二十年之久，但后期的军事行动基本仅限于科尔奇斯附近。这场战争在公元 562年结束，签订了长达五十年的和约，帝国的边境状况并未发生多少

264

变化。和约中最醒目的条款让查士丁尼蒙羞，他每年要向侯斯罗斯进贡三万金币，并被迫立即支付前七年的款项，即二十一万金币。诚然，这笔款项不算十分巨大，但罗马帝国的处境发生了可悲的变化：它不得不用金钱向周边邻国赎买和平，并用金钱从雇佣兵处购得战力。因此，一旦帝国财库的收入出了问题，罗马帝国马上便危如累卵。

　　东罗马帝国十分虚弱，它需要寻找东方盟友，以便攫取波斯长期垄断的诱人商业利益，因此查士丁尼同埃塞俄比亚（Ethiopia，即阿比西尼亚）国王保持着友好的交往关系。当时坐于埃塞俄比亚宝座之上的埃勒斯波阿斯（Elesboas）是一位实力强大的君王，也是罗马人的坚定盟友。东罗马帝国的历史学家记述了这位基督教国王在阿拉伯进行的战争。查士丁尼试图将帝国同印度的丝绸贸易从波斯转移到红海航线。由于海路航程遥远，协调沿线各地区短途商业利益困难重重，这一企图以失败告终。但红海的贸易量仍然可观，因而那位埃塞俄比亚国王能够在查士丁统治时期，集结七百条本地船只和六百名罗马、波斯商人，将自己的部队运往阿拉伯。[1] 查士丁尼同阿瓦尔人和突厥人（尤其是后者）的外交关系，受到了罗马与波斯商业、政治区位关系的影响。[2]

265

---

[1] Le Beau, *Histoire du Bas-Empire*, viii. 60; Acta Martyr. Metaphrast. ap. Surium, *Vitae Sanctorum*, tom. v. p. 1042.

[2] Theoph. *Ch.* 196; Malalas, *Ch.* ii. p. 81, edit. Venet.; Menander, p. 282, edit. Bonn; Theoph. *Ch.* 203.

希腊人的商业地位，还有同罗马治下其他民族的比较

在北方民族征服西罗马帝国的南部行省之前，欧洲的商业一直掌握在罗马皇帝的臣民手中。其中最诱人的部分——对印度贸易的垄断权，几乎完全归于希腊人。[1] 但蛮族的入侵消耗了被征服地区的财富，极大地削减了居民对东方昂贵商品的需求。帝国的财政勒索逐渐使得叙利亚、埃及与昔兰尼加的希腊居民陷入贫困，这些地区曾因这一衰落中的贸易而享受过繁荣。为了充分理解希腊人同欧洲西部的商业关系必然经历的变化，我们必须比较查士丁尼时代与哈德良时代每个行省的状况。许多从前支撑过大额东方奢侈品进口贸易的地区已无力购买任何外来产品，甚至难以维系减少的贫困人口的生活。[2] 列斯波斯岛（Lesbos）、罗得岛、克尼多斯半岛、塔索斯岛（Thasos）、开俄斯岛、萨摩斯岛和塞浦路斯岛的葡萄酒，米利都（Miletus）和拉奥狄克（Laodicea）的羊毛布料，推罗（Tyre）、盖图利亚（Gaetulia）和拉科尼亚的紫色布匹，科斯岛（Cos）的细

---

[1]　"即便按照最保守的估计，印度、塞里斯和阿拉伯半岛每年也要从我们的帝国净赚一亿塞斯特斯。对于我们而言，奢侈品和妇女的花销就是如此高昂。"（Minimaque computatione miliens centena milia sestertiûm annis omnibus India et Seres, peninsula que illa, Arabia, imperio nostro adimunt: tanto nobis deliciae et feminae constant.）Pliny, *Hist. Nat.* lib. xii. c. 18.

[2]　皇帝尤利安说："曾经拥有巨大财富的罗马共和国已山穷水尽：财库储备不足，城市人烟稀少，行省人口也在下降。"（Ex immensis opibus egentissima est tandem Romana respublica. Impetitum aerarium est, urbes exinanitae, populatae provinciae.）Amm. Marcell. xxiv. c.3.

266　麻纱，埃及和帕伽马的手稿，印度的香水、香料、珍珠和首饰，阿非利加的奴隶和龟壳，中国的丝绸都曾在莱茵河沿岸和不列颠北部随处可见。在很长一段时期内，特雷维斯（Treves）和约克（York）一直是富庶、繁荣的城市，人们可以在那里买到各式各样的外来奢侈品。数量惊人的贵金属以货币形式自由流通，贸易活动拓展到了帝国境外很远的地区。贩卖琥珀与毛皮的希腊人虽然可能很少前往北方地区，却同这些偏远之地保持着联系，用金币、银币、装饰品，还有蛮族乐意消费的东方奢侈品、香料与薰香交换货物。雕像、画像、陶器、大理石、金属、陶土、象牙和手绘艺术品贸易也在商业中占据着举足轻重的地位，这一点可由在地下沉睡许久、如今频繁重见天日的相关文物证实。

在查士丁尼时代，不列颠、高卢、雷提亚、潘诺尼亚、诺里库姆和文德里奇亚都陷入了贫困与凋敝，它们的对外贸易几乎完全停顿，内部贸易也萎缩为粗加工商品的小规模交换。高卢南部、西班牙、意大利、阿非利加和西西里在哥特人和汪达尔人的统治下遭受了严重的人口与财富损失。尽管那些地方的城市仍同东方进行着可观的贸易，但商业规模已经跟帝国时代不可同日而语了。[1] 由于地

---

[1] "看那曾经农田遍布的意大利，还有曾赐予人类丰收、从前吸引了众多农夫耕种的家乡利古里亚，如今在我们眼中的景象却是破败荒芜、杂草丛生。"（Vides universa Italiae loca originariis viduata cultoribus, et illa mater humanae messis Liguria, cui numerosa agricolarum solebat constare progenies, orbata atque sterilis jejunum caespitem nostris monstrat obtutibus.）Ennodius, *Vita S. Epiph.*, in *Opera*, edit. J. Sirmondi, Paris, 1611, p. 358.

中海地区的大部分贸易都掌握在希腊人手里，这个从事商贸的民族
往往在西欧被视为东罗马帝国居民的代表。蛮族普遍认为，这个商
人阶层是亲罗马的。这种看法或许不无道理，因为利益必然要求他
们同帝国长期保持联系。当贝利撒留在征伐汪达尔人途中驻扎于西
西里时，普罗柯比乌斯在叙拉古遇到了一个朋友。他是一名商人，
同阿非利加及东罗马帝国进行着相当广泛的贸易。在面临查士丁尼
远征的威胁时，汪达尔人将许多迦太基商人投入监狱，怀疑他们支
持贝利撒留。蛮族管控本族臣民贸易的法律[1]，大部分哥特族群对
贸易、手工业和商业的厌恶，自然会让相关交易集中到异族手中。
当战争或政策使得希腊人无法参与这些交易时，它们通常便会落到
犹太人手中。事实上，我们在西罗马帝国灭亡后看到，犹太人凭借
着经商知识和中立的政治地位，在被征服的罗马领土上渐渐兴旺，
那些同东罗马帝国继续保持着交往的地中海沿岸地区尤其如此。

　　然而，查士丁尼时代的一些情况促进了希腊人商业活动的发展，
使得他们在东罗马帝国的贸易中占据了决定性的优势地位。罗马同
波斯的长期战争切断了叙利亚人、埃及人与波斯维持交流的全部路

267

[1] "买卖应该是互利互惠的，强迫的生意不会令人满意。"(Pretia debent communi
deliberatione constitui: quia non est delectatio commercii quae jubetur invitis.) 引述这段
文本（国王阿塔拉里克致叙拉古伯爵吉尔狄亚的一封信）的萨尔托里乌斯对此做出了
公正评论："我理解'互利互惠'(deliberatio communis) 的意思——它指的并非买卖
双方你情我愿，构成一种自由贸易，而是按照从前的惯例，以官吏、主教和民众共同
确定的价格进行买卖，其含义与自由贸易是截然相反的。" Cassiodorus, *Variae*, xi. 14.
Sartorius, *Essai sur l'État civil et politique des Peuples d'Italie, sous le gouvernement des
Goths*, 33.

径，他们之前一直通过波斯获取丝绸和大部分来自印度的商品（如平纹细布和珠宝）。这项贸易此时开始沿着两条路线开展，二者都绕过了侯斯罗斯的国土。一条取道里海北侧，另一条取道红海。穿越埃及的古老商路仍是常用的通道。但查士丁二世统治时代君士坦丁堡城里众多的中亚居民聚集地，证明了通过黑海沿岸各处港口开展的北线贸易的广度与影响。考虑到安全保障，曾有六百名突厥人加入罗马使节前往突厥大可汗处的队伍。[1] 这一事实有力地证明了该商路的重要性。毫无疑问，君士坦丁堡城中的那么多中亚居民是为了经商才被吸引过来的。

途经阿拉伯与红海、面向印度的贸易更为重要。事实上，它的意义绝非查士丁尼未能通过该路线建立常规的丝绸进口渠道这一案例所反映的那么简单。经常出没于红海的大量商船表明，这条航线是极其关键的。

毋庸置疑的是，阿拉伯地区的居民从此时起开始分享利益，感受到这桩贸易的好处。新事业唤起了阿拉伯人改善自身处境的愿望与探索精神，为他们打开了新的思考空间，由此也向这些沙漠的子孙们提供了统一民族的契机，激活了催生穆罕默德的社会与政治要素。

进口西欧、中国与印度产品的贸易都掌握在希腊人手中，尽管每一部分的数额相当有限，总量却必然是非常可观的。东罗马帝国的希腊商人虽已式微，衰落程度却不像其他阶层那样明显。因此，

---

[1] Menander, p. 398, edit. Bonn.

就帝国的整体财富状况而言，这项贸易的相对重要性并不逊色于以往的任何一个时代。它的利润也许比之前更大，因为很多地方贸易量的萎缩肯定会吓退竞争者，垄断随之产生，即便在那些商人并未享受公认特权的地区亦是如此。查士丁尼也准许希腊人参与丝绸这种贵重商品的生产与加工，最终他们完全控制了丝绸贸易——这对于查士丁尼而言诚为幸事。这项贸易很早就已引起罗马人的关注。一位元首（可能是玛库斯·奥勒留）曾派遣使节前往东方，试图建立同丝绸原产地的联系。这名使者成功抵达了中国。[1] 在很长一段时期内，查士丁尼徒劳地想同中国建立直接联系，但他争取丝绸直接供应的努力也许不切实际，也许只获得了有限的成功。[2] 只有波斯人才能利用符合遥远市场需求的商品，维持同中国和印度的贸易。但他们无法垄断这项利润丰厚的贸易，因为波斯战争期间西方市场上丝绸的高价促使中亚诸民族开启了同中国的直接陆路贸易。这项贸易沿着不同路线开展，利用了特定政治形势为商人提供安全保障。它时而取道亚美尼亚边境，时而转移到北边的亚速海。约纳德斯在提及克尔松时，称之为亚洲进口产品的集散地。[3]

当查士丁尼几乎已经放弃了直接同中国进行贸易的希望时，他幸运地找到了在自己的国土上生产丝绸的办法。基督教传教士一直是广

［1］ Gibbon, *Decline and Fall of the Roman Empire*, ch. xl.; Le Beau, *Histoire du Bas-Empire*, ix. 222; *notes de* Saint-Martin.

［2］ Procopius, *De Bello Pers*. i. 20.

［3］ Jornandes, *De Rebus Geticis*, c. ii：“商人通过交通枢纽克尔松从亚洲进口优质奢侈品。”（Juxta Chersonem, quo Asiae bona avidus mercator importat.）

泛传播文明成果的媒介。基督教使团最早建立了埃塞俄比亚和罗马帝国之间的稳定交流纽带，并多次访问中国。[1] 公元 551 年，两名教士在中国学会了养蚕和制丝的办法，他们设法把蚕蛹封存在一根手杖里，将之带到了君士坦丁堡。皇帝对这一收获大喜过望，为他们提供了一切必要支持，并急不可耐地鼓励他们的事业。因此，我们不应否认查士丁尼在这项繁荣贸易——它为东罗马帝国提供了可观的物质支持，在数百年内为希腊民族带来了巨大财富——诞生过程中的相应贡献。[2]

此时，希腊人相比帝国境内其他民族的优势只剩下了商业，这项事业帮助商贸城市保存了正在农业人口中迅速消失的文明。总的来说，希腊人已降格到几乎跟叙利亚人、埃及人、亚美尼亚人和犹太人相同的处境。跟本土居民一样，他们也在昔兰尼加和亚历山大里亚承受着暴政，人口迅速萎缩。我们留有关于埃及衰落情况的具体信息，值得在此回顾一下。在奥古斯都时代，埃及每年可以向罗马城提供两千万米斗的谷物[3]，驻扎着超过一万两千兵力的正规军。[4] 到了查士丁尼时代，谷物贡赋数额已下降到五百五十万米斗，即八十万阿塔巴斯。那里驻扎的罗马兵力也只剩下一支由六百人组

---

[1]　Blumhardt, *Versuch einer allgemeinen Missionsgeschichte der Kirche*; Basel, iii. 40.

[2]　Aristotle, *Hist. Animalium*, v. 19.6 提及，科斯岛上也有以某种毛虫吐出的丝为原料的纺织业。

[3]　Aurelius Victor, *Epitome*, c. 1："两千万米斗。"（Ducenties centena millia modiorum.）

[4]　奥古斯都时代的驻军人数无疑更多，而在提比略、尼禄和韦帕芗统治时期，要塞中仍然驻扎着两个军团，见 Tac. *Ann*. iv. 5; Josephus, *Bell. Jud*. ii. 16.4; Tac. *Hist*. ii. 6; Varges, *De Statu Aegypti*, 69。

成的卫队。[1] 埃及的地位之所以没有进一步下降，是因为它还能向红海地区的商业民族提供谷物。连通尼罗河与红海的运河可以将大量质量较差的谷物送往阿拉伯的干旱海岸地区，构成了一条文明与商业的主动脉。

　　大约就在这个时代，犹太人开始崭露头角，这可以解释与人类历史有关的许多现象。通过自然繁衍或劝说其他民族改宗，犹太人的数量似乎在查士丁尼时代前夕迅猛增长。这一增长一是因为地中海周边各地区的其他民族人口下降，二是因为残酷的罗马财政体系——它用限制民生的规定束缚着社会上的各个阶层——导致文明普遍衰落。此外，犹太人也是这一时期唯一能够同时跟波斯人、埃塞俄比亚人、阿拉伯人和哥特人做生意的中立民族。他们到处引人憎恨，普遍的反感情绪倒也成了对这个永远不会与他人结盟的民族实行宽容政策的理由。[2] 他们在高卢和意大利占据了举足轻重的地位；他们在西班牙经营着大规模奴隶贸易——这激起了基督教会的义愤，国王们和历次宗教会议徒劳地想要取缔此类贸易。犹太人通常能够从蛮族国王那里获得支持，狄奥多里克大帝为他们提供了种种保护。为了避免当地受到希腊人财富与商业的影响，这种联盟往

271

---

[1] Justin. *Edict*. xiii. 托勒密二世每年能够征收的谷物贡赋只有一百五十万阿塔巴斯，但他可以收取的货币赋税多达一万四千八百塔兰同，约合两百五十万英镑。而到了本书记述的这个时代，埃及已无力拿出这样的财富。港口关税和城镇税收无疑只在收入中占据较低的比例。

[2] 乔治·芬利在此处的若干论述因受到 19 世纪西欧反犹主义思潮的影响而有失客观公允，读者应注意甄别。——中译者注

往是必不可少的。[1]

因此，商业嫉妒和宗教狂热共同构成了东罗马帝国数次迫害犹太人的原因。罗马统治的残酷助长了对手的激进民族主义和报复心理，何况那原本就是以色列人富于活力的特征。但本书无意于这段一方不公不义、一方罪行累累的历史，尽管现代犹太人和希腊人的处境与他们的先辈存在着许多相似性和可比性。

曾在不同时期广泛参与东方贸易的亚美尼亚人此时只关注战争和宗教，他们在欧洲仅限于担任由查士丁尼支付薪饷的雇佣兵，其中许多人当上了高级军官。但在文明与文学成就方面，亚美尼亚人的地位堪与同时代的其他任何民族匹敌。公元 552 年，他们的大主教摩西二世（Moses II）集合了一批饱学之士，试图改革历法。随后，他们确定了亚美尼亚人沿用至今的历法体系。[2] 诚然，令亚美尼亚文学熠熠生辉的许多希腊书籍译本主要是在前一个世纪里完成的，因为 6 世纪只产生了若干神学作品。亚美尼亚的文学活力引人瞩目，甚至引起了波斯君主的畏惧。他下令，亚美尼亚人不得前往东罗马帝国，不得在君士坦丁堡、雅典或亚历山大里亚的希腊高等学校里学习。

从此时起，希腊文学失去了民族性，开始更多地同政府、东罗

---

[1]　*Ed. Theod.* art. 143; Cassiod. *Var.* iv. 33, v. 37.

[2]　Saint-Martin, *Mémoires sur l'Arménie*, i. 330; C.F. Neumann, *Versuch einer Geschichte der Armenischen Literatur*, Leipzig, 1836, 8vo., p. 92. 纽曼（Neumann）纠正了斯卡利格（Scaliger）、弗雷勒（Fréret）和伊德勒尔（Ideler）等人的错误。亚美尼亚的历法从公元 552 年 7 月 11 日算起。直到公元 1320 年为止，它同公历之间的年数差别一直被算作五百五十二年。但在这之后，由于闰年改变了两种历法的出入，二者之间的年数差别开始被算作五百五十一年。

马帝国的统治阶层和正统教会，而非希腊地区的居民联系在一起。本土希腊人的贫困和罗马帝国统治集团的地位可以轻而易举地解释这一现象。宫廷、市政机构和正统教会里的高级职位均由希腊—罗马人担任，他们的祖上是马其顿征服者，此时则以罗马姓名为荣，抛弃了一切希腊民族性的观念，视希腊人的民族特征为单纯的行省特色。但这一群体恰恰是在国家与教会的希腊式成见影响下形成的。长期存在的雅典新柏拉图主义哲学流派似乎将多神教信仰同希腊人的民族情感联系在了一起。查士丁尼毫不迟疑地终结了这一切，放逐了那里的最后一批教师，因为他对一切独立机构抱有敌意。

　　帝国其他城市里的高等学校负责将上层阶级培育为公共管理或教会的人才。君士坦丁堡的高等学校则分设哲学、文法学、法学与神学等科目。在此基础上，亚历山大里亚又设立了一所著名的医学学校。贝吕图斯的法学学校名扬天下，埃德萨的叙利亚语和希腊语学科同样著名。安条克的高等学校曾因侯斯罗斯摧毁城市而遭受沉重打击，但它旋即又从废墟中重生。这一时代的希腊诗歌彻底丧失了民族性，成了社会中某个阶层的消遣手段，不再反映民族情感。"沉默者保罗"（Paul the Silentiary）和史学家阿伽西阿斯（Agathias）写了许多短诗，现收录于《希腊诗集》（*Anthology*）。世人通常认为，穆塞乌斯（Musaeus）的诗篇《海洛与利安德尔》（"Hero and Leander"）创作于公元450年左右，但它有时会被归入真正反映希腊特性的最后一批希腊语诗作。它的可贵之处在于证明了希腊人将其纯正品味保留到了很晚的时期。科鲁苏斯（Coluthus）和特吕菲奥多鲁斯（Tryphiodorus）的诗篇大致创作于同一时期，在质量上与前辈相差甚远。鉴于二者都是埃及的希腊人，他们的诗作自然会给人东施效颦的生硬感。在此之后，希腊人的韵文彻底丧失了诗歌精神，就连勤于探索的学者也会觉得精读他们的作品费力不讨好。

公元 6 世纪的散文创作中涌现出了若干重要人物。辛普利奇乌斯（Simplicius）对爱比克泰德《手册》的注疏在现代被反复重印，这部著作甚至还被译成了德文。辛普利奇乌斯是达玛斯奇乌斯（Damascius）的弟子，也是在雅典学园关闭之际跟随那位著名教师逃往波斯的哲学家之一。斯托拜乌斯（Stobaeus）的汇纂虽经过删节，但仍然包含着许多有趣的信息。埃提乌斯和特拉勒斯的亚历山大（Alexander of Tralles）的医学著作在现代被重印过数次。希罗克勒斯（Hierocles）和科斯马斯的地理作品引人入胜。在史学领域，普罗柯比乌斯和阿伽西阿斯的著作质量很高，已被译成数种现代语言。我们还能列举出其他许多名字，他们的作品被部分保存下来，在现代得以整理出版。但一般读者对它们兴趣不大。本书无法详尽讨论这些属于希腊文学史的细节，也无法一一列举那个时代的法学与神学作家。[1]

274

---

[1]　参见 *Geschichte der Griechischen Literatur*（J. Schwarze 和 Dr. Pinder 完成的 Schoell, *Histoire de la Littérature Grecque* 德译本，法文原版共八卷，德译本共三卷）；Smith, *Dictionary of Greek and Roman Biography and Mythology*。（在推荐研究拜占庭诗歌的佳作时，艾利森博士盛赞了 Rosenkranz, *Die Poesie und ihre Geschichte*, p. 411 foll., Königsb. 1855。——编者注）

正教会对希腊人民族情感的影响

我们有必要在此讨论，作为政治机构和国家组成部分的教会，究竟对政府和民众产生了怎样的影响，虽然落脚点只会在它同希腊民族的联系之上。教会与国家的政治联盟有其恶的一面，这在教士参与挑起的迫害运动中得到了体现，当时颇为引人注目。查士丁尼及同时代的罗马政府同正统教派之间的联盟是由各派系的政治地位促成的。以皇帝为首的利益集团和正统教派的信奉者在阿非利加、意大利和西班牙拥有共同利益，这驱使他们用武力手段裁决观点的是非。有些时候，即便在帝国统治范围之内，政治势力与神学势力也有必要（至少世人相信如此）结成同盟。阿波利纳里乌斯（Apollinarius）一人兼任埃及省长与枢机主教二职便是一个著名案例。因此，我们必须承认，对阿里乌斯派、聂斯托利派、优迪克派和其他异端的宗教迫害是由罗马政府和偏执的正统教派共同完成的。同样受到二者迫害的还有柏拉图主义哲学家、摩尼教信徒、撒马利坦会教徒（Samaritans）和犹太人。查士丁尼借以强制统一宗教观点、惩罚不同信仰的各种法律，在他的立法条款中占据着很大比重。可是，历史仿佛有意想要告诫世人，彻底统一见解是永远无法实现的：作为最坚持正统的罗马皇帝和正统教会最慷慨的庇护者，查士丁尼在晚年似乎相信耶稣的身体是不可朽坏的，他否定了基督的二重性，走上了背离《尼西亚信经》解释模式的道路。

275

　　查士丁尼的宗教迫害导致的结果是，在异端信徒占据人数优势的疆域内，对罗马政权早已有之的不满情绪演变成了无法消弭的刻骨仇恨。正统教会已越过了那个时代的正常信仰界限，希腊民族也过于紧密地同无关民族性、宗教性的迫害精神联系在一起。由于希腊语成了行政与神学领域的语言，只有会希腊语的人才有机会担任高级宗教职务。总的来说，希腊人的妒意促使他们质疑对手的信仰，目的是阻断后者的晋升之路。于是，叙利亚人、埃及人和亚美尼亚人都因为自身的民族语言和文学而被推到了希腊人的对立面。

　　圣经很早就被翻译成了各种还在使用着的东方语言。叙利亚人、埃及人和亚美尼亚人使用自己的语言为教会服务，还组建了学识、虔诚不亚于希腊人的行省教士团体。他们的宗教著述跟面向大众的希腊宗教作品旗鼓相当。民族语言赋予了各行省的教会民族性。不同的政治背景导致了民族教会与皇帝们支持的正统教会之间的神学观点对立。这种对立制造了驳斥异端的借口，或许有时还会让行省居民的观点被附会为异端信仰。但在神学事务中，很多亚美尼亚人和卡尔德亚人从未承认过希腊教会的权威，埃及居民也一直乐于同希腊人争执。查士丁尼的宗教迫害打击面极广，有几个行省的本土居民不再认可正统教会的权威，自行选举了他们的主教。在那个时代的社会环境下，这种行为已近乎公开叛乱。事实上，在整个东地中海地区，对罗马统治的敌意到处都同反对希腊教士的行为联系在一起。一条古老的谚语在犹太人中间重新流行起来，它同时表达了民族、政治与宗教方面的仇恨情绪："那些吃猪肉或教孩子希腊语的家伙是应受诅咒的。"[1]

　　神圣与世俗的权力都很容易遭到滥用。因此，当希腊人将罗马帝国的教会改造成希腊教会后，他们对待不使用希腊礼拜仪式的东部行省教士的态度难免会有些不公。民族差异很快就跟信条问题掺杂在一起，这一点也不令人意外。一旦有新的问题出现，同国家政权联手并掌握着教会内部神学资源的希腊教士肯定会站在正统信仰的立场上；行省的教士则始终面临着被斥为异端的危险，这仅仅是因为他们不是希腊人。毫无疑问的是，这种局面激化了东方民族教会对罗马政权的敌意。公元 6 世纪历史中的大量证据表明，只要可行的话，一切拥有自己语言和文学的民族都应当拥有自己的民族教会。但罗马帝国和希腊教会将之视为亚美尼亚人、叙利亚人、埃及人的民族独立运动，对这些企图加以镇压。这种做法使得帝国陷入了各种困境，并为波斯人侵入帝国心脏地带和日后穆斯林征服东部行省，在事实上终结罗马帝国的统治打开了方便之门。

---

[1]　然而，即便在犹太人中，也有相当一部分人希望将希腊文圣经引入犹太教会堂，还有一些理性的人希望让民众理解圣经中的内容。"应当选择母语——我们所讲的且在意大利使用的语言"（Vel etiam patria forte—Italica hac dicimus—lingua）等，见 *Justinian, Nov.* 146; *Auth. Const.* 125。

雅典城在多神教衰落期间直至查士丁尼关闭学园为止的状况

公元 6 世纪，古希腊文学和希腊传统在雅典消亡了。公元 529 年，查士丁尼关闭了那里的修辞学和哲学学校，没收了献给它们的财产。[1] 查士丁尼之所以采取这一举措，很可能是因为他决心将一切权力与庇护关系集中到君士坦丁堡和自己手中。在查士丁尼统治初期，雅典地方官吏每年用于支付公共学校教师的地方性经费不可能激起皇帝的贪欲——由于阿纳斯塔修斯和查士丁的精打细算，当时的帝国国库还很充裕。这位伟大立法者的决定肯定是出于政策考虑，而非贪婪。

人们似乎通常会认为，当时的雅典城已沦落为一座小镇。那里的学校只养着一批懒散的书呆子，早在查士丁尼永久地关闭阿卡德米学园（Academy）、吕克昂学园（Lyceum）和斯多葛学园（Stoa）的大门，将最后一批雅典哲学家流放到波斯（他们虽然在那里得到了侯斯罗斯的保护，却无法找到自己在罗马帝国失去的信徒）之前，教授头衔就已形同虚设。[2] 后人往往会引述被迫在比雷埃夫斯港落脚但无意访问雅典的叙内修斯的一段文本，以此证明当地学问的衰落和人口的下降。那位阿非利加哲学家说，密涅瓦之城的萧条景象

---

[1]　Joan. Malalas, ii. p. 64. edit. Ven.; Theoph. p. 153; Agathias, ii. 30.

[2]　*Cod. Justin.* i. 11.10; Procopius, *Arc. Hist.* c. 26, pp. 74, 77, edit. Paris.

令他想到了充当祭祀品的动物留下的兽皮，其血肉已经被烧掉或吃光了。雅典能够引以为豪的只有那些伟大的名字。游客们还会去参观阿卡德米学园、吕克昂学园和斯多葛学园，但知识早已抛弃这些古老的学术圣地。人们在广场上看到的已不再是哲学家，而是卖蜂蜜的商贩。[1] 一名夸口自己是斯巴达国王之后的库勒尼人带着多利亚族群的成见，这显然影响了访客的公允态度。他发火的原因或许是雅典的知识精英怠慢了他这位尊贵的客人。但既然叙内修斯还能够欣赏到跟古时一样光鲜亮丽的卫城上的奇观，能够徜徉于众多辉煌的建筑、雕塑与绘画古迹当中，他不予以赞赏的做法显然是有损于自己审美的声誉的。显然，他访问的时间点对于研究雅典社会而言并不合适，因为当时距离阿拉里克的入侵只过去了两年光景而已。然而，即便我们为作者的暴怒找到了各种借口，并考虑到哥特入侵后雅典城的凋敝状态，仍有大量证据可以表明，他的这段描述只是一种修辞夸张而已。历史记载告诉我们，雅典城长期享有繁荣。即便在阿拉里克的蹂躏和叙内修斯的拜访过后很久，仍有许多名人前来参观那里的学园。优多奇娅（即雅典纳伊丝）皇后当时还只有1岁，叙内修斯或许见过那个保姆怀抱中的婴孩。她在雅典接受的教育使自己在日后成为奢华宫廷中最具才华的贵妇，堪称饱学之人（不考虑她的性别与地位，这一称呼当之无愧）。

278

---

[1] Synesius, *Epist.* 135; Gibbon, ch. xxx, *note* 8; Neander, ii. 84. 两人都提及了这段文字。

当时的雅典绝非一座简陋的外省城镇，它仍是东罗马帝国贵族阶层经常访问的文学之都，那里教授着希腊文学和柏拉图的学说。雅典比不上君士坦丁堡奢侈，但和它一样雅致。"金口"约翰告诉我们，在普尔克里娅之母大优多奇娅的宫廷里，关于服饰、刺绣和音乐的知识可以极大地展示人们的品味，讲话的优雅风度和创作美妙诗篇的能力则可以充分地证明人们的才智。[1] 尽管这个宫廷遭到了"金口"约翰的贬抑（有时未免过分严厉），出生于其中的普尔克里娅却过着圣徒般的生活。她成为美貌的异教徒少女雅典纳伊丝的庇护人，并在成功说服后者改宗后，给她取了自己母亲的名字。尽管历史记载从未向我们提及当时雅典的高贵社交生活，其中却透露了关于那里知识精英社会地位的若干有趣信息。我们由此得知，他们总的来说都是些上流人物，其高贵名望主要源于学者身份。

当希腊本地的贵族阶层发现自己已被罗马人排除在国家行政与军事事务之外时，他们便专心致志地研究文学与哲学。舞文弄墨成了社会风尚。赫罗德斯·阿提库斯的财富和声望使之成为希腊贵族哲学家的代表。[2] 元首哈德良的多次拜访重新奠定了雅典的重要地位，城市一片欣欣向荣；他还增设了辩术学科的官方教授席位，丰富了雅典诸学园的内涵。最早担任该职务的是以弗所人洛里亚努斯

---

[1] 参见蒙特弗孔（Montfaucon）在编订"金口"约翰作品时对狄奥多西一世和阿卡狄乌斯时代的分析，*Mémoires de l'Académie des Inscrip.* xiii. 474。

[2] 参见布里尼对赫罗德斯·阿提库斯生平的记载，*Mémoires de l'Académie des Inscrip.* xxx. 1。

（Lollianus）。雅典人像对待同胞一样欢迎他，因为罗马人消磨他们高傲心气的办法至少减轻了他们荒唐、自大的虚荣心。洛里亚努斯不仅获得了雅典公民权，还被选举为将军——那是当时的最高地方官职。在任职期间，他运用自己的财富和信用，缓解了一次严重饥荒带来的苦难。他免除了雅典城在收集、分配物资时欠下自己的一切债务。为表彰洛里亚努斯的慷慨大方，雅典人树立了两座纪念他的雕像。[1]

安东尼·庇护提升了雅典诸学园的公共地位，赋予了它们官方色彩——他以元首的名义向那里的教授们发放一万德拉克马的年度津贴。[2] 在阿维狄乌斯·卡西乌斯（Avidius Cassius）叛乱后，从东方返回的玛库斯·奥勒留访问了雅典城。他为当时公开教授的各门学科设立了官方资助的教职，并把哲学家安排到同一所学府之中。斯多葛派、学园派、逍遥派和伊壁鸠鲁派这四大哲学分支各设学术掌门人，政府为他们发放固定的津贴。[3] 雅典哲学家的财富、贪欲从此成为世人忌妒、责难的对象。公元 2—3 世纪的许多著名文学家均同雅典各学园有着一定联系，为了展示学术的广泛程度和宽容的探索精神，我们只要提及夸德拉图斯（Quadratus）、阿里斯泰德

280

---

[1] Philostratus, *Vit. Soph.* i. 23, p. 225. 要不是犬儒派哲学家潘克拉提奥斯（Pancratios）平息了民众的愤怒，反问他们是否真的不知道洛里亚努斯的职业是发表言论而非售卖面包，民众早就在谷物运达前用石头砸死这位将军了。

[2] Philostratus, *Vit. Soph.* ii. 2. p. 245.

[3] Dion Cassius, lxxi. 31; Philostratus, *Vit. Soph.* ii. 2. p. 245; Lucian, *Eunuch.* 3; Ellissen, *Zur Geschichte Athens nach dem Verluste seiner Selbständigkeit.*

（Aristeides）和阿特纳戈拉斯（Athenagoras）等基督教作家的名字就够了，他们与同时代的多神教学者分享着雅典提供的荣誉和庇护。

雅典城的人口构成似乎早在公元 2 世纪末之前就已发生巨变，背后的原因在于亚洲和亚历山大里亚的希腊人不断向那里移民，以求拜访学园，利用图书馆资源。这些富裕异邦人的仆人和门徒大批聚居于雅典，改变了那里的通行方言，古典时代的纯粹性随之消散。只有在人口锐减的本地部落中间，在因贫困而无力购买异族奴隶或同富有哲学家来往的土地所有者中间，人们才能听到纯正的阿提卡方言。[1]异邦人占据着辩术和哲学的教席，修辞学家经常被选举为重要的地方官吏。但到了公元 3 世纪，我们看到雅典土生土长的修辞学家、历史学家与爱国者德克西普斯担任着当地的最高行政职务，为自己和城邦带来了荣誉。[2]

雅典和比雷埃夫斯港都已完全从君士坦丁时代之前的哥特人蹂躏中恢复了元气。由于古代舰船上的海员人数众多，他们用于储存补给品的空间又十分有限，雅典需要选取一处能够凭借自身的资源或商贾中心地位来提供大量补给品的港口，以此作为庞大海军兵力的据点。君士坦丁选择了比雷埃夫斯，帮助他的儿子克里斯普斯集结起一支大军，在赫勒斯滂海峡打败了李锡尼乌斯。这一史实至少可以表明，雅典是能够提供充足的补给品的。

---

[1] Philostratus, *Vit. Soph.* ii. 1. p. 238.

[2] *Corpus Script. Hist. Byz.*, 'De Dexippo,' p. xiv. edit. Bonn.

多神教的密涅瓦之城继续享受着基督教皇帝的恩宠与保护。君士坦丁扩大了学术掌门人和教授的特权，并免除了他们的许多苛捐杂税和公共负担。他赐予雅典城按年发放的谷物配给份额。他还接受了将军的头衔（就像从前哈德良接受执政官头衔一样），表明自己将担任雅典官吏视为一项荣誉。[1]君士坦提乌斯也向雅典城捐赠了谷物，以此作为对普罗埃瑞修斯（Proaeresius）的特别恩典。我们看到在他统治期间，雅典的学园十分活跃，汇聚了帝国各行省的富有学者，接待了那个时代的各位社会名流。[2]有四位名人在那一时期前后定居于雅典——未来的皇帝尤利安、哲学家里巴尼乌斯（Libanius）、圣巴西尔（St. Basil）和纳坚祖斯的圣格里高利（St. Gregory Nazianzenus）。当时的雅典城享受着无与伦比的宽容政策带来的好处。尽管当时的法律已开始反对某些多神教仪式，多神教徒还是可以和基督徒一样放心大胆地访问雅典的各所学园。因为世人认为，针对占卜术士的那些规定是不适用于君子和哲人的。在此后的一段时期里，雅典社会其实很少受到皇帝们宗教见解变化的影响。尤利安对多神教的倡导没有让雅典获益，瓦伦斯对阿里乌斯派的皈依也没有让它损失什么。

诚然，尤利安曾下令修缮所有神庙，并大张旗鼓、一丝不苟地举行常规的祭祀活动。但他统治的时间太短，无法完成任何翻天覆

282

---

[1]　Julian, *Orat. in Laud. Constantii*, p. 8, edit. Spanheim; Eunapius, *Vit. Soph.* p. 22, edit. Boissonade; *Cod. Theod.* xiii. 3.1 and 3.

[2]　Eunapius, *Vit. Soph.* p. 90, edit. Boissonade.

地的变革。希腊人也不大理睬他的命令，因为基督教已经在神庙祭司群体中拥有了众多信徒——说来蹊跷，他们似乎比哲学家更坚决、更坦然地接受了基督教的信条。许多祭司带着全家皈依了基督教；在许多神庙里，举行多神教的庆祝仪式变得非常困难。[1]尤利安颁布了一条专横不公的敕令，禁止基督徒公开讲授修辞学和文学，试图借此打击雅典的基督教势力。但他十分敬重当时的雅典教授、亚美尼亚人普罗埃瑞修斯，于是他宣布，这位教师不在他的法令限制范围之内。普罗埃瑞修斯拒绝接受皇帝的特别许可。由于公共教育必须遵守新的仪式规范，他认为自己有责任停止讲课，以免显得自己已默认接受了异教徒的习俗。[2]

但多神教的优势难以持久。大约在尤利安宣布多神教再度成为官方宗教两年之后，瓦伦提尼安和瓦伦斯就颁布了一道敕令，禁止咒语、巫术和夜间献祭，违者将处以死刑。[3]从字面上分析，如果当局不折不扣地实施这道法令，那就意味着埃琉西斯秘仪将被取缔，许多希腊迷信崇拜形式和新柏拉图主义的狂热信徒会感到难以接受。取缔重要多神教节庆活动（其中一些仪式是在夜间举行的）或许将严重损害雅典城和其他一些希腊城市的繁荣。因人格高尚和治理有

---

[1] *Panegyriei Veteres. Mamertini gratiarum actio Juliano*, c. 9, 转引自 Zinkeisen, *Geschichte Griechenlands*, p. 621。在图亚纳的阿波罗尼乌斯生活的时代，祭司们已开始忘记或忽视古代仪式，见 Philostratus, *Vita Apollonii*, iii. 58. p. 65。

[2] Amm. Marcell. xxv. 4. 参见 Smith, *Dictionary of Greek and Roman Biography and Mythology* 中的词条 "Proaeresius"。

[3] *Cod. Theod.* ix. 16.7；公元 364 年。

方而受人敬仰的多神教徒普雷特克塔图斯（Praetextatus）十分出名，他当时担任着阿凯亚行省总督。他的请愿促使皇帝对该法令进行了若干修正。雅典人得以继续举行埃琉西斯秘仪，直至阿拉里克摧毁了那座神庙为止。[1]

283

　　虽然多神教迅速走向衰落，但雅典的多神教哲学家仍是一个独立的社会阶层。他们拒绝皈依基督教，但也不反对基督教的发展。他们认为自己的宗教观点对于俗人而言过于曲高和寡。因此，在学园里的新柏拉图主义贵族、城镇市民（无论他们是多神教徒还是基督徒）和乡村农民（他们通常为多神教徒）之间是没有什么共通情感的。因此，皇帝们在政治上也不排斥哲学家，继续聘用他们担任公共职务。信奉基督教的皇帝和主教跟那些可敬的学者没有什么仇怨，尽管后者坚持着希腊文明目空一切的成见，并将基督教的博爱精神视为一种不切实际的空想。新柏拉图主义哲学家认为，人在本质上是一种残忍的生物；他们还相信，奴隶制是合乎劳动者的生存状态的。他们既谴责没落多神教信仰中原始的偶像崇拜，又批评纯粹基督教教义中的简单信条。他们抱有的那些社会成见在数个世纪里隔绝着东罗马帝国的乡村人口与城市人口。这些偏见最初源于盛行的农业奴隶制，因罗马的财政制度而根深蒂固——正是它将人们拉入了世代相袭的卑贱职业的深渊。里巴尼乌斯、特米斯提乌斯（Themistius）和叙玛库斯（Symmachus）得到了信奉正统的

---

[1]　Zosimus, iv. 3; Lasaulx, *Der Untergang des Hellenismus*, p. 84, *note* 242.

狄奥多西大帝的恩宠。圣巴西尔同里巴尼乌斯有过书信往来。公元 367 年的亚细亚行省总督是在雅典教授过修辞学的穆索尼乌斯（Musonius），但由于他当时可能已经皈依基督教，这一案例只能证明，雅典学园的教师们还享受着较高的社会地位。[1]

希腊生活方式的最后一丝活力正在迅速消散，不会再给希腊带来任何荣耀。奥林匹亚赛会一直举办到狄奥多西一世统治时期，终结于第两百九十三届赛会周期的第一年，即公元 393 年。最后一名有史可考的赛会胜利者是拥有安息血统的亚美尼亚人瓦拉斯塔德（Varastad）。阿明塔斯（Amyntas）之子、马其顿国王亚历山大曾经需要证明自己的希腊出身，才有资格参赛并争夺奖项。但此时的希腊人已经以身为罗马人而非希腊人为荣，那份始自半神、满是英雄姓名的名单上的最后一人——亚美尼亚人瓦拉斯塔德是一位罗马人。[2]希腊艺术品也告别了希腊的土壤。奥林匹亚宙斯的黄金象牙雕像被运到了君士坦丁堡，于公元 476 年毁于一场大火（火灾经常让那座城市化为废墟）。密涅瓦的雕像（多神教徒相信她保护了自己宠爱的城市免遭阿拉里克的洗劫）也大约在同时被夺走，也就是说菲狄亚斯的两件伟大作品都离开了希腊。[3]此后不久，伟大的奥林

[1]　Clinton, *Fasti Romani*. 见关乎穆索尼乌斯的引用。

[2]　Cedrenus, i. 326; Clinton, *Fasti Hellenici*, iii. introd. xv, *Fasti Romani*；公元 393 年；Moses Chorenensis, iii. 40。

[3]　Marinus, *Vit. Procli*, c. 29, 30, edit. Boissonade；转引自 Chastel, *Histoire de la Destruction du Paganisme dans l'Empire d'Orient*, p. 235. 见 Codinus, *De Antiq. Constant.* p. 13 对密涅瓦雕像的描写。还有其他许多雅典的雕像在狄奥多西二世时代被掠走，用来装饰君士坦丁堡，见 Codinus, pp. 26, 32, edit. Paris。

匹亚神庙也遭到毁灭，但我们不清楚具体的时间。有人认为，它是被阿拉里克的哥特军队烧毁的；另一些人则相信，它是在狄奥多西二世时代被狂热的基督徒拆毁的。奥林匹亚赛会纪年曾经记录了一代代希腊人的光荣体育竞赛成绩，如今则被用作财产评价公告的发布周期。荣耀将自己的社会影响力让位给了税收。

为了削弱基督教的影响力，尤利安曾对公共教育采取了一些限制措施，但这些举措并未产生持久影响。[1] 狄奥多西二世是第一位为了直接控制、约束公共舆论而干涉公共教育的皇帝。他一方面十分尊重那些由当局任命的教授，宣扬公共教育应顺从皇帝指令（或者说应心甘情愿地接受皇帝意志的奴役），另一方面则给了自由探索精神致命一击：他禁止私人教师公开讲学，违者将受到羞辱与流放。[2] 之前，私人身份的哲学教师曾完全自由地在全希腊讲学；但从此以后，即便在雅典，思想也受到禁锢，除非获得帝国政府的批准，否则任何见解都不得公开传授。百家争鸣的局面被破坏了。天才能够为极其古老的话题带来新意，向来受到循规蹈矩者的猜疑，如今则受到官方迫害。由于丧失了表达思想的自由，人们很快就不再思考了。

尽管我们对从狄奥多西二世时代到查士丁尼关闭哲学学园之间的确切史实所知甚少，但还是可以发现雅典有别于帝国境内其他行省城市的独特之处。从哈德良与玛库斯·奥勒留将雅典视为自由城市以来，信奉基督教的皇帝始终都对该城的种种特权保持着尊重。

285

---

[1]　*Cod. Just.* xiii. 3.5; x. 52.7.

[2]　*Cod. Theod.* xiv. 9.3; *Cod. Just.* xi. 18.1.

由于雅典传统上一直是罗马的盟友而非臣属，她仍保留着希腊的若干荣光。从优多奇娅皇后在前往耶路撒冷朝圣途中对安条克人民发表的演说里，我们还能辨认出这种历史记忆的若干痕迹。这篇演说在对他们共同的希腊起源的赞美中结束。[1] 基督徒与学园门徒之间的精神竞争无疑提升了雅典的道德品质。在多神教信仰被世人抛弃之后，它的礼仪规范仍在罗马帝国各座大城市的居民中间流传。在雅典城内，哲学家的道德纯洁令他们鹤立鸡群，曾被罗马、亚历山大里亚和君士坦丁堡宗教选举的喧嚣与罪孽玷污过的基督徒不免要相形见绌。与此同时，古代世界的文明并未完全灭亡，它的许多污点已被洗刷干净。招待异邦人的公共旅馆树立了良好榜样，模仿这种做法的穆斯林后来也赢得了巨大声誉。接纳穷人的济贫院和服务病人的医院往往能够按照人口规模兴建；在它们数量不足时，相应情况也会被公正地记录下来，当地富有的多神教徒会感到脸上无光。事实上，基督教精神已经渗入了多神教徒，使后者变得高尚、低调、温和、谦卑。雅典社会的风尚是优雅和人道的。富人住在宅邸里，购置自己的私人图书馆。许多哲学家像普罗库鲁斯一样拥有可观收入，或许也像他一样继承了丰厚的遗产。[2] 贵妇们身穿镶金的丝绸衣服。男男女女都爱穿带有镶金流苏的厚绸子鞋。有钱人会喝罗得岛、克尼多斯半岛和塔索斯岛出产的葡萄酒，这一点有散落于现代

286

---

[1]　Evagrius, *Hist. Eccles*. i. 20.

[2]　Chastel, *Hist. de la Destruction du Paganisme*, 260.

雅典城乡间的刻有铭文的陶瓶碎片把手为证。[1]"金口"约翰曾批判君士坦丁堡的奢靡与疯癫，这些或许也存在于雅典。但由于拥有的财富较少，此类风气在哲学之城中不可能像在正统信仰之城中那样毫无下限。雅典主教总不至于要去谴责在公共蓄水池里游泳的贵妇。但此类行为就激起了君士坦丁堡圣者的义愤，它在几代人的光景里始终是当地女性最喜欢的娱乐活动之一，直到查士丁尼予以取缔，将其列为离婚的合法理由。[2]

狄奥多西一世、阿卡狄乌斯和狄奥多西二世颁布了许多禁止多神教仪式的法条，下令迫害其狂热信徒。但许多贵族甚至一些身居高位的人物，还是坚守着这种离经叛道的信仰。公元 404 年的君士坦丁堡长官奥普塔图斯（Optatus）就是一名多神教徒。安条克的财务官伊索卡西奥斯（Isokasios）在公元 467 年因该罪名遭到指控。人们认为查士丁尼时代的著名法学家、去世于公元 545 年的特里波尼安（Tribonian）同敌视基督教的哲学观点有染，但此人在表面上遵守着正统宗教的规范，并无任何不自然之处。这种毫无宗教原则的姿态使他被世人称为无神论者。[3] 哲学家最后遭到了残酷镇压，一些轶事诉说着他们在芝诺时代的舍生取义。[4] 老牌贵族出身的福

[1] 罗得岛的陶瓶残片通常年代较早。

[2] Montfaucon, *Mémoires de l'Académie des Inscrip.* xiii. 482; *Cod. Just.* v. 17.9. 尽管存在着人身攻击的嫌疑，普罗柯比乌斯对塞奥多拉及其朋友的刻画仍然提供了关于那个时代风尚的证据。

[3] Suidas, *s.v.* Τριβοινιανός.

[4] Lasaulx, 140; Suidas, *s.v.,* Ἱεροκλῆς.

卡斯在查士丁尼时代服毒自杀，以免被迫信仰基督教或作为罪犯遭到处决。[1] 这个时代里最著名的历史学家却是一些多神教徒。攸纳皮乌斯和佐西穆斯的多神教徒身份毋庸置疑，后人通常也不会将普罗柯比乌斯视为基督徒。

　　最后，到了公元 529 年，查士丁尼没收了雅典用于哲学教育的全部经费，关闭了所有学园，攫取了献给柏拉图学园的馈赠。该学园在近九百年间供养着一批又一批教师，最后一位仍然享受着一千索里达金币的年金，但据说他沦落到了终日在一处荒芜的圣树丛中游荡，在一座空旷的大厅里授课的田地。[2] 几位雅典哲学家因自愿流放波斯而闻名于世，他们确信可以在那里避开查士丁尼的迫害，或许还有希望找到新的门徒。但他们无法得到琐罗亚斯德信徒的同情，不久便欣然接受了侯斯罗斯的恩典——这位君主为他们取得了返回罗马帝国、平静度完余生的许可。[3] 宗教宽容政策让他们本已式微的影响变得毫无意义；保守贵族逐渐放弃了诸哲学流派残存的异端幻想，那本是他们最后的精神避难所。[4]

---

[1]　Lasaulx, 147.

[2]　这笔财产在柏拉图时代只值三个金币，见 Suidas, *s.v.* Πλάτων。柏拉图去世于公元前 347 年。

[3]　Neander, *Hist. of the Christian Religion and Church*, ii. 84. 侯斯罗斯十分慷慨，公元 533 年他同查士丁尼媾和的条件之一就是让这些人返回雅典。如果没有这一条件的话，他们返回帝国定居后难免会受到骚扰。Zumpt, *Über den Bestand der Philosophenschulen in Athen und die Succession der Scholarchen*, p. 62，参见德文版译者的注释。

[4]　Clinton, *Fasti Romani*，公元 529—531 年。Agathias, 69, edit. Paris 列举了几位哲学家的名字，其中最著名的是辛普利奇乌斯。Clinton, *Fasti Romani*, Appendix 提供了他们作品的列表。查士丁尼视雅典为重要城市，因而送去了他制定的法律的抄本。见上文，本书第 216 页注。

第四章

565—633 年

从查士丁尼之死到

希拉克略恢复罗马在东方的势力

查士丁二世的统治

在查士丁尼之死和希拉克略之死中间的这段罗马帝国史呈现出了新的面貌。由马其顿人和希腊人共同构成的定居于东地中海大部分地区的强大民族迅速走向衰落，甚至在许多行省里几近灭绝。即便是欧洲的希腊人——他们在数百年间已成为在情感、语言和宗教上高度统一的民族——也在很多地区因粗野的斯拉夫人的迁入而被逐出了故土。希腊文明和亚历山大大帝政策的一切成果最终被罗马的压迫毁灭了。希腊人将自己的全部注意力转移到经营地方制度。他们不再指望从帝国政府手里获得任何好处；皇帝和帝国官僚机器也不再怎么关注行省事务，除非它们跟国家至关重要的财政需求有什么干系。

罗马帝国诸多行省的居民到处组建独立于政府之外的团体，尽可能地避开君士坦丁堡的中央集权。民族情感越来越有力地将帝国臣民分化为不同群体。在这些群体中，共同的语言和宗教对社会生活的影响力大于皇帝强加的政治效忠关系。这种利益与情感的分道扬镳很快斩断了复兴帝国的各种希望，甚至一度孕育了新的政治、

289

宗教与民族联合观念，眼看着就要令东罗马帝国土崩瓦解。西罗马帝国的前车之鉴此时也威胁着东罗马帝国，就世人所能判断的层面而言，亚美尼亚、叙利亚、埃及、阿非利加和希腊转变为独立国家已经指日可待。但与希腊桀骜不驯的城邦中心主义或马其顿君主的人格魅力相比，罗马中央集权的铁律具备一种截然不同的内在顽强生命力。罗马帝国永不放弃对臣民的权威，始终对他们一视同仁，并坚持命令他们满足自己的财政需求，甚至还会动用法律为自己的不公行为授权。它从不允许臣民拥有武器，除非那些武器是由国家分发的，兵力是由皇帝麾下的军官们直接指挥的。即便在帝国兵力被阿瓦尔人和波斯人打得落花流水之际，它的政策也不曾改变。皇帝们在敌人兵临君士坦丁堡城下时展现了顽强的精神，一如之前的统治者面对汉尼拔从坎尼战场向罗马城进军时的情况一样。

　　由于世界历史（它为全人类提供了教育启迪）上一些人算不如天算、政治智慧无法参透、哲学家只能视为神意安排的机缘巧合，罗马失去了相当一部分东方领土。但摆脱了罗马桎梏的那些地区的居民并未获得更广泛的自由空间来顺应个人和民族的发展，而是在伊斯兰教和穆斯林的征服下遭受了更专制、偏执的压迫。一些曾遭受马其顿人奴役和罗马人压迫的民族最终被萨拉森人灭绝了。[1]

　　东罗马帝国的皇帝们似乎相信，只要在民事和刑事案件中公正

---

[1] 乔治·芬利在此处的若干表述因受 19 世纪末西方中心论的影响而有失客观公允，读者应注意甄别。——中译者注

执法，就无须关注行政部门的日常活动。他们忘记了，法律诉讼处理的只是特殊的案件，民众的福祉依赖于行政官吏们的日常工作。事实很快表明，查士丁尼的帝国立法改革并未改善行政体系。首都和帝国的一部分人口自恃为罗马人而趾高气扬，他们靠为皇帝效劳取得了特权，却凭此自肥，损害了民众的利益。中央政府失去了对民众的控制。查士丁二世乐于做出一些让步，试图复兴传统的观念：社会秩序和财产安全全系于帝国政府。长期以来，这种观念一直是皇权的重要基础。[1]

　　世人已深切地感受到了罗马帝国缺乏稳定的皇位继承原则的弊端。确立皇权世袭可以明智、有效地补充帝国法律。[2]这项法令的目的是授予皇帝立法权。理论上讲，罗马人民才是一切权力的合法来源，公共舆论仍坚持这种观念。但对帝国法律与制度了如指掌的

291

---

[1] Novell cxlix 被归在查士丁名下。总的来说，这是一部反映他统治时期历史的有趣文献。下面这段文字值得注意："我们敦促各行省的主教，还有地产所有者和耕种者中的头面人物，要求他们为了公共利益而服从我们的权威，尊重本行省的治理模式。"(Hortamur cujusque provinciae sanctissimos episcopos, eos etiam qui inter possessores et incolas principatum tenant, ut per communem supplicationem ad potentiam nostram eos deferant, quos ad administrationem provinciae suae idoneos existiment).*Ed. Just.* iv.

[2] "但那些令皇帝满意的规定仍具有法律效力：对于依照继承法即位的皇帝，罗马人民授予他完整的统治权力。"(Sed et quod principi placuit, legis habet vigorem: cum lege regia quae de ejus imperio lata est, populus ei, et in eum, omne imperium suum et potestatem concedat.) 可见，查士丁尼在此提到的"继承法"相当于现代英国授予国王立法权的国会法案；但它必然也跟授予罗慕路斯最高统治权的《大位继承法》(*lex curiata de imperio*) 承载的罗马人观念有关。它表明，这项法令承载的国家意志是高于皇帝的。因此，即便到了帝国时代，罗马人仍自视为一个自由民族，认为法律才是他们的最高权威。

查士丁尼害怕不折不扣地执行这条含糊的或许出自假想的继承法令，尽管帝国利益要求采取措施，避免皇位争夺演变为内战。继承人很容易成为现任皇帝的竞争对手；摄政则有可能恢复元老院的权力，使得现政权被一个寡头贵族集团取代。无嗣的查士丁尼自然不愿通过任何明确法律条文来约束自己的权力。不然的话，他就等于是亲手让元老院和民众凭借其权威强制推行政策，进而限制皇权独断专行。元老院、宫廷和军队中的大部分头面人物都乐得看到皇位继承问题悬而未决，这必定会导致诡计大行其道、政局充满变数，有利于他们飞黄腾达。只有首都的律师们、教士们和行省中的行政与财务官吏们才拥护明确继承原则的做法。作为特权阶层的罗马市民和贵族总的来说是反对这一计划的，因为那削弱了他们的重要性。废除元老院和罗马人民批准皇帝选举结果这一仪式的做法被视为对政体的粗暴侵犯，是在剥夺东罗马帝国居民一向标榜的权利——"他们生活在合法君主而非波斯那样的世袭专制君主治下"。当时的罗马人仍充满自豪地喊着这句口号。

查士丁尼之死一度令帝国濒临内战的边缘，但各方势力都在设法避免灾难的降临。于是，他妻子的侄女婿、担任着宫廷总管的查士丁二世被和平推举为继承人。充沛的精力使得他能够利用罗马帝国残存的古代元素；这些形式暂时获得的政治影响，证明了罗马即便在此时也远非纯粹的专制国家。"元老院和罗马人民"的口号仍能对公共舆论产生重要影响，查士丁二世相信，他们的正式选举流程能够为自己的皇帝头衔提供合法性。查士丁二世的党羽要求元老院劝说他接受尊位，其实他早就控制了军队和财库。民众集合在竞技场里等待新皇帝发表演说，他保证自己施政的首要目标是人民的福祉而非自己的安逸。[1] 查士丁二世为人光明磊落，但据说有些反复无常。不过，他并不缺乏个人才干或精力。[2] 由于疾病缠身并一度精神失常，他最后不得不把管理公共事务的权力交给他人。在这一关键时刻，他展示了出色的判断力和爱国热忱。他没有选择自己的兄弟和女婿，而是选了一位似乎有能力重振罗马帝国朝纲的人物。那个人便是提比略二世。

查士丁二世在统治初期充满活力，甚至可以说有些急于求成。他认为查士丁尼每年向波斯人和阿瓦尔人缴纳贡金是一种耻辱。由于拒绝继续缴纳贡金，他被迫同时与两个劲敌开战。但罗马人的治理是如此混乱，以至于实力有限、人数不多的伦巴德人在未遇抵抗的情况下便征服了意大利的大部分领土。由于那次征服发生在查士丁二世统治期间，而且伦巴德人在欧洲文明史上占据着重要地位，丢掉意大利通常被视为这位君主软弱无能的有力证据。

伦巴德人在多瑙河畔占据的领土由于其暴政而陷入积贫积弱。由于阿瓦尔人的虎视眈眈、斯拉夫人的羽翼渐丰和格皮德人的长期

293

---

[1]　Corippus, *De Laud. Justini Minoris*, ii. 337; Constantine Porphyrogenitus, *De Caeremoniis Aulae Byzantinae*, i. c 93, vol. i. p. 429, edit. Bonn. 查士丁二世说："愿全能的上帝为你们选出治理此地的君主，我们呼唤来自天国的远见卓识。"（Τῇ τοῦ παντυοδυνάμου Θεοῦ κρίσει τῇ τε ὑμετέρᾳ κοινῇ ἐκλογῇ πρὸς τὴν βασιλείαν χωρήσαντες, τὴν οὐράνιον πρόνοιαν ἐπικαλούμεθα. ）他的治理原则在 *Novells*, cxlviii and cxlix 中又有所发展。

[2]　Theoph. *Chron*. p. 208.

敌视，他们很难保住自己的优势。人口日渐稀少、贫困日趋严重的周边地区已无法养活数目庞大的战士——他们藐视一切对于保持哥特族群优势地位而言至关重要的有用职业。哥特治下的斯拉夫邻邦和臣民在军事上逐渐变得跟主人们一样强大。由于许多邻人能够将农耕和放牧、劫掠的生活习惯结合在一起，他们的民族实力慢慢提升，已经能够跟伦巴德人分庭抗礼。在这样的形势下，伦巴德国王阿尔博因（Alboin）决定移民，在资源最多、人口最多的毗邻地区意大利建立据点。为了保证自己顺利完成这次远征，他提议同阿瓦尔人合力消灭格皮德人的王国，承诺放弃一切被征服领土，只拿走一半动产战利品。

这次古怪的联盟取得了成功，伦巴德人和阿瓦尔人的联军打败了格皮德人，消灭了他们在潘诺尼亚境内维持了一百五十年的王国。随后，伦巴德人马上开始迁移。由于赫鲁尔人早已离开了那片焦土，这标志着徘徊在东罗马帝国边境的最后一支哥特族群将他们的领地留给了自己长期以来抵御的匈人部落，还有多年以来掌控的斯拉夫人。

根据伦巴德编年史家执事保罗（Paul the Deacon）的说法，这一时期的历史学家断言，是纳尔塞斯把伦巴德人引入了意大利，以此抗议让自己受辱的诏令——皇后索菲娅和她的丈夫查士丁二世共同下令，将这位年老的宦官召回君士坦丁堡。[1] 宫廷对于纳尔塞斯在

294

---

[1] Paulus Diaconus, *De Gestis Langobardorum*, iii. 5. 伦巴德人的盟友是两万名在瓦莱被勃艮第人打败的萨克森人（Saxons）。

治理意大利期间的开销感到不满，要求意大利每年向帝国财库上缴一大笔钱。意大利人也抱怨他治下的军事高压与财政压迫。然而，纳尔塞斯一生中的最后表现跟叛国行为相去甚远。真相也许是皇帝查士丁二世和他的谋臣们心知肚明，帝国无法再从意大利的农业区榨取更多收入了——这是解释君士坦丁堡政府对伦巴德人的入侵漠然视之的最简单的说法。显而易见的是，在解释伦巴德人何以能够轻易进入意大利时，帝国的默许显然比纳尔塞斯的叛国更接近事实真相。

　　纳尔塞斯一接到召回自己的指令，便前往那不勒斯，准备从那里返回君士坦丁堡。但伦巴德人的进犯令意大利人陷入了恐慌。他们派出一个使团，恳请纳尔塞斯继续主持大局。罗马主教也赶往那不勒斯，告诉纳尔塞斯行省居民已真心悔改，并感受到了在这样一个危急时刻失去一位天才领袖的危险。可见，意大利人此时并未怀疑纳尔塞斯与伦巴德人之间有什么交易，也不曾猜想这样一位经验丰富的廷臣、聪明过人的政客和老道干练的将领会在垂垂老矣之际为复仇而失了心智。不然的话，他们肯定会因纳尔塞斯重新掌权而瑟瑟发抖，担心他的报复，而非信赖他的才华。尽管研究的是非常古老的历史，我们也应当更重视纳尔塞斯在漫长政治生涯中的举止和性格，而非一则戏剧性的轶事，即便那是由一位伟大的历史学家复述的。皇后索菲娅将纺线杆和纺锤送给全帝国最优秀的将领，而这位老将则怒气冲冲地宣称，自己要送回一个让她无法轻易打开的结。这听上去就像是充斥着无聊幻想、愚蠢观念的轶事，如同某个粗鄙社会（而非查士丁二世宫廷）的无稽之谈。我们还可以进一步

295

认为，该轶事来自哥特人或伦巴德人。这是因为日耳曼民族必定会对宦官获得军队、政府大权感到惊讶，从而生出许多荒诞无稽的传说。纳尔塞斯叛国的说法有可能出现于他去世之际。但值得注意的是，没有任何一位希腊作家在公元 10 世纪之前提及过此事。这一事实让我们有理由猜想，伦巴德人的征服至少得到了皇帝的默许。[1]纳尔塞斯确实接受了意大利人的建议，决定重返罗马城，着手抵抗伦巴德人。但他在敌军进入意大利之前便去世了。

　　查士丁二世时代的史学家不住地抱怨皇帝滥用司法权力。但他们记载的那些事实恰恰表明，皇帝的做法无可指摘，腐败的根源在于整个帝国行政体系的弊端。人们用来控诉司法部门腐败的最著名的一则轶事恰恰表明，混乱的真正根源在于行政治理中贵族官吏日益膨胀的权力。一名因举止不公而被首都长官质询的贵族讥笑了对自己的传唤，拒绝出面辩护，因为他正在参加皇帝组织的娱乐活动。[2]考虑到这种情况，长官不敢贸然逮捕他。但他立刻前往宫廷，向查士丁禀报，声称作为一名法官，自己时刻准备着一丝不苟地执行每一条法律。但既然皇帝尊重这些罪犯，允许他们上宫廷里

296

---

[1]　公元 949 年，见 Constantine Porph. *De Adm. Imperio*, 27. p. 119, edit. Bonn。皇帝君士坦丁七世的叙述准确度极低，他并没有什么真实的档案材料作为依据。他混淆了年代和人物，在叙述纳尔塞斯的同时代人时提到了皇后伊琳妮和雅典贵族扎卡里亚斯（Zacharias），却从未提到皇帝查士丁二世。参见 Banduri, vol. iii. p. 331, edit. Bonn 的注释。
[2]　某位皇室总管（Μάγιστρός τις）。Cedrenus, vol. i. p. 389, edit. Paris. 高级元老中的一人（τῶν ἐπισημοτέρων συγκλητικῶν ἕνα）。Zonaras, vol. ii. p. 71, edit. Paris; Manasses, *Chron*. p. 69.

的餐桌，视自己的权威如无物，他请求辞职。查士丁二世毫不犹豫
地保证，他永远不会袒护任何不义行为。即便被指控者是他自己，
他也会顺从地接受惩罚。获得授权的长官逮捕了被告，把他带到法
庭上审讯。皇帝称赞了法官的行为，但据说这一果敢举动令君士坦
丁堡的居民们惊愕不已，以至于在三十天内，该长官再未接到过任
何诉状。如果那个时代的历史学家对人们抱怨不公现象的记述是可信
的话，那么民众对这种秉公执法的反应未免奇怪。不过，这则轶事还
是十分有价值的，因为它揭示了东罗马帝国得以延续的真正原因：司
法体系维持着摇摇欲坠的政治大厦。查士丁二世还减轻了臣民们的负
担——公共税收的欠款越积越多，这对于充实国库而言并无裨益。[1]

查士丁二世同波斯开启战端或许有些冒失，但他并未忽视在这
场斗争中巩固自身。他跟中亚的突厥人及占据阿拉伯部分地区的埃
塞俄比亚人组建了联盟。不过，尽管拥有这些帮手，帝国军队在东
方的战事仍不顺利。罗马人和波斯人展开了旷日持久的往复争夺，
两大帝国的许多行省都在这些野蛮战事中陷入凋敝状态。侯斯罗斯
成功夺取了美索不达米亚的锁钥达拉，并用十分可怕的方式蹂躏了
叙利亚。这一富饶行省的五十万居民成为奴隶，被带回波斯。与此
同时，阿瓦尔人巩固了在多瑙河畔的帝国，迫使匈人、保加利亚人、
斯洛文尼亚人和哥特人残部服从于他们的权威。查士丁徒劳地想要

---

[1]　见 *Novell.* cxlviii and cxlix.，两条法令都被归在查士丁名下。另见 *Novell.* cxli. 所
记提比略二世的言论："出于贪欲，官吏的花销超过自己的所得。"（Ab avaritia eorum,
qui magistratus emunt magis, quam accipiunt.）

怂恿奥斯特拉西亚的法兰克人攻击他们，试图加以阻挠。阿瓦尔人
继续同帝国作战，并打败了未来的皇帝提比略二世率领的罗马军队。

面对四面八方的灾难和举步维艰的内政，罗马皇帝必须勉力做
出应对。但健康状况使得查士丁对此力不从心。提比略二世似乎是
唯一能够指挥帝国的大船穿过风暴的人物。查士丁拥有足够的气度，
任命此人为自己的继承者，授予他凯撒头衔，并明智地将治理国家
的所有大权交出。新凯撒的行动很快扭转了东方战局，尽管欧洲诸
行省仍在遭受斯拉夫人的蹂躏。[1] 御驾亲征的侯斯罗斯在麦利特尼
战败，乘胜追击的罗马人推进到了巴比伦，劫掠了直至里海沿岸的
波斯诸行省。

令人吃惊的是，我们在查士丁二世时代的史料中根本没有找到
关于希腊民族或希腊国家的记载。查士丁尼极力用税收榨取了希腊
的财富，查士丁二世及其继任者则完全忽视了抵御斯拉夫人的责任。
但希腊人似乎依旧保留着不少古时的独立精神和排他的民族特性，
这引起了本民族中以罗马人自诩的贵族集团的忌惮。查士丁二世强
迫撒马利坦人皈依基督教的法令表明，帝国政府是不会让任何臣民
展示民族性的。该法令成功地消灭了这个民族，尽管他们从前在东
罗马帝国的历史上几乎跟犹太人同等重要。在查士丁二世的法律颁
布后，他们就再也没有被史料提及过。[2]

---

[1] Menander, pp. 124, 164, edit. Paris.

[2] 公元 572 年，见 *Novell.* cxliv。

提比略二世与莫里斯统治时期政治、民族影响力的瓦解

查士丁尼去世后，一种隐隐约约的恐惧感弥漫于罗马帝国的社会。帝国大厦的根基已陷入流沙，整个体系眼看着要走向土崩瓦解。这种担心不是毫无道理的，但它来自民众的直觉而非政治远见。这或许是历史上绝无仅有的一个时代（从查士丁尼去世到穆罕默德的出现）：整个社会完全陷入了道德沦丧的状态；希腊人与罗马人所知的一切民族均缺乏活力与美德。莫里斯时代的史学家特奥弗拉克图斯·西摩卡塔提到了一个值得注意的证据：世人普遍相信，罗马帝国境内将爆发一场大规模革命。他记述道，有个天使在提比略二世的梦中显现并宣布，由于皇帝具备美德，无序状态将不会在他统治期间降临。[1]

提比略二世与莫里斯的统治时代向我们展示了一幅令人印象深刻的画面：两位才华过人的皇帝殚精竭虑，想要改善国家的处境。但他们无力阻止帝国的衰落，尽管衰落的原因显然在于帝国内部。罗马帝国内部的巨大罪恶来自政府与各个阶级之间的不和。一支强大的军队依旧控制着战场；政治治理仍在有条不紊地进行；财政并未陷入混乱；皇帝们仍在竭尽全力确保司法公正。但没有任何一个阶级保持着爱国心；君主与臣民之间已无联系纽带；没有什么共同利益促使世人在公共场合遵守同样的法律；没有基本的民族性制度

298

---

[1]　Theophylactus Simocatta, p. 11, edit. Paris.

借助道德与宗教来规范公民行为。因此，皇帝们只能用行政改革来应对普遍的政治瘫痪状态。在提比略二世登上皇位时，由于他的谨慎、公正和才华饱受称赞，世人一度对扭转乾坤抱着巨大希望。他努力抵抗着帝国的敌人们。但他看到国家的内部弊端要比波斯人和阿瓦尔人危险得多，便设法跟主要敌手媾和，试图将全部精力集中到内政事务和军事改革。然而，他同侯斯罗斯之子霍米斯达斯的媾和以失败告终。当他发现波斯人拒绝了所有合理的议和条件后，他想通过孤注一掷的手段结束这场战争。他将全部可调遣的帝国兵力集结在小亚细亚，共布置了十五万人。阿瓦尔人趁机攻占了希尔米乌姆。皇帝跟他们缔结了一项可耻、不利的和约，因为在他看来，确保在同波斯的战争中取得胜利是至关重要的。东罗马帝国在战争初期占据了一定优势，但提比略二世之死打乱了全部的计划。他在短暂的四年统治过后去世，获得了东罗马帝国最优秀统治者的美誉。执行全面改革计划的艰巨任务来到了他的女婿莫里斯手中。

　　莫里斯熟悉帝国行政的方方面面：他具备优秀廷臣的所有素质，是一个仁慈、可敬的人物。但他缺乏在艰难时局下统治罗马帝国的非凡智慧。他的个人品质赢得了希腊史学家的一致赞誉，因为他是一个好人和真正的基督徒。当君士坦丁堡民众和心胸狭窄的枢机主教决定将一个术士烧死时，他竭尽全力拯救那个受迫害的人，尽管最后以失败告终。[1] 他在退位后展示了自己的虔诚信仰。当某个人的孩子即将代替他自己的孩子被处决之际，他亲自指出了这一错误，

---

[1]　Theophylactus Simocatta, *Hist.* i. c. 11. pp. 22, 23; Evagrius, vi. 2.

以免无辜的人因为自己而牺牲。他信奉正统教派，花销节俭。那些美
德是值得臣民们欣赏甚至崇拜的，可以让他得到教士和民众的爱戴。
但不幸的是，世人将他在战场上的功业不足归因于他的悭吝，他的恻
隐之心也被基督徒视为有悖于正统信仰。他的美德的感召力由此受到
了削弱，无法在治理国家时利用民众拥护带来的优势。当事实表明莫
里斯的统治并不理想后，他很快就被称作啬鬼和马西昂派教徒。[1]

　　由于支持君士坦丁堡主教获得普世之名，莫里斯引起了罗马枢
机主教格里高利一世的强烈不满。那位睿智的教士声望崇高，西方
史学家总会带着神学偏见去看待东罗马皇帝莫里斯的一举一动。在
书信中，格里高利指责莫里斯助长了公共行政事务中的腐败，甚至
贩卖过高级教职。就拜占庭宫廷制度而言，这些指控无疑是合理的；
但没有哪位皇帝会像莫里斯那样痛感这套制度的消极影响，并真心
希望对此进行改革。史书中记载了他的慷慨大方，还有他在那个多
事之秋减轻臣民负担且在一定程度上取得成效的尝试。这些事实足
以说明，莫里斯治下财政体系的弊端并非源于他的精打细算。[2] 格
里高利一世对卑劣暴君福卡斯的阿谀奉承清晰表明，决定那位枢机
主教褒贬的其实是策略，而非公正原则。

300

---

[1]　马西昂派认为，造物主乃是一位既非至善也非极恶、本性杂糅的神祇。参见
Mosheim, *Ecclesiastical History*, i. 193, edit. 1845。

[2]　特奥弗拉克图斯·西摩卡塔声称，莫里斯削减了三分之一的税率。但这一说法过
于笼统，我们很难相信其他史家都忽略了如此重要的改革。他的措辞几乎可以让我们确
信，减免欠款应该是皇帝本人做出的让步。但只有溜须拍马的拜占庭作家才会声称，将
一项有害的债务减免三分之一算得上功绩。在被免去三分之一的税款后，顺从皇帝莫
里斯的臣民们感到欢欣鼓舞（Ἀναφέρεται δὲ καὶ τὴν τρίτην μοῖραν τῶν φόρων συγχαρῆσαι
τοῖς ὑπηκόοις τὸν βασιλέα Μαυρίκιον）。Theophylactus Simocatta, lib. viii. c. 13. p. 216.

提比略二世曾选择莫里斯担任他军队改革中的重要助手。新皇帝的不幸在很大程度上源于他试图执行这些计划。但只有冷静、伟大的领导人才能向世人证明，采取这些措施对于拯救罗马政权而言是必不可少的。军队的巨大开销和部队的我行我素已经威胁到了政权安危，就像君士坦丁改革前的情况一样。提比略二世已经小心翼翼地为一套新制度奠定了基础。他购买并训练了一万五千名异教徒奴隶，将之编入亲兵队伍。[1]他让莫里斯直接统领这支小规模军队，后者已着手实施军事改革，试图恢复古时罗马军队的驻扎方式。复兴古老的罗马驻军制度在军中引发了普遍不满；我们似乎有充分理由认为，公元580年莫里斯在伊贝里亚边境军事行动中遭受的挫折源于士兵们的不满。[2]我们或许可以依据以下事实证明，莫里斯是个学究式的将领：他有时间撰写一部军事技术手册，却并未取得很高的军事声誉。士兵们当然有理由怀疑，他是军队特权和种种要求的绊脚石，并用怀疑的目光审视他的一举一动。[3]在波斯战争期间，

[1] Theoph., *Chron.* 213. 忒奥法尼斯的措辞表明，这支部队酷似早期的土耳其禁卫军。皇帝提比略二世雇用了一批异族奴隶，以自己的名义将他们组织成一支军队，为他们提供制服和武器（Ὁ δὲ βασιλεὺς Τιβέριος ἀγοράσας σώματα ἐθνικῶν, κατέστησε στράτευμα εἰς ὄνομα ἴδιον, ἀμφιάσας κα καθοπλίσας αὐτούς）。这支奴隶军队表明，罗马皇帝拥有特殊的地位和不受限制的权力。希腊民族已走向沉沦。本族人已不受信任，但皇帝还需要优秀士兵来震慑住异族雇佣军。在这个时代里，罗马皇帝的地位酷似三个世纪后的巴格达哈里发，他们在军事上扮演的角色也跟征服时代过后的奥斯曼帝国统治者有几分相似。

[2] Theophylactus Sim. *Hist.* iii. 1. p. 62; *Menandri Fr.* p. 435, edit. Bonn.

[3] Arriani *Tactica cum* Mauricii *Artis Militaris lib. xii.*, primus edid. vers. lat. notisque illustr. J. Scheffer. Upsal, 1664, 8 vo. 这部作品值得军事技术专家出版新的评注本。那个时代的军事用语是罗马、希腊和蛮族术语构成的大杂烩。

他冒失地试图削减部队的薪饷与配给。这一不合时宜的举动导致了一场哗变，帝国费尽九牛二虎之力方才平息了事态。但这起事端对皇帝和军士的心态产生了恶劣影响，为二者的失败埋下了伏笔。[1]

命运女神在莫里斯同波斯的斗争中垂青了他，让他缔结了提比略二世未能凭借谨小慎微或金戈铁马达成的和约。一场内战让霍米斯达斯之子侯斯罗斯二世陷入流放，迫使他寻求罗马人的保护。[2]莫里斯仁慈地接纳了他，采取了公正、慷慨的政策，帮助他夺回了父亲的宝座。重登波斯宝座后，侯斯罗斯二世同看似兴盛的东罗马帝国缔结了和约。莫里斯明智地选择维持稳定，没有要求波斯方面做出有损于其荣誉或利益的让步。达拉和尼西比斯被归还给了罗马人，侯斯罗斯二世方面又割让了归属波斯的亚美尼亚的一部分，使得东罗马帝国拥有了利于守卫的稳固边境。

莫里斯尝试重建帝国行政体系的古老权威，激起了一场革命

莫里斯一稳定住亚洲诸行省的形势，便带领全部兵力前去对付阿瓦尔人，试图阻止他们年复一年地劫掠从多瑙河到地中海沿岸的

---

[1]　公元588年。

[2]　公元590年，侯斯罗斯二世继承了霍米斯达斯三世的宝座，并统治了三十七年。他的统治于公元628年被儿子希罗耶斯推翻，参见本书末尾处的年表。

地区。阿瓦尔王国此时囊括了从卡尼亚的阿尔卑斯山到黑海之间的欧洲地区；从前拥有独立政权的匈人、斯拉夫人和保加利亚人要么同征服者建立了联盟，要么就已成为阿瓦尔君主的臣民（或至少是附庸）。在同波斯缔结和约后，阿瓦尔人的君主已成为东罗马帝国唯一的危险敌人。但阿瓦尔人虽可迅速发动大规模征服，却无法组织起一支能够在开阔战场上对抗帝国正规军的力量。莫里斯对罗马军纪的优势信心十足，打算御驾亲征，这场战争的胜利似乎毫无悬念。但在这一节骨眼上，莫里斯却犹豫了。他动身离开了君士坦丁堡，显然是决心要亲自统领全军。但当宫廷和元老院派出使团，劝说他应以圣体为重时，他却将这一劝诫作为借口，立刻返回了首都。他的勇气自然受到质疑，他的朋友和敌人都将其谨小慎微视作不祥之兆。莫里斯的信心确实已发生动摇，因为他看到了自己不得人心的迹象。这令他心生警觉，并确信自己力主推行的军队改革计划比之前料想的更难实施。就像软弱、犹豫的人经常会遇到的情况那样，莫里斯在坚决推行了若干举措后，开始对它们的成效满腹狐疑。于是，他不再尝试亲自主持改革，尽管他肯定也会怀疑，缺少了皇帝的个人影响和权威，这些需要将军事技巧与政治智慧结合在一起的事业还能有多少起色。他的举动招致了士兵们的鄙夷。无论他是被预兆吓破了胆，还是回避责任，部队里都在嘲笑他的胆怯。因此，即便没有什么特殊事件激起征讨阿瓦尔人的部队的怀疑或仇恨，军士对君主的责备已经把他们带到了叛乱的边缘。

尽管罗马军队打了几次胜仗，并在阿瓦尔人面前展示了出色的作战技巧和古已有之的军事优势，默西亚、伊利里亚、达尔达尼亚、色雷斯、马其顿乃至希腊本土每年仍遭受着敌军铁骑的蹂躏。他们渡过多瑙河掠夺农产品，最终整个行省变得荒无人烟。帝国军队总体上指挥不善，因为将领们通常是皇帝的亲戚或宫廷权贵。军营和宫廷之间的对立使得皇帝不敢把大军的最高指挥权交给真正出色的战士，戎马一生、经验丰富的罗马军官们只能在战争中扮演次要角色。[1]

304

十分能干、颇具影响的罗马将领普利斯库斯在战争中取得了若干胜绩，进入了阿瓦尔人和斯拉夫人的领土。但他的胜利似乎引起了皇帝的忌妒。后者害怕自己的军队超过敌人的兵力，便解除了普利斯库斯的兵权，将之转交给自己的兄弟。新将领的第一项任务便是重组军队，准备执行皇帝秘密的改革计划。他极不明智地选择在着手改革的时间点组织战役，结果导致了士兵的哗变。部队同皇帝和行政部门反复交涉，从军官中选出了在他们看来最能代表自己观点的领袖。这些领袖开始同政府谈判，军纪由此走向败坏。哗变的部队很快被阿瓦尔人击败，莫里斯不得不缔结了和约。[2] 这些和约条款直接导致了莫里斯的覆灭。阿瓦尔人俘虏了一万两千名罗马士

---

[1]　那个时代的高级将领包括莫里斯本人、他的弟弟彼得、他的女婿菲利皮库斯（Philippicus）、皇帝希拉克略的父亲老希拉克略、科曼提奥鲁斯（Comentiolus），可能还有普利斯库斯（Priscus，似乎就是克里斯普斯），参见 Gibbon, ch. xlvi, *note* 52。进入上层军官圈子的职业军人有苏维汇人德罗克图尔夫（Droctulf）、匈人阿普希克（Apsich）和伊利弗雷德（Ilifred）——最后一位的名字表明，他的祖先是哥特人或日耳曼人。

[2]　公元 600 年。

兵，要求罗马人用一万两千金币来赎回他们。莫里斯拒绝支付这笔钱。据说阿瓦尔人降低了要求，每名俘虏只索要四个银币。虽然皇帝同意在之前的岁币基础上增加两万金币的赔款，却拒绝付出任何代价，赎回被俘的罗马士兵。[1]

在这项和约中，多瑙河被宣布为帝国边界，但罗马将领们有权过河去惩罚斯拉夫人的劫掠。这一事实似乎反映了阿瓦尔王国的式微，诸斯拉夫部落获得了事实上的独立地位。我们可以通过这些条款推断，倘若莫里斯愿意的话，他本可以轻而易举地解救被俘的罗马士兵们。我们自然也会得出下面的结论：莫里斯故意让这些士兵身陷囹圄，借此惩罚他们的哗变行为，他认为那是他们遇俘和帝国蒙难的原因。[2] 然而，当时流传的说法是，皇帝是出于小气才拒绝赎回那些士兵——但莫里斯不可能为了省下那笔对帝国财库而言杯水车薪的小钱，做出如此不人道的行为。阿瓦尔人以罕见的野蛮方式（或许也出乎莫里斯的意料之外）处死了全部俘虏。莫里斯或许从未想过敌人会如此残忍行事，可能也意识到了自己的失策，即

---

[1] 十二枚"千币单位"银币可兑换一个索里达金币，参见本书英文版附录二表格。

[2] 这些战俘也许是逃兵。在当时的公民兵中，临阵脱逃的现象非常普遍。几年前，莫里斯曾不得不颁布一道敕令，禁止修道院收容脱离军队的士兵和雇佣兵。这条敕令在教士中引起了强烈不满。大格里高利认为，以尘世的理由反对皈依上帝是渎神的。他向莫里斯写道："作为您卑微的仆人，我知道这个时代有许多皈依天主的士兵创造过许多奇迹。"这位罗马枢机主教似乎并不认为，最适合这些从军的圣徒的奇迹乃是击退蛮族，让诸行省免受洗劫，使行省居民不致饿死或被异教徒掳卖为奴。参见 Milman, *History of Latin Christianity*, i. 459; Neander, *General History of the Christian Religion and Church*, v. 133。

便冲动曾暂时压倒了他惯有的仁慈。[1] 全帝国都将这些士兵的遇害归咎于皇帝的吝啬；军队长期以来对莫里斯政权的反感变成了对他本人的切齿痛恨。民众自然也厌恶起精打细算又不成功的改革者。

同阿瓦尔人的和平只是昙花一现。普利斯库斯再次被授予军权，他也再度重塑了罗马军队的荣誉。他将战火烧到了多瑙河对岸，战局形势一片大好。但一意孤行（虚弱的君主往往将之视为意志坚定的表现）的莫里斯又要重新推行自己的改革计划，重建十分严苛的军纪。他的兄弟以主将身份被派往军中，奉命安排部队在敌人的国土上扎营过冬，并迫使他们自己解决给养问题。这一举措又引发了哗变：已经拥有领袖的士兵们发动了公开叛乱，推举在之前的哗变中崭露头角的福卡斯为主帅。福卡斯引兵直扑君士坦丁堡。在发现那里有一支对莫里斯不满的强大势力后，他毫不迟疑地登上了皇位。莫里斯欠考虑的改革方案不仅让自己遭到了军队的憎恨（他试图整顿后者的不端行为），还使他失掉了民心（尽管他想要减轻民生疾苦）。但皇帝本人对其意图正当性的自信在四面楚歌的境遇下支撑着他。在遭到全体臣民抛弃，相信自己的统治和性命已来日无多的情况下，他并未表现出丝毫的胆怯。由于他的改革计划是要加强中央集权，并且显然是要利用巩固后的权威去对付不止一个党派的政府官吏，他在失去权力后马上便丧失了一切影响力。当莫里斯被迫撤

---

[1] Theophylactus Sim. *Hist.* vii. 15; Theoph. Ch. 235，参见 *Chronicon Paschale*, p. 379；公元 602 年。

出君士坦丁堡时，所有追随者都抛弃了他。福卡斯的手下很快捕获了莫里斯，这个叛乱者将他全家处斩。[1]莫里斯临终之际的举止表明，他个人的品格无可指摘。他在目睹了自己的孩子们遭到处决后，勇敢、从容地挺身受戮。正像前文所讲的那样，当有人试图用一名保姆的婴孩冒名顶替他最小的孩子时，他亲自戳穿了这一骗局，以免牺牲一条无辜的生命。

这场哗变终结了莫里斯的统治。它虽然始于军营，却在部队向首都进军的过程中变成一场军队和民众共同参与的运动。长期以来，许多因素已预示了帝国权力和民众感情之间的冲突：民众痛恨当局的治理方式，东罗马帝国中的社会不和谐因素也在不断滋长。中央政府难以约束宗教争论与神学党争。竞技场中的党派，还有帝国中不同阶级的民族仇恨，经常会爆发为流血冲突。教士、车手和篡位者都有可能凌驾于法律之上。与试图维护安定的行省政府相比，想要制造混乱的个别利益群体往往更为强大。各种管理机构过于弱小，无法取代日趋式微的行政部门。有人指出，为了避免无序状态，必须为行政体系注入新的活力。但贪得无厌的贵族集团势力强大，由国家供养的游手好闲的首都民众又虚弱不堪，任何合理的政治改革都无法平稳施行。行省居民是贫困、愚昧的，无法主动提出任何改善自身境遇的方案。即便皇帝在尝试改革时也要面对风险，因为没

---

[1] 在攸特罗皮亚（Eutropia）境内查尔西顿郊外的港口处，今天的门迪-波诺（Mundi Bournou）所在地。

有任何民族制度能够帮助他与具备实力的一部分民众联手，系统地对抗贵族的贪赃枉法、首都的腐化堕落和军队的既得利益。虽然那些民族情感已开始在若干行省和查士丁尼攻击未果的地区崭露头角，它们的作用更多地是唤醒独立精神，而非激发改革弊政、支持皇帝优化行政体系的愿景。

军队因帝国官吏的专横、非法之举而哗变可被宽恕，军士往往会获得一定的成功，并完全不受惩罚。[1] 跟大多数绝对君主一样，莫里斯的改革计划旨在巩固自己的权威，而非在合法基础上建立比皇帝本人的专断意志更强大的行政体系。把皇帝的绝对权力限制在行政领域，确立法律至高无上的原则，将立法权威交给元老院或某个负责任的组织，并非莫里斯时代的合适计划，对于当时的社会而言也未必可行。莫里斯改革计划的第一步是将放荡不羁、桀骜不驯的军队改造成奉行自己意志的纪律严明的高效工具。他希望通过这种方式来对抗政府中的贵族专政，抑制军事领袖们的恣意妄为，阻止聂斯托利派和优迪克派另立山头，让中央政府的权威凌驾于帝国境内的一切偏远行省和独立城市之上。在争取达成这一目标的斗争中，他被迫利用现有的行政体系。结果，他在帝国的历史记载中被描述成遭人厌恶的贵族的支持者和保护者，在军队和民众中间均不得人心。我们永远无从得知他改革内政的秘密计划，或许他本人对此也没有清晰思路，很多举措理应执行于军事改革之前。莫

[1]　Theophylactus Sim. *Hist*. vii. 3. p. 168. 阿西穆斯（Asimus）的哗变。

里斯的政治立场自然逃不过同时代人的眼睛，按照埃瓦格里乌斯（Evagrius）的离奇表述，他在自己的头脑中废除了多种立场并存的民主制，建立了理性的贵族制。但那位教会史家是一名谨慎的廷臣，无法或不愿以更准确的措辞、更清晰的方式表达自己的观念。[1]

革命的代表是福卡斯，而非某个民族党派

309 　　尽管福卡斯是以叛军领袖的身份登基的，但他被普遍视为民众反抗行政体系、贵族统治集团和教会中的保皇派共同建立的既定秩序的代表。罗马世界的大部分居民相信，任何改变总能带来些许转机；但福卡斯当选后带来的变化却是革命史中几乎空前绝后的一系列灾难。将东罗马帝国各种社会、政治制度联结起来的纽带遭到了破坏；在同时代人眼中只是道德净化风暴前奏的那些元素，很快掀起了一场摧毁罗马政权根基的龙卷风，为世人接受全新观念铺平了道路。

　　福卡斯的统治令大部分臣民看清了以下事实：桀骜不驯的军队发动的反叛，还有骄奢淫逸的民众制造的动乱，不可能有效地改善帝国现状。尽管福卡斯拥有追随者的美好希冀、至今仍屹立在罗马广场上的纪功柱颂词与罗马枢机主教大格里高利的赞美，但他很快

---

[1]　Gibbon, *Decline and Fall*, xlv, *note* 31; Evagrius, vi. 1.

就暴露了自己是比前任更糟糕的统治者。即便作为一名战士，他也在莫里斯面前相形见绌，他的怯懦或无能玷污了罗马军队的荣誉。波斯君主侯斯罗斯二世宣称，自己出于对赐福者莫里斯的感激与尊重，决定向杀害他的凶手宣战。波斯和罗马之间爆发了战争，那是双方的最后一次也是最血腥的一次斗争。它的暴烈和跌宕在很大程度上加速了两个古代帝国的解体。萨珊波斯帝国先是将罗马帝国推到了毁灭的边缘，接着遭到了希拉克略的致命一击，此后不久被穆罕默德的追随者消灭。东罗马帝国经历了波斯大军屯兵博斯普鲁斯海峡和阿拉伯军队围攻君士坦丁堡的惊险局面，最终得以幸存下来。但它损失了许多富庶行省，其制度和政治特征也发生了变化。我们习惯上将经历了这些内外变化的东罗马帝国称作拜占庭帝国。侯斯罗斯二世的一系列胜利迫使福卡斯同阿瓦尔人闪电媾和，确保自己的君士坦丁堡不致受到进攻。[1] 相关和约对欧洲地区希腊居民的历史至关重要。但遗憾的是，我们无从了解其中的主要内容，只能根据后世影响加以推断。帝国的全部农耕区事实上都已被北方民族破坏。斯拉夫诸部落毫无顾忌地蹂躏着从多瑙河到伯罗奔尼撒半岛的国土，或在人烟稀少的行省定居下来。利用这一条约，福卡斯集结起尽可能多的军队，将他们运往亚洲。但罗马军队已然纪律涣散，结果到处一败涂地。美索不达米亚、叙利亚、巴勒斯坦、腓尼基、卡帕多西亚、伽拉提亚和帕弗拉戈尼亚（Paphlagonia）均化为焦土。

310

---

[1]　Theoph. *Chron.* 245, 251.

似乎已经没有什么能够阻止波斯人完全征服东罗马帝国了；但侯斯罗斯二世此时还在同亚美尼亚人和突厥人交手，无法集中全部兵力去攻打君士坦丁堡。福卡斯的暴政和无能迅速加剧了内政和军事管理的混乱。军队发动了哗变，诸行省也爆发了叛乱。皇帝或许是受到了那个时代偏执精神的影响，或许是为了争取教士的支持、博得民众的喝彩，决定要求帝国境内的全体犹太人受洗，以此表明他自己的正统信仰。但犹太人已在许多东方城市里成了一个富有、强大的阶层，他们抵制了这种压迫行为，引发了血腥骚乱，在很大程度上助长了波斯军队的攻势。

　　帝国偏远之地的许多区域和行省看到了中央政府的混乱状态及帝国势力的江河日下，便利用这一机会发展本地的势力。罗马枢机主教的世俗权力和意大利诸城市的自治权或许都可以追溯到这个时代，尽管相关迹象还不甚明晰。罗马枢机主教格里高利一世只对莫里斯的举动予以苛责，因为后者授予君士坦丁堡的主教"普世"的头衔。但他赞美福卡斯的美德，因为后者强迫君士坦丁堡枢机主教放弃了那个遭人怨恨的称号。[1] 最后，福卡斯甚至消耗掉了胆怯的君士坦丁堡贵族阶层的耐心，所有阶级都在寻找暴君的继任者。阿非利加总督长期统治着所辖行省，其家族在当地享有巨大影响，几乎与独立君主无异。[2] 他曾在波斯战争中作为罗马军队的将领出尽

311

[1]　关于所谓将普世头衔让与罗马枢机主教卜尼法斯三世的情况，参见 Hallam, *View of the State of Europe during the Middle Ages*, i. 520; and Supp. Notes, 189。

[2]　Ducange, *Historia Byzantina*, 117.

风头。于是，君士坦丁堡的头面人物向他诉苦，鼓励他拯救帝国于水火之中，推翻在位的暴君。

阿非利加总督很快集结了强大的陆军和庞大的舰队。他将指挥这次远征的任务交给了自己的儿子希拉克略。由于埃及要为君士坦丁堡游手好闲的民众提供配给，该地区对于维持攻克首都后的安定至关重要。阿非利加总督派出他的侄子尼克塔斯（Nicetas）率军配合堂兄弟，占领了埃及与叙利亚。希拉克略率军直扑君士坦丁堡，一场近在宫廷视线之内的海战决定了福卡斯的命运。在那个疯狂、无能、无知武人的治理下，帝国行政体系的各个分支均已混乱不堪，根本无法在阿非利加远征军面前组织起有力的抵抗。福卡斯遇俘并被扒下了皇袍；人们给他套上黑袍，将他双手缚在身后，登上希拉克略的舰船。年轻的征服者义正词严地质问他："混账东西！你是如何治理帝国的？"被推翻的暴君暗示继任者将像自己一样残酷，或许也确信治理国家的困难无法克服，冷笑着回答："你会统治得更好！"希拉克略因前任抢白了自己而恼羞成怒，暴露了自己确实未必是一个比福卡斯更明智的统治者或更好的人物——他殴打了被推翻的皇帝，下令在舰船甲板上先砍掉他的双手双脚，随即斩首处决。他的头颅和血肉模糊的四肢之后被送到岸上，任由君士坦丁堡的民众在大街上拖来拽去。[1] 福卡斯的所有主要党羽均被处决，这似乎表明那名暴君的残忍不仅是个人的罪恶，也是全民的污点。他在死

312

---

[1] Theoph. 250, edit. Paris.

后幸运地拥有了一批辩护者，那些人认为他同罗马枢机主教格里高利联手、照顾教会中的拉丁派系，表明他是具备美德和治国才干的。[1]

希拉克略治下的帝国

年轻的希拉克略当上了东罗马帝国的皇帝，他的父亲继续统治着阿非利加，那里已被该家族视为世袭领地。在若干年内，尽管新皇帝更得民心、少有暴政，但他的统治跟前任一样难言成功。然而，我们有理由相信，这个明显治理不善、总体上十分不幸的时代是不容忽视的。尽管挫败与耻辱接踵而至，但这些灾难的根源其实在于前朝，希拉克略只能先不动声色地清除许多细小弊政，组建新的文官武将班子，之后才敢去做重要的动作。他的首要目标必然是筹备能够让罗马帝国恢复一部分古老实力与霸权的大规模战争。希拉克

313

---

[1] 学界已经出版过几部关于皇帝福卡斯的著作。但在 1843 年时，我在法国工家图书馆（Bibliothèque du Roi）和大英博物馆附属图书馆找到的资料仍然不足。相关研究有 A. de Stoppelaar, *Oratio pro Phoca Imperatore*; Simon Van der Brink, *Oratio in Phocam Imperatorem*, Amstel. 1732; *Vertheidigung des K. Phocas*, in the *Erlangische gelehrte Anzeigen* for 1749, pp. 321, 328, 409, 414. 最后一部著作借助罗马枢机主教的影响为福卡斯进行了辩护——那些举止在有些人的眼中实为美德，而非罪过。D. Cyprian, *Vom Ursprung des Papsthums*, c. xvii. 812. 另见 *Bibliotheca Historica instructa a Struvio, aucta a Budero, nunc vero a Muselia digesta*. Lepsiae, Weidmann, 1790, 11 vols。福卡斯和莫里斯都来自卡帕多西亚。《希腊诗集》(*the Anthology*) 中的下列诗句对这两位皇帝并不友好：卡帕多西亚人一直是坏蛋，他们当兵后变得更坏，搜刮钱财时坏得无人能及（Καππαδόκαι φαῦλοι μὲν ἀεί ζώνης δὲ τυχόντες, φαυλότεροι κέρδους δ᾽ εἴνεκα φαυλότατοι）。*Antholog.* xi. 238; Joannes Lydus, *De Magist. P. R.* p. 250, edit. Bonn.

略也具备足够的罗马精神。倘若不能成功，他会为了这一目标献上自己的性命和国运，牺牲在文明社会的废墟之中。现存史料并未记载多少希拉克略统治前期的举措；但后一个时代展示的巨大变化已足以证明，这些举措在一定程度上恢复了帝国的实力，激发了国家行政体系的活力。

希拉克略统治时期是东罗马帝国历史与人类编年史中最引人注目的一个时代。它扭转了罗马政权看似注定毁灭的命运；它奠定了新型统治模式——拜占庭君主制——的基础，延续了君士坦丁堡的皇权。在这一时期，民众的道德面貌也开始发生巨变，古代世界的语言和生活方式随之转化为近代民族的语言和生活方式。凭借着希拉克略的才华，东罗马帝国没有像西欧那样陷入野蛮状态达几个世纪之久。没有哪个时期能像希拉克略时代这样，为近代欧洲的高度文明政权提供有用的教益；但也没有哪个时期的政体与社会结构像它这样，缺乏令人满意的高质量史料记载。我们只能满足于收集若干重要史实和孤立事件，从中勾勒出希拉克略治国方略的轮廓，并尝试描述其希腊臣民的生活状态。

查士丁尼去世后，诸多广袤行省的沦丧和大量军队的折损令世人相信，东罗马帝国的灭亡就在眼前。希拉克略统治初期的各种举措也无法让他们摆脱这种印象。疯狂和贪婪是那个时代的首要特征。首都的治理模式日益严苛，因为那些被波斯人征服的行省已无法提供税收。由于帝国政府的贫穷和民众对兵役的反感，帝国的兵力每况愈下，各地的罗马军队都无法守住领土。希拉克略看到国库空虚，

314

内政废弛，农民阶层已被毁灭，军队组织混乱，士兵们纷纷退伍去当教士，最富庶的那些行省已被敌人占领。只要审视一下希拉克略登基时帝国惨淡的景象，我们就会明白，他能够扭转如此众多的不利局面，取得几乎无可匹敌的荣耀和征服成果，究竟需要何等出众的才华。这一事实也可以证明，东罗马帝国的行政体系已经完美到令人惊叹的地步——它居然能够在社会结构已经支离破碎的状态下重整统治秩序。人类的才华是不足以重塑罗马帝国昔日的辉煌的；而时间长河中人类社会的演进历程又意味着回到过去已不复可能。但帝国这条大船顺流坠落的速度还是得以延缓，不至于在礁石上撞得粉碎。希拉克略拯救了东罗马帝国及其首都君士坦丁堡，使之逃离了看似即将被波斯人和阿瓦尔人摧毁的注定命运。尽管希拉克略在穆罕默德追随者的第一次冲击下好运不再，他的睿智统治还是提供了有力的抵抗手段，帮助希腊人击退了大兵压境的萨拉森军队。哈里发虽能将其征服疆域推进到印度洋和大西洋沿岸，却不得不在叙利亚北部边境陷入长达数个世纪之久、一直悬而未决的苦战。

对于世人而言非常不幸的一点或许在于，希拉克略是罗马人，而非希腊人。因此，他专注于如何保全帝国的版图，不曾考虑过他治下的民族组织问题。跟整个东罗马帝国的统治阶层一样，希拉克略建立的文明与普罗大众陷入的蒙昧状态格格不入；二者在情感上无法彼此影响，也无法为了一致的目标而精诚合作。希拉克略论出身和家世都是阿非利加的贵族，自认为拥有纯正的罗马血统。这种自豪感凌驾于一切民族情感之上，并促使他履行职责，采取政策打

315

压帝国内部的希腊贵族及教会中希腊世袭利益集团的趾高气扬。[1]
与政治布局一样，语言和行为方式也开始孕育民族情感，将帝国臣
民分化为相互独立的不同社会群体。由于教会拥有影响力，这种划
分的标准变成了语言，不再是政府规定的行政区划。教士们构成了
全社会中最得人心、最具才干的群体，教会对民众思想的影响力超
过了行政部门与皇帝权力，即便皇帝是公认的最高权威、枢机主教
们的领导者。我们必须意识到，此时的东罗马帝国教会已不再是普
世的基督教会。希腊人独自掌控了它的权力和影响力，他们已使基
督教会降格为希腊教会。其他民族则迅速组建了独立的宗教组织，
满足自身的精神需求。亚美尼亚人、叙利亚人和埃及人产生了抵制
希腊人宗教暴政的民族情绪，他们青睐聂斯托利派和优迪克派，反
对现行教会。当希拉克略登基之际，这些民族、宗教情感已经开始
影响罗马政权的统治方式，并促使人类朝着个人自由和精神独立的
方向迈出了一步。我们在下面将会看到，当时的历史背景并不允许
社会在这一进步事业方面取得长足发展，阻碍其演进达数个世纪之
久。在西欧，这场斗争从未完全丧失争取享有人权、表达个人见解
的道德抗争色彩（那是至关重要的）。由于中央政府无法一直超然于
一切民族情感之外，教会和政权内部针对建立绝对权威的阻力始终
是存在的。希拉克略希望重塑帝国权威，试图摧毁这些要求宗教自
由的情感。他处决了所有在神学事务上抵制其政治权威的人物；他

316

---

[1]　Ducange, *Historia Byzantina*, p. 117, edit. Paris.

把聂斯托利派赶出了埃德萨大教堂，将之还给了正统派。他将犹太人逐出耶路撒冷，禁止他们再进入距圣城三千步以内的区域。他的高压政策显然在聂斯托利派、优迪克派、雅各派（Jacobites）和犹太人那里遭到了彻底的失败。但他们同伊斯兰教的对抗终结了这些斗争，未被征服的帝国人口只剩下了支持希腊教会与君士坦丁堡政权的力量。

　　为了充分理解当时帝国的虚弱状态，我们必须对不同行省的状况进行一番概览。占领了多瑙河以北地区的蛮族将自己的劫掠范围一直推进到伯罗奔尼撒半岛南海岸。除了拥有驻军守卫的城镇近郊，还有群山环绕的险要地带，农业人口几近灭绝。爱琴海诸岛屿到亚得里亚海之间所有地区的人口都在急剧下降；各个肥沃行省陷入凋敝状态，为外来入侵者提供了空间。很多地区向中央上缴的税收少得可怜，君士坦丁堡宫廷觉得它们毫无价值，唯一的用处只有保护首都免受敌军攻击，或维持帝国同西欧之间的商路。由于波斯征服了叙利亚和埃及，加之波斯东侧毗邻地区局势动荡，这一时期同印度和中国的贸易被迫取道里海北岸。用大车装运的丰富产品先抵达黑海北岸，随后被运往君士坦丁堡，从那里再分配到西欧地区。在这样的情况下，塞萨洛尼卡和杜拉齐乌姆成了帝国境内举足轻重的要地。即便在万分危急的局面下，皇帝也必须确保它们的安全。这两座城市位于君士坦丁堡与拉文纳之间常规路线的两端，将爱琴海诸岛屿上的城市同亚得里亚海和罗马联系起来。[1] 大片领土被遗弃给阿瓦尔人和斯拉夫人，他们

---

［1］ Tafel, *De Thessalonica*, prolegomena, cviii, and p. 221; Hüllman, *Geschichte des Byzantin. Handels*, 76.

甚至能够在埃格纳提亚大路（Via Egnatia）以南定居下来。但这些定居点与交通线无关。一旦交通线被切断，帝国在意大利的影响力马上就会消失，希腊人也会丢掉同西欧的贸易。野心勃勃的蛮族想要分得东罗马帝国的财富，试图在爱琴海诸岛屿之间建立系统的劫掠网络。但希拉克略挫败了他们的计划，尽管他可能更多依靠的是希腊城市中商人的不懈努力，而非麾下部队的战功。[1]

当首都周边地区已陷入混乱之际，我们很难想象偏远行省的治理会有条不紊、毫无问题。此时，西班牙哥特王国的统治者是能干、开明的西塞布特（Sisebut）[2]，其政策是通过和平手段争取罗马行省居民的支持，再利用他们的力量去征服半岛上的帝国领土。他很快将帝国领地蚕食到只剩下沿海的一小块地盘，即今天的阿尔加夫省（Algarve）和地中海沿岸的几座城镇。利用相似的办法，他组织了一支舰队，切断了罗马军队同西班牙和阿非利加之间的联系，征服了丹吉尔（Tangiers）及其周边地区。公元 614 年，希拉克略与西塞布特缔结了和约，罗马人得以将他们的西班牙领土一直保留到苏伊提拉（Suintilla）统治时期。后者趁着希拉克略忙于波斯战争之际，最终将罗马人（不如说是希腊人，那是西欧居民对拜占庭人的称呼）彻底赶出了西班牙。[3]查士丁尼再征服过后，罗马帝国在西班牙南部的统治共持续了七十九年。即便在帝国势力衰微的不利局面下，

---

[1]　Paul. Diaconus, iv. 21.

[2]　公元 610—619 年。

[3]　公元 623 年。

318　希腊人拥有的商业优势还是帮助他们一度收复过巴利阿里群岛（the Balearic Islands）。[1]

　　民族差异和宗教利益很容易造成居民的分化，但也便于达成政治势力的均衡，这一点在意大利体现得比其他欧洲国家更为明显。教会在保护民众方面发挥的影响、伦巴德统治者的虚弱（因为伦巴德人自身数量不足），还有罗马总督的严苛财政政策，使得意大利人在主人们的你争我夺中建立了自己的民族性。但由于相互之间的利益不太统一，或意大利不同地区之间的居民交流过于困难，帝国政权不仅成功抵御了外敌入侵，还轻而易举地挫败了罗马枢机主教们争取政治权力的勃勃野心或爱国热忱，并一视同仁地镇压了起义的民众和尝试拥兵自立的首领，如那不勒斯的约翰·科普萨（John Compsa）和总督埃琉特里努斯（Eleutherinus）的叛乱。

　　在帝国的所有行省中，只有阿非利加仍在日常生活中使用拉丁语。那里的居民自视为（或许不无道理）最纯正的罗马人后裔。在贵族约翰取得胜利后，它享受过长期的安宁，其繁荣局面一直没有受到反抗帝国权威的民族精神抑或敌视教会的观点的干扰。南方的野蛮部落只是些软弱的敌人，蛮族王国也没有足以影响阿非利加安宁或破坏当地商业的海军力量。在老希拉克略及其兄弟格里戈拉斯

---

[1]　多年来，罗马和希腊的利益诉求、认同归属一直影响着半岛。公元 673 年，为哥特人效劳的外省公爵弗拉维乌斯·保卢斯（the Duke Flavius Paulus）夺取了西班牙的王位，参见 *History of Spain and Portugal*, i. 137, in the *Cobinet Cyclop.*; Aschbach, *Geschichte der Westgothen*, 279。

（Gregoras）卓有成效、一帆风顺的治理下，阿非利加成为帝国境内最为富饶的地区。阿非利加的繁荣昌盛和其他地区的战事频仍对比鲜明，阿非利加居民得以掌控大部分的地中海商业活动。那里的财富和人口十分可观，本地的资源便足以支撑皇帝希拉克略的海上远征及其堂兄弟尼克塔斯的陆上军事行动。另一个足以证明该行省富饶程度及其对于帝国与希拉克略家族利益重要性的例子是，皇帝在统治的第九年计划将自己的驻地从君士坦丁堡迁往迦太基。

　　君士坦丁堡的庞大人口令帝国政府感到焦虑。为了帮助新首都吸引定居者，君士坦丁曾向在首都拥有房产的人口提供每日面包配给。为了讨好民众，此后继任的皇帝们又大幅增加了享有这项配给的人数。公元 618 年，波斯人蹂躏了埃及，中断了每年一度的首都配给谷物供应。手头拮据但又不敢宣布停止配给（这对于安抚君士坦丁堡的民心而言至关重要）的希拉克略只得准许每位首都居民在定期缴纳三个金币的前提下继续享受谷物配给。然而，皇帝的处境很快就变得异常窘迫，他被迫中断了谷物配给，等于是骗了那些因战争而失去面包的公民的钱财。[1]这次破产使得他的地位岌岌可危。违背诺言的耻辱也使得希拉克略厌恶起皇宫，它被受他欺骗的民众团团围住。因此，可能是羞耻心让希拉克略动了离开君士坦丁堡的

---

[1] *Chronicon Paschale*, 389. 废除公共配给制度似乎给行政注入了新的活力。贸易自由和特权废止赋予了劳动人口新的价值，为帝国国运带来了转机。比之哲学家提出的政治理论，劳动人口薪酬状况的改善往往更能扭转一个民族的处境，但史书总是更多地记载那些玄思冥想，而非现实生活的真正好转。

319

念头。他之所以选择将皇宫迁往迦太基，显然还是看中了阿非利加的财富、人口和安宁。迦太基提供了夺回埃及和叙利亚的军事资源，我们如今只能通过希拉克略夺取皇帝宝座时发动的远征来判断当时的兵力规模。与帝国行政体系有关的许多原因也可能影响了皇帝的选择。

在君士坦丁堡聚集着大量游手好闲的居民，他们长期以来一直是国家的负担，享用着帝国的一部分资源。数量庞大的贵族和始终存在的皇室自视为罗马政府的一部分，因为他们在将皇帝和民众联系起来的象征纽带中地位突出。因此，首都地理位置的巨大先天优势被道德与政治的原因抵消了。欧洲诸行省和北方边疆地区的凋敝状态，让君士坦丁堡频繁遭受围困。作为防御据点和屯兵之处，君士坦丁堡或许仍能充当帝国的欧洲堡垒。但只要它仍是首都，那里不从事生产活动的庞大人口就必然要求国家提供谷物配给、防范党争与暴动、维系强大守军，从而消耗过多的帝国资源。在国家财富绰绰有余、皇帝权力不受限制的时代里，罗马宫廷的奢侈生活在皇帝身边汇集了一批数目庞大的官吏，产生了巨大的开支——削减这笔开支极度危险，延续下去又是不可能的。

希拉克略和君士坦丁堡之间并无情感或特殊的纽带。他在精力旺盛的年纪里频繁离开首都，这足以表明，只要个人精力与健康还允许他主持国政，他就认为皇帝一直待在君士坦丁堡会对国家的整体利益造成损害。当时的迦太基则是难得一见的罗马城市。它的实际财富、自由公民数量和居民整体活力也许不亚于帝国境内的任何一座城市。因此，当希拉克略被迫削减首都的面包配给额度、紧缩宫廷开支和改革内政时，他希望能在同波斯决一死战之前将帝国财库和自己的资源储存在一个更安全的地方，这一点不足为奇。因此，将迦太基树立为罗马帝国首都的愿望很可能跟希拉克略关于东方战事的宏伟目标相联，而非如拜占庭作家们所说的那样，出于皇帝本人胆怯、自私的动机。

321

当希拉克略迁都迦太基的计划广为人知后，君士坦丁堡枢机主教、希腊—罗马贵族和拜占庭民众开始担心，宫廷离开后自己将会损失财富、关注与赏赐，便试图动摇皇帝的决心。就希拉克略个人而言，各阶层对自己的苦苦挽留或许冲淡了财政失信给他带来的羞耻感。希拉克略显然并不缺乏勇气，如果他认为民众的热情对自己的军事计划有利的话，他可以毫不迟疑地放弃之前深思熟虑过的方案。君士坦丁堡枢机主教和民众一听说希拉克略已运走自己的财富，并准备带着皇室迁居，便情绪激动地集合起来，恳请皇帝在圣索菲亚大教堂里宣誓自己将至死守卫帝国，尤其要将君士坦丁堡的人民视为自己的子民。

由于资源丰富、拥有大量勤劳的人民，埃及长期以来被视为帝国境内最宝贵的行省。它为帝国财库提供了很大一部分财富。那是因为当地的农民失去了所有政治权力和影响力，除了跟其他行省居民一样的常规税外，他们还被迫缴纳等同于土地租金的一部分谷物收成。然而，当时埃及的财富资源已经每况愈下。印度贸易线路北移的局面，导致了红海沿岸对埃及谷物的需求、阿拉伯和埃塞俄比

322　亚对埃及手工业产品的需求大幅下降。连通尼罗河与红海的运河同两地的繁荣密切相关，却在福卡斯统治期间遭到废弃。亚历山大里亚的大部分希腊人口已经消亡，因为该城市终止了谷物配给制度。埃及的肥沃地区陷入了贫困。希拉克略时代的亚历山大里亚枢机主教兼埃及省长——"施舍者"约翰（John the Almsgiver）曾竭尽全力想要缓解这种悲惨状况。他建造了许多医院，将其教区的收入用于慈善事业。但他敌视异端信仰，因而并不被本地居民视为友方。民族情感、宗教见解和本地利益早已在埃及居民的心中埋下了对罗马政权和希腊教会的刻骨仇恨。查士丁尼合并了埃及省长和亚历山大里亚枢机主教这两个职务后，这种敌意变得更加强烈。亚历山大里亚的希腊定居者同本地居民之间泾渭分明——后者在亚历山大里亚的希腊人和犹太人式微之际开始插手政治事务，获得了一定的官方地位。当时，皇帝的立场是同希腊人和麦尔基派（Melchite）的商业利益绑定在一起的，但行省的农民将这些统治阶层视为雅各派神圣领土的入侵者。[1] 虽然"施舍者"约翰是希腊人的枢机主教和听命于皇帝的省长，他仍然无法完全摆脱异端的骂名——或许他还因

---

[1]　麦尔基派是一批叙利亚和埃及的基督徒，他们虽然不是希腊人，却尊奉着希腊教会的教义。他们被对手称作麦尔基派［意即保皇派，该名号来自叙利亚语中的"国王"（Melcha）］，因为他们显然奉行着支持查尔西顿大公会议决议的《马西安敕令》。埃德萨主教雅各·巴拉戴乌斯（Jacob Baradaeus）或雅各·赞扎鲁斯（Jacob Zanzalus）是著名的东方异端布道者，他将优迪克派和一性论派的众多分支整合为一个势力强大的教会，该派别在他去世后通常被称为雅各派。他去世于公元 578 年。参见 Mosheim, *Ecclesiastical History*, ii. 53, Soames' edit. 1845。

为将手中掌握的税收更多地服务于慈善事业而非公共政策受到批评。手头拮据的希拉克略干脆派出自己的堂兄弟——贵族尼克塔斯前往埃及，没收据说掌握在枢机主教约翰手中的巨大财富。到了下一年，波斯人入侵了埃及行省。贵族尼克塔斯和枢机主教约翰甚至无力保住亚历山大里亚，只得逃往塞浦路斯。敌军在未遇任何帝国兵力抵抗（并且显然受到了埃及人的欢迎）的情况下，征服了直抵利比亚与埃塞俄比亚边境的尼罗河流域。波斯人劫掠的公共财产、奴隶等战利品十分可观。随着希腊人的势力被消灭殆尽，本土埃及人抓住机会，在当地治理中占据了重要地位。

　　该行省在此后的十年内效忠于波斯，不过它在控制着土地税的本地将领莫考卡斯（Mokaukas）的直接治理下，一定程度上享受着事实上（而非名义上）的独立地位。在此后的萨拉森征服时期，莫考卡斯在埃及地区的历史中扮演了令人瞩目的角色。而在波斯统治时代，他在埃及地区的行政治理中极具影响，被几位作家称为"埃及之王"（the Prince of Egypt）。[1] 在东罗马帝国治下，莫考卡斯为获得官方地位而忠于正统教会；但他和大多数同胞一样，骨子里是

---

[1]　P. Rahebi *Chronicon Orientale*, a J. S. Assemano, 85, edit. Venet. 贵族尼克塔斯奉命没收"慈善者"约翰（John the Charitable）的财富肯定发生在公元616年之前，因为尼克塔斯在那一年里死于前往君士坦丁堡的路上。勒布（Le Beau）和吉本依据 Baronius, *Annales Ecclesiastici*，认为此事发生于公元620年。但佩陶（Petau）在为枢机主教尼克弗鲁斯（Nicephorus the Patriarch）的作品做注（64）时，意识到了其中存在五年的年数错乱。另参见 Le Beau, *Histoire du Bas-Empire*, xi. 53; Gibbon, *Decline and Fall*. ch. xlvii, *note* 147; Assemani *Biblioth. Orient*. iv. 1; *Chronicon Orientale*, p. 126, edit. Venet。

一性论教徒，因而在宗教上和政治上都是反对东罗马帝国的统治
的。不过，似乎也有部分一性论派的教士坚定地拒绝接受波斯的统
治。他们的枢机主教本杰明（Benjamin）在亚历山大里亚落入波斯
人之手时离开了自己的驻地，直到希拉克略重新夺取埃及后方才返
回。[1] 莫考卡斯住在巴比伦〔又称米什尔（Misr）〕，该城在孟菲斯
衰落后成为行省中的首府及内陆地区最重要的城市。[2] 那似乎是埃
及一性论派教徒建立独立国家的绝佳时机，因为在波斯、东罗马两
大帝国的冲突中，上缴皇帝的大量税款和谷物收成很可能是用于本
地区的防务的。但从枢机主教本杰明的举止来看，本地居民并未团
结在这一纲领之下。埃及地区的农民虽然人数众多、生活富足、坚
定信奉一性论教派，但或许缺乏激发自己追求民族独立的必要知识、
争取民族独立的坚定意志，还有组建雇佣军、购买战争物资必不可
少的金银。他们早已被剥夺了武器和一切政治权利，或许生发了专
制政权下臣民中通行的观念：政治统治永远是邪恶的；本地人的压
迫比异族的桎梏更加可怕。因此，道德缺陷很可能与政治障碍一道，

324

[1] *Chronicon Orientale*, p. 127. "他有十三年不在自己的驻地，其中十年是在皇帝希拉克略统治时期，当时波斯人占领了埃及和亚历山大里亚；另外三年是在穆罕默德的追随者治下。"（Abfuit autem sede sua profugus per annos 13, decem scilicet sub imperio Heraclii quibus Persae Aegyptum et Alexandriam possederant, et tres sub imperio Mohametanorum.）但也有一种说法认为，本杰明被希拉克略流放了十年之久，参见 Renaudot, *Historia Patriarcharum Alexandrinorum Jacobitarum*, p. 161。
[2] Srabo, xvii. 1. p. 807 将巴比伦描述为拥有防御工事的城镇和罗马在埃及的要塞据点。它位于今天的开罗老城所在地，在中世纪的历史和诗歌作品中非常出名，参见 Le Beau, xi. 277, note de S. M.（此巴比伦并非位于美索不达米亚的古巴比伦。——中译者注）

影响了在这个有利时机建立独立的埃及与雅各派国家的事业。

在叙利亚和巴勒斯坦，居住在该地区的不同族群像今天一样，处于严重分裂的状态中。语言、行为方式、利益和宗教信仰的差异使得他们无法团结起来，争取某个帝国政府反对的目标。公元 614 年，波斯人进入了巴勒斯坦，洗劫了耶路撒冷，烧毁了圣墓所在的教堂，将圣十字架和枢机主教扎查里亚斯（Zacharias）一起带到了波斯。[1] 本地的叙利亚人虽保留着自己的语言和文学，并在反抗希腊教会的过程中展示了自身的民族凝聚力，却似乎并未构成行省居民中的主体。宗教观点又让他们进一步陷入分裂。他们多为一性论派，但其中一部分人仍坚守聂斯托利派信仰。希腊人似乎在本地居民中人数最多，但他们的活动范围几乎完全限于城墙之内。毫无疑问，许多人是塞琉古王朝治下繁荣昌盛的殖民地居民的直接后裔。东罗马帝国行政与宗教方面的保护和庇佑，使得这些希腊殖民地独立于本地居民之外，并得到了不断移居那里的服务于教会和国家的希腊人的支持。希腊人或许在本地人口中占据着多数，但他们作为统治阶级又使其他阶层团结起来，对抗他们的权威。由于缺少农民们的支持，且无法吸纳周边农业人口来补充力量，希腊人逐渐在该地区陷入孤立，无法在缺少帝国财库和军队稳定支持的情况下，长久地对抗外敌。

作为一个宗教性与民族性永远统一的族群，在一个多世纪期间，犹太人的数量和财富在文明世界的各个地区迅速增长。欧洲南部不

---

[1]　*Chronicon Pasch.* 385.

同征服民族与被征服民族之间的战争与对抗，为犹太人提供了同各
方进行商贸往来的自由。各个民族出于妒意，拒绝同自己的邻邦做
生意，宁愿选择一个政治上无害的异族。这一点可以解释犹太人口
在希腊、阿非利加、西班牙和阿拉伯地区的显著增长——该现象在
公元 7 世纪尤为突出。这合乎人类繁衍的一般规律：富足状态导致人
口增加。我们无须猜测犹太人是否在这段时期内突然争取到了更多改
宗者。犹太人的数量、财富增长很快引起了基督徒的愤慨与妒意。罗
马帝国的悲惨状态和东部基督徒的糟糕处境，令犹太人燃起了些许希
望：在期盼已久的弥赛亚的领导下，恢复民族独立。我们必须承认，

326　希望利用东罗马帝国的不幸和基督教会纷争，乃是他们长期遭受压迫
的自然结果。但那也必然会加深世人对他们的仇恨和迫害。

　　当时流传着一种预言，声称罗马帝国将被一个行割礼的民族推
翻。这个说法的传播者可能是犹太人，其目的在于给自己壮胆，支
持起义事业。日后萨拉森人的征服印证了该预言，那是杜撰者无从
预见的。犹太人的举动导致了帝国政府的愤慨，或许也引起了其警
觉。福卡斯和希拉克略都试图消灭犹太教；如果可能的话，他们也
想消灭整个犹太民族。[1] 希拉克略不仅在其统治版图内以残酷手腕
推行着这一目标，甚至还在自己的外交政策中极力强迫犹太人改宗

---

[1]　Eutychii *Annales Ecclesiast. Alexand.* ii. 216, 236. 推罗有四万犹太人。他们的财富
似乎招来了压榨，统治者的暴政迫使他们揭竿而起。希拉克略的政策远不及哥特国王
狄奥多里克大帝，后者在约一个世纪之前对热那亚的犹太人说道："我们不能强迫他
人皈依某种宗教，因为没有人会被迫接受他不愿意相信的东西。"见 Cassiodorus, *Var.*
ii, ep. 27。

或流放该民族。东罗马帝国放弃了在西班牙的大部分领土，作为补偿，他说服西塞布特在公元 614 年的和约中补充了一项条款，要求那位哥特君主强迫犹太人受洗。在希拉克略眼中，尽管他未能在公元 620 年说服法兰克人同自己一道攻打阿瓦尔人，能够说服达戈贝特（Dagobert）和自己一起铲除不幸的犹太人，也算得上他为帝国和基督教立下的一桩功劳。[1]

叙利亚人渴望独立，但不敢公开争取这一目标。在波斯征服期间，腓尼基沿岸地区在本地首领的领导下成功地守住了疆土。[2]当穆罕默德在日后侵入该行省时，攫取了大量地方权力的许多首领仍然在世，并在各自势力范围内行使着几乎独立的权威。[3]

随着叙利亚境内的帝国统治日趋虚弱，波斯入侵日益频繁，阿拉伯人逐渐在其他居民中间获得了许多永久性的定居点。从公元 7 世纪初开始，他们已成为本地人口中的一个重要群体。随着阿拉伯人从东罗马帝国与波斯帝国手中夺取了一部分土地，并建立了伽珊和希拉两个独立王国，他们在东罗马帝国诸行省内的势力进一步增强。在这两个王国中，伽珊是罗马人的盟友或附庸，希拉则效忠或

---

[1] 当时也有一些基督徒反对强迫犹太人皈依。圣伊西多尔（Saint Isidore）说过："强迫犹太人皈依基督教信仰的西塞布特虽然赞美上帝，却并不真正理解上帝的精神。"（Sisebutus Judaeos ad fidem Christianam permovens aemulationem quidem Dei habuit, sed non scientiam.）Isidor. Hisp. *Ch. Goth.* 参见 Aschbach, *Geschichte der Westgothen*, 240。

[2] Assemani *Bib. Orient.* iii. p. 421; Assemani *Bibliotheca Juris Orientalis*, vol. vi. chap. xx. p. 393.

[3] Ockley, *History of the Saracens*, i. 233；埃德萨的情况见 Theophanes, Ch. 283, and Abou'lfaradj, *Ch. Syr.* 119。

依附于波斯。两个王国都信奉基督教，但希拉的皈依发生于希拉克略即位前不久，国内大部分居民信奉雅各派，中间夹杂着一些聂斯托利派。[1]值得注意的是，阿拉伯人的文明程度在公元 6 世纪期间有了很大提升，其宗教观念也发生了巨大变化。强大邻邦的衰落让他们有机会发展商业，这项事业的拓展又让他们对自身的重要性有了更高的估计，萌生了此前从未有过的民族统一观念。在希拉克略登基前的一百年内，这些因素对全体阿拉伯人产生了显著影响。不容忽视的一点是，穆罕默德正是出生于查士丁二世统治时期，他是在这种民族意识萌生的影响下接受教育的。

叙利亚与亚美尼亚之间的土地，也就是从前臣服于罗马人的古卡尔德亚（Chaldaea），曾在波斯战争期间反复遭到蹂躏。那里的农业人口已消失殆尽，或逃到了波斯诸行省中。在帝国各部分的居民中，卡尔德亚基督徒（the Chaldaic Christians，本地居民的主体，希腊人称之为聂斯托利派）最易改换门庭。[2]在被以弗所大公会

328

---

[1] Sale, *Preliminary Discourse to the Koran*, 30.

[2] 卡尔德亚派基督徒始终相信，他们才是真正由使徒建立的教派。但他们事实上跟其他基督教会一样，主要体现了一种民族性。他们在公开的崇拜仪式中使用叙利亚语。该派大主教的驻地位于波斯境内的塞琉西亚。他如今住在摩苏尔（Mosul）附近的一座修道院里。该教派在叙利亚、亚美尼亚和美索不达米亚境内有多位主教。他们相信基督的神性与人性是统一的，并希望圣母玛利亚被称为"基督之母"（the mother of Christ），而非按照通常的惯习被称为"圣母"（the mother of God）。他们不崇拜偶像，尊敬聂斯托利乌斯（Nestorius）。（编者在此原封不动地保留了作者的注释和正文中接下来的叙述。但作者似乎没有表达清楚，或是对聂斯托利乌斯的信条有所误解。无论聂斯托利乌斯是否持有其仇敌加在他头上的观点，他遭到以弗所大公会议谴责的原因在于他相信基督拥有两个位格。混淆基督的神性与人性的责难针对的不是聂斯托利派，而是优迪克派。——编者注）

议（公元 449 年）谴责为异端后，他们继续坚定地信仰基督的二元性[1]。当发现自己无法同希腊人的世俗权力和宗教影响抗衡后，他们建立了独立教会，狂热地将注意力转向对罗马帝国边境之外的基督徒的精神指导。他们的传教经历——这些人在印度和中国建立了教会组织——构成了基督教编年史上非常值得关注的一章。[2] 他们的狂热偏执及其同波斯境内基督徒的联系，使得罗马皇帝们对之大加迫害，政治、宗教因素在其中不容忽视。此类迫害往往又让他们获得了波斯君主们的恩宠。尽管这些人并非总能避免波斯人的仇恨与妒意，他们还是可以获得公正的保护，积极反对希腊教会与罗马帝国。但考虑到领土的位置与特征，他们争取政治独立的机会是极其渺茫的。[3]

当波斯帝国与罗马帝国开始衰落之际，亚美尼亚获得了争取独立的有利地位。尽管该地区处于两个彼此敌对政权的争夺之中，当地居民却像希腊人一样保留着自身纯粹的民族性、行为方式、语言和文学。较之东方的其他民族，亚美尼亚的上层阶级掌握着更多的财富、军事实力和政治独立性，邻邦们对他们的评价很高。亚美尼亚人在忠诚和军事等方面的声望，使得查士丁尼时代以降的罗马皇

329

---

[1]　此处似为二性二位。——中译者注

[2]　Blumhardt, *Versuch einer allgemeinen Missionsgeschichte der Kirche*, vol. iii.

[3]　雅各派似乎并未像聂斯托利派那样遭到残酷镇压，因为他们在美索不达米亚人数众多。当波斯人夺取埃德萨后，他们把所有教堂都交给了雅各派。见 Elmacin. *Hist. Sarac*. 14。

帝们开始提拔他们担任帝国境内的高级军职。尽管亚美尼亚人无力在罗马人和波斯人面前保住政治独立，他们还是保证了民族的延续。在席卷亚洲的历次动荡局势中，亚美尼亚始终保持着独立民族的特征，并保留着自身的语言和文学。民族精神促使他们对抗希腊教会，接受一性论派的观点——尽管他们对之进行了若干改动，以便赋予其教会民族色彩，使之有别于雅各派教会。他们的历史理应得到英语学术界的更多重视。亚美尼亚是第一个奉基督教为官方信仰的地区，那里的人民克服了重重困难，以坚定的勇气长期维护着独立。在丧失了政治权力后，他们的行为方式、语言、宗教和民族性在波斯人、希腊人、萨拉森人和土耳其人治下并未发生显著变化。[1]

在希拉克略时代，小亚细亚成了东罗马帝国的重中之重，那里的大多数人口仍忠于帝国政权和希腊教会，这在帝国领土中绝无仅有。在福卡斯统治时代前，它逃过了各种大规模洗劫，保留了不少古代的财富与荣光，民众的社会生活继续尊奉着从前的制度与习俗。那里的内部贸易相当可观，勉强修缮的主干道构成了商业与文明交往的动脉。然而，破败不堪并且永远无法重现昔日辉煌的巨大城市废墟表明，小亚细亚已因过度课税、商业衰落、农业荒废和人口下

[1] Father Michael Chamich, *History of Armenia*，由 J. Avdall 译自亚美尼亚文，Calcutta, 1827, 2 vols. 8 vo.; M. de Saint-Martin, *Mémoires Historiques et Géographiques sur l'Arménie*: 2 vols., Paris, 1818 和该作者对 Le Beau, *Histoire du Bas-Empire*, Paris, 1824, & c. 21 vols 的大量补注。另参见 Neumann, *Versuch siner Geschichte der Armenischen Literatur nach den Werken der Mechitaristen*; Dulaurier, *Bibliothèque historique arménienne*: Paris, 1858。

降而陷入了衰落。

　　跟在更为偏远的帝国诸行省里的情况一样，中央政权对其直接任命的官吏的约束力在小亚细亚几近于无。希拉克略统治初期的历史提供了一个关于这种普遍瓦解状态的醒目证据。由于可以同时诠释皇帝的个人品质与帝国的整体状态，该证据尤其值得我们关注。福卡斯的女婿克里斯普斯帮助希拉克略夺取了皇帝宝座。作为酬报，皇帝将帝国境内最富庶的一个行省——卡帕多西亚的治理权，连同该地军队的总指挥权，一并授予了克里斯普斯。[1]克里斯普斯是一个影响巨大、胆大包天的人物，他很快就在皇帝面前表现得我行我素，甚至有些傲慢无礼。[2]他忽视了本行省的防务工作。当希拉克略亲自视察凯撒里亚的情况，准备同波斯开战时，克里斯普斯表现得桀骜不驯，甚至有了拥兵自重的苗头。谨慎的希拉克略压下了心头怒火，前去探视那位权势滔天的臣子（克里斯普斯当时偶染小疾，也可能是在装病），劝说他赶赴君士坦丁堡。[3]此人一在元老院出现，马上就遭逮捕，并被迫成为教士。此人的权势与地位使得希拉克略必须打压他的桀骜不驯，然后才能放心地去对付波斯人。帝国

331

---

[1]　查士丁尼的描述印证了卡帕多西亚的富庶丰饶和重要地位，见 *Novell.* xxx。

[2]　他的性格确实让吉本有理由猜想，此人便是莫里斯统治时代出现过的那个普利斯库斯。参见 Gibbon, *Decline and Fall*, xlvi. *note* 52。Nicephorus Pat. p. 4 和 Cedrenus, i. p. 406 称福卡斯的女婿为克里斯普斯。Theophanes, 246, 248 和 Zonaras, ii. 81 称之为普利斯库斯，但 Zonaras, pp. 82, 83 又对卡帕多西亚的行省总督大书特书，称之为克里斯普斯。

[3]　希拉克略邀请他担任新生皇子的教父。

各地区还有许多不那么重要但同样独断专行的人物，希拉克略认为没有必要去关注或惩戒他们的勃勃野心。中央政府权力的衰落、民众日益加重的无知、相互交往的困难和财产、生命安全面临的威胁，大大改变了当时的社会状态，地方上的行省总督、大城市与行省的头面人物及教士阶层掌控了政治。

斯拉夫人在达尔马提亚的定居导致的希腊人地位变化

希拉克略试图在欧洲构建抵御阿瓦尔人和斯拉夫人蚕食的永久屏障。但在推行该计划的过程中，他显然并未得到多瑙河南岸诸行省居民的支持。莫里斯时代曾活跃于伊吕利库姆和色雷斯，多次进至阿瓦尔人领土的帝国军队已在福卡斯时代解体。这一损失是无可挽回的，因为欧洲已无足够的农业人口组建新军队。[1] 为了遏制帝国北方敌人的劫掠，唯一可行的办法是在达尔马提亚和伊吕利库姆的焦土之上建立敌视阿瓦尔人及其斯拉夫盟友的强大殖民地。为了实现这一目标，希拉克略说服了塞尔维亚人（Serbs，即西斯拉夫人），他们居住在卡帕提亚山脉（the Carpathian Mountains）一带，曾阻止过阿瓦尔帝国在那一方向上的扩张——阿瓦尔人想要放弃自

332

---

[1] 达尔马提亚诸城市每年会派出一千名骑兵，协助守卫多瑙河河道，见 Constantinus Porphr. *De Adm. Imp.* c. 30, p. 141, edit. Bonn。

己古老的居所，南迁到亚得里亚海和多瑙河之间的诸行省定居。北方部落的持续入侵将这些行省中的希腊—罗马居民赶到了沿海地区，内陆的荒芜平原则被阿瓦尔人的斯拉夫臣民或属邦占据。在应希拉克略之邀南迁的西斯拉夫诸部落中，最重要的是塞尔维亚人和克罗地亚人，他们的后裔今日仍居住在先辈占据的地区。他们最初的居住区域是通过友好协商定下的，无疑得到了明确条约的保护。伊吕利库姆和达尔马提亚的斯拉夫居民一直相信，自己居住的地区在一定程度上是附属于东罗马帝国的。[1]

希拉克略的政策得到了巧妙、坚决的贯彻。从伊斯特里亚到杜拉齐乌姆的广大地区都被塞尔维亚或其他西斯拉夫部落占据，他们同阿瓦尔人为敌。与早期的侵略者不同，在这些殖民地上定居的是农民。如果说他们顺势将早先征服活动中的一些旧有斯拉夫残部纳入了其政治体系的话，这种做法也只是为了巩固定居点的稳定与繁荣。与之前好战的哥特人、匈人和阿瓦尔人不同，斯拉夫诸民族在他们占领的土地里人丁兴旺、蒸蒸日上。通过吸纳旧有人口的余部，他们组建了政治体系和独立国家，树立了抵御阿瓦尔人和其他敌对民族的坚固屏障。

我们在此需要认识到，倘若被塞尔维亚人征服的那些地区的早期居民能够摆脱吞噬其资本的帝国赋税重担，还有充满猜忌、禁止他们拥有武器的罗马政权的压迫的话——一言以蔽之，只要他们能

---

[1]　Const. Porphyr. *De Administrando Imperio*, cc. 31–36.

333 　够享有希拉克略被迫许诺给塞尔维亚人的一切优惠条件——他们完全可以成功地守卫领土。但在哥特人、匈人和阿瓦尔人的大肆蹂躏过后，只要那些地区还剩下一些未被摧毁的东西，帝国税吏们就会不依不饶地征收赋税。从公正的原则来看，既然罗马政府未能履行保护臣民的义务，它事实上已丧失了课税的权利。

　　亚得里亚海东岸的中古史始于达尔马提亚境内斯拉夫殖民地的建立。但从地缘政治的角度看，作为君士坦丁堡宫廷的附庸，这些殖民地一直保留着十分完整的民族独立性，拥有自己的政权。他们建立的国家在欧洲史上举足轻重。在数百年的时间内，克罗地亚、塞尔维亚、波斯尼亚、拉斯齐亚（Rascia）和达尔马提亚的王国或附属国跟今天中等规模的王国十分相似。实行共和政体的纳兰塔（Narenta）居民曾与威尼斯人争夺过亚得里亚海的控制权。在一段时期内，希拉克略建立的这些塞尔维亚殖民地或许大大促进了欧洲文明的进步。

　　然而，尽管达尔马提亚、伊吕利库姆和默西亚的古老行省拥有了新的居民、新的地理分区和名称，亚得里亚海沿岸仍有一些驻军的城镇继续同帝国政权保持着直接联系，拥有自己的原住人口，并吸纳了一批罗马公民作为居民——他们拥有足够的财富，能够逃脱阿瓦尔人的毒手，在沿岸地区立足。长期以来，这些城镇与意大利有着贸易往来，维持着本地的独立。它们利用毗邻达尔马提亚海岸的众多岛屿，抵挡着塞尔维亚邻邦。尽管被塞尔维亚诸部落包围，它们仍忠于君士坦丁堡的皇帝达两百五十年之久。直到皇帝巴西尔一世（Basil I）统治时期，它们才被迫向斯拉夫邻邦纳税。[1] 只有拉古萨（Ragusa）最终获得并保住了独立地位，在周边国家的兴衰沉浮中傲然挺立。直到拿破仑消灭了欧洲大多数小共和国，它的自由才最终被法国人摧毁。

当西斯拉夫人以塞尔维亚人、克罗地亚人、纳兰丁人、扎克罗米亚人（Zachloumians）、特尔波尼亚人（Terbounians）、狄奥克勒亚人（Diocleans）和德卡特里亚人（Decatrians）等名号进入达尔马提亚时，他们不大可能是以同一民族的身份出现的。在抵达之际，他们大概尚不足以在当地居民中占据主导地位。尽管当地人烟稀少，他们还是有可能找到早先便定居于此的原始斯拉夫部落。即便这些古时遗留的居民已被降格为农奴或奴隶，他们还是经受住了悲惨境遇的考验，他们的主人则早已因此消亡。毫无疑问，他们会与自查士丁尼时代起侵入多瑙河北岸的同族征服者融合为一。塞尔维亚的斯拉夫统治阶层可以在不损害民族感情的前提下，轻而易举地团结他们。如此结果是自然而然的：各支人口迅速整合起来，并在融合为一个民族后数量激增。曾在这些地区的居民中占据很高比例的罗

---

[1] 公元 867—886 年，见 Const. Porphyr. *De Adm. Imp.* c. 30（vol. iii. p. 147, edit. Bonn）。这些城镇先后向东罗马帝国皇帝和斯拉夫王公缴纳小额税款。这一方面证明了它们的贫穷，另一方面也反映了它们实际上的独立地位。无论如何，这些材料都值得我们关注，因为它们反映了这些城镇的社会状态。阿斯帕拉苏斯［Aspalathus，即斯帕拉托（Spalato）］缴纳了两百金币；泰特兰古里乌姆［Tetrangurium，即特劳（Trau）］、奥普萨拉（Opsara）、阿尔贝（Arbe）和维克拉（Vekla）分别缴纳了一百金币；现代扎拉（Zara）的所在地贾德拉（Jadera）缴纳了一百一十金币；拉古萨要为其公民拥有的乡村地产缴纳七十二金币。

马人逐渐消亡；南边近邻的伊利里亚人则最终退居希腊人占领的大陆地区。

我们有理由假设，塞尔维亚斯拉夫人在帝国境内定居后，伊利里亚人或阿尔巴尼亚人开始蚕食希腊。自称斯基佩塔尔人（Shkipetars）的阿尔巴尼亚人〔或阿瑙特人（Arnauts）〕，被认为是色雷斯民族中最大的一个部落。拥有诸多名号〔尤其是佩奥尼亚人（Paeonians）、伊庇鲁斯人和马其顿人〕的色雷斯人曾在早期希腊史上扮演过重要角色。[1] 关于他们与希腊人共同在希腊本土定居的年代线索，我们如今已难以查证。但显而易见的是，无论始自何时，最早的伊利里亚或阿尔巴尼亚殖民者都是以相同政权、教会的成员身份，定居在希腊人中间的。他们受到了相同的情感与利益的影响；更值得注意的是，他们在特定的时代背景下闯入，并未激起敏感的希腊人的民族仇恨或地域偏见。肯定是某种非同寻常的灾难导致了这些惊人的后果。我们很难在追溯希腊民族的历史时断然否认，他们及其邻居的现代面貌最初是由希拉克略时代的一系列独特事件塑造的。[2]

阿瓦尔王国的实力已然式微，但其国王或大汗仍统治着从巴伐利亚到达契亚阿尔卑斯山，涵盖了特兰西瓦尼亚和巴纳特，直抵黑

---

[1] 根据沙法里克（Schafarik）的估算，此时阿尔巴尼亚的人数不超过一百五十万。瓦拉几亚人、摩尔达维亚人和特兰西瓦尼亚人由血统纯正的萨拉森人、罗马人、斯拉夫人混杂而成。参见 Schafarik, *Slawische Alterhümer*, vol. i. p. 31。

[2] 在东罗马帝国境内，城乡人口社会地位的巨大差异加速了乡村居民的改变与迁徙。

海沿岸与多瑙河河口附近的广袤地区。住在多瑙河与伏尔加河之间，充当过阿瓦尔人在欧洲最早属民的斯拉夫人、保加利亚人和匈人诸部落重新宣布独立。阿瓦尔人的实际数目一直不大，他们的野蛮统治使得被征服地区的人口减少。由于贫穷并对各种生计不抱希望，旧有居民的残余人口组成了匪帮，很快变得跟驻扎在自己土地上的震慑自己的阿瓦尔军队一样庞大和好战。在经历了一系列零星乱战后，阿瓦尔人很快就优势不再。之前阿瓦尔王权迅速崛起，此时则迅速瓦解。不过，在希拉克略统治时期，大汗仍能在劫掠东罗马帝国诸行省时将众多部落集合到自己麾下。[1]

　　我们似乎无法根据任何史料断定，希拉克略将塞尔维亚斯拉夫人安置在伊吕利库姆，借以遏制阿瓦尔人的势力，究竟是发生在阿瓦尔国王欺骗东罗马帝国皇帝的著名举动之前还是之后。倘若希拉克略当时已经布置好了塞尔维亚人的居住区域，那么害怕自己势力遭到削弱的阿瓦尔人似乎是有背信弃义的借口的。即便那种野蛮报复和贪婪欲求有些出格，我们也应看到，那跟两百年后一位拜占庭皇帝对待一名保加利亚国王的方式并无差别。[2] 公元 619 年，阿瓦尔人对帝国心脏地带发动了可怕的入侵。他们一直推进到色雷斯境内。当希拉克略提议亲自同阿瓦尔国王会谈并签订和约时，双方商定在马莫拉海（the Sea of Marmora）岸边的赫拉克勒亚〔即佩林苏

[336]

---

[1]　Georgii Pisidae *Bellum Avaricum*, 197.

[2]　公元 813 年。

斯（Perinthus）］举行会晤。皇帝在一批光鲜亮丽的侍臣陪伴下一直前进到塞吕布里亚（Selymbria），并为取悦蛮族准备了庆典表演。但阿瓦尔人的贪欲被激发了出来。他们的君主相信，如能除掉像希拉克略这样的危险对手，任何举动都是可以被原谅的。于是，他决定抓住皇帝，并派军队去劫掠皇帝的随从。东罗马帝国对长墙的防守漫不经心，阿瓦尔大军神不知鬼不觉地翻越了长墙。但他们的行动最终还是引起了朝廷的怀疑。希拉克略被迫乔装打扮逃回君士坦丁堡，抛下他的营帐、戏班和财产，任凭背信弃义的敌人洗劫。皇帝的随从一路被追杀到首都城墙脚下，集合起来准备观看庆典的民众则成了阿瓦尔人的奴隶。他们劫掠了大量战利品，还有二十七万俘虏。[1] 当时的东罗马帝国十分虚弱，希拉克略甚至决定对这样的侮辱忍气吞声。他没有试图洗刷自己狼狈逃窜的耻辱，而是选择息事宁人。他继续准备进攻波斯，因为东罗马帝国的国运显然取决于亚洲战事的成败。为了尽可能不被欧洲事务掣肘，他忍气吞声地重新同阿瓦尔人展开谈判。在做出许多让步后，他成功地缔结了和约，并一厢情愿地指望它为持久和平奠定基础。

　　然而，几年之后，当希拉克略远在波斯边境时，阿瓦尔人认为重启战端的时机已到，便同一支进至博斯普鲁斯海峡亚洲沿岸地区的波斯军队联手，制定了征服君士坦丁堡的计划。[2] 阿瓦尔人的大

----

［1］ Nicephorus Pat., *De Rebus post Mauricium gestis*, p. 10. 在阅读这份关于俘虏人数的叙述时，我们很难不去怀疑作者可能隐瞒了某些重要事实。

［2］ 公元 626 年。

汗率领着由自己臣民构成的强大军队，在斯拉夫人、保加利亚人和匈人部落的帮助下沿陆路进攻首都；波斯军队则竭尽全力支援他们，骚扰首都的亚洲郊区，切断该方向上的所有补给。君士坦丁堡的城防力量挫败了这次联合攻势，希拉克略认为没有必要回军或放弃东方的征服事业。罗马帝国的海军优势阻止了敌军会师，阿瓦尔人最终不得不草草撤退。在拜占庭史学家笔下，围攻君士坦丁堡是阿瓦尔人最后一桩令人印象深刻的军事行动。随后，他们的势力急剧衰落。该民族很快就完全消失于疆域内的斯拉夫与保加利亚居民之中，我们如今已难以考察他们民族和语言的历史。之前羽翼渐丰的保加利亚人成了多瑙河与顿河之间诸民族的统治者。从这时起，他们在史书中成了罗马帝国北部边疆上最危险的敌人。

早在希拉克略说服西斯拉夫人在伊吕利库姆定居之前，众多阿瓦尔人及其斯拉夫臣民已经进入希腊本土，甚至在伯罗奔尼撒半岛等南部地区定居下来。[1] 我们如今已无法找到清晰证据，确定阿瓦尔人将其征服范围推进到了希腊境内的何处。但有些确切史料表明，他们的斯拉夫臣民在这些被征服的领土上盘踞了数百年之久。历史

[1] Leake, *Researches in Greece*, 376; Tafel, *De Thessalonica*, Proleg. pp. lxxviii, lxxxvii, and p. 70; Theoph. *Chron.* 385.〔关于阿瓦尔人和斯拉夫人在如此早的时代里已定居于伯罗奔尼撒半岛的说法，目前还存在着诸多疑点。本书第四卷《中世纪希腊与特拉比宗》的第一、三章讨论了该问题，分析了相关史料。作为这一假说依据的姓名纳瓦里诺（Navarino，有人认为它来自"Νέο-Ἀβαρῖνον"或"τὸν Ἀβαρῖνον"，意为"新阿瓦尔人"），事实上跟这个问题毫无关系。该姓名出现于法兰克人占领莫雷亚之后，其词源为"纳瓦罗城堡"（Castel des Navarrois）。参见 Hopf, in Ersch and Gruber, *Encyklopädie*, vol. lxxxv, p. 212.——编者注〕

学家完全没有记载过这些斯拉夫殖民地的政治与社会地位，但它们的势力和影响一度十分巨大。希腊作家对这些征服的记载十分稀少，表达也非常含糊，因此现代历史学家有责任对此加以澄清——尤其是在某位德国作家有力地利用了这些材料，试图证明"欧洲的希腊人业已灭绝"，现代希腊人实为罗马奴隶与斯拉夫殖民者后裔融合而成之后。[1] 诚然，他的一位同胞已凭借渊博学识对该观点加以驳斥，指出前辈的天才论文不过是一种貌似合理的假说罢了[2]，但我们还是必须亲自考察关于这一黑暗时代历史真相的稀少记录。

阿瓦尔人征服希腊最早的相关记载见于埃皮法尼亚（Epiphania，叙利亚谷地境内）的埃瓦格里乌斯的《教会史》，该作品成书于公元6世纪末。[3] 作者提到，当皇帝莫里斯在东方用兵之际，阿瓦尔人推进到了君士坦丁堡前方的长墙处，攻占了辛吉顿（Singidon，今贝尔格莱德）、安奇亚鲁斯（Anchialus）和希腊全境，用火与剑蹂躏了各地区。[4] 这些入侵发生在公元588—589年，但倘若不是后

339

---

[1] *Geschichte der halbinsel Morea während des Mittelalters*, von Prof. Fallmerayer, preface, and pp. 179–199.

[2] *Geschichte Griechenlands*, von J. W. Zinkeisen, p. 837.

[3] 史书记载到公元593年为止，作者很可能于此后不久去世。

[4] Evagrii *Hist. Eccles.* vi. 10, cum adnotat. Valesii; Tafel, *Thessalonica*, Proleg. p. lxx; Zinkeisen, 699; Fallmerayer, i. 185. 埃瓦格里乌斯似乎提到过，位于帝国西部边疆处的辛吉顿和位于黑海沿岸的安奇亚鲁斯跟整个希腊保持着联系——那是因为他的修辞和官腔让他不愿直白地告诉读者，阿瓦尔人已蹂躏了欧洲的所有行省。有证据表明，伯罗奔尼撒半岛上希腊人的生活状况在莫里斯统治时期经历了若干巨变，因为莫奈姆瓦西亚（Monemvasia）在此期间被升格为一位高级主教的驻地。见 Phrantzes, p. 398, edit. Bonn; Le Quien, *Oriens Christianus*, ii. 216。

世权威作家十分重视这条记载的话，我们无法从这段含糊其辞的对阿瓦尔人劫掠行径的偶然论述中得出任何结论。公元 1081 年，君士坦丁堡牧首尼科拉奥斯（Nicolaus）写给皇帝阿莱克修斯·科穆宁（Alexius Comnenus）的一封信，以醒目的方式确认了埃瓦格里乌斯的记载。[1] 牧首声称，由于圣安德鲁（St. Andrew）的神迹帮助帕特雷城消灭了阿瓦尔人——后者曾盘踞伯罗奔尼撒半岛大部分地区达两百一十八年之久，将被征服地区与罗马帝国分隔开来，没有任何罗马人（即与帝国政权联系紧密的希腊人）胆敢进入此地——皇帝尼克弗鲁斯（公元 802—811 年在位）曾给予那里的主教辖区诸多优待。鉴于君士坦丁七世曾提及帕特雷的这次被围，指出其具体年份为公元 807 年，那么两百一十八年前，这些阿瓦尔人对伯罗奔尼撒半岛的征服无疑要上溯到公元 589 年，那正是埃瓦格里乌斯记载的年代。[2] 皇帝君士坦丁七世不止一次提到过伯罗奔尼撒半岛内的斯拉夫殖民地，但他从未记载过他们进入该地区的具体时代。他在关于帝国诸行省的作品中告诉我们，这一地区在君士坦丁五世时代的大瘟疫后陷落并堕入蛮荒，那标志着希腊乡村人口的彻底灭绝、斯拉夫殖民地政治势力的确立及希腊所谓完全自治的开始。[3] 数年之后，斯拉夫人显然已成气候，成了东罗马皇帝们的眼中钉。在君士坦丁六世统治时期，皇帝曾派出一支远征军去对付这些斯拉夫人。他们当时控制着从马其顿

340

---

[1] Leunclavius, *Jus Graeco-Romanum*, i. 278.

[2] Constantinus Porphyr. *De Adm. Imp.* c. 49; iii. 217, edit Bonn.

[3] 公元 746 年。见 Const. Porphyr. *De Thematibus*, ii. c. 6。

边境到伯罗奔尼撒半岛南端之间的大部分地区。[1] 事实上，当时可能只有驻军城镇还保留在希腊人手里。[2]

令人惊讶的是，我们居然找不到关于这些希腊民族生活、命运重大变化的详细记载，只有拜占庭史学家偶尔提及过相关史实。但我们只要想一想，这些斯拉夫殖民地从未整合成一个国家，也没有在进攻东罗马帝国时采取过任何统一政策，而拜占庭史家又对真正重要的人类历史漠不关心，居然忽略了伦巴德人对意大利的入侵，疑问就会烟消云散了。所有提及这段历史的希腊作家都跟君士坦丁堡政权或东正教会有关。因此，他们早已丧失了一切希腊民族认同感，将古希腊遗留下来的农业人口视为粗俗、卑下的半野蛮人，比同自己展开混战的斯拉夫人强不了多少。由于希拉克略时代的希腊本土提供不了多少税收，那位皇帝似乎从不关心该地区的命运。希腊人之所以没有在阿瓦尔和斯拉夫侵略者的威胁下走向灭绝，恰恰是因为帝国政府的无视而非支援。阿瓦尔人试图彻底征服希腊本土，将其劫掠范围一直推进到爱琴海诸岛屿。他们开始攻打之前未遭入侵的东海岸。为了执行这一计划，他们从伦巴德找来了　批造船工匠，并向爱琴海地区派出了一支劫掠舰队。希腊诸岛屿和商业城市面临的普遍威胁激发了当地居民的爱国精神，促使他们联合起来保

---

[1]　公元 783 年。见 Theoph. *Ch.* 385，另见 *Epitome* to Strabo, Almeloveen, ed., Amst. 1707, pp. 1251, 1261。

[2]　约尼纳（Joannina）始终是一座希腊城市。参见 Leake, *Travels in Northern Greece*, iv. 202。

卫自己的财产。阿瓦尔人的征服计划最后以失败告终。[1] 然而，在很长一段时期内，希腊人一方面受到斯拉夫人的劫掠，另一方面则受到东罗马帝国政权的压迫。他们之所以还能保住自己的一部分商业财富与政治影响，要归功于他们城镇组织模式的高效及中央政府的虚弱——后者已无力阻止希腊人民拿起武器保卫自己。

希拉克略在东方的战事

希拉克略的个性深刻影响了他统治期间的历史。不幸的是，那个时代的历史学家并未将其精确的思想特征传之后世。希拉克略的行动表明，他是一个拥有非凡判断力、活力和勇气的人物。尽管皇帝有时会失于谨慎、急于冒进，他在另外一些场合下却具备压制火气的平和心态与强大意志。这一点可以证明，他是一位真正的伟人。[2] 在同时代人眼中，他在名誉方面有两个无法洗刷的污点。他与自己外甥女玛尔提娜（Martina）的婚姻被视为乱伦；他为规范臣民信仰而颁布的宗教法令被视为异端。对于一个严重依赖公共舆论

---

[1] Paulus Diaconus, *De Gestis Langob*. iv. 21; Tafel, *Thessalonica*, Proleg. pp. lxxiii, lxxix.

[2] 对福卡斯的残酷只能证明，他也会受到那个时代野蛮作风的影响。他的言论中贯穿着虔诚的宗教精神。这些材料保存在 *Paschal Chronicle* 和特奥法尼斯记载的演说词中，包含着率真的情感。这种风格确实适用于皇帝的官方发言，他十分看重自己作为基督教会首脑和正统信仰领袖的身份。波斯既是他政治上的敌人，又是他宗教上的对手。

342　推行复兴罗马帝国宏伟目标的统治者而言，这两点都可谓大大失策。但他对妻子始终如一的爱恋，还有调和帝国境内相互对立的基督教派系来抵御外敌的重要性，可以为这些错误提供些许理由。

君士坦丁堡枢机主教曾针对希拉克略与外甥女的婚姻提出过抗议，但皇帝在当时对帝国境内的神职人员拥有绝对权威。希拉克略一方面准许枢机主教遵从自己的良心去表达抗议，另一方面则要求他履行自己的世俗职责，庆祝君主的新婚。罗马帝国首都枢机主教的地位还没有在基督教会内部鹤立鸡群。[1] 枢机主教塞尔吉乌斯并不缺少韧劲和勇气，希拉克略也逃不过那个时代的宗教狂热。不过，两人都清楚，当时的教会乃是国家的一部分，尽管大公会议在信条方面可以限制皇帝的权威，但他对教会的领导权几乎是绝对的。倘若枢机主教胆敢违背皇帝的指令，后者完全有权撤销他的职务。由于希拉克略与玛尔提娜的婚姻确实触犯了禁令，塞尔吉乌斯庆祝这次婚礼的举动是一种不合规的逢迎行为。在那样的场合下，做一名尽责的基督教士应当比做一名顺从的罗马帝国臣民更为重要。

希拉克略统治前期的主要任务是改革内政和招募兵源。他绞尽脑汁，徒劳地试图同波斯媾和，甚至允许元老院单独同侯斯罗斯二世谈判。[2] 在整整十二年里，波斯军队蹂躏了从尼罗河沿岸到博斯

---

[1] 罗马枢机主教格里高利一世的权力很小，他只有在获得自己的仇敌——皇帝莫里斯的准许后，才敢授予一位主教圣职。他还曾被迫服从下述敕令：禁止所有人为当上修士而脱离公职，禁止修道院收容服役期内的士兵。参见 Fleury, *Hist. Eccles.* l. 35, c. 50; l. 36, c. 43。

[2] *Chronicon Paschale*, 387.

343

普鲁斯海岸的帝国领土，几乎没有遇到任何抵抗。我们无法解释，希拉克略是如何利用这段时期的；但显而易见的是，除了准备对波斯作战外，他还忙于其他许多事务。元老院同波斯展开的独立谈判似乎表明，罗马贵族已经利用莫里斯垮台后政局的动荡局面侵蚀了皇帝的权威。希拉克略必须首先解决国内的政治斗争问题，之后才能腾出手来指挥波斯战争。由于当时并未爆发内战，我们无法从希拉克略时代贫乏的编年史中弄清他当时究竟面临着哪些困难。主观臆断或许不应在史学作品中占据一席之地，但如果比较希拉克略统治末期的东罗马帝国政局与他登基之初的混乱局势，我们可以轻而易举地判断，希拉克略确实进行了重大的政治改革，并为虚弱的帝国政治体系注入了新的活力。

当希拉克略解决了帝国内部问题、筹备好了作战资金、整饬了罗马军队的纪律之后，他发动了一系列战役，使自己跻身于历史上最伟大的军事将领之列。[1]他首战的目标是控制从黑海沿岸到地中海沿岸、途经本都与奇里乞亚若干枢纽的交通线。[2]这一着棋可以切断业已推进至小亚细亚地区、占领了安卡拉（Ancyra）的波斯军

[1] 勤勉的勒布、渊博的吉本和睿智的丹维尔（D'Anville）均在梳理希拉克略历次征战的具体年份和地理环境方面发挥了作用。然而，为了准确无误地复原希拉克略的行军路线，我们还有许多工作要做。如果哪位杰出学者能将研究精力投入这一引人注目的时代的话，他的成果将令我们获益良多。丹维尔和吉本认为甘扎卡（Ganzaca）位于塔布瑞兹（Tabreez），但罗林逊爵士（Sir H. Rawlinson）提出了该地点位于塔基特-伊-索雷曼（Takht-i-Soleiman）的理由。参见 Rawlinson, *Journ. Roy. Geograph. Soc.* vol. x. p. 68. 学者通常认为，特巴迈斯（Thebarmes）位于今天的乌里米耶（Urimiyeh）。
[2] 公元622年。

344

队同本国边境补给与援兵的联系，随后希拉克略便有机会将这些部队各个击破。他在"门户"（the gates）隘口登陆，从那里前往内陆地区，抵达了亚美尼亚边境处。[1]他的迅速行动确保了计划的成功。被迫在希拉克略挑选的地点迎战的波斯人遭到完败，冬季到来之时，罗马军队在本都地区安营扎寨。在第二场战役中，皇帝从本都境内的营帐出发，进入了波斯的心脏地带。[2]他攻占了甘扎卡，摧毁了琐罗亚斯德的出生地特巴迈斯及其神庙和火祭坛。在劫掠了米底北部后，希拉克略退回阿尔巴尼亚，安排军队在那里扎营越冬。这场战役向世人表明，波斯帝国内部跟罗马帝国一样虚弱，无力在斗志昂扬的活跃敌人面前组织任何民族抵抗。[3]第三次和第四次战役充斥着艰苦行军和激烈战斗，希拉克略借此证明了自己既是一名勇敢的战士，也是一位能干的将领。在他的领导下，罗马军队恢复了在战争中的传统优势。第三次战役结束时，他在波斯境内安营扎寨；第四次战役结束后，他率军返回小亚细亚，在哈吕斯河（the Halys）后面的区域过冬，以便监视打算协同作战、围攻君士坦丁堡

---

〔1〕 Theoph. 254, 255. 一般认为，这里说的"隘口"（pylae）是奇里乞亚隘口或叙利亚隘口（即阿玛尼德斯隘口，Amanides Pylae）。希拉克略在君士坦丁堡集结的部队于伊苏斯湾（the Gulf of Issus）登陆。

〔2〕 公元 623 年。

〔3〕 吉本不认为希拉克略一直推进到了伊斯帕罕（Ispahan），但他的观点是建立在非常可疑的猜测之上的。参见 Gibbon, Chp. xlvi. vol. v. 403, Smith's edit。为了争取盟友共同对抗波斯，希拉克略允诺将自己的女儿嫁给哈扎尔人的国王（或部落首领）之子。那是一个在数百年内称雄于黑海与里海之间地区的突厥部族。参见 Le Beau, xi. 115, Note de S. M。"倘若罗马依旧屹立，即便是一位罗马元老，也断然不会把自己的女儿嫁给哪个蛮族君王。"

的波斯人和阿瓦尔人的动向。由于波斯军队在博斯普鲁斯海峡沿岸展开攻势，尝试帮助阿瓦尔人进攻君士坦丁堡，第五次战役起初被迫推迟。希拉克略兵分三路，派出其中一支驰援君士坦丁堡。第二支由他的弟弟特奥多雷（Theodore）率领，在一场大战中击败了波斯人。他率领第三路驻守伊贝里亚，等待突厥大汗入侵波斯的消息。他一得知突厥盟友已翻越里海隘口，确信敌人围攻首都的计划已遭挫败，便直扑波斯帝国心脏地带，前往皇宫搜寻对手。第六次战役开始于罗马军队在亚述平原上的行动。在劫掠了波斯帝国若干最富裕的行省后，希拉克略推进到了底格里斯河东岸地区，攻陷了达斯塔格德（Dastagerd）宫殿——那是波斯君主们储存最重要财富的地方，因为他们认为任何外敌都无法抵达此处。侯斯罗斯二世在罗马军队逼近之际逃跑，这成了麾下将领们发动叛乱的借口。希拉克略推进到了距泰西封数罗马里的地方。但他发现，确保自身胜利的更好办法是坐观波斯人内乱，而不是率领业已损兵折将的军队冒险攻打人口众多的波斯帝国首都。因此，皇帝于3月引兵折回甘扎卡，在这场战事的第七个年头的春天结束了一切。侯斯罗斯二世被叛乱的儿子希罗耶斯俘获并杀害，后者同罗马皇帝签订了和约。两个帝国之间恢复了从前的古老边境，波斯人从耶路撒冷掠走的圣十字架被封箱送还给希拉克略。[1]

345

---

[1]　参见本书的年表。如果说今天的圣墓所在地是后人的附会，那么这一骗局很可能炮制于希拉克略时代。但就连这一假设似乎也无法自圆其说。参见本书英文版附录三：《关于圣墓遗址的争议》。

　　希拉克略反复声称，自己无意征服任何波斯领土。[1]他在战事势如破竹、敌人愿意以任何代价求得退兵时的举动表明，这一策略是真诚、公正的。他的帝国需要持久的和平，以便从最近的悲惨战事中恢复元气；他需要进行许多行政与宗教改革才能重现政权的活力，和平环境是必不可少的。事实表明，罗马与波斯这场长达二十四年的战争对参与的各民族而言都是得不偿失的：它导致了欧洲和亚洲大片区域的人口下降。公共机构、建筑、道路、港口和商业都陷入了凋敝状态；各政权走向衰落；中央集权的影响对于世人而言变得更微弱。就连罗马、波斯帝国臣民的宗教也受到了削弱，因为各教派眼中的信仰支柱纷纷遭遇了厄运。一些愚昧的基督徒将耶路撒冷陷落和神圣十字架惨遭掠夺视为上天震怒、宗教瓦解的标志。他们想到了末日审判之前的险恶岁月。拜火教徒则将特巴迈斯的被毁和圣火的熄灭视为大地上一切良善原则废弛的不祥征兆。长期以来，波斯人和基督徒已将其信仰视为国家政权的组成部分，认为政治、军事权力与其宗教制度不可分割；因此，他们相信，自己面临的不幸是天谴的结果。正统的琐罗亚斯德教徒和基督徒都目睹了自己的圣地化作废墟。传统与预言告诉他们，那是可怕的大末日即将到来的迹象。

　　倘若希拉克略在胜利结束了波斯战争后就在耶路撒冷与世长辞，那么他的声望是足以同亚历山大、汉尼拔和凯撒相提并论的。他在

[1]　*Chron. Pasch.* 401.

帝国全境范围内达成了和平，恢复了罗马政权的实力，在东方复兴了基督教，重新将神圣十字架插回了髑髅地（Mount Calvary）。他的光荣已经无以复加。不幸的是，在大多数人眼中，希拉克略后期的统治毁掉了他的声名。但他其实在这些年里付出了许多艰辛努力。正是凭借着他在和平时期恢复政权实力的智慧，亚洲的希腊人才能在陶鲁斯山脚下挡住伊斯兰征服的浪潮。尽管在萨拉森人的光辉胜利映衬之下，希拉克略的军事荣耀未免相形失色，但他的内政治理仍然值得称道。只要我们比较一下他在重组罗马帝国时遭遇的阻力与穆罕默德的追随者在征服从印度到西班牙的所有地区时的一帆风顺，这一点便不言自明。

　　希拉克略的政策旨在建立一条纽带，将帝国境内的所有行省联结成一个整体。他希望借助宗教信仰来解决缺乏民族统一性的问题。教会同民众联系密切，作为教会的政治领袖，皇帝希望建立组织严密的教士队伍。但希拉克略的不切实际之处在于，他将一套信仰原则强加到所有臣民头上，不考虑圣徒的性格或先知的权威。因此，跟大部分完全出于政治动机而进行的宗教改革一样，他的举措引发了更多的争议和困难。公元 630 年，他提出了一个命题："在两性结合之后，基督便只有一种意志和一种行为。"他非但没能通过自己的新信条争取到大量分裂派信徒，重塑教会的整体性，反而导致自己被广大信众视为异端。为了终结轻率挑起的争论，希拉克略又在公元 639 年试图为教会立法，公布了著名的《信仰说明》（Ecthesis），想要消除之前举措的影响，禁止就基督意志的一元性或二元性问题展开讨论，但他又在文中插入了一段支持一元论的声明。[1] 领导着拉丁教士、渴望增加自身精神权威（尽管他并不打算追求政治独立）的罗马主教，积极地投身到反抗《信仰说明》的运动中，赢得了东方教会不少人物的支持。

　　希拉克略试图将聂斯托利派、优迪克派和雅各派教徒重新团结到正统教会的旗帜之下，这一点并不令人惊讶。我们知道，教会影响同国家行政紧密相连，在基督教确立统治地位之后，宗教热情几乎完全取代了民族情感。宗教信仰的一致乃是罗马帝国在埃及、叙利亚、美索不达米亚和亚美尼亚重建势力的必要基础。我们还要看到，希拉克略当时能够找到的辅佐自己治理帝国的最睿智的谋臣们也支持他的神学观点和宗教改革。当时的社会状况确实需要猛药医治，希拉克略的错误仅仅在于采用了绝对君主习惯的手段，也就是将统治者的观点奉为臣民的行为准则。但我们也很难想象，如果希拉克略像圣人一样饱受尊崇，他的宗教改革就能够取得更大的成效。东罗马帝国境内有教养的上层阶级和无知、迷信的底层民众之间存在着一条鸿沟，任何行为准则几乎都无法既赢得饱学之士的认可，又唤醒执迷不悟的民众。为了就希拉克略的举动做出进一步解释，我们还必须指出，他对东罗马帝国基督教会的权威远高于后世拜占庭皇帝及东西教会大分裂后拉丁教会认可的君主权力。尽管他拥有那么多便利条件，他的改革仍以惨败告终。但这些教训无法让他的

---

[1]《信仰说明》载于 Hardouin, *Concilia*, tom. ii. 791。

继任者避免重蹈覆辙。他试图通过统一信仰来巩固自身权力，结果反而加剧了想要根除的顽疾：一性论派和希腊人之间一如既往地争论不休；东罗马教会的权威则因新裂痕而遭到削弱——希腊人和拉丁人之间开始出现隔阂，这有着民族原因，为日后东西教会的大分裂埋下了伏笔。

　　渴望统一乃是人类的执念之一。当希拉克略试图强制统一宗教见解来恢复东罗马帝国的实力之际，穆罕默德更巧妙地利用了人类盼望统一的心理，成功地说服整个阿拉伯皈依自己的宗教，将之统一成一个国家。穆罕默德的追随者对基督徒发动的第一次攻击，正是指向希拉克略政权旗帜下的罗马帝国诸行省，皇帝想在这些地方推行宗教信仰统一。由于治理这些地区十分困难，皇帝曾在数年间居于叙利亚。早在萨拉森人开始入侵之前，他已十分清楚，自己根本无法指望这些臣民保持效忠。[1] 由于穆罕默德的军队一路凯歌高奏，皇帝带着十字架逃离了耶路撒冷，历史学家便认为，他的晚年是在虚弱怠惰中度过的。[2] 其实他早已命悬一线，无法亲自指挥军队，有时甚至经不起任何身体上的折腾。[3] 然而，叙利亚在萨拉森人面前的抵抗跟希拉克略统治初期该地区在波斯人面前的溃败形成

349

---

[1]　公元 629—635 年，希拉克略几乎一直住在东方。

[2]　Gibbon, *Decline and Fall*, vi. 324, Smith's edit.; Le Beau, *Histoire du Bas-Empire*, xi. 173.

[3]　Niceph. Pat. 17; Ockley, *History of the Saracens*, i. 271. 奥克雷记载的阿拉伯史家所述轶事印证了枢机主教尼克弗鲁斯的说法，表明希拉克略的健康状况在他离开叙利亚之前就已每况愈下。

了鲜明对比，证明他的统治并非毫无成效。而许多改革肯定是在波斯战争结束，他夺回叙利亚和埃及之后才产生影响的。事实上，他似乎从未放弃过巩固自身地位的机会。当某个匈人或保加利亚人部落首领不再对阿瓦尔人效忠时，据说希拉克略马上抓住时机同他建立了联盟，以便遏制北方危险敌人的势力。遗憾的是，我们很难从拜占庭作家笔下获悉希拉克略改革的具体措施。公元 10 世纪中叶皇帝君士坦丁七世留下了指导儿子罗曼努斯（Romanus）治国的文章，我们只能通过其中偶然提及的只言片语，了解希拉克略时代政治方面的重要史实。[1]

350　　　　尽管希拉克略未能争取到叙利亚人和埃及人的完全支持，他却成功使小亚细亚的希腊人重新拥护其政权并忠于帝国。一旦穆罕默德的军队被迫只能依赖自身的军事技术和宗教狂热，无法利用当地居民对帝国政权的仇视，他们的征服就会陷入困局。在查理·马特于西欧挡住阿拉伯人的攻势近一百年前，希腊人已在东方小亚细亚境内以坚决抵抗遏制了他们的对外征服。

　　希拉克略面临着十分严重的困境。罗马军队仍由许多离心离德民族的桀骜不驯的士卒构成。皇帝只放心把重要的军事指挥权交给自己的近亲，如他的弟弟特奥多雷和儿子希拉克略·君士坦丁（Heraclius Constantine），或是某些无望觊觎皇帝宝座的幸运军人。[2]

---

[1]　Banduri, *Imperium Orientale*, fol. Paris, 1711, tom. i.；另见波恩版君士坦丁七世作品集的第三册。

[2]　Theoph. *Chron*. 280; Eutychius, ii. 273; Elmacin, *Hist. Sarac*. 26.

叙利亚境内大批罗马军官的变节让希拉克略看到，想要守住该行省是毫无希望的。但我们不应盲从希拉克略时代的那些蹩脚的历史学家，觉得皇帝在选择战略回撤时已陷入可耻的绝望，或是表现出了可恨的冷漠。希拉克略带着之前还给耶路撒冷的圣十字返回君士坦丁堡，那表明他已放弃守卫圣城。但他的呼喊"别了，叙利亚！"无疑反映了其内心的苦楚，因为他看到自己重建帝国的大部分努力已付之东流。长期妨碍皇帝事业的疾病在希拉克略返回君士坦丁堡五年后夺走了他的生命。希拉克略在完成了历史上最引人注目的统治事业后，于公元 641 年 3 月去世。他的统治经历了大起大落，见证了人类社会生活的重大变革。但十分遗憾的是，人类的编年史上没有哪个阶段像希拉克略时代这样模糊不明。

第五章

633—716 年

从穆斯林入侵叙利亚到

罗马帝国势力在东方的消亡

罗马帝国逐渐蜕变为拜占庭帝国

关于东部帝国丧失罗马特性的具体年代，学者们曾给出过多种多样的答案。吉本声称："阿拉伯人眼中的提比略和意大利人眼中的莫里斯分别是最早的希腊皇帝和新王朝、新帝国的奠基者。"[1] 但如果我们从风俗、语言和宗教角度去探讨拜占庭帝国的起点的话，前文的分析业已表明，这些方面的转变其实始于更早的时代；如果我们以政权的特征作为判断标准的话，那么完全有理由认为，只要君士坦丁堡还由基督教君主统治，君士坦丁堡政权还未灭亡，罗马帝国就会随着罗马皇帝的头衔一直延续下去。无论是在教会还是世俗政权内部，统治阶级的特权和偏见都在他们与被统治民族之间划出了一道难以逾越的鸿沟。因此，帝国政权和帝国臣民处于对立之中，双方拥有不同的往往是截然相反的观点和诉求。即便在奥斯曼土耳其人将希腊帝国的领土局限在君士坦丁堡周边的狭长地带之后，罗马帝国的若干传统仍在赋予该政权活力，指引皇帝的决策。

352

---

[1] Gibbon, *Decline and Fall of the Roman Empire*, vii. 38, chap. liii.

因此，东罗马帝国终结的年代取决于：帝国政府的权威从何时起仅对希腊人占据主体的诸行省产生影响。相关标志事项包括希腊语成为政府官方用语，希腊文明占据普遍优势地位，还有民众民族性、皇帝政策和希腊教会开始成为密不可分的一体。这些现象出现于萨拉森人的征服使帝国丧失了全部非希腊化行省的时代，当地居民在语言、文学和宗教等方面同希腊人截然有别。在此之后，君士坦丁堡的中央政府不得不关注剩余帝国居民的利益与愿望——他们主要是希腊人。尽管罗马的治理原则仍在制造着教会、世俗贵族与广大民众之间的鸿沟，但知识精英掌控的公共舆论已能够对政治产生一定影响，这种公共舆论的性质完全是希腊化的。然而，由于帝国的愿景显然有别于希腊本土居民的利益和情感，后人恰如其分地为它贴上了"拜占庭"的标签，称之为拜占庭帝国。在短暂但辉煌的生涯中，亚历山大大帝将若干习俗与制度移植到了他征服的地区。上述传统比统治这些被征服地区七百年的罗马权威延续得更久。最终，东部帝国接受了那部分希腊人的情感与利益诉求，其政治起源可追溯到马其顿征服的时代。从公元 8 世纪初开始，为了捍卫政权和基督教，皇帝和东部教会都不得不依赖该阶层的人口、财富和权力。

由于东罗马世界由拉丁帝国转变为希腊帝国是一个缓慢的过程，并且这一转化的主要动力乃是政治组织的内部弊端而非外敌攻击，确定东罗马帝国终结的具体年代是非常困难的。一个腐败、保守的政权推行的改革足以终结东罗马帝国的权威。帝国蜕变为一个新国家的主要动力源于特定的时代与情势，迷信愚昧、奴性十足的政治家的能力和举措仅仅发挥了微弱的辅助作用。哥特人、匈人、阿瓦尔人、波斯人和萨拉森人都没能彻底推翻罗马帝国，就像穆罕默德的追随者无法全面摧毁基督教一样。埃及、叙利亚和阿非利加的最终沦陷预示了罗马帝国的转型——丧失这些领土对帝国内政产生了肉眼可见的影响。因此，罗马帝国似乎真正终结于希拉克略家族中的最后一位统治者——查士丁尼二世遇刺后的无序状态。我们必须将把帝国治理与宗教形式、问题联系起来的伊苏里亚的利奥三世视为第一位拜占庭君主，尽管皇帝、教士和民众都没有意识到自身地位的变化，或为新时代的奠基留下任何历史记录。

在希拉克略家族统治期间，帝国版图已萎缩到几乎与此后数百年内的疆域等同的程度。领土面积削减的主要原因在于族裔、习俗和见解有别于希腊人的诸行省居民开展了分离运动，他们总在适时的情况下背叛帝国。帝国的实力也有可能因为这些领土损失而有所增强。宫廷和希腊民族之间的联系变得更加紧密，尽管这些纽带对民众的影响——大多体现在城市居民身上而非全体民众——主要以宗教情感为基础，它们仍有利于帝国政权。

破坏性极强的战事使得东罗马帝国与波斯帝国的财富、权力与人口等迅速衰减，两个之前在文明史上并不显山露水的民族突然变得十分强大，成了人类命运的主宰者。亚洲北部的突厥人和南部的阿拉伯人此时开始直接同文明开化的那部分人类打起了交道。然而，当时的突厥势力从未跟罗马帝国交手过，该族群的征服活动直到几个世纪后才对希腊人的政治与社会状况产生直接影响。[1] 阿拉伯人（或称萨拉森人）的情况却截然不同。由于他们就在叙利亚、埃及与波斯边境，希拉克略同侯斯罗斯二世的战事使得他们接手了相当一部分同埃塞俄比亚、非洲南部和印度的贸易，利润惊人。两个帝国的对抗使得阿拉伯的好战族群长期扮演着雇佣兵角色，他们开始关注自身的民族意识。他们无可匹敌的骑兵具有天然的优势，遵守指令与纪律的习惯更是让他们如虎添翼——他们无法在家乡的沙漠中培养这种纪律性，但可以在担任罗马方面的雇佣兵时习得。希拉克略在最后一次战役中率领着阿拉伯雇佣兵深入波斯腹地，他高度评价了为帝国效劳的萨拉森人。[2] 商业与军事的发展无疑增加了阿拉伯的人口。《查士丁尼法典》禁止亚历山大里亚之外的埃及港口出口粮食，封闭了苏伊士地区的运河，终止了红海贸易，将残余的贸易交到了阿拉伯人手中。[3] 同罗马、波斯军队的密切联系让阿拉伯人认清了两个帝国的外强中干。但阿拉伯人的强大实力与征服业绩主要还是源于该民族在先知穆罕默德影响下获取的道德力量，而非他们军事、政治经验的增长。我们在比较不同民族的实力时，必须考虑到走下坡路和上坡路的族裔在社会状态方面的此消彼长，二者在财富、人口乃至军力上都会呈现出巨大反差。公元 7 世纪的罗马帝

355

---

[1] 由于同一时期突厥与波斯正在交战，阿拉伯人征服波斯帝国变得更为容易。Amm. Marcell. xiv. 4 出色地描述了穆罕默德时代之前的萨拉森人。

[2] *Chron. Pasch.* 318.

[3] *Corpus Juris Civilis*, Edict xiii.,《关于亚历山大里亚和埃及行省的法令》(De Alexandrinis et Aegyptiacis provinciis)。

国与波斯帝国虽然拥有众多富裕臣民，却已不得不将当年公私收入全部用以填补亏空。在紧急状态突如其来，需要做出回应时，他们便显得虚弱无力。收入微薄、资源贫乏的民族有时却能凭借自身的简朴习惯和不竭活力，为大规模公共工程或军事行动筹集大量资金。前者也许根本无法武装二十分之一的人口；后者则有可能将五分之一的人口投入战场。

帝国南部诸行省的沦陷：
那里的主体人口并非希腊人或正统派信徒

侯斯罗斯二世与希拉克略统治时期的波斯帝国与罗马帝国经历了一连串诡异的兴衰沉浮。两位君主往复争夺着诸多领土。但与阿拉伯先知穆罕默德对这些地区的巨大政治、道德、宗教影响力相比，史书中记载的一切都显得无足重轻。为了关注那位以某种神奇方式影响着信徒的思想与行动的人物的生平，历史学家往往会忽略理应处理的真正主题。此人的天才为一套政治、宗教体系奠定了基础，该体系此后一直管理着数以百万计的民众、不同的族群和迥异的生活方式。穆罕默德作为立法者在十分古老的亚洲民族中取得成功，他的制度在许多世代和各种社会形势中屹立不倒，这些事实足以说明这个出类拔萃的人物兼具莱库古（Lycurgus）与亚历山大的素质。然而，为了不偏不倚地评价穆罕默德对那个时代的影响，更稳妥的

356

办法乃是研究同他行为相关的同代历史，关注他本人的行动和见解，而非依据穆罕默德追随者的功绩及之后伊斯兰教的迅速传播进行追溯。我们承认穆罕默德在极其坚固的人性原则之上制定了法规，并以深刻的智慧组建了帝国体系，但无法否认的是，任何人的智力都无法在有生之年预见或确保其信众的巨大成功。即便在绝顶聪明的人物那里，道德领域的法则也只能在契合追随者心态的前提下取得持久的成功。事实上，穆罕默德身处的时代环境有利于他的事业。时代塑造了这位奇才的头脑，让他的思想和性格在后人身上留下了印记。他出生于这样一个时代：诸文明世界的贵族及统治阶层都在走向智识衰落的道路。几乎所有地区的居民都想要过上好于现实的生活，他们对既有秩序感到不满。阿拉伯人想要一种比传统异教更好的宗教。与此同时，波斯、叙利亚和埃及的民众也想要在宗教上获得更多的精神满足，而非接受那些被玛哥僧、犹太人和基督徒视为核心教义的争议信条（信徒之所以觉得这些观点重要，仅仅是因为它们最受争议）。摩尼教徒在创立新宗教时的巨大成功（我们不应仅将摩尼教视为一种异端）乃是这种情感的有力例证。若不是伊斯兰教向其他民族提供了民族追求和普世信条的话，穆罕默德的追随者原本很可能跟摩尼教命运相同。假使穆罕默德跟摩尼命运相同，他的宗教或许也不会比摩尼教更为成功。但他构建了一个迅猛发展、追求知识与权力的庞大民族。阿拉伯人政治意识的觉醒不仅成就了穆罕默德的使命，也在他的有生之年培育了其他许多人物。但穆罕默德拥有更高超的才能、更明晰的正义观念（我们或许可以称之为

357

真理），他的信条战胜了其他人的学说。[1]

长期的不幸在东方塑造了一种观念：统一乃是革除时弊、确保人类永恒幸福的首要前提。事实上，这种渴望统一的朦胧愿望乃是人类常有的幻想。穆罕默德抓住了这一观念。他的信条"万物非主，只有安拉"是一条能够得到普遍认可的真理。下一句"穆罕默德是安拉的使者"则是一个简单的事实，质疑这一点的人将面对刀剑。即便在基督教世界的观念里，长期以来，用武力解决问题始终被视为一种忠于上帝的方式。统一原则很快融入了阿拉伯社会的结构中。神的唯一性，阿拉伯的民族统一和宗教、行政、司法与军事管理中的整齐划一，使得穆斯林被恰如其分地称为"一神论者"，那是他们特别引以为豪的头衔。[2]这些情感加上萨拉森人许下并长期恪守的诺言，确保了所有受伊斯兰教保护的人拥有良知自由——那足以争取遭受官方信仰压制和偏执政府迫害的波斯、罗马帝国民众的好感。在波斯，侯斯罗斯二世对正统派基督徒加以迫害，一如希拉克略在罗马帝国疆域内折磨犹太人和信仰异端者那样。[3]穆罕默德推广其信条的卓越能力使之摆脱了神学上的派系纷争。民众在内心深处认可伊斯兰教的正义，特别是在伊斯兰教能够庇护政治、宗教难民的情况下。

---

[1] Ockley, *History of the Saracens*, i. 13, edit. 1757; Sale, *Koran*, Prel. Dis. i. 238; Gibbon, *Decline and Fall*, chap. 51.

[2] Ockley, *History of the Saracens*, i. 197.

[3] Theoph. *Chron.* 252; Elmacin, *Hist. Sarac.* pp. 12, 14.

　　由于本书关注的只是伊斯兰教对希腊民族命运和生活状态的影响，我们无须详细交代阿拉伯人在罗马帝国境内的全部征服历程。当穆罕默德的信徒们与罗马军队爆发第一次冲突之际，希拉克略正在耶路撒冷庆祝神圣十字架回归。他亲自用肩扛着圣十字登上髑髅地，将犹太人逐出他们的家乡加以迫害。[1] 希拉克略想凭着净化圣城赢得上帝的保佑，但没有考虑受迫害的臣民可能会威胁自身权威。阿拉伯人最初的军事行动并未引起皇帝与叙利亚将领们的警觉；罗马军队早已习惯了不费吹灰之力就击退萨拉森人的日子。沙漠地带临时组建的骑兵虽然经常能在劫掠中得手，但之前的经验表明他们无法抵挡纪律严明、全副武装的罗马帝国军队。不过，此时的阿拉伯军队已拥有了一种新精神。尽管阿拉伯人的战术和装备仍处下风，但军队对先知命令的绝对顺从使得他们的军纪优于罗马帝国的军队。

　　穆罕默德并未活到目睹其追随者初战告捷的那一天。阿拉伯境内的一系列战争消灭了同他竞争的许多"先知"，最终阿拉伯人在穆罕默德的精神引领下成为一个强大的民族。但继穆罕默德担任信众领袖的阿布·伯克尔不得不在其统治的第一年重启战端，因为一些假先知趁穆罕默德去世之际发起了新的暴动。平定阿拉伯境内局势后，阿布·伯克尔开始了传播伊斯兰教的圣战，消灭了萨珊波斯帝国，削弱了东罗马帝国的势力。他最先将矛头指向效忠希拉克

358

359

---

[1] 公元 629 年 9 月 14 日，圣十字被安置于救赎教堂（Church of the Resurrection）。徙志后第八年（公元 629 年 9 月），帝国中的基督教臣民同萨拉森人（穆罕默德的信徒）开战。

略的阿拉伯基督徒，迫使他们皈依伊斯兰教，达成阿拉伯的统一。
公元 633 年，穆斯林入侵叙利亚。尽管希拉克略经常住在埃梅萨
（Emesa）或安条克，整顿、稳定叙利亚的秩序，阿拉伯人的进军仍
然十分迅速。帝国军队努力想要维持罗马人的军事声誉，却几乎每
战必败。皇帝并未忘记自己的责任，他集合了尽可能多的部队，将
军队指挥权交给弟弟特奥多雷——后者名声在外，曾在波斯战争的
紧要关头取得过一场重要胜利。[1] 特奥多雷的副将瓦尔坦（Vartan）
也曾在波斯境内的最后一场辉煌战役中崭露头角。[2] 不幸的是，希
拉克略的健康状况使得他无法亲赴战场。[3] 那个时代的东罗马帝国
已陷入道德沦丧的境地，加之将领和士兵完全没有爱国精神，皇帝
只有亲自担任帝国军队的统帅，才能确保部队的服从和主要领导人
之间的团结。因为每个人更在意的是压过同僚一头，而非全心全意
地为国效力。萨拉森人的令行禁止和爱国热忱与罗马人的桀骜不驯
和钩心斗角形成了鲜明对比。这些事实充分表明，穆斯林军队就算
没有宗教狂热的支持也能取得胜利，况且阿拉伯人无疑具备那种精
神。鉴于阿拉伯人日后能够轻轻松松地统治被征服的地区，而且当
地居民在阿拉伯帝国治下过着安分守己的生活，他们轻而易举地征
服叙利亚其实并不令人惊讶。

公元 633 年底，阿布·伯克尔的军队开始围攻叙利亚境内的军

---

[1] Theoph. *Chron*. 263.

[2] *Ibid*. 265. 公元 634 年或 636 年。

[3] Nicephorus Pat. p. 17; Ockley, *Hist. Sarac*. i. 271.

360　事重镇波斯特拉（Bostra）。由于行省总督的背叛，该城镇于次年年初投降。[1] 在公元 634 年，罗马军队先是在巴勒斯坦以南的阿狄纳丁（Adjnadin）战败，随后又在耶尔穆克（Yermouk）河畔一场关键的血战中失败，据说指挥那支部队的是皇帝的弟弟特奥多雷。瓦尔坦接替了特奥多雷的职务，但部下的哗变和又一场战败断送了这位将领的军事生涯。[2] 到了战争的第三年，萨拉森人以协议受降的方式占领了大马士革，承诺让当地居民继续享有充分的市政特权，允许他们使用本地的铸币厂，并让正统派教徒保有圣约翰大教堂。大约与此同时，希拉克略离开埃德萨，返回了君士坦丁堡，随身携带着神圣十字架——他从波斯人手中夺回十字架，于六年前在庄严仪式下将它重新放置在耶路撒冷。但他此时为了安全起见，认为有必要把它带回欧洲。从婴儿时代起就是皇位继承人的希拉克略·君士坦丁留在叙利亚接替他的位置，指挥军队保卫行省。[3] 这场战役暴露了叙利亚人民的真实想法。阿拉伯人劫掠了距大马士革约三十罗马里处阿比科多斯（Abilkodos）修道院内的大型集市，于是各城镇里担心自身的财产安全、对统治者的利益漠不关心的市民们便开始

---

[1] 关于叙利亚战争的大事记，见本书年表。我依据的底本是 Weil, *Geschichte der Chalifen*，但相关信息往往令人疑惑，无法调和相互矛盾的史料记载。

[2] Ockley, i. 70 提到了将领瓦尔坦，声称他在阿狄纳丁战役中阵亡。Theoph. *Chron.* p. 280 称他为瓦汉（Βαάνης），并提及了部队的哗变。Eutychius, ii. 276 声称他从战场上逃跑，成了西奈山的一名修士。

[3] Theoph. *Chron.* p. 280. 奥克雷依据的阿拉伯史料将小希拉克略同他的父亲混为一谈。参见 p. 271，其中提到了他的父亲，但后者当时不可能身在叙利亚；p. 282 提到的则是儿子。我将特奥法尼斯的作品视为叙述希拉克略时代的最佳史料。

同阿拉伯人单独媾和。事实上，凡是在帝国驻军不足以震慑当地居民的地方，叙利亚人都会在免受洗劫的前提下答应阿拉伯人的条件，他们心满意足地认为，阿拉伯统治者在行使权力时总归不会像罗马帝国的官吏那样贪婪与残暴。埃梅萨的要塞坚守了整整一年，徒劳地指望罗马军队赶来驰援。在长期抵抗之后，要塞驻军仍从萨拉森人那里得到了相对优厚的投降条件。阿瑞苏萨〔Arethusa，即瑞斯坦（Restan）〕、埃皮法尼亚〔即哈玛（Hama）〕、拉瑞萨〔Larissa，即什扎尔（Schizar）〕与赫利奥波利斯〔Heliopolis，即巴尔贝克（Baalbec）〕纷纷签署了和约，开始向萨拉森人纳贡。只有哈尔奇斯〔即基内斯林（Kinesrin）〕遭到了洗劫，因为它投降过晚或违反了某项和约。基督徒没有在坚守还是投降的问题上达成统一。罗马的统治已让他们丧失了一切政治统一的观念，仅满足于保全自己当下的生命和财产，不再为将来寻求任何保障。罗马人想要收复叙利亚，但公元 636 年的又一场惨败迫使他们放弃了该行省。[1] 到了下一年（公元 637 年），阿拉伯人兵临耶路撒冷城下。枢机主教索福罗尼乌斯（Sophronius）同哈里发欧麦尔（Omar）进行了一些特别磋商，

[1] Theoph. *Chron.* p. 280 似乎认为耶尔穆克战役发生于这一年，还提及了在耶尔穆克战败的瓦汉，认为他就是在第二次战役中担任主帅、受到阿拉伯史家推崇的那位将领。Ockley, i. 29 将"瓦汉"（Vahan）称作"马汉"（Mahan），按照特奥法尼斯的说法定下了耶尔穆克战役的年表。特奥法尼斯认为耶尔穆克战役发生于阿布·伯克尔刚刚去世之际，并似乎将决定了叙利亚命运的两场大战混为一谈。*Universal History* 和勒布都复述了奥克雷对"马努埃尔"（Manuel）姓名来源的解释。瓦尔坦和瓦汉都是亚美尼亚人的名字。日后在埃及指挥军队的马努埃尔也是亚美尼亚人。参见 Le Beau, *Histoire du Bas-Empire*, xi. pp. 235-243; notes de Saint-Martin。

这座圣城随之投降——后者亲自前往巴勒斯坦接收如此辉煌的征服成果。[1] 身为基督教的枢机主教，索福罗尼乌斯考虑的主要是保护自己的主教辖区，而非履行对国家和君主的义务。耶路撒冷枢机主教——希腊人索福罗尼乌斯此时的权变，还有君士坦丁堡牧首格纳狄乌斯（Gennadius）在穆罕默德二世征服拜占庭帝国时（公元1453年）的举动表明，正统派希腊教士的民族观念十分淡漠。[2] 有一点看上去十分奇怪，作为希腊人和麦尔基派的共同首领，生活在人数众多、对自己抱有敌意的雅各派民众中间的索福罗尼乌斯，居然会如此轻易地切断同希腊帝国和正统派教会的联系，尽管宗教和政策都要求他立场坚定。在这一具体事件中，他的举动也可以证明，早期穆斯林秉持人道、诚信精神履行着自己的诺言。[3] 罗马诸行省的社会状况意味着，帝国军队在历次叙利亚战役中遭受的巨大损失难以补救。帝国可怜的财富资源也使得它无法从北方民族中征募雇佣兵，尽管后者具备在战场上对付萨拉森人的实力。但希拉克略仍做出了执着的努力：公元638年，他在阿米达〔即狄亚贝克尔

---

[1] 中世纪的时候，基督徒伪造过一份先知穆罕默德宣布保护耶路撒冷居民的文告，声称它颁布于徙志后第四年。但我们不清楚，这份伪造文件是否炮制于第一次十字军东征之前。相应拉丁文文本参见 *Négociations de la France dans le Levant*, i. 16。

[2] 这一时期的希腊枢机主教没有为自己的宗教赢得什么好名声。君士坦丁堡枢机主教皮洛士（Pyrrhus）于希拉克略去世后遭到放逐，在信奉正统派的阿非利加行省弃绝了自己的一志论信仰，并前往罗马城，当着罗马枢机主教狄奥多尔的面公开驳斥了这些观点。但在访问拉文纳时，他又公开回归了自己的一志论主张。

[3] 由于索福罗尼乌斯激烈反对一志派的观点，他可能会称自己叛国正是在坚持正统信仰。见 *Acta Sanctorum*. tom. ii. 65。

（Diarbekr）] 集结了一支军队，试图通过大胆的军事行动夺回叙利亚北部地区。他攻克了埃梅萨，但萨拉森人很快组织了一支在人数上占据压倒性优势的兵力。他们打败了罗马人，完成了对叙利亚的征服，开始入侵美索不达米亚。[1] 萨拉森人通过五次激烈战争、若干次血腥战役才征服了叙利亚和巴勒斯坦。这场争夺充分证明，希拉克略的改革已恢复罗马军队的纪律和勇气。然而，与此同时，当地民众对战争结果的漠不关心表明，希拉克略改善内政与财务的成效甚微。[2]

阿拉伯人的征服不仅消灭了罗马人长达七百年的政治影响，还迅速清除了亚历山大大帝带来的至此已兴盛达九百年之久的希腊文明的一切痕迹。[3] 大批叙利亚本土居民想要保住自身的独立地位，退往黎巴嫩山的险要地带坚持抵抗。他们被称作玛达伊特人（Mardaïtes），很快令穆斯林闻风丧胆，一度限制了哈里发在叙利亚境内的势力。每当阿拉伯人在小亚细亚用兵时，玛达伊特人都能对他们的行军起到掣肘作用。[4] 叙利亚被征服后的第二年，阿拉伯人又入侵了美索不达米亚，轻而易举地征服了那里，因为当地的行省总督和市民已准备好了同穆斯林缔结和约。[5]

363

---

[1] Weil, i. 81.

[2] Theoph. 282.

[3] 庞培驱逐安提柯一事发生于公元前 65 年。亚历山大大帝征服叙利亚是在公元前 331 年。

[4] 有人认为，玛达伊特人是玛罗尼特人（Maronites）的祖先。见 Theoph. *Chron.* 295, 300; Asseman. *Biblioth. Orient. Vat.* tom. i. 496。

[5] Theoph. *Chron.* 202. 奥斯霍尼（Osrhoene）和埃德萨的行省总督后来都成了叛徒。

阿拉伯人一完成对叙利亚的征服，便开始入侵埃及。本地居民
和希腊殖民者之间的民族与宗教隔阂，使得穆斯林受到了埃及人的
欢迎。但与此同时，这一局面也促使希腊人坚持抵抗。枢机主教居
鲁士接受了皇帝的一志论信仰，在亚历山大里亚的正统派希腊信徒
之中如履薄冰。急于消除行省境内动乱的他准备向萨拉森人缴纳岁
贡，换取埃及的和平。为此，他同敌人展开了谈判，埃及财政部门
的最高长官莫考卡斯也参与了他的行动。获悉这一密谋的皇帝希拉
克略派遣亚美尼亚行省总督马努埃尔率军保卫行省，下令禁止谈判。
但阿拉伯人再次吉星高照，打败了罗马军队。萨拉森将领阿姆鲁
（Amrou）先是攻占了佩鲁修姆（Pelusium），随后开始围攻埃及本
土居民的中心城市与行政枢纽米什尔（又称巴比伦）。莫考卡斯的变
节或爱国（对于他的地位而言，两种动机都解释得通）促使他同阿
拉伯人联手，帮助后者夺取了米什尔城。[1] 双方缔结了和约，埃及
本土居民保留了自己的全部财产，每名男性居民缴纳两个金币的税
款后，他们也可保留自己的雅各派信仰。如果我们可以信赖历史学
家的叙述的话，那么在帝国境内，弊政对此地的影响最小。在被罗
马人征服前后，除亚历山大里亚之外的埃及人口为七百五十万，而
此时的人口仍有六百万。[2] 那并非不可能，罗马帝国人口下降的最

364

---

[1]　奥克雷声称，莫考卡斯是希拉克略任命的总督，信奉雅各派，与希腊人为敌。
他依据的史料为 Eutychius, ii. 302。

[2]　Josephus, BJ. ii. 16.4. Eutychius, ii. 311 声称登记的纳税人口为六百万。他似乎将
这个数字同本地总人口混为一谈了。

主要原因在于当局忽视了一切为生活必需品的生产、分配与流通提供便利的文明制度。[1]但这方面的忽视对埃及的影响相对较小，因为那里土壤的天然优势、大河纵贯南北的特定地貌，可以在一定程度上补救统治者的不作为。尼罗河就是该行省的主干道。自然条件决定了它能够以极为低廉的成本维持通航：它既能运输满载货物的重船，又能让十分简陋的木筏通航——这些船只可以迅捷、安全地载着货物顺流而下。一年中要刮近九个月的北风，所有船只都可以升起风帆抵消一部分水流的力量，跟现代蒸汽船一样安全地（就算不是同样迅速的话）直抵行省边界。当尼罗河在河口三角洲处分流之际，各支流成了不同聚落与个人的宝贵财富：罗马法尊重他们的权利，他们的利益和财富也足以维护修缮灌溉河渠。因此，当战争与压迫吞噬了地中海世界其他地区经年累月积聚的财富之际，埃及积累的资本却没有损失多少。作为埃及同帝国交往的唯一港口，亚历山大里亚拥有巨大财富和重要地位，尽管波斯的征服令其损失惨重，它的财富和人口等仍位居地中海世界的前列。[2]

365

　　连通尼罗河与红海的运河可以将埃及肥沃河谷的农产品运输到阿拉伯干旱的海岸，创造、巩固了贸易，显著增加了两个地区的财

---

[1]　斯特拉波声称，埃及在托勒密十二世治下的年收入约合两百五十万英镑，在罗马人治下则翻了一番。而在 1566 年，它为土耳其人提供的财富只有十五万英镑。参见 Vincent, *Commerce and Navigation of the Ancients*, ii. 69。其中 p. 354 提及了禁止除亚历山大里亚外的埃及海港出口谷物的敕令。而亚历山大里亚的谷物出口早在查士丁尼时代已开始萎缩。

[2]　元首哈德良曾惊异于亚历山大里亚的商业活力："这座城市里没有游手好闲者。"（Civitas in qua nemo vivat otiosus.）见 *Hist. Aug. Script.*; Vopiscus, *Vita Saturnini*, c. 8。

富、人口。[1] 这条运河在修缮最完善的时期始于巴比伦，终于阿尔希诺伊（Arsinoe，即苏伊士）。它曾促进了沿岸大批地区的繁荣，这些地区如今又退回到了荒芜状态。它也在红海沿岸创造了一片绿洲。阿尔希诺伊在棕榈树和悬铃木的绿荫下走向繁荣昌盛，尼罗河的一条支流从它的城墙脚下流过。但今天的苏伊士已衰退成一片死气沉沉的荒地，缺少植被与活水——人们需要从开罗调水，满足来自印度的旅客。这条运河在古时被用来运输大宗商品。陆上运输要么不切实际，要么太过昂贵。图拉真曾通过它把斑岩石柱、瓶子从红海边上的采石场运往地中海沿岸，用来装饰罗马城。[2] 在福卡斯和希拉克略时期的动荡局势中，波斯人占领了该地区，那条运河一度遭到忽视。但它总体上状况良好，早期哈里发只需要对其进行小规模修缮。[3] 彻底征服埃及一年后，阿姆鲁建立了尼罗河与红海之间的水路交通体系。他通过苏伊士的运河，将大量谷物运往红海地区，缓解了麦加居民的饥馑之苦。在数次因疏于修缮而断流后，巴格达哈里发差不多废弃了该运河。它最终在阿尔曼佐尔（Almanzor）统治的公元 762—767 年被关闭。[4]

366

---

[1]　希罗多德、狄奥多鲁斯和斯特拉波都目睹过维持运输的运河。见 Herod. ii. 158; Diod. i. 33；另见 Pliny, *Hist. Nat.* vi. 165; Plutarch, *Life of Antony*, sect. 82; Lucian, *Pseudomant*, sect. 44。

[2]　Strabo, xvii. pp. 789, 804; Ptol. *Geog.* iv. 5.54. 图拉真修缮后的运河被称作"特拉伊亚诺斯河"（Τραϊανὸς ποταμός）。

[3]　Euseb. *Hist. Eccl.* viii. c. 8; Paul. Silent, *Desc. Sanctae Sophiae*, vv. 379, 625.

[4]　Le Beau, *Histoire du Bas-Empire*, xi. 300, Notes de S. M.; *Notices des Manuscrits Arabes*, par Langles, tom. vi. 334.

　　阿拉伯人一解决完本民族的事务，便开始围攻亚历山大里亚。该城市进行了顽强抵抗，希拉克略也努力提供了支援。但它在坚守了几个月后还是被阿拉伯人攻克了，希拉克略去世后君士坦丁堡的乱局使得罗马政府无法向要塞派遣援兵。信心满满的萨拉森人只留下一支弱小的驻军守卫亚历山大里亚。罗马军队看准时机重启战端，一度夺回城市并屠杀了穆斯林，但他们很快又被迫登船逃跑。据说，征服亚历山大里亚让阿拉伯人损失了两万三千兵力。有人指控他们像野蛮人那样宣告自身的胜利，因为他们毁掉了希腊人的图书馆和艺术品。但穆斯林史学家也会指出阿拉伯人在那里权力稳固、先知穆罕默德的信众不断增加，这表明决定清除敌对文明与族群的阿拉伯人具备深谋远虑和政治眼光。萨拉森人明确想用伊斯兰教的宽容政策取代希腊人的宗教迫害。政治智慧让阿拉伯人相信，为了清除希腊人的影响力，他们必须彻底摧毁希腊文明。仅以洗劫罗马帝国为目标的哥特人可以放过希腊人的图书馆，但拥有征服和传教双重目标的穆斯林认为，为伊斯兰文明的最终胜利清除一切障碍是自身的义务。[1] 不到五年（公元 646 年），东罗马皇帝君士坦斯二世派马努埃尔率领一支罗马军队，在当地遗留的希腊居民协助下再次夺回了亚历山大里亚；但穆斯林很快兵临城下，在埃及人的帮助下迫

367

---

[1]　吉本在叙述壮观的亚历山大里亚图书馆被毁一事时，低估了文学因此而蒙受的损失。[艾利森博士补充了穆勒（C. O. Müller）的评论，即这件事情在某种程度上未必不是一件幸事。因为倘若这笔文学遗产从古代流传下来的话，新文学就很难发展起来。——编者注]

使帝国军队放弃了征服成果。[1] 亚历山大里亚的城墙被推倒，希腊人被逐出，该城的商业重要性不复存在。希腊民族最重要的一处殖民地、亚历山大大帝在东方留下的最著名的一个希腊文明据点，在享受了近千年的高度繁荣后走向灭亡。[2]

占领埃及的直接后果是征服昔兰尼加。据说，希腊人在那里的最早殖民地建于公元前 631 年[3]；长达十二个世纪未曾中断的占领似乎已让他们成了那片土地的永久主人。但阿拉伯人是跟罗马人不一样的主子，在他们的统治下，希腊民族很快就在阿非利加消亡了。在本书中，我们已无须继续追踪萨拉森人西征的脚步。在西部诸行省里，他们需要对抗的主要族群是拉丁人，而非希腊人。那里的统治阶层拥护罗马政权，尽管他们也时常对皇帝们的暴政感到不满。他们比叙利亚人和埃及人更勇敢、顽强地捍卫自身的独立。这场战争充满了跌宕起伏。直到公元 698 年，迦太基才长久地落入萨拉森人之手；后者依照惯例推倒了城墙，毁掉了那里的公共建筑，试图抹平罗马在阿非利加的一切痕迹。萨拉森人所有的破坏计划都取得了异乎寻常的成功，在很短的时间内，拉丁文明和希腊文明便从地中海南岸消失了。

---

[1] Eutychius, ii. 339; Ockley, i. 325.

[2] 亚历山大里亚建于公元前 332 年。当萨拉森人征服埃及之后，埃及语和科普特语逐渐被阿拉伯语取代，因为新主人的压迫政策使得科普特人的数量不断下降。相传，征服埃及并统治该地区数年之久的阿姆鲁通过巧取豪夺，在去世时留下了相当于八百万英镑的巨大财富。据说，哈里发奥斯曼辞世之际也只在阿拉伯帝国的财库里留下了相当于七百万英镑的财富。可见一些官员比君主还要富裕。

[3] Clinton, *Fasti Hellenici*, i. 204.

在早期哈里发治下，伊斯兰教的胜利并未紧跟阿拉伯军事征服的步伐。在被征服地区的所有本地居民中，似乎只有叙利亚的阿拉伯人马上接受了同胞的新宗教。但叙利亚、美索不达米亚、埃及、昔兰尼加和阿非利加的广大民众仍旧固守着从前的信仰。基督教在这些地区的衰落主要源于基督教居民的灭绝，而非他们的改宗。基督徒数量的下降与当地总人口的减少有关，也显然与伊斯兰统治者的压迫政策有关——那些暴政最终将整个行省变成了荒无人烟的沙漠，便于游牧状态的阿拉伯居民进入那里，取代业已灭绝的基督徒。伊斯兰教只有在面对显而易见的偶像崇拜妄想，抑或故作高深的愚蠢神学争论时，才能彰显出自身的统一性，让人们的头脑欣然接受其宗教原则。该宗教在很大程度上依赖于人类的热情，而非他们的理性。最早皈依伊斯兰教的异族是波斯的臣民们，他们曾将当地或行省的迷信同玛哥僧的信仰杂糅在一起；还有努比亚和阿非利加内陆的基督徒，他们的宗教与纯粹的基督教信仰相去甚远。总的来说，改宗伊斯兰教的多为野蛮、无知的族群；文明开化的族裔则在还能维持民族生存的前提下坚守着自身原有的信仰。这一历史现象同基督教的发展历程构成了鲜明对比。伊斯兰教的成功依靠的完全是道德影响力；基督教主要靠的是物质力量。比之过去的历史学家，我们有理由更多地关注，究竟是什么原因促使那些在公元 7—8 世纪已陷入精神危机的基督徒抵制伊斯兰教，宁愿灭亡也不肯改宗。

　　萨拉森帝国的统治架构远不如伊斯兰教的信条那样完美。这也表明穆罕默德既没有考虑过大规模的对外征服，也未曾用他的高超智慧思考过如何统治众多富裕民众（他们拥有财产，但被剥夺了公民权）。他没有尝试建立任何系统的政治统治形式，一切国家权力都掌握在最高宗教领袖手中，后者只须对真主的至高权力、自己的良心和臣民的信任负责就够了。因此，当民族同胞的手足之情、同仇敌忾的战友情谊和慷慨昂扬的狂热激情不再能够影响哈里发的头脑时，他们的统治就会变得比罗马皇帝更严苛。在伊斯兰世界里，不存在民众选出的官吏；不存在能把上上下下的情感和利益联系起来，通过共同的纽带将整个社会团结在一起的神职人员；不存在独立于军事、财政，保证民众资产免受贪婪政府侵蚀的法治体系。在社会与政治的层面，萨拉森帝国并不比哥特王国、匈人王国和阿瓦尔王国高明多少。它之所以能够维持得更为长久，是因为伊斯兰教激发的强大热情一度缓和了政权本身的弊端。

　　就连阿拉伯人的军事胜利，也要在一定程度上归功于他们自身无法左右的偶然因素。阿拉伯人的部队是无法同罗马人、波斯人纪律严明、久经沙场的部队相匹敌的。但相当一部分穆罕默德的追随者已在波斯战争中经受过历练，而狂热的新皈依者将战争视为一种神圣职责，年轻的新兵也能迸发出老兵的能量。相较于罗马军队的纪律，阿拉伯人的热情更加强大，他们对领袖的绝对服从在很大程度上弥补了自身在武器与战术方面的劣势。[1]但旷日持久的战事表

[1]　Ockley, *History of the Saracens*, i. 85. 希腊（或罗马）的军队是全副武装的。在通过征服获得希腊人的武器之前，阿拉伯人几乎完全没有护身铠甲。但我们需要谨慎对待奥克雷史著中的说法。奥克雷的主要史料来源于瓦基迪（Al Wakidi），他更偏浪漫色彩，对于史实和年代却非常粗心大意。参见 Weil, i. 48, *note* 1。

明，罗马人的军事素质比阿拉伯人更为稳定。穆斯林之所以能够迅速取得那些重要的征服成果，在很大程度上是因为叙利亚、美索不达米亚和埃及的民众与罗马政权之间存在着宗教分歧和民族对立。这让当地居民对帝国怀恨在心，抵消了罗马人的军事技术和纪律的优势。在旷日持久的波斯战争（该战争使得东罗马帝国的中央行政体系陷于瘫痪多年，让很多地方上的领袖获得了独立权威）中，东罗马帝国业已用尽资源、耗竭实力。它必须得在这种情况下面对活力无限的阿拉伯人。那些地方上的领袖总的来说已完全丧失了爱国心——那并不令人感到奇怪，因为东罗马帝国境内的各个社会阶层本来就不知爱国心为何物。他们的举动完全受野心和利益驱使，在意的只是恢复对自身管辖区域的控制。埃及的莫考卡斯和阿勒颇的尤金纳（Youkinna）的著名例子诠释了此类帝国官吏的权势和变节。但几乎所有叙利亚行省总督都做出了背信弃义的举动。[1] 尽管一些官吏叛国、投降，保卫叙利亚失败总体上不算罗马军队的耻辱；阿拉伯人通过惨烈的战斗、付出流血的代价才取得了成果。《萨拉森人史》中提及的一则轶事表明[2]，"真主之剑"（the Sword of God，同胞取的尊称）哈立德（Khaled）并未忽视秩序与纪律的重要性，他的巨大成功不仅源于其宗教热忱和视死如归，也有赖于其军事技术。

371

---

[1] 关于大马士革总督曼苏尔（Mansour）的情况，见 Eutychius, ii. 281。关于波斯特拉、埃梅萨、基尼斯林（Kinnisrin）和阿勒颇的情况，见 Ockley, i. 156-162。关于巴尔贝克公民们的情况，见 Ockley, i. 179。

[2] Ockley, i. 70.

历史学家写道："麦阿德（Meâd）用进入天国的希望和永生的愉悦激励萨拉森人，要求他们为真主和伊斯兰教而战。哈立德则说：'且慢，等我先整好他们的战阵，你再将他们投入战斗。'"[1] 基于上述种种不利因素，人数众多、财力雄厚、信奉异端的叙利亚居民的敌意自然会陷罗马人于不利的境地——他们随时准备以可承受的代价换取和平与宗教宽容。从大马士革的民众同阿拉伯人缔结了有利的和约起，罗马人的前景就黯淡了。埃梅萨和其他城市也会大着胆子步其后尘，只为保全自身的财产，完全不顾行省的整体利益，抑或罗马政权的军事防务计划。但有位控制着腓尼基海岸部分地区的地方领袖却成功地在萨拉森大军面前保全了独立，在黎巴嫩山区内建立了一个以比布鲁斯〔Byblos，即德耶拜尔（Djebail）〕为首都的小型基督教国家。汇聚在这一中心周围的叙利亚本土居民（他们被称作玛达伊特人）拥有雄厚的实力。

耶路撒冷枢机主教与亚历山大里亚枢机主教的巨大影响力也削弱、破坏了叙利亚和埃及的防御政策。他们乐意同只想完成征服的阿拉伯人谈判，罗马军队和政权陷入了不利境地。在双方各有胜机的情况下，民心向背最终会使胜利的天平朝民众支持的一方倾斜。我们有充分理由相信，在希拉克略时代遭到征服的那些行省里，就连大部分信奉正统教派的臣民都是支持阿拉伯人的。他们厌恶自己

---

[1] 克伦威尔也有类似的轶事。相传，他曾对自己的部下讲道："你们要相信上帝，也要保持随身火药的干燥。"

眼中的异端皇帝；他们也曾幻想过，在起初严格奉行正义原则的新主人治下，自己能够免受压迫。暂时的减轻赋税或免受压迫，引诱他们牺牲了自己的宗教地位与民族独立。这一错误有其缘由，不用太过苛责。他们害怕希拉克略即将展开宗教迫害，统一推行一志论信仰——那个时代并无宗教信仰自由的概念；叙利亚人和埃及人已做了数百年奴隶，并不理解一个民族需要为了确保独立而做出哪些牺牲。哈里发阿布·伯克尔在向叙利亚军队训话时使用的道德论调跟罗马政权的原则迥异，臣民肯定高度重视这些说法。阿布·伯克尔讲道："你们要做正义者，不义者不可能繁荣发达；你们要英勇，宁死不屈；你们要仁慈，不要杀戮老人、儿童或妇女。不要破坏果园、庄稼和畜群。要信守诺言，即便对敌人也是如此。不要惊扰那些离群索居的人；但你们要强迫其他人信奉伊斯兰教或向我们纳贡——如果他们拒绝这些条件，那就大开杀戒。"这些言论向犹太人和基督徒宣扬了正义与宽容的原则；罗马皇帝或坚持正统派信仰的教士都不会以此作为行为准则。这份引人注目的文本肯定让受到压制、迫害的民众留下了深刻印象。不久之后，哈里发欧麦尔骑着骆驼、带着全部行李辎重从麦加赶到耶路撒冷时的壮观景象，肯定进一步强化了这一感觉。那位伟大征服者的原始朴素同战败皇帝派往行省的官吏们的豪华排场形成了鲜明对比，必然会加深被压迫民族对巧取豪夺的政权的敌意。倘若萨拉森人能够将一套审慎的立法与行政体系、被征服臣民的地方民选与自治政府同中央权威的活力、本民族的宗教统治有机结合起来的话，我们很难想象，在当时四分五裂的地中海世界中，哪个政权可以最终遏制他们的征服。[1]

　　但萨拉森人的政治体系是极其野蛮的，它的公正意识转瞬即逝，而且世俗权变中和了先知教条塑造的宗教情感。我们不应忽视阿拉伯人统治行省的一种重要手段，它既反映了阿拉伯人对自身军事优势的信心，也反映了他们低等的社会文明状态。只要当地存在有效的防御工事，或是活跃英勇、敢于叛乱的本土居民，阿拉伯人通常都会拆除那里的城墙。于是，他们摧毁了许多著名的罗马城市，并在新的地址（也就是可以监视整个地区的军事据点）建立自己的行政枢纽。亚历山大里亚、巴比伦（或米什尔）、迦太基、泰西封均被摧毁；福斯塔特（Fostat）、凯鲁万（Kairowan）、库法（Cufa）、布索拉（Bussora）和巴格达取代了它们。

君士坦斯二世统治时期（641—668 年）

　　希拉克略去世后，宫廷阴谋和继承法则的缺失使得他的儿子

---

[1] 一些人指责早期的穆斯林过于狂热，这并不公允。尽管萨拉森人将波斯的拜火教徒视为偶像崇拜者和不敬真主者，他们仍秉持宽容原则，准许后者在纳税的前提下继续信奉自己的宗教。阿拉伯史学家的数段文本证明了这一事实。穆尔特卡斯（Multekas）记述的奥斯曼帝国苏丹苏莱曼的指令表明，近代的穆斯林往往更加偏执。如果异教徒拒绝信仰伊斯兰教或缴纳人头税的话，穆斯林会烧焦他的土地，砍倒他的树，让他的农田变得荒芜，将他杀死或贩卖为奴。参见 Hammer, *Staatsverfassung und Staatverwaltung des osmanischen Reichs*, i. 163。

们——君士坦丁三世（即希拉克略·君士坦丁）与赫拉克勒奥纳斯
（Heracleonas）——的短暂统治陷入了混乱。在这一过渡期里，民众
和廷臣都习得了犯上作乱的本事。在希拉克略去世的那一年结束之
前，随着父亲君士坦丁三世去世和叔父赫拉克勒奥纳斯被废，年仅
11 岁的君士坦斯二世登上了帝位。这位年幼的皇帝在登基后向元老
院发表了演说。他想要得到该机构的支持，用尊敬的口吻谈起他们
的权力，承诺让这个贵族阶层再度恢复对帝国行政的影响力。尽管
在帝国制度下，皇帝的权威始终是绝对的，但它确实受到贵族和其
他重要官吏的影响控制。[1]

　　君士坦斯二世成长为一个能力出众、活力无限的人物。但他脾
气火暴，缺乏起码的仁慈精神。他统治前期的重要事件是丢失了若
干帝国领土。伦巴德人将其在意大利境内的征服范围从阿尔卑斯山
滨海地段拓展到托斯卡纳边境。拉文纳区长率领的部队在摩德纳附
近战败，损失惨重。但这些事件并未引起行省总督的高度重视。亚
美尼亚被迫向萨拉森人纳贡。塞浦路斯也开始向哈里发进贡，贡金
只有七千两百金币，据说仅为之前向罗马皇帝纳贡税额的一半。但
这笔小钱肯定不及支付地方政府费用后剩余财富的一半，远远低于
罗马皇帝对该岛的课税。同叙利亚境内单个城市为了一年和约而缴
纳的巨大款项，还有阿拉伯人在叙利亚、埃及、波斯和阿非利加获

374

[1]　Theoph. *Chron.* 284.

取的财富相比，这一数字显得有些蹊跷。[1] 叙利亚境内的商业城镇
阿拉杜斯（Aradus）从前曾凭借其险要地势抵挡过萨拉森人的进攻，
但此时也被攻克并摧毁。在之后的征服中，科斯岛由于当地主教的
出卖而被攻占，那里的城市遭到洗劫并化作废墟。罗得岛也在当时
被征服——著名的罗得岛巨像的毁灭使得这次征服载于史册。尽管
巨像在树立约五十六年后便轰然倒下，但其废墟仍被视为世界奇观
之一。希腊人和罗马人的赞赏使得它在九个世纪里免于毁灭。但阿
拉伯人认为此类艺术品毫无价值，将之化为碎片，卖掉了铜块。据
说，为了搬运这堆金属，阿拉伯人足足用了九百八十头骆驼。

　　君士坦斯二世亲政后，他政策的目标一是确立皇帝对正统教
会的绝对权力，二是光复帝国沦陷的行省。为了充分控制疆域内
的宗教事务，年仅 18 岁的他于公元 648 年颁布了《原则敕令》（the
Type）。[2] 敕令起草者为君士坦丁堡枢机主教保罗，目的在于终结
希拉克略的《信仰说明》引发的争论。《原则敕令》要求各方不再争
论基督意志作用的问题。除穆斯林外，当时的世人并不知道信仰自
由为何物。因此，君士坦斯二世从未考虑过信仰自由，基督教会中

------

[1] 朱希亚（Jushiyah）行省总督为一年和约支付了四千金币和五十匹丝绸（Ockley,
i. p. 150）；赫姆斯（Hems）支付了一万金币和两百匹丝绸（p. 154）；巴尔贝克支
付了两千盎司黄金、四千盎司白银和两千匹丝绸（p. 177）；基尼斯林和阿尔哈狄尔
（Alhadir）支付了五千盎司黄金、同等重量的白银和两千匹丝绸（p. 233）。埃及纳
的税款是每人两个金币（Eutychius, ii. p. 308）。关于泰西封财富的说法几乎让人难以
置信，关于拜扎克尼（Byzacene）境内苏菲图拉（Sufetula）财富的记载则完全是荒诞
无稽的。参见 Le Beau, *Histoire de Bas-Empire*, vol. xi. pp. 313, 329。

[2] 《原则敕令》的文本见于 Hardouin, *Concilia*, tom. i. p. 834。

也没有任何一派会放弃强行输出观点。罗马枢机主教领导的拉丁教
会随时准备对抗希腊教士，由于后者享受着帝国宫廷的恩宠，忌妒
心便驱使他强烈反对《原则敕令》。但罗马枢机主教当时的权力还不
足以直接挑战皇帝在这些事务方面的权威。或许在他眼中，激怒那
位年仅 18 岁的皇帝并不划算——《原则敕令》的内容似乎表明，君
主并未过度偏袒任何一派势力。于是，罗马枢机主教狄奥多尔将宗
教争端中的全部怨气发泄到了君士坦丁堡枢机主教身上，利用一次
古怪、血腥的仪式开除了后者的教籍。他带着一批教士下到梵蒂冈
黑暗的圣彼得墓中（如今圣彼得大教堂穹顶中心点的下方），在那里
奉献了圣杯，用笔蘸着基督的血，签署了开除教籍的文告，将自己
的同僚打入地狱。为了应对这一渎神举动，枢机主教保罗说服皇帝
用更合规、合法的方式，惩处支持罗马枢机主教观点的教士，剥夺
他们在此世的职务，判以流刑。几乎全体拉丁教士，甚至还有相当
一部分东罗马帝国神职人员都支持罗马枢机主教。当狄奥多尔的继
任者马丁（Martin）斗胆想要取消《信仰说明》和《原则敕令》时，
君士坦斯二世下令逮捕了他，将之押送到君士坦丁堡，在审讯后判
处他有罪，罪名为支持区长奥林匹乌斯（Olympius）叛乱及向萨拉
森人行贿。在君士坦丁堡枢机主教保罗二世的说情下，皇帝只对马
丁一世处以流刑，罗马枢机主教在抵达克尔松时死去。尽管君士坦
斯二世未能将自己的信条强加到拉丁教士头上，他还是成功地迫使
公众服从了自己的教会法令，并主张自己对教士们的绝对权威。希
腊教会与拉丁教会宗教领袖之间的这些争论加深了二者之间的裂

痕——它其实源于民族情感和教士利益之间的分歧，并在外人很难
理解的一志论问题中被进一步放大。君士坦斯二世在这场斗争中表
现得十分活跃，引发了大批教士的仇恨，他的举动无疑受到了严重
污蔑与扭曲。

　　君士坦斯二世对宗教事务的关注促使他访问了亚美尼亚；他想
整顿该地区教会的事务，将那里的人民团结到自身政权的旗帜之下。
但他的努力失败了，一如他在其他地方干涉宗教的行动。不满情绪
反而加剧；一名帝国高级军官起兵反叛，萨拉森人趁机入侵了亚美
尼亚和卡帕多西亚，迫使若干地区缴纳贡赋。阿拉伯将领穆阿维叶
（Moawyah）的权力与日俱增，他拟定了攻打君士坦丁堡的计划。他
准备在叙利亚的特里波利（Tripoli）组织一场大规模海上远征。由
于当地有一对基督徒兄弟采取了大胆的行动，这次远征被迫流产。
那两名特里波利居民带着党羽冲进了关押罗马战俘的各处监狱，以
统帅身份指挥这支草草组建起来的军队攻占了城市，杀死了行省总
督，烧毁了舰队。坚忍不拔的穆阿维叶又组织了第二支武装部队。
皇帝君士坦斯二世在获悉阿拉伯舰队即将剑指君士坦丁堡后，亲自
担任了东罗马帝国舰队的指挥官。他在吕奇亚境内的凤凰山脚下遭
遇了萨拉森远征军，对它发起了猛烈攻击。结果，罗马舰队被彻底
摧毁，据说有两万罗马人在这场战役中阵亡。[1]特里波利两兄弟中
的一位浴血奋战，英勇地保护着皇帝搭乘的战舰。在皇帝逃跑后，

377

[1]　Theoph. p. 287; Abulpharag. *Ch. Syr.* iii.

这位勇敢的战士阵亡，船只也被萨拉森人俘获。君士坦斯二世逃回了君士坦丁堡，但敌方舰队同样损失惨重，无力继续开展任何军事行动，当年的远征计划就此搁置。奥斯曼的去世和穆阿维叶对哈里发宝座的觊觎，一度转移了阿拉伯人对帝国的关注。于是君士坦斯二世转而用自己的兵力去对付斯拉夫人，想让欧洲诸行省免受蹂躏。最终，斯拉夫人遭到惨败，大批沦为奴隶，也有许多人被迫臣服于帝国。我们无从判断，这次攻伐的对象究竟是住在多瑙河与海姆斯山（Mount Haemus）之间的斯拉夫人，还是定居在马其顿境内的斯拉夫人，因为相关叙述没有提及任何城镇的名称。[1]

在平定了欧洲诸行省的局势后，君士坦斯又开始准备同阿拉伯人的战事。由于需要集结尽可能多的兵力去对付穆罕默德的女婿阿里（Ali），穆阿维叶同意跟帝国缔结和约，其条款同正统派基督教史家笔下君士坦斯二世连吃败仗的局面形成了奇怪的反差：萨拉森人只保留了在叙利亚和美索不达米亚境内的兵力；作为休战的条件，穆阿维叶同意向君士坦斯二世缴纳一千银币；休战期每多延长一天，他就送给君士坦斯二世一名奴隶和一匹马。这是公元 659 年的事情。

到了下一年，君士坦斯二世处死了他的弟弟、此前被迫成为教士的狄奥多西。相关史料并未告诉我们狄奥多西的罪名（或除掉他的借口）。皇帝之前经常从这个弟弟手中领取圣餐。这次手足相残使得罪犯不敢继续住在君士坦丁堡。相传，他曾在夜间看到弟弟的鬼

378

---

[1] Theoph. *Ch.* pp. 288, 299; Zinkeisen, i. p. 733; Tafel, *Thessalonica*, proleg. p. lxxxiii.

魂递给自己盛满人血的圣杯，朝他喊道："喝吧，哥哥！"可以确定的是，弟弟被处决两年后，君士坦斯二世便离开了首都，决心永远不再回来。若非因为民众的骚乱，他原本也打算带走皇后和自己的后代。君士坦斯二世关注着伦巴德人对意大利的再征服，计划让罗马城再度成为帝国的首都。在前往意大利途中，皇帝曾在雅典稍作停留，并在那里集结了一支庞大的军队。雅典及周边乡村安宁繁荣、人丁兴旺，拉丁作家对该城市的偶然记述提供了明确的证据。[1]当时希腊境内的斯拉夫殖民地应该是完全效忠于帝国权力的，否则便是君士坦斯二世动用武力降伏了它们。皇帝从雅典乘船抵达意大利。他率军在塔林顿登陆，试图攻占伦巴德在意大利南部的主要据点贝内万图姆（Beneventum）。但军队连折两阵，君士坦斯二世便放弃了自己的征服计划。

　　皇帝亲自访问了罗马城，但只在那里住了两周。按照记述这一事件的作家们的说法，他在那里花了十二天主持宗教仪式和游行庆典，又用余下的两天掠走了教会的财富。他考察了意大利的局势和罗马的状况，确信这座永恒之城已不适合担当帝国首都。他离开那里前往西西里，并选定叙拉古作为自己未来的居所。杰出的伦巴德国王格里莫阿尔德（Grimoald）和他的儿子贝内万图姆公爵罗慕阿尔德（Romuald）继续在意大利境内同帝国鏖战。布伦狄修姆

---

[1]　Anastasius, *De Vitis Pont. Rom.* p. 51, edit. Paris; Schlosser, *Geschichte der Bilderstürmenden Kaiser*, p. 80.

（Brundusium）和塔林顿沦陷，罗马人被赶出了卡拉布里亚。这样一来，君士坦斯二世在意大利东海岸保有的城镇就只剩下了奥特朗托（Otranto）和加里波利。

住在西西里岛上的君士坦斯二世又开始关注阿非利加的局势。相关史料并未详细交代他的举措，但这些措施显然合乎他一以贯之的特性——雷厉风行与反复无常。他夺回了迦太基及向阿拉伯人纳税的若干城市。但君士坦斯二世又惹恼了该行省的居民，因为他强迫他们向自己纳税，数额和萨拉森人治下一样。由于君士坦斯二世无法将萨拉森人的势力彻底驱逐出去，阿非利加居民往往要缴纳两倍的税款——交战双方都能向他们课税。穆阿维叶从叙利亚派来了军队，君士坦斯二世也从西西里派来了兵力，二者想要争夺该地区的绝对控制权。双方在特里波利附近开战，由三万人组成的君士坦斯二世军队遭到惨败。但获胜的萨拉森人却迟迟无法攻克小镇格罗拉［Geloula，即乌苏拉（Usula）］，直到一部分防御工事意外倒塌，他们的攻势才有了通道。在这次无关痛痒的小胜之后，阿拉伯人再无进展。在东方，帝国面临着更大的危险，但敌人们的计划最终未能成功。由于亚美尼亚部队发动叛乱，将领萨波尔（Sapor）妄图称帝，萨拉森人成功侵入了小亚细亚，夺取了弗里吉亚境内的阿摩里乌姆（Amorium）城，在那里设立了一座驻军五千人的要塞。但君士坦斯二世任命的帝国将领很快拔除了这个坚固要塞，夺回了阿摩里乌姆。

因此，真实的情况似乎是这样的：尽管君士坦斯二世遇到过一

380

系列失败，但帝国并未在他统治期间遭受过十分严重的领土损失。帝国的军事实力在他去世时肯定是强于他登基时的。公元668年，时年38岁的他在统治了二十七年后于叙拉古被刺杀，凶手是出身于他家族的一名军官。他最后被自己的亲戚杀害，而且他在许多公共活动中轻率地动用过暴力，我们有理由认为，此人的性格并不和善或稳定。同时代人深信他犯有杀害亲弟之罪，这并非全无可能。但我们也必须承认，君士坦斯二世统治时期的种种事件无可辩驳地表明，由于他的异端信仰，信奉正统派的历史学家歪曲了许多场景，误导了后人。因为毋庸置疑的结果同他们对历史事件的叙述存在矛盾。

君士坦丁四世向希腊民众信奉的宗教派别妥协

"大胡子"（Pogonatus）君士坦丁四世得到了后人的高度评价。[1]但他的优点似乎在于信仰正统教派，而非才华出众。他向罗马枢机主教做出的让步、在种种宗教事务中的温和做法，同其父不依不饶地强迫正统派教士屈从于行政权力构成了鲜明对比，为自己赢得了教士们的赞誉，他们的赞美又对所有历史学家产生了一定的影响。然而，君士坦丁四世肯定是一位睿智、正直的君主。尽管他

---

[1]　君士坦丁四世的绰号为"大胡子"，但在钱币上留着大胡子的其实是他的父亲君士坦斯二世。

不像父亲那样意志坚定、才华横溢，却也不像后者那样急躁冒失。

君士坦丁四世一听说父亲遇害、叛徒在西西里穿上了紫袍，便动身前去报仇，清剿叛乱。为了平复他的复仇怒火，参与叛乱的老贵族查士丁尼和他的儿子格玛诺斯（Germanos）受到了残酷折磨，那被一名反对君士坦斯二世的教士视为历史上极其野蛮的个例。[1]皇帝返回君士坦丁堡时，发生了一桩重要事件：小亚细亚的部队离奇地哗变了。他们向首都进军，驻扎在博斯普鲁斯海峡靠亚洲的一侧，要求君士坦丁四世同他的两兄弟分享权力（君士坦丁四世已授予他们奥古斯都的头衔），像天上统治精神世界的三位一体一样，用人间的三位一体治理基督徒的政治帝国。这一提议表明，在民众眼里，政治权力是绝对高于神学权威的；它也有力地证明，在那个时代的公共舆论中，皇帝被视为教会首领。君士坦丁四世当然无须跟叛乱者的荒唐逻辑讲什么道理，他手握的兵力足够绞死叛军首领，他的宽容则让自己的兄弟安然无恙。但几年过后，由于皇帝疑心日增或他的兄弟确有不轨举动，他剥夺了他们的奥古斯都头衔，并下令割掉他们的鼻子（公元 681 年）。[2]在史书记载中，君士坦斯二世处死弟弟的事件被视为人类历史上最黑暗的罪行之一；而信奉正统派别的君士坦丁四世的野蛮行径却被视为合法之举而一笔带过。

382

---

[1]　因遭受君士坦丁酷刑而出名的格玛诺斯担任过库兹库斯的主教，并在菲利皮库斯统治时期加入了一志派。他后来放弃了该信仰，被阿纳斯塔修斯二世任命为君士坦丁堡枢机主教（公元 713 年），并成为反对伊苏利亚人利奥三世破坏圣像的活跃分子。

[2]　Theoph. *Chron.* pp. 298, 303.

这两条记载都来自最早的希腊编年史家特奥法尼斯。对于保障皇位稳固和帝国安宁而言，二者或许都是必要的正当行为。君士坦斯二世脾气火暴，君士坦丁四世则相对温和。二者也许同样公正，但肯定也都犯过过分严厉的错误。皇帝对亲兄弟政治冒犯的适宜惩罚最多就是将之软禁于修道院内，割去鼻子也无助于增加修士的虔诚。[1]

在这一时期里，帝国政策的主要目标是抵御穆斯林的进攻。君士坦斯二世曾经成功地遏制过他们的征服，但君士坦丁四世很快便意识到，除非依靠胜利来保卫帝国，否则阿拉伯人将让他的国家永远不得安生。他刚刚离开西西里返回君士坦丁堡，一支阿拉伯军队便入侵了该岛屿，洗劫了叙拉古，在抢走了君士坦斯二世积攒的财富后迅速撤离。阿非利加境内的战事捷报频传，但那里的基督徒迟迟无法得到君士坦丁四世的任何援助，而穆阿维叶则能向萨拉森人提供有力的支援。尽管穆斯林拥有勇气和热情，当地的基督徒仍坚守着自己的领土，将战争一直打下去。公元 676 年，阿非利加当地的一位将领指挥着罗马人和柏柏尔人的联军，攻占了新建的凯鲁万城——它日后将作为法蒂玛王朝的都城而闻名于世。[2]

---

[1] Theophanes, pp. 293, 300 声称，君士坦丁四世的弟弟们于公元 669 年失去了鼻子，但直到公元 681 年才失去头衔。

[2] 阿克巴（Akbah）于公元 670 年建成凯鲁万，它于公元 676 年被基督徒攻占。阿拉伯人在佐哈伊尔（Zohair）率领下夺回该城，但基督徒于公元 683 年再度占领此地。它最终于公元 697 年被哈桑拿下。关于穆斯林、罗马殖民者和柏柏尔人战争期间北非状况的全面叙述，参见 Amari, *La storia dei Musulmani de Sicilia*, Firenze, 1858。（那里最早的殖民据点由阿克巴的前任穆阿维叶·伊本·胡德杰建立，又被阿克巴改造成了日后的面貌。参见史密斯博士为 Gibbon, vi. p. 349 所做注释。——编者注）

　　野心驱使着哈里发穆阿维叶去完成征服罗马帝国的计划。由于
阿拉伯帝国的军事组织形式使得哈里发能够集中全境的一切资源去
实现具体的目标，这一征服事业似乎是触手可及的。阿拉伯人组织
了一支强大的远征军去围困君士坦丁堡。由于集结这样一支强大兵
力颇费时日，萨拉森人只能在抵达博斯普鲁斯海峡后于小亚细亚沿
岸过冬。当萨拉森人在公元 672 年兵临城下时，他们发现皇帝已做
好了一切坚守准备。然而，阿拉伯人的兵力足够强大，可以兵分水
陆两路攻打君士坦丁堡：陆军占据着城市赖以构建的三角形地势中
靠陆地的一侧，舰队则成功封锁了君士坦丁堡的港口。但在海陆两
线的战斗中，萨拉森人的所有攻势均被击退。但罗马人并未吹嘘
自己的骁勇杀敌与纪律严明，而是将自己的胜利主要归功于希腊
火——这种武器发明于围城战前夕，在这场战争中初显威力。[1] 在
上一个世纪里，阿拉伯的军事技术跟其他民族文化一道急剧衰落；
偌大的阿拉伯帝国拥有的资源竟然如此有限，以至于哈里发无法在
冬季为君士坦丁堡城下的部队提供给养。不过，萨拉森人能够在库
兹库斯找到足够补给品，并将那里作为越冬的宿营地。他们的强大
舰队则控制着赫勒斯滂海峡，确保了大军同叙利亚之间的联系。春
季到来后，舰队再次将陆军运送至君士坦丁堡城下。这种古怪的围
城办法自多利亚人入侵伯罗奔尼撒半岛以来便闻所未闻，当时却持
续了数年之久。在这场战争中，萨拉森人的损失比罗马人严重得多，

---

[1]　关于希腊火的信息，参见 *Biographie Universelle* 中的词条 "Callinicus"（vi. p. 551）
和 "Marcus Graecus"（xxvi. p. 623）。

最终被迫放弃了征服事业。[1] 阿拉伯陆军试图取道小亚细亚撤退，但在行进过程中被完全切断。一场暴风雨摧毁了他们停泊在帕姆弗利亚沿岸的大部分舰只。在集结大军围攻君士坦丁堡期间，穆阿维叶还派出了一支部队去入侵克里特岛。他们于公元 651 年抵达了那里。该岛被迫向阿拉伯人纳贡，但他们对待当地居民十分温和。哈里发当时的政策是争取基督徒的好感，以便为将来的征服铺平道路。穆阿维叶坚决推行着宗教宽容政策，甚至听从基督徒臣民的建议，重建了埃德萨的教堂。

由于萨拉森人远征君士坦丁堡受挫，加之黎巴嫩山民利用阿拉伯军队不在的良机，将侵扰范围推进到了叙利亚平原地区，穆阿维叶确信有必要媾和。被称作玛达伊特人的叙利亚坚韧山民的人数有所增加，由于躲避阿拉伯人的大批叙利亚本地居民纷纷加入，他们掌握了大量财富。[2] 这些人多数信奉麦尔基派或一志论派，因而拥护罗马帝国；一性论派则纷纷同萨拉森人联手。帝国需要和平，信奉正统教派的君士坦丁四世并不希望为了保护玛达伊特人而铤而走险。公元 678 年，皇帝与哈里发缔结了和约。穆阿维叶同意每年向罗马支付三千磅黄金，提供五十名奴隶和五十匹阿拉伯马。像穆阿维叶这样一位掌握着权力和资源的君主居然会答应如此条件，看起来十分奇怪。但这一事实表明，那位哈里发的一举一动考虑的都是

---

[1] 在围攻君士坦丁堡期间，在家中收留过逃往麦地那的穆罕默德的阿布·阿尤布（Abou Eyoub）去世了。苏丹登基时举行授剑仪式的场所——著名的阿尤布清真寺——据说就是他被埋葬的地点。

[2] Theoph. *Chron*. p. 295 最早提及了玛达伊特人。

策略，而非虚荣。在他眼里，权力的巩固和伊斯兰教的利益要比尘世间的任何荣耀都更为重要。

在穆阿维叶向罗马皇帝纳贡议和的同一年，保加利亚王国也在多瑙河与海姆斯山之间的地带建立了起来。皇帝君士坦丁四世不得不开始向一小撮保加利亚人纳贡。保加利亚部族首领阿斯帕鲁赫（Asparuch）占领了多瑙河河口谷地，这是蛮族常见的迁居行为。阿斯帕鲁赫的势力和举动迫使皇帝君士坦丁四世与他对阵疆场。但帝国的这次远征组织得十分糟糕，罗马军队一败涂地。保加利亚征服了人称"七部落"的斯拉夫人居住的地区，迫使他们向自己纳贡。这些斯拉夫人曾对帝国构成过威胁，但皇帝君士坦斯二世粉碎了他们的势力。阿斯帕鲁赫住在古城奥德苏斯旁边的城镇瓦尔纳，建立了与君士坦丁堡皇帝长期为敌的保加利亚王国，其势力严重加剧了希腊人的衰落，减少了该族裔在欧洲的人数。[1]

然而，"大胡子"君士坦丁四世治下最为重要的内政事件，其实是在非常适合畅所欲言的背景下，于君士坦丁堡召开的第六次大公会议。当时的宗教势力还不够强大，无法藐视理性与政治权威的力量。这次大公会议的决议否定了一志论派的主张，认为基督拥有两种本质和两种意志的正统教义得到了希腊和拉丁教士的普遍认可，被奉为基督教会的真正信仰。此时，宗教争论已开始对公共舆论产生强烈影响。由于多数希腊人从未接受过一志论派的观点，第六次大公会议的决议有力地促进了希腊人与帝国政权的结合。

---

[1] Ducange, *Familiae Byzantinae*, p. 305; Theoph. *Chron.* p. 298.

386

查士丁尼二世统治时期
帝国的人口下降和希腊人的减少

查士丁尼二世在 16 岁时继承了父亲君士坦丁四世的皇位。尽管皇帝还非常年轻，但他马上就确定了个人的统治目标。他绝非缺少统治才华，但残酷与独断的性格使得他无法公正履行职责。他的暴虐使得自己最终受到了臣民的憎恨。由于皇帝同政府和民众的关系是直接系于个人的，一场民众暴动轻而易举地将他赶下了宝座。公元 695 年，暴乱的民众割掉了查士丁尼二世的鼻子，将他流放至克尔松。在流放生涯中，精力充沛、行动活跃的他争取到了哈扎尔人和保加利亚人的支持，在离开十年后以征服者的姿态回到了君士坦丁堡。但他是那种不会汲取经验教训的人，在第二次统治期间（公元 705—711 年）依旧残暴。在将臣民的耐心消耗殆尽后，他再次被赶下宝座，最后死于谋杀。

这样一位暴君的统治注定不会是风平浪静的。起初，他对萨拉森人用兵——尽管哈里发阿卜杜勒·麦利克（Abdalmelik）愿意做出让步，想要续订同他父亲缔结的和约。查士丁尼二世派勒昂提乌斯（Leontius）率领一支强大兵力进入亚美尼亚，日后推翻他统治的正是此人。所有曾向萨拉森人示好过的行省均遭到蹂躏。这支军队攫取了大量战利品，将许多行省居民掳为奴隶。罗马政府的野蛮已达到了此等程度：即便那些行省的主体居民仍为基督徒，并向皇帝保证自己将永远臣服于罗马政权，帝国仍纵容军队洗劫这些地方，消灭当地的人口。那些军纪涣散的士兵——他们没有任何爱国心或民族归属感——于默许下在信奉基督教的地区抓捕奴隶以自肥。从前十分富庶的农耕区成为荒漠，再也无力抵抗穆斯林游牧部落的进攻。但哈里发阿卜杜勒·麦利克正在同劲敌争夺伊斯兰世界的最高权力，即便在自己掌控的叙利亚内部也不断受到叛乱者的掣肘。他最后不得不同帝国媾和。与君士坦丁四世与穆阿维叶之间的和约相比，这份条款对帝国更为有利。阿卜杜勒·麦利克每年要送给查士丁尼二世三十六万五千金币、三百六十名奴隶和三百六十匹阿拉伯马。[1] 罗马人和阿拉伯人平分了伊贝里亚、亚美尼亚和塞浦路斯等行省。但阿卜杜勒·麦利克从条约中获得了一个重要好处：查士丁尼二世不仅承诺不再支持玛达伊特人，甚至还同意帮助哈里发将他们逐出叙利亚。背信弃义的勒昂提乌斯完成了这一承诺——他以盟友身份进入玛达伊特人的领土，随后谋杀了他们的领袖。一万两千名玛达伊特士兵被编入帝国军队，派遣至亚美尼亚和色雷斯境内的各处要塞。帝国在帕姆弗利亚境内的阿塔利亚（Attalia）建立了一处玛达伊特人的定居点，这个骁勇民族的势力从此彻底瓦解。清除叙利亚境内的玛达伊特人乃是查士丁尼二世统治时期最严重的错误之一。只要他们还能在萨拉森人统治中心附近的黎巴嫩山活动，皇帝就能利用他们有效牵制穆斯林，并在哈里发入侵帝国时骚扰后方。不幸的是，在这个充满偏执信仰的时代，玛达伊特人的一志论主张

---

[1] Theophanes, p. 301 曾经提及，哈里发于公元 684 年向君士坦丁四世提出了这些条件。同查士丁尼二世的和约缔结于公元 686 年（p. 302）。

使得帝国对他们充满反感或怀疑；即便在"大胡子"君士坦丁四世的温和统治下，帝国也没有把他们视为朋友，或从基督教和罗马的利益出发，向玛达伊特人提供支援。

388　　由于帝国人口不断下降，许多罗马皇帝开始吸引移民充实境内的重点地区。东罗马帝国境内的许多著名城市起初是小型的希腊殖民地。众所周知，这些移民的人数与财富均增长迅速。罗马统治者似乎从来没有真正明白，导致古代人口减少的那些因素同样也会阻碍新定居者的繁衍生息。他们只能一再为诸行省充实人口，将居民从一地迁往另一地。查士丁尼二世很喜欢进行这样的移民。同阿卜杜勒·麦利克缔结和约三年后，他下令让治下的半个塞浦路斯岛上的居民迁走，试图阻止基督徒同萨拉森人的政权接触。这些塞浦路斯居民被安置到库兹库斯旁边的一座新城，皇帝用自己的名字将之命名为查士丁尼波利斯（Justinianopolis）。这一举措的失策之处实在无须赘述：执行计划过程中造成的生命与财产损失，只能在有利条件和长期繁荣之下得到弥补。众所周知，由于这次人口外迁，许多塞浦路斯城镇彻底陷于废弃，再也无法恢复元气。

　　在统治初期，查士丁尼二世对马其顿境内的斯拉夫人（他们同海姆斯山以北的保加利亚王国过从甚密）领土发动过一次卓有成效的攻势。这些族群因获得新援而信心满满，将其征服范围一直推进到了普罗庞提斯（Propontis）。帝国军队大获全胜，斯拉夫人及其保加利亚盟友均被击败，斯拉夫人的领土被并入帝国版图。为了增加阿比多斯一带赫勒斯滂海峡肥沃海岸的人口，查士丁尼二世将一些斯拉夫家族移居到了奥普西齐乌姆（Opsicium）行省。[1]该殖民地实力强大且人口众多，为帝国军队提供了可观的兵源。[2]

　　同萨拉森人的和平没有持续多久。查士丁尼二世拒绝接受阿卜杜勒·麦利克送来的第一批金币，因为上面刻着"安拉是唯一的真主"的字样。之前的贡金是用叙利亚行省铸币厂生产的钱币支付的。查士丁尼二世凭一己臆断认为，新的阿拉伯钱币是对神圣的三位一体的冒犯。他亲自率军前去讨伐萨拉森人，双方在奇里乞亚海岸边上的塞巴斯托波利斯附近交手。由于斯拉夫军队领袖的倒戈，查士丁尼二世遭到惨败[3]，从战场上狼狈逃走。在返回首都途中，他向仍忠于自己的斯拉夫人泄愤，只因为他们的部分同胞临阵脱逃。查士丁尼二世处决了大部分斯拉夫人，并杀害了那些投靠萨拉森政权者的妻子儿女。萨拉森人将归降者安置于叙利亚沿岸地区和塞浦路斯岛；在哈里发的统治下，他们过得更加富足。在这场战争期间，萨拉森人第一次显著降低了疆域内基督徒的社会地位。阿卜杜勒·麦利克向基督徒征课了人头税，想要筹集同查士丁尼二世作战的款项。这种在课税方面区别对待基督徒与穆斯林的糟糕做法导致了两

---

[1]　奥普西齐乌姆军区包括古时的米西亚（Mysia）、比提尼亚和弗里吉亚的一部分。它得名于驻扎在那里的皇家卫队（Obsequium）。参见迪康热（Ducange）词典中的相关条目。

[2]　可达三万人之多。见 Nicephorus Pat. 24; Theophanes, 305。

[3]　根据 Theophanes, 305 的说法，斯拉夫人的领袖格布鲁斯（Gebulus，或尼布鲁斯）带走了三万人。但圣马丁引述了一位亚美尼亚历史学家的说法，这个数字在后者那里减少到了七千。参见 Le Beau, xii. 22。

个群体之间的彻底隔绝，也使得基督徒沦为国家的奴隶——他们同穆斯林之间最重要的政治联系就是向政府交钱。这一错误举措导致哈里发治下的基督徒不断减少。与穆斯林统治者的暴政或穆斯林军队的蹂躏相比，这或许才是造成东方人口下降更为重要的因素。

　　爱折腾的查士丁尼二世又介入了导致教会分裂的宗教争议。他组织召开了穹顶会议（Trullo，因为会议大厅位于穹顶之下）。这次大会的决议除了加深教会中希腊与拉丁势力之间原本就在不断加剧的裂痕之外，别无他用。在通过的一百零二条决议中，罗马枢机主教最终否定了其中的六条，理由是它们同拉丁人的习惯相悖。[1] 于是，希腊人同拉丁人之间的决裂又多了一个理由。正当政治家和教士们都在宣称，严格意义上的宗教信仰一致对于维系帝国的政治权力而言不可或缺之时，教会的举措、那个时代的政治局势和民众的社会观念则意味着，统一是全无可能的。

　　对于那些掌握着巨大财富却不顾及治下臣民福祉的统治者而言，大兴土木乃是他们惯常的爱好。即便在政治危机日益严重的时候，濒于破产边缘的国家财库也肯定积攒着大量年度税收。在爱慕虚荣、不负责任的君主手里，这笔财富经常会被花在毫无用处、只为装饰的建筑上。这种风气在暴君中间十分流行，嗜好大兴土木的统治者

---

[1]　Mosheim, *Eccles. Hist.* by Murdock, ed. Soames. 1845. vol. ii. p. 105. 被否定的六条决议包括赞成八十五条异端观点（通常归在克莱门特名下）的第五条；允许教士结婚的第十三条；谴责周六斋戒的第五十五条；严格禁止食用血和被扼死动物的第六十七条；禁止将耶稣形象画成羊羔的第八十二条；还有规定罗马和君士坦丁堡各级别主教地位平等的第八十六条。参见什利格尔（Schlegel）的注释。

往往也正是那些最糟糕、最严苛的暴君。对于一位统治者而言，判断治下民族能够把多少资金投入只为装饰的建筑，永远是微妙且困难的。从自己的立场出发，统治者也很难判断哪些建筑装饰工作值得去做，很难将艺术同民众的品味和情感加以调和。公共舆论是评价这项政治活动的唯一标准。当喜欢大兴土木的君王们不需要考虑臣民开展本民族建筑工程的需求和意愿时，他们很容易通过疯狂建设和一掷千金，酿成比糟糕品味恶劣得多的后果。

在极不适宜的背景下，查士丁尼二世迷上了土木建设。大手大脚很快就迫使他将财政政策调整得更为严苛，整个首都很快就遍布不满的情绪。皇帝想要拆毁一座圣母教堂，以便在自己宫殿旁边建造一处装饰喷泉。这一计划严重违逆了民众的宗教情感与迷信观念。查士丁尼二世想用一场宗教仪式来表达内心的歉意。但君士坦丁堡枢机主教一度拒绝主持该仪式，声称教会是不会为亵渎神圣建筑的行为祈祷的。但皇帝是教会的首脑和主教的主子，可以罢免主教的职务。因此，君士坦丁堡枢机主教不敢一直拒绝皇帝的命令。不过，据说这位枢机主教在批准修缮工程和拆毁教堂的宗教仪式上明确表达了自己的不满，添加了如下的祷告词："光荣永归承受了各种苦难的上帝，阿门。"这场仪式已足够平复皇帝良心上的不安，他也许根本没有听到或留意枢机主教的祷告词。但公众的不满情绪十分强烈，民众的怒火几乎要在君士坦丁堡掀起一场暴乱。为了转危为安，查士丁尼二世采取了种种残酷的高压手段。但正如在民怨沸腾的局面下往往会出现的情况那样，风暴在人们意想不到的地方突然掀起，

391

一下子让皇帝陷入了孤立无援的境地。勒昂提乌斯乃是帝国最优秀的将领之一，我们在前文中已提及过他的功绩。此人一度被投入监狱，此时却奉命治理希腊行省。他认为这一任命只是把自己调离首都，在未经审判的情况下处决的诡计而已。在计划动身离开的前一天，勒昂提乌斯以领袖身份掀起了暴动。查士丁尼二世遭到逮捕，民众用残酷的手段杀死了他的谋臣。勒昂提乌斯则被拥立为皇帝。由于曾经受过"大胡子"君士坦丁四世的恩惠，勒昂提乌斯没有处死被罢黜的前任皇帝。他下令割去查士丁尼二世的鼻子，将他流放到克尔松。由于这次肉刑，被罢黜的皇帝在历史上获得了一个带有侮辱意味的绰号——"被割鼻者"（Rhinotmetus）。

利奥三世登基前的无序状态

勒昂提乌斯的统治始终处于风雨飘摇之中，凭借偶然机缘而非常规方式登基的杰出统治者对此并不陌生。在他统治期间，阿非利加行省最终还是沦陷了，那也直接导致了他被罢黜。不知疲倦的哈里发阿卜杜勒·麦利克派哈桑率领一支强大的远征军进入阿非利加。该行省很快被征服，迦太基也在有气无力的抵抗后沦陷。[1] 勒昂提

---

[1] 迦太基始建于公元前 878 年。这处推罗殖民地于公元前 146 年被罗马人毁灭。罗马的新迦太基殖民地由尤利乌斯·凯撒在公元前 44 年建立，于公元 698 年被阿拉伯人摧毁。

乌斯派去保卫行省的军队到晚了一步，没能来得及拯救迦太基，但主将依靠强攻占领了港口，夺回了那座城市，并将阿拉伯人逐出了沿海地区大部分拥有防御工事的城镇。但阿拉伯人又获得了增援，罗马将领只能徒劳地请求勒昂提乌斯增兵。阿拉伯人最终集结了一支舰队，罗马人在海战中失败，迦太基失守，被阿拉伯人夷为平地——阿拉伯人已多次领教罗马人在海战和兵法等方面的优势，因而不敢在海岸边保留人口众多、拥有防御工事的城市。这一值得注意的史实有力地表明，罗马在商业和海军等领域其实拥有巨大优势；但它也充分证明，帝国当时的政治与军事管理已陷入混乱，那些优势完全派不上用场，所以帝国舰队才会被阿拉伯人从埃及、叙利亚臣民中间征集的船只击败。与此同时，显而易见的是，阿拉伯人取得海战胜利的原因是一批具备相当实力的基督徒与罗马帝国为敌，乐于支持阿拉伯人。因为直到那个时代，穆斯林中的造船工匠和水手仍十分稀少。

393

从迦太基撤退后，罗马远征军临时驻扎在克里特岛。此时军中发生了哗变，将领被杀，齐比拉军区（Cibyraiot）部队的将领阿普希玛尔（Apsimar）被拥立为皇帝，取名提比略。[1] 这支舰队直扑

---

[1]　齐比拉军区包括古代的卡里亚、吕奇亚、帕姆弗利亚和弗里吉亚的一部分。大齐比拉是弗里吉亚、卡里亚和吕奇亚交界处的一座大城市。元首提比略被视为该城的再造者，因为他在一次严重的地震后免除了那里的赋税，见 Tac. *Ann.* iv. 13。阿普希玛尔也许是因为他而非声望更高的君士坦丁堡皇帝提比略才改名的。君士坦丁七世声称，该军区得名于帕姆弗利亚境内的无名小镇齐比拉，但此人在这些问题上的说法没有多少参考价值，见 Constantine Porphyrogenitas, *De Them.* lib. i. p. 16。

毫无抵抗之力的君士坦丁堡。勒昂提乌斯被罢黜，他遭割鼻后被囚禁于修道院内。提比略·阿普希玛尔谨慎地治理着国家，他的兄弟希拉克略指挥罗马军队取得了胜利。帝国大军侵入了叙利亚，他们在萨摩萨塔（Samosata）打败了阿拉伯人。但罗马人在这次入侵中的劫掠行径，与阿拉伯人最残酷的举动相比有过之而无不及。相传，在这场战斗中有二十万萨拉森人阵亡。随着战争形势的不断变化，还有亚美尼亚民众在效忠皇帝与哈里发两种立场之间的摇摆，罗马人和萨拉森人轮流入侵、蹂躏亚美尼亚。然而，在提比略专注于内政治理，无须害怕内部敌人之际，查士丁尼二世率领一支保加利亚军队出现在君士坦丁堡城下，打了他一个措手不及。

　　在被流放的十年间，那位被罢黜的皇帝始终妄想恢复权力。查士丁尼二世的残暴前科让他受到世人的憎恶。但此人拥有土匪头子必备的素质——亡命精神与心狠手辣，并且坚信自己有资格继承皇位。因此，任何处境在他眼中都不是毫无希望的。在同克尔松的居民和自己的内兄——哈扎尔人的君主产生矛盾后，他以孤注一掷的男气进入了保加利业人的领地。保加利业人的领袖特尔贝利斯（Terbelis）答应帮助他夺回皇位。他们立刻率领一支保加利亚军队直扑君士坦丁堡城下。在抵达三日后，他们乘夜进入了首都。十年的苦难加剧了查士丁尼二世与生俱来的残忍，近乎疯狂的复仇欲望似乎成了他此后各种行为的主要动机。君士坦丁堡的民众跟基督教文明疆域之外的民族一样残忍（如果算不上一样野蛮的话）。查士丁尼二世用竞技场内精彩的马车比赛取悦他们，以庆祝自己的复辟。

他坐在高高的宝座之上，脚踩被废黜的两名皇帝——勒昂提乌斯和提比略（他们匍匐在宝座下面的平台上）的脖子。希腊民众高呼着《诗篇》里的字句："您脚踩着巨蟒毒蛇，您践踏着雄狮恶龙。"[1] 两名被罢黜的皇帝，还有曾领导罗马军队取得对战萨拉森人辉煌胜利的希拉克略，随后被吊死在君士坦丁堡的城垛之上。查士丁尼二世一心一意盘算着如何复仇。由于图亚纳失守，小亚细亚已在萨拉森人的入侵面前门户洞开。但查士丁尼没有去对付这些危险的敌人，而是派遣自己手头能够调动的兵力去惩罚拉文纳与克尔松两座城市，只因为它们得罪过他。两座被盯上的城市都曾因他跌下宝座而幸灾乐祸，于是它们均被攻占，并受到了残酷野蛮的对待。尽管希腊城市克尔松从前商业繁荣、人口众多，它还是遭到了彻底毁灭。查士丁尼二世下令，将它的所有建筑夷为平地，住在城墙以内的居民一律处决。但被派去执行这一野蛮命令的部队发动了政变，拥立亚美尼亚人巴尔达尼斯（Bardanes）为皇帝，称呼他为菲利皮库斯。[2]他们夺取了舰队，取道水路直取君士坦丁堡。当菲利皮库斯抵达时，查士丁尼二世正带着一支军队驻扎在小亚细亚，于是他在未遇任何抵抗的情况下占领了首都。查士丁尼二世马上遭到了全军的背叛，因为军队跟各阶层臣民一样，对他复辟后的举动极不满意。但查士

395

---

[1]　这些字句来自 Septuagint, Ps. xc. 13。在本书使用的版本（Ps. xci. 13）中，对应表述如下："您将践踏狮子与毒蛇，雄狮与恶龙将被您踩在脚下。"

[2]　Theophanes, p. 311 称他为贵族尼克弗鲁斯之子；Nicephorus Pat. p. 50, edit. Bonn 说他是亚美尼亚人。

丁尼二世残暴、勇猛，他在意识到自己被所有人抛弃后陷入狂怒。他最终遭到逮捕并被处死，无力做出任何抵抗。他的儿子提比略当时还只有 6 岁，在教堂祭坛避难，也被拖下遭到了残酷杀害。至此，希拉克略家族在统治了罗马帝国整整一个世纪（公元 611—711 年）后终于绝嗣。

从查士丁尼二世之死到伊苏里亚人利奥登基的六年间，有三名统治者坐过帝国的宝座。他们的历史只有一点引人注意，那就是罗马政治体制的韧性——它在持续动荡、积贫积弱的状态下仍能维系下去。菲利皮库斯是一个奢华铺张的君主，在意的只是利用自己偶然获得的皇位及时行乐。一批阴谋家推翻了菲利皮库斯的统治，他们把烂醉如泥的皇帝从宫里抬了出来，在弄瞎其双目后，将无助的他扔在竞技场中央。菲利皮库斯的统治毫无亮点，仅仅加剧了帝国的混乱局势：他在东地中海地区主教们参加的一次会议上重新提倡一志论信仰，暴露了希腊教士们是何等寡廉鲜耻、见风使舵。

由于推翻菲利皮库斯的阴谋家并未考虑过皇位继承人的问题，人们在圣索菲亚大教堂举行了公共集会，选举第一国务秘书——阿纳斯塔修斯二世为皇帝。他马上重新确立了正统派信仰；于是，他的人品得到了记述其统治的历史学家的赞美。[1] 实力与日俱增的萨拉森人此时正在亚历山大里亚策划一次大规模远征，准备进攻君士坦丁堡。阿纳斯塔修斯二世派出了一支舰队和奥普西齐乌姆军区的

---

[1]　Niceph. Pat. 32; Theoph. 322.

部队，想要毁掉亚历山大里亚敌方备战部队从腓尼基海岸收集的木料。指挥罗马军队的是圣索菲亚大教堂的一名执事，此人也担任着重要的财政职务。任命教士领兵的做法引起了部队的强烈不满，后者在当时还不像帝国贵族阶层那样深受神学观念和宗教生活的影响。舰队停靠在罗得岛期间，士兵们发动了政变。执事约翰被杀，远征军离开港口想要返回首都。士兵们在路上停靠于阿德拉米提乌姆（Adramyttium），在那里找到了一位深得民心的税吏。他们便将此人拥立为帝，即狄奥多西三世。

在胁迫下，新皇帝不情愿地随军前行。他们围困君士坦丁堡达六个月之久，已逃亡尼西亚的皇帝阿纳斯塔修斯二世在一场会战中被击败。叛军最终攻占了首都。明白自己切身利益的他们恪守着军纪。因力量虚弱而众叛亲离的阿纳斯塔修斯二世同意让位给狄奥多西三世，进入修道院隐居，以此换取对他的所有朋友的赦免。狄奥多西三世因许多优秀品质而闻名于世，但在历史学家眼中，他的统治不过是为伊苏里亚人利奥三世攫取皇位提供了一个借口。这个能力超群、野心勃勃的军官意识到在帝国的这个危急存亡之秋，任何拥有才华的人都有机会登上皇位、保卫帝国。于是，他设法当上了小亚细亚部队的长官并宣布称帝，不久后强迫狄奥多西三世退位去担任教士。

从希拉克略去世到利奥登基，帝国宫廷内残存的几条政治原则也逐渐被人废弃。长期以来，恢复罗马帝国昔日权力与荣耀的希望一直受到珍视，此时却已经破灭。即便最执着地坚守业已过时的规

397

矩、观念的贵族集团，也不愿继续活在对过去岁月的记忆里了。有
人相信，帝国已经历了重大的道德与政治转变，因而未来已不可能
回归过去。即便民众和政府还不能充分理解这一点，他们至少已开
始产生这样的感觉，并以此来指导自己的行动。令人感到悲哀的是，
曾经照亮古代世界的文明光辉此时在君士坦丁堡就跟在罗马、安条
克、亚历山大里亚、迦太基一样黯淡——这一点已不言自明。古典
残存的微光已被黑暗吞没。考证散见于公元 7 世纪史料中的古典文
明残存元素已成为博古学者而非历史学家的任务了。

　　罗马帝国后期史中有一条引人注目的重要线索，但历史学家为
我们保留下来的只有少得可怜的基本事实。皇帝与罗马元老院最后
残余的贵族阶层进行过旷日持久、十分激烈的竞争。这场斗争干扰
了帝国的决策，摧毁了罗马政权的活力。它肇始于莫里斯统治时期，
并以不同形式贯穿于希拉克略家族统治的各个阶段。这种贵族的影
响力更多地展现出东方而非罗马的特性。该社会阶层的情感和观点
植根于一种半希腊式的文明——它起源于马其顿帝国而非罗马帝国。
为了限制该阶层的权力，希拉克略和君士坦斯二世都想过要将首都
从君士坦丁堡迁往某座拉丁城市。两人都徒劳地相信，自己能够在
纯粹的罗马基础上重建皇权，以便制服或至少是控制希腊民族主义
的力量。这场斗争的结果是，具有纯粹罗马性质的东部帝国的政治
影响力遭到摧毁。但在奥古斯都与君士坦丁精心打造的组织严密的
国家机器消亡之前，希腊与东方情感的联合力量无法彻底根除罗马
精神。这一变化并未给帝国臣民们带来多大好处。政权变成了纯粹

的专制统治模式，跟盛行于东方的君主制已没有多少差别。帮助罗马从行为乖张的尼禄和庸碌无能的福卡斯统治时代幸存下来的所有基本制度和体系特性已经丧失殆尽。

　　从希拉克略家族绝嗣后皇位继承人的选择上，我们已经能够看到罗马政权的解体，还有希腊人影响力的消退。这些人选是偶然产生的。其中几位拥有异族血统，甚至不认为自己是希腊人或罗马人。菲利皮库斯是亚美尼亚人；开辟了拜占庭历史新朝代的利奥三世则是伊苏里亚人。他在皇位上的表现证明，他既不依恋罗马政治制度，也不尊重希腊宗教习俗。他凭借自己的才干，还有治国、治军的能力，为自己的家族争取到了拜占庭帝国的皇位。毫无疑问，他的情感、观点同治下希腊、罗马臣民完全相左。他的继承人必须面对帝国势力与希腊民族圣像崇拜行为的分歧——在这场斗争中，希腊民族性、希腊文明和希腊宗教最终达成了妥协。从圣像破坏运动开始，希腊人的历史开始呈现出了新的面貌。他们的文明及其同拜占庭帝国的纽带，开始系于东部教会的决策和命运；宗教事务在他们心目中的重要性逐渐超越了社会与政治的方方面面。

东罗马帝国权力消亡之际希腊人的基本生活状态

　　自查士丁尼时代之后，欧洲希腊人的历史开始变得晦暗不明。在这段时期内，一些新民族进入了希腊；希腊民族不得不进行艰苦 ₃₉₉

的斗争，试图在自己的家乡保住立足之地。我们在上文中已经提到，一些阿瓦尔和斯拉夫部落已在希腊境内永久定居下来。希腊人无法改善农民数量减少的悲惨境况，只能将整个行省让给外来移民，自己退居至高墙保护的城镇之内。长期以来成功抵制希腊文明的色雷斯人，此时也开始走向消亡。从更早的时代起，该民族占据的地盘——从多瑙河畔到爱琴海沿岸——便不断遭到入侵。罗马人、哥特人、斯拉夫人和保加利亚人作为征服者造成了当地的人口下降，又作为殖民者在那里定居下来。[1]但萨拉森人征服导致的版图变化提升了希腊民族的政治重要性。奇里乞亚境内的莫普苏伊斯提亚（Mopsuestia）毗邻叙利亚的边境起点，那是阿拉伯帝国最远端的要塞。这条边境线沿着阿玛努斯（Amanus）山脉和陶鲁斯山脉直抵埃德萨和尼西比斯以北，那里在查士丁尼时代之后被称作第四亚美尼亚，其首府为玛图罗波利斯。此后，这条边境顺着大致同帝国古时

---

[1] 在莫里斯统治时期，色雷斯人的语言更接近于拉丁语，在马其顿和伊庇鲁斯境外的色雷斯地区应用得比希腊语更为广泛。我们能够找到色雷斯赶车人用方言说的几个词——"兄弟啊，把它翻过来"（τόρνα φράτρε），见 Theoph. 218; Theophyl. Sim. ii. 15。公元 5 世纪时，普利斯库斯提及过希腊以北居民对拉丁语的偏爱："他们很难掌握希腊语的发音"（καὶ οὐ ῥαδίως τις σφῶν ἑλληνίζει τῇ φωνῇ），见 *Excerpta e Prisci Historia*, p. 59, edit. Paris, p. 190, edit. Bonn.〔这里提到的轶事如下：公元 6 世纪末，阿瓦尔人的一名可汗蹂躏了东罗马帝国，在连胜数阵后兵临君士坦丁堡城下。与此同时，潜伏在巴尔干地区要塞里的两位罗马将领组织了一支大军，计划奇袭阿瓦尔人后方，但被下面的变故打乱了。一只驮畜偶然在路上摔倒，路边的一个人用当地语言向车夫喊道"Torna, torna, fratre"，意即"兄弟啊，把它翻过来"。（双关义为："兄弟啊，快掉头撤退。"——中译者注）车夫没听见这句话，但士兵们听到了。他们以为敌军正在进攻，这句话乃是下令撤退的信号，便高喊着"掉头撤退"（torna, torna），全军突然陷入了溃逃之中。——编者注〕

的疆界重合的线路延伸下去，直抵特拉比宗以东不远处的黑海沿岸。
在此时的黑海北岸，克尔松是唯一承认帝国霸权的城市，并保留着
全部财富和商业及自由城市的市政特权。[1] 在欧洲，海姆斯山构成
了抵御保加利亚人的屏障，而马其顿西北方向上环绕着杜拉齐乌
姆领土的山脉则被视为自由的斯拉夫政权的边界。诚然，许多斯
拉夫人已渗透至这道界限以南，在希腊与伯罗奔尼撒半岛建立了
若干政权，但他们无法像北方的塞尔维亚族裔那样独立于帝国管辖
权之外。

　　伊斯特里亚、威尼斯和达尔马提亚沿海诸城市承认帝国的权威，
但这些城市的偏远位置、商业纽带和宗教情感都预示着它们终将走
向独立。在意大利中部，拉文纳区长仍然控制着罗马城。但意大利
人民已彻底疏远了该政权，将之视为纯粹的希腊势力。对于罗马城
近在眼前的意大利人而言，他们不可能承认希腊人是罗马帝国的合
法代表。一旦帝国政权落入希腊人之手，意大利人便会对它产生敌
意。因此，只有一个强大的中央政权才能阻止意大利中部的领土沦
丧。意大利南部和西西里岛的情况却与此迥异。在那里，大部分居
民都使用希腊语和希腊化的生活方式，几乎没有希腊族群蒙受过人
口与财富的损失。[2] 但此时接受拜占庭政权统治的只剩下伽伊塔
（Gaëta）、那不勒斯、阿玛尔菲（Amalfi）和索兰托（Sorrento）等城

400

---

[1]　Gibbon, ch. xvii. vol. ii, p. 360, Smith's edit.; Constant. Porphyr. *De Adm. Imp.* c. 58.

[2]　此处原文为"had suffered less"，疑为"had suffered loss"之笔误。——中译者注

市，还有奥特朗托大区及直抵古代叙巴里斯（Sybaris）以南的半岛地区（今称卡拉布里亚）。[1] 尽管此时已开始受到萨拉森人的侵扰，西西里仍是一座人烟稠密、生活富足的岛屿。作为希腊人在意大利以西的最后一处领地，撒丁岛于公元 711 年被萨拉森人征服。[2]

401

在上文中，我们试图分析逐渐导致希腊人口下降并摧毁其文明的种种因素。作为总结，我们有必要概览一下公元 8 世纪初希腊民族的地位。在这个人类历史上的不幸时期，希腊人跟罗马征服者一样面临着近在眼前的灭顶之灾。阿拉伯人眼看就要消灭他们的政治势力；斯拉夫人则在他们的古老领土上进行殖民。阿拉伯人的胜利对被征服地区的希腊人的影响截然不同于之前的罗马征服者。像帕提亚人之前的统治一样，阿拉伯人的势力最终彻底消灭了被征服地区的全部希腊人口。但一如之前的帕提亚人，阿拉伯人在短期内保护了希腊文明。不过，他们的政策很快发生了变化，希腊人的一切习俗都遭到了禁止。在哈里发宫廷里盛行的艺术和科学主要来自叙

---

[1]　关于大希腊地区希腊族裔和语言的古老掌故，参见 Niebuhr, *History of Rome*, i. 61, 62, Eng. trans.希腊语在当地一直沿用到 14 世纪。[这里提及的尼布尔的记载曾引起过广泛讨论。但此处的观点——意大利东南部一些地区所讲的希腊语是从大希腊地区的古代希腊殖民地的语言直接演变而来的——已几乎被所有学者抛弃，参见 Pott in *Philologus*, vol. xi. pp. 245 foll. 该文章表明，这种方言在本质上是罗马化的。另参见 Morosi, *Studi sui dialetti Greci della terra d'Otranto*, pp. 186 foll: Lecce, 1870. 我们无法确切断定，这些希腊人是何时在意大利定居下来的。莫洛西先生（Signor Morosi）相信，奥特朗托一带的殖民地建立于公元 6—10 世纪（p. 192），很可能是在公元 9 世纪末，即巴西尔一世或利奥六世统治时期。卡拉布里亚的殖民地则必然晚些。他们的一首歌（No. 36 in Comparetti, *Saggi dei dialetti Greci dell' Italia meridionale*: Pisa, 1866）提及了希腊人和土耳其人之间的长期敌意。——编者注]

[2]　Price, *Mohammedan History*, i. 471.

利亚臣民——由于同时熟悉叙利亚与希腊文献，他们从现代业已失传的材料中汲取了广泛的科学知识。我们需要看到，后世的大量文学、科学作者是亚洲人。在那些旨在为同胞提供实用指导的不无裨益的科学著作中，作者会频繁使用本民族的语言。在埃及和昔兰尼加，阿拉伯人迅速消灭了希腊人——希腊文明的痕迹在那些地方消失得比在叙利亚快得多。但即便在叙利亚境内，要不了多久，希腊人口也仅仅幸存下来一小部分。就连安条克——东罗马帝国境内的第三大城市、基督徒最先得名的地点[1]、九百年来希腊文明在亚洲的主要据点——也已不再是一座希腊城市了，尽管它并未像亚历山大里亚和迦太基那样损失人口并被夷为平地。

　　在陶里斯的克尔索尼斯与黑海东岸、北岸兴盛一时的大批希腊殖民地已几乎尽数被弃，其中多数臣服于带着畜群占据了那一带所有开阔地区的哈扎尔人。在查士丁统治时期，当时占据着陶里斯的克尔索尼斯大片领土的突厥人攻取了博斯普鲁斯城。[2]在黑海北部地区，只有克尔松城维持着独立地位。它跟达尔马提亚境内诸城市一样，维持着同东罗马帝国的政治关系，参与着北方贸易，制衡着周边蛮族王公的势力和影响。它的居民已无法耕种从前曾向雅典供应谷物的土地，只能完全依赖对外贸易。他们搭着船只用周边地区的牛皮、蜡和腌鱼换取君士坦丁堡和帝国诸滨海城市提供的必需品

---

[1]　Acts xi. 26.

[2]　*Excerpta e Menandri Historia*, p. 404, edit. Bonn.

与奢侈品。[1] 这一事实确实值得我们深思：环境如此恶劣的克尔松从殖民地建立时起，就要在引入希腊社会文明的诸多特征时面对根本无法逾越的障碍，被迫割舍母邦艺术与大众文学中的一部分魅力——那里的居民必然对希腊神庙、希腊广场和希腊剧场感到陌生；寒风阴云必然会妨碍户外活动成为城邦生活的核心。然而，直到更晚的历史时期，克尔松仍能维持希腊市政与独立政权。事实的确如此。我们从君士坦丁七世提供的证据中得知，虽然身处帝国的保护之下，克尔松依然维持着受人尊敬的独立地位，直至公元 10 世纪中叶。

斯拉夫移民已将希腊民族赶出了许多肥沃地区，在希腊与伯罗奔尼撒半岛广泛定居。他们还经常将其劫掠与骚扰的范围拓展到爱琴海诸岛屿，从那里抢来大量奴隶。[2] 在希腊人仍旧保有的城市与岛屿中，当地居民与世隔绝的状态，还有保卫自己和维护本地利益的需求，使得他们陷入了某种蒙昧状态，很快摧毁了希腊文明的最后一点残余，掐灭了希腊文学的一切知识。数量锐减的欧洲希腊人占据着杜拉齐乌姆以南的亚得里亚海沿岸地区，还有直抵君士坦丁

---

[1] 博斯普鲁斯国王琉孔（Leucon，前 393—前 353 年）曾在一个荒年里，从陶里斯的克尔索尼斯向雅典运送了两百万蒲式耳谷物。常规的输送量约为六十万蒲式耳，见 Strabo, vii. c. 4, p. 311; Demosthenes, *in Leptin*. p. 467。在斯特拉波生活的时代里，克尔索尼斯东部地区是极其肥沃的谷物产地。但到了君士坦丁七世的时代，克尔松已需要花费高价进口谷物、葡萄酒和橄榄油。吉本在复述君士坦丁七世对查士丁尼二世时代状况的记载时，没有注意到那里的商业繁荣程度，将之描述为一处孤立的定居点。参见 Gibbon, Ch. xlviii. vol. iv. p. 78；本书第 145、146 页。

[2] Niceph. Pat. pp. 49, 86, edit. Bonn.

堡的希腊、马其顿与色雷斯沿海地区。这片地区的内陆部分遭受着斯拉夫人的蹂躏，尽管希腊人仍旧控制着许多山区和大部分拥有防御工事的据点。遗憾的是，我们无法确切解释斯拉夫人对希腊殖民的真实性质与范围。事实上，我们必须完全了解本地农业人口减少到何种程度、人口锐减地区还残留着多少奴隶与农奴，才能判断斯拉夫人的征服范围有多么广泛，其中有多少是已遭废弃、无人耕种的荒地。可供研究的现存零散材料只能引起博古学者的注意——他们可以专注于若干孤立的史实；历史学家必须杜绝从这些零星史实中找出体系的主观臆断。罗马帝国衰落期间的社会生活状态使得行省人口分裂为城市与乡村（即市民与农民）两大阶级。由于市民们地位较高，处境也较为安全，他们逐渐占据了更多的政治优势，最终使大批农民沦为农奴。[1] 与此同时，奴隶也具备较高的价值，极难获得。这样一来，在购得的奴隶与从事农业的农奴之间便出现了一道鸿沟：前者构成了奴隶主家庭的一分子；后者虽有一定自由，却必须承担深重的苦难——他们的社会地位极为低下，经常需要面对巨大的人身危险。在亚历山大大帝时代，希腊本土与爱琴海诸岛的人口约有三百五十万[2]，其中或许有一半是奴隶。斯特拉波、普鲁塔克和波桑尼阿斯告诉我们，希腊人口在罗马帝国统治时期严重下降，大片地区沦为荒地。然而，我们必须首先搞清楚，这种整体

404

---

[1]　*Cod. Just.* xi. 49.2; *Cod. Theod.* v. tit. 9, 11, & c.

[2]　Clinton, *Fasti Hell.* vol. ii. p. 431.

性人口下降究竟对农业人口与劳动力价值产生了多大影响，才能充分理解斯拉夫人和阿尔巴尼亚人在希腊境内殖民的真实性质。[1]

　　数量锐减的农业人口必然要遭受深重的苦难，无论这些不幸是来自敌人的蹂躏还是食物的匮乏。入侵的敌军经常将希腊平原化为焦土，他们掳走奴隶和牲畜，让土地所有者在无人种植的耕地上活活饿死。[2] 肥沃地区的城市依赖于外部粮食供应，很快萎缩成了由城墙包围的村落——那里从前属于园圃的土地勉强可以为居民提供粮食，为牲畜提供牧场。以土地肥沃而闻名于世的塞萨洛尼卡，凭借着大量进口外来谷物才度过了一场饥馑。[3] 希腊与伯罗奔尼撒半岛上较小的城市没有那样好的条件，很快变成了一片废墟。在查士丁尼没收了希腊城市的本地税款后，那里的道路、桥梁、水渠与码头纷纷陷入废弃状态。像希腊这样崎岖的地形，陆上的给养运输必然十分昂贵。因此，道路的废弃是该地区陷入贫穷与蛮荒的首要原因。即便在最繁荣的时代里，罗马政府精心维护的也只有那些作为

[1]　在土耳其等许多人口密度偏低、正在走下坡路的国家里，劳动力价值高昂是一个值得研究的现象，与一个族群的衰落及被另一个族群取而代之等问题交织在一起。

[2]　尼布尔在描述拿破仑战争在德意志境内造成的后果时写道："一些村庄完全消失了；在许多没有被完全毁掉的村庄里，那里的居民也被劫掠、饥馑和疾病彻底（或几乎彻底）消灭了。城镇中的一部分建筑已然灰飞烟灭，另一部分也同样遭到废弃；所有居民陷入了一样的贫困。几乎全部土地所有者都已破产，土地所有权发生了翻天覆地的变化——那实为巨大的不幸，因为从战争和物资匮乏中发家的富人必然是本社会阶层中十足的坏人。"参见 *Lebensnachrichten über B.G. Niebuhr*, 424。这段记述可以帮助读者理解当时希腊的状况，完善衰落、上升社会状态的对照图景，类比 19 世纪的法国人与 7 世纪的阿瓦尔人和斯拉夫人。

[3]　Tafel, *De Thessalonica ejusque agro*, proleg. lxviii.

重要军事运输线的道路。

　　到了公元 8 世纪初，我们看到拜占庭作家已开始将希腊本土居民称为"希腊佬"（Helladikoi），以此把他们同古希腊人及罗马帝国时代的罗马人或希腊人区别开来。这个称呼带有贬义色彩，意思是他们只是行省居民。[1]"希腊人"（Hellenes）这个称呼通常指的是多神教的信奉者，它同古希腊历史上的荣耀密切相关，不适合用在一个次要行省的粗俗民众身上。迟至公元 9 世纪，拉科尼亚山区的居民仍旧信奉多神教。[2]但他们的异端信仰很可能只是建立在对古代仪式的迷信与盲从之上。他们并不明白希腊神话或多神教崇拜承载的观念与情感，无疑跟同时代的基督徒一样。[3]

　　即便在小亚细亚，希腊民族的人口下降也十分迅速。然而，这一衰落的主要原因在于影响财产安全与交通便利的弊政而非外敌入侵。自希拉克略时代的波斯战争起，这片辽阔领土的大部分地区享受了近一个世纪的长期和平。波斯人的侵扰从未严重影响沿海地区，那里众多的希腊城市仍旧富饶。但压迫与漠视毁掉了核心行省的内部贸易。对于几乎与世隔绝的内地居民而言，文学教育的价值也在

406

[1] Theoph. *Ch*. 339; Cedrenus, i. 454; Tafel, *De Thessalonica*, proleg. lxx. 221, 513.

[2] Constant. Porphyr. *De Adm. Imp*. c. 50, vol. iii p. 224, edit. Bonn.

[3] 作者这段文字中的最后一句话需要加以论证。我们无法认为这一时期的拉科尼亚山民完整保留了古典时代的希腊神话体系，但那套神话体系的大量要素见于现代希腊人的信仰，证明他们深受上述观念和情感影响。Washsmuth, *Das alte Griechenland im neuen*; Bernhard Schmidt, *Das Volksleben der Neugriechen und das Hellenische Alterthum*; 'On the Classical Superstitions existing among the Modern Greeks,' in my *Researches in the Highlands of Turkey*, vol. ii. p. 304.——编者注

日益萎缩。[1] 希腊语开始受到轻视，掺杂着吕底亚、卡里亚、弗里吉亚、卡帕多西亚与吕卡奥尼亚（Lycaonia）等地语种的行省方言成了当地居民做生意与谈话的常用媒介。弊政导致贫困，贫困导致野蛮，野蛮带来的无知巩固了专制压迫的行政体系。目不识丁的民众感到他们无法限制官员的权力滥用，后者控制了法律，代表中央管理地方。因此，他们希望简化一切统治模式。由于躲避中央权力的淫威总比保护财产免遭政府任命的下属官吏侵夺来得容易，专制制度成了广大亚洲民众最欢迎的政体模式。

我们无法详细阐述，小亚细亚希腊人口的数目究竟发生了怎样的变化。但查士丁尼二世在该地区设立的多处殖民地足以证明下面的事实：从前人口众多、十分富饶的大片区域已成为荒地。鉴于后世皇帝们频繁、大力地组织此类人口迁移活动，我们有理由认为，该地区的人口下降比物质财富的减少更为迅速。希腊与罗马公民的后裔在那些地区已不复存在，但无主的建筑依旧矗立，橄榄树仍能提供不错的收成。在这种古怪的状态下，该地区很容易吸纳新民族。当地突然出现的一个斯拉夫殖民地人口众多，它能够提供三万人的辅军部队。而塞浦路斯岛将近半数居民的突然迁入，还有玛达伊特人在小亚细亚的安置，必然是以当地的房屋、水井、果树、水渠、围场和道路得到良好维护，可向新殖民者提供支持（我们可以称之

---

[1] 拜占庭作家经常提及亚洲行省居民的野蛮，如"那群吕卡奥尼亚人，或不如说是狼人"（Λυκάονάς τινας ἢ λυκανθρώπους），见 Theoph. Chron. 406。关于吕卡奥尼亚方言，见 Acts xiv. 11。

为资本支持）为前提的。同帝国人口锐减、实力衰落的局面两相对照，这些殖民地能够生存下来并自力更生堪称奇迹。

当时存在着数量众多、实力强大、组织严密的匪帮，他们无视当地政府，肆无忌惮地劫掠——这是这个时代社会的基本特征之一，却几乎没有引起相关现存史著（虽然内容贫乏）的注意。这种现象其实十分普遍，大大加深了希腊民众的苦难。即便史书对此完全保持沉默，但居民的生活状态和土地的地理构造无疑透露出匪帮在罗马帝国晚期并不鲜见。无可辩驳的权威史料证明，一个匪帮在色雷斯山区盘踞了两个世纪之久。米南德（Menander）提到过劫掠了拜见皇帝查士丁二世的阿瓦尔使团的匪帮，他们被称作斯卡玛尔人（Scamars）。迟至君士坦丁五世在位的公元 765 年，这些斯卡玛尔人仍是组织严密的匪帮，活跃于上述地区——特奥法尼斯述了他们的一个头目遭到俘虏和残酷折磨的情况。[1]

相关史籍中还记录了许多零散的事实。如果把这些材料整合起来，我们就会确信：希腊民族的人口下降与文明衰落源于罗马政权的不公与压迫而非蛮族入侵者的暴力与残酷。即便在疯狂的暴君查士丁尼二世统治时期，只要指挥得当，罗马军队残余的军纪仍可以

[1] *Excerpta e Menandri Hist.* p. 313, edit. Bonn.; Theoph. *Chron.* p. 367. 西班牙和高卢的巴古代人（Bagaudae）也是类似的法外之徒，见 Ducange, *Gloss. Med. et Inf. Lat.* s.v. Baguadae。在伽利埃努斯时代，西西里遭受过匪帮的蹂躏，见 Script. Aug. *Gallienus*, c. 4. 在阿卡狄乌斯统治时期，一些身穿匈人装束的奴隶洗劫了色雷斯，见 Zosimus, v. 22. 吕杜斯曾频繁暗示奴隶暴动与匪帮劫掠，表明生活在公元 6 世纪的人们一直担心这些灾难的降临，见 Lydus, *De Ostentis*, xxxiv. 7, 15, 25。

帮助他们在公平的战斗中打败一切敌人。皇帝勒昂提乌斯及提比略·阿普希玛尔的兄弟希拉克略都曾大败令人生畏的萨拉森人。查士丁尼一世也战胜过保加利亚人和斯拉夫人。但帝国政府从人民手中夺走了全部权力和财富。在查士丁尼一世时代，希腊人被迫解除了地方武装——谨小慎微的皇帝认为，内部叛乱要比外敌入侵可怕得多。而民众之所以被解除武装，也是因为政府了解并畏惧他们的敌对情绪。在帝国看来，欧洲的希腊人跟粗野的吕卡奥尼亚人或伊苏里亚人同为蛮族；如果说他们有时获得了武器，并抵挡了斯拉夫人的入侵的话，那也是因为一切专制政权固有的弱点与疏忽——在帝国政权的代理人无法从中直接获利的情况下，与民众的情感和利益相悖的法律便无法得到不折不扣的贯彻。

臣民在没有帝国军队援助的情况下保卫着自己，但罗马政权一直在极力阻碍这种行动。查士丁尼一世解散了希腊诸城市的地方武装，没收了他们用于改善物质生活、发展精神文化的市政资金。这些伤害使得当地居民十分仇恨帝国政权。该种情绪在普罗柯比乌斯辛辣的讽刺作品中得到了生动诠释。[1] 希腊居民和为帝国效劳的罗马—希腊人很快便开始互相仇恨。最后，正如我们在前文中提到的那样，拜占庭帝国的历史学家开始用蔑称把本土希腊人同帝国境内的其他希腊人区别开来——前者被称作"希腊佬"。

自查士丁尼一世时代之后，我们手头掌握的关于希腊人行省与

[1] 即《秘史》。

市政治理情况的可靠细节材料十分有限。我们对于希腊人的公共道路、建筑、港口、贸易、海上交通，还有他们的司法、行政、治安、受教育程度——一言以蔽之，即大大影响一个民族的特性和繁荣的一切因素——几乎一无所知。可以肯定的是，它们全都处于不断衰落和受到漠视的状态。希腊城市的地方治理还保留着古代的一些影子；迟至拜占庭帝国后期，许多城市仍有议事会。事实上，这些城市必然近似于当时刚刚获得独立的威尼斯和阿玛尔菲。

　　罗马政权的一个突出特征是缺乏民族情感。该问题在希腊人成为帝国主体居民之后，继续影响着君士坦丁堡宫廷。这种精神造成了统治阶级与民众的分裂，让为国效劳的那部分人站在了希腊民族的对立面，因为希腊人是被统治阶级的主体。受到这种情绪的影响，这一时期当选的许多皇帝都没有希腊血统。[1]希腊民众与帝国政权之间的对立导致了东方教会权威的复兴。教会的希腊特征十分突出，其他民族通常会被视为异端。由于教士们来自各个社会阶层，整个希腊民族通常都极为关注教会的繁荣与立场。论学问与人品的话，高级教士们通常要远胜过贵族集团中的其他成员；在政权方面，他们也具备足够的影响力，可以保护自己的民众支持者和追随者。一旦出现希腊教士和民众联合对抗皇帝的局面，那么在民族情感和偏见的支撑下，合法权

410

---

[1]　希拉克略是来自阿非利加行省的罗马人。勒昂提乌斯是伊苏里亚人（Niceph. Pat. p. 25）。利奥是伊苏里亚人（见 Theoph. *Chron.* p. 300; Le Beau, xii. pp. 93, 97）。菲利皮库斯和利奥五世是亚美尼亚人。尼克弗鲁斯是阿拉伯人的后裔（Abou'lfaradj, 139）。阿摩里乌姆的米哈伊尔二世（Michael II of Amorium）据说是犹太人（Cedrenus, *H. C.* p. 496），他可能拥有弗里吉亚的背景。

威就会赋予他们不受限制的影响力。在历史上的很长一段时期内，希腊教会俨然就是民族情感与观念的唯一公共代表。在伊苏里亚人利奥登基后，我们也必须将之视为维系希腊民族的机制之一。

　　令人稍许感到宽慰的是，在这一时期人类政治生活的诸多罪恶中，我们还能找到一种美德。由于军队缺乏民族情感，帝国同萨拉森人的战争体现出了一种人道主义精神。显而易见的是，日后在基督徒和穆斯林之间普遍存在的宗教仇恨，在公元7—8世纪还不算十分强烈。我们在前文中已经提及，耶路撒冷和亚历山大里亚的正统派枢机主教曾为穆斯林行过方便。诚然，由于基督徒缺乏民族精神与爱国精神，帝国在斗争中通常是失败的一方。但是，这一局面也让大批民众得到了仁慈的对待——埃德萨教堂重建者穆阿维叶的开明便是例证。在一段时期内，阿拉伯人继续奉行着穆罕默德在深思熟虑后采取的公正原则。从宗教角度看，他们对异教徒臣民的处置不算严苛。阿卜杜勒·麦利克本想把美轮美奂的大马士革大教堂改造成一座清真寺；但在想到依据之前的投降条件，大马士革的基督徒有权保留对它的所有权时，他便放弃了这个念头。查士丁尼二世与哈里发瓦利德（Walid）之间的相互侮辱，反映的只是他们个人的傲慢与专横，而非任何宗教偏执。查士丁尼二世之所以同阿卜杜勒·麦利克闹翻，是因为哈里发常用的口号——"万物非主，唯有安拉；穆罕默德是安拉的使者"。瓦利德则蛮横地将基督徒逐出了大马士革大教堂，并将该建筑改造成了清真寺。在这段时期内，罗马臣民同萨拉森人的任何交往都只被视为常见的通敌行为，而非像在后来的十字军时代那样，被视为无可饶恕的大逆不道。即便有人指控罗马枢机主教马丁与萨拉森人有书信往来，似乎也不是想让他背上比支持背叛皇帝的区长奥林匹乌斯更严重的罪名。所有感到前途无望的叛徒，都会自然而然地寻求帝国最强大的敌人——萨拉森人的援助。在叙拉古被拥立为皇帝的亚美尼亚人米兹吉乌斯（Mizizius），便在谋杀了君士坦斯二世后乞求萨拉森人支援。亚美尼亚的基督徒不断在帝国皇帝与阿拉伯哈里发之间改换效忠对象，只要每一次联盟有望帮助他们维护自身的政治与宗教利益。然而，随着希腊民族日益认同教会的政治利益，拜占庭和阿拉伯两大帝国的民族日趋野蛮无知，几乎从未中断的敌对冲突使得他们之间的仇恨愈发强烈。

　　长期以来，罗马帝国的统治一直是专制且虚弱的，它的财政体系是腐败且严苛的。但它的臣民享受着一项几乎独一无二的福祉——他们拥有独立于其他行政部门的审慎严谨且值得称道的法典。正是凭借着以成文法典为指导、由出自公共法律学校的律师实践的司法体系，帝国臣民才能维系超越世界其他地区的优越文明。行政管理的其他方面受到忽视，但中央政府始终高度关注私人诉讼案件中的公正问题，将之视为维持自身权威、保护自身权力、抵消财政勒索恶果的最可靠途径。法律职业始终保持着独立；在那个圈子里，比之贵人的庇护，学识和名声是获取财富和荣誉的更可靠的保障。那是因为政府会考虑自身的利益，选择法学人才中最优秀的那批来担任立法与司法职务。法律职业将众多有教养的人士团结在一

412

起——他们受到相同基本观念的指导，通过相同的学习经历、思维习惯和利益诉求建立了联系。这必然使得律师们拥有独立的特性与地位。在脱离宫廷直接影响的情况下，他们必然能够在一定程度上遏制行政与财政权力的滥用。

在所有进入过文明状态的国度里，人们都会创建一系列地方性的公共市政制度。这些制度发挥着一部分政府管理的作用。那是因为任何中央政权的控制都不可能是事无巨细的，真正尝试过把自身的管理模式贯彻到底的政府往往会被视为不务正业。如前所述，在罗马治下的大部分时期内，希腊人都被获准保留自己的市政与行省制度，行政治理的细枝末节都由他们自己负责。查士丁尼一世严重摧毁了这一体系，阿瓦尔人和斯拉夫人轻而易举的入侵证明了此后的希腊民族是何等无助。随着罗马帝国日薄西山和蛮族威胁步步进逼，帝国的指令已无法强制推行。要不是希腊人争取到了拿起武器的权利，他们的城镇和村庄肯定已成为来来往往的各种匪帮的劫掠对象，他们的商业肯定早就被斯拉夫人和萨拉森人的舰队摧毁。若不是拥有了能够拿起并且愿意拿起的武器，拥有了可以在不请示君士坦丁堡中央政府的情况下团结民众力量的市政管理体系的话，威尼斯、伊斯特里亚、达尔马提亚的百姓，伽伊塔、卡普亚、那不勒斯和萨勒诺（Salerno）的公民，还有希腊本土、伯罗奔尼撒半岛和爱琴海诸岛屿上的居民，原本都有可能被蛮族消灭。由于拥有了武器和本民族的地方政权，希腊人的独立精神逐渐觉醒。正是这一背景促成了希腊诸岛屿和伯罗奔尼撒半岛上商业城市的财富积累。许多爱国的希腊人或许会在修道院里担忧家乡的苦难——数量繁多的修道院乃是当时最严重的社会病态现象之一。那些经常从退隐之处挺身而出、以某些宗教口号冒犯皇帝权威的愤怒修士，经常受到政治与民族情绪的影响，尽管他们不会承认这一点，或许也没有充分理解那些情绪究竟是什么。

本书所述的历史时期以东罗马帝国古代政治社会的最后瓦解告终。但读者也必须注意，在公元 7—8 世纪，帝国的那些主要城市在外观上通常没有多少变化。罗马世界的外在当然会发生改变，但并未变质。尽管居民的财富和人数已大不如前，古希腊的大部分公共建筑仍旧熠熠生辉，将这一时期的希腊城市想象成中世纪肮脏、凌乱的市镇肯定是大错特错的。[1]古代军事技术建造的坚固防御工事仍在保卫着许多城市免遭斯拉夫人、保加利亚人和萨拉森人的攻击；尽管路人已不加理睬，古代艺术创造的辉煌纪念物依然闪耀着光芒；广场中还是人来人往，尽管周边的居民人数已经下降且变得游手好闲；古时的法庭仍在使用，雅典的各座神庙尚未受到损坏，也不曾受到冷落。正如利克上校正确地指出的那样[2]，圣像破坏者对神像崇拜的敌意被严重夸大了。到我们叙述的这个时代为止，此类敌意并未导致雕塑与绘

[1]　人们在贝内万图姆附近的城镇埃克拉纳（Eclana）的废墟中发现了若干精美的雕像。该城镇于公元 663 年被君士坦斯二世摧毁。这些雕塑被运到了西班牙。参见 Le Beau, xi. p. 387。

[2]　*Topography of Athens*, vol. i. p. 63. 我不太认同这样的说法："大约到了圣像破坏运动时代，古代雕塑作品最终从古代世界的各个地区消失了。唯一的例外是拜占庭的首都。"从经常出土的纪念物来看，它们往往被原封不动地保存到了较晚的时代；似乎到了那个时期，它们才因自身的材料遭到破坏。

画等纯粹希腊艺术品的毁灭。随身携带着波桑尼阿斯作品的古典学者显然仍能在旅途中辨认出那位作家注意到的所有古迹，看到他描述的大部分建筑。诚然，在许多较小的希腊城市里，蛮族留下了可怕的破坏痕迹。当世人以毁坏古代的艺术品来满足帝国的虚荣心时，当建筑材料的价值激发了人们的贪欲时，雕塑杰作便会面临灭顶之灾。皇帝阿纳斯塔修斯一世准许将君士坦丁大帝从各座希腊城市收集而来的精美铜像熔化，用来浇铸他自己的巨像。[1] 在君士坦斯二世统治时期，罗马万神殿上的铜瓦被取走了。直到帝国末年，皇帝们仍在建造新的雕像。迟至公元 14 世纪，还有一座巨大的铜像（据说那是皇帝希拉克略的人像）矗立在阿普利亚（Apulia）境内的巴雷塔（Barletta）。[2] 精美的小浮雕和凹雕及现存的马赛克镶嵌画（它们不可能来自较早的时代）表明，希腊人并没有完全丧失创造艺术精品的能力。但公元 7 世纪初君士坦丁堡铸币厂发行的钱币却十分粗陋。艺术的灵魂已然丧失，孕育健康品味的公众情绪消亡了。残存的杰出作品只是对从前优秀榜样的完美机械模仿而已。

文学的命运也与艺术相去不远。除了可以切实救赎肉体或灵魂的作品外，世人已经无法创造或理解任何文学了。但人们仍旧尊重古代作家，古典文学教育仍旧享有盛誉。学问并未受到忽视或鄙夷，但人们对治学的理解却相当浮浅，对学问的追求也已局限在一

---

[1] Malalas, xvi. p. 400, edit. Bonn.

[2] Visconti, *Icon. Rom.* iv. 165.

个小圈子内。学者云集的机构、图书馆和亚历山大里亚、安条克、贝吕图斯、尼西比斯的大学已成过眼云烟。但在雅典、塞萨洛尼卡和君士坦丁堡，文学与科学并未完全受到忽视。公共图书馆和支持学术生涯的便利条件仍旧存在。许多城镇里不乏在图书馆中皓首穷经的人物。尽管生活贫困、交流困难和品味退化日复一日地减少着博学之士的数量，他们无疑仍在社会上发挥着一定影响。但这个阶层的生活习惯和隐世偏好（对自己家乡往昔状况的了解助长了这种倾向），促使他们选择避开世人的视线而非吸引世人的关注。罗马帝国末期最重要的希腊诗人乔治·皮希达（George Pisida）是公元7世纪记述希拉克略功业的三首抑扬格诗篇的作者，他有作品留传至今。但在整部文学史上，我们很难再找出像乔治·皮希达这样，对自己假装歌颂的主题谈得如此肤浅的作家了。他的品味与诗才跟他的判断力一样逊色，他也没有表现出任何民族特性。[1] 这个时代的史学成就显然高于诗歌。尽管该时期大部分史家的风格乏善可陈，他们的现存作品中还是包含着不少值得研究的颇具价值的东西。公元7世纪初的历史学家——君士坦丁堡的米南德的残篇让我们哀

416

---

[1] 这些诗篇在罗马以对开本的形式分八卷出版，收录于拜占庭历史学家的作品集中。在波恩版中，皮希达的诗篇与"沉默者"保罗（Paulus Silentiarius）描述圣索菲亚大教堂的作品，还有枢机主教尼克弗鲁斯的史学作品编为一卷。我们有必要为两位诗人的作品编制索引，因为不大可能有人出于欣赏的目的去阅读它们。皮希达作品的对开本于1777年在罗马出版（*Corporis Hist. Byz. nova appendix, opera Georgii Pisidae, Theodosii Diaconi, et Corippi Africani complectens, cum notis P.F. Foggini*），其中收录了三首因缺乏史料价值而被排除在波恩版之外的诗作。

叹其完整作品的佚失，他的文学才华同样不容小觑。[1] 关于这一时期最重要的作品乃是特奥弗拉克图斯·西摩卡塔创作的通史，其写作年代为公元 7 世纪早期。他的作品中包含着大量值得注意的信息，作者显然在收集这些史料时下过一番功夫。但正如吉本指出的那样，此人缺乏品味和才华，这些缺点使得他无法弄清不同史实孰轻孰重。[2] 后世学者认为他来自埃及。

两位编年史家——约翰·玛拉拉斯（John Malalas）和"帕斯卡勒编年史"（Chronicon Paschale）的作者——同样值得注意，因为他们提供了许多重要事件的宝贵、可靠的证据。拜占庭编年史中关于地震、洪水、火灾、瘟疫和异闻的频繁记载足以让我们猜测，肯定有某种类似现代报纸的东西一直存续到了帝国晚期。这个时代中唯一的教会史家是埃瓦格里乌斯，其记述断限为公元 429—593 年。他的文学造诣逊色于世俗史家，但他的著作保留了许多本可能失传的史实。这个时代的多数文学、科学作品都不值得我们特别关注。即便在最博学与勤勉的学者之中，也很少有人认为那些现存著作比佚失的作品更加重要。[3] 纸张的使用（吉本声称它在公元 710 年左右从撒马尔罕传到了麦加）一方面保存了许多宝贵的古代经典，另一

417

---

[1]　米南德的残篇收录于波恩版拜占庭史家作品集的第一卷，即便在那些对作品集中大部分内容都不感兴趣的读者眼中，该卷也是极具价值的。

[2]　*Decline and Fall*, c. xlvi. *notes* 34, 55.

[3]　关于希腊文学史的信息，参见 Fabricii *Bibliotheca Graeca*, edit. Harless. Hamb. 1790, &c.; Schoell, *Histoire de la Littérature Grecque Profane*, & c., Paris, 1823（或品达博士修订完善后的德译本）; Petersen, *Handbuch der Griechischen Literaturgeschichte*, Hamb. 1834.

方面则大大增加了我们所知的无用之书的数量。由于这种书写材料在那个品味贫乏的时代逐渐普及，并被用于神学与宗教争论，它宣告了世人开始走出迂腐和愚蠢的泥潭。

马其顿征服时代以来希腊文学影响力的巨大变化值得关注。它最宝贵的优秀成果尽数保留了下来，流逝的岁月也没有磨损其价值。然而，比之政治权力，希腊人的智识优势遭遇了更沉重的打击。他们很难从这种打击之下东山再起，因为是他们一手造成了自己的堕落，使得崇尚虚荣成了民族特性。[1]希腊作家在追求品味、宣扬真理等方面的优势让他们获得了举世赞誉。若干外族作家用希腊文写作，也赢得了声名。这种现象不仅仅发生在马其顿统治时期，也发生在罗马帝国治下——当时的希腊人已丧失了一切政治优势，拉丁文成了地中海文明世界的官方语言，埃及、叙利亚和亚美尼亚也拥有了本土语言的世俗、科学与宗教作品。希腊人由于过分自我吹嘘而丧失了崇高地位。这种情感让他们固步自封，而其他族群正在大步前进。即便在接受了基督教信仰之后，他们也无法彻底摆脱自己宣布弃绝的社会状态。他们保留了大量旧有恶习，很快使得基督教蜕变成希腊人的东正教。

阿拉伯人的征服改变了东地中海的文化、宗教与政治格局。希腊人很快从亚历山大里亚、叙利亚和昔兰尼加消失了。至于他们在人类眼中仍有价值的那部分文学，当时的世人已开始用另一种眼光加以审视。毫无疑问，公元8世纪的阿拉伯人十分尊敬希腊人的科

418

---

[1] Dion Chrysostomus, *Or*. 38：希腊人的缺陷（Ἑλληνικὰ ἁμαρτήματα）。

学著作，但他们仅仅将之视为一座能够提炼出有用金属的矿山。学习希腊语是毫无必要的，即便是博学的阿拉伯人，也只会通过其叙利亚臣民的译本来获取科学结论。有人说，阿拉伯语和希腊语一样成了世界性语言，但这一事实仅在将语言推行于各自辽阔帝国的狭义程度上成立。阿拉伯、罗马与希腊文学的精神、道德影响范围不同，在我们生活的时代里，这是显而易见的。

　　与爱琴海周边希腊人聚居的土地相比，世界上没有哪个地区更加依赖商业以保障居民的福祉。大自然用山脉和海洋将这些领土划分为不同区域，其产出各不相同。只有商业能够为不同地区间的互通有无提供巨大便利条件，否则那里的人口注定只能维持较小的规模，并且深陷贫困与匮乏的状态而无法自拔。

　　数百年内，希腊人一直控制着地中海的大部分商业资源。亚历山大里亚和迦太基的沦陷给了他们沉重一击。叙利亚、埃及与阿非利加的大量滨海居民使得阿拉伯人能够分享海上贸易的利益——它从前是被希腊人垄断的。但哈里发的专制统治、他们对基督徒臣民的忌妒、经常将统治地区化为焦土的内战，便得阿拉伯帝国内部的财产安全无法得到保障。阿拉伯统治者无法营造出东罗马帝国皇帝专制法治下的安宁局面，进而促进商业的繁荣。这是因为商业无法在缺乏系统行政管理的地区长久发展：一旦自然发展历程遭到阻断，它就会迅速走向衰落。

　　阿拉伯征服时期叙利亚享有的财富表明，罗马帝国贸易城市的商业规模依旧可观。当巴尔贝克遭到进攻之际，一辆装载着四百担丝绸和糖的大车正在前往那里的路上。分布广泛的丝织业和印染业兴旺发达，若干大型集市促进了该地区的众多商品在不同行省中流通。[1] 阿拉伯人起初忽视了设立邮驿制度。但他们很快意识到，该制度对于当地的繁荣至关重要。于是，哈里发穆阿维叶恢复了邮驿体系。在萨拉森人的统治下，只要市政权利尚在，叙利亚诸城市就能维持自身的财富与贸易。关于这一事实最醒目的证据是，在公元695年阿卜杜勒·麦利克最早建立通行全国的金银币制之前，当地的铸币厂一直生产着流通于本土的所有货币。[2]

阿拉伯人的征服也不足以剥夺帝国在印度贸易中占有的巨大份额。尽管希腊人丧失了针对该贸易的直接政治控制权，他们依然掌握着欧洲南部的转运贸易。运往该市场的印度商品几乎都要由他们经手。阿拉伯人虽然对君士坦丁堡发起过数次远征，却从未组织起像样的海军力量。随着治下基督徒臣民的数量与财富不断减少，阿拉伯人的海上实力走向了衰落，最终只剩下数支海盗船队。[3] 事实上，君士坦丁堡的皇帝仍是海洋的主人，他们的臣民也仍是地中海商业财富的承接者。[4]

阿拉伯征服后，希腊人的主要贸易包括三个部分：同西欧诸民

---

[1]　Ockley, i. 166.

[2]　Saulcy, *Lettres à M. Reinaud, Membre de l'Institut, sur quelques points de la Numismatique Arabe*; Curt Bose, *Ueber arabisch-byzantinische Münzen*, Grimma, 1840.

[3]　参见 Theoph. *Chron.* p. 332, and Scriptores post Theoph. p. 46。

[4]　君士坦丁堡的权威掌控着赫拉克勒斯石柱以东的所有海域的制海权（Tὸ τὸν αὐτοκράτορα Κωνσταντινουπόλεω θαλασσοκρατεῖν μέχρι τῶν Ἡρακέλους στηλῶν καὶ πάσης ὁμοῦ τῆς ὦδε θαλάσσης）。Const. Porph. *De Them.* p. 58, edit. Bonn.

族进行的地中海贸易、本土贸易与黑海贸易。由于蛮族的定居，欧
420　洲南部的社会状况仍旧十分混乱。因此，获取印度商品与东方手工
业产品的贸易完全掌握于犹太人和希腊人之手，商业则被希腊人垄
断。当时香料与熏香的消费量十分可观：富人在餐桌上使用大量香
料，基督徒每天都要在教堂里熏香。转运此类商品的收入主要进了
希腊人的腰包。尽管阿拉伯人控制了波斯—叙利亚和红海—埃及两
条印度贸易的主要商路，开始分享这项利润，但希腊人仍然通过从
中亚到黑海的北线主导着相关贸易。通常情况下，在任何一个港口，
印度产品的需求量都有些过小，不足以构成货物主力。但希腊人使
这种运输变得有利可图，他们的优势在于能够将本土行省的水果、
橄榄油、葡萄酒及手工业产品同印度商品掺杂起来运送——因为他
们是那个时代丝绸、染色羊毛织品、珠宝、武器、高档服装和装饰
品的主要生产者。这项关键的贸易是罗马帝国能够保住查士丁尼一
世在西班牙和撒丁岛征服成果的首要助力。希腊民族的这种商业影
响力遏制了哥特人、伦巴德人和阿瓦尔人的势力扩张，为他们争取
到了许多盟友，尽管一些区长和帝国官吏的贪婪、暴政也会给他们
树敌。本书或许有必要指出，我们必须谨慎对待针对区长们统治管
理与个人品质的种种责难。这些内容充斥于意大利人的作品之中，
又被西欧历史学家转抄。它们反映的是拉丁教士们对东罗马帝国权
威的强烈政治反感情绪，而非社会的普遍观念。在获得完全独立之
后很久，罗马、威尼斯、热那亚、那不勒斯和阿玛尔菲的民众仍会
为了自身的利益诉求而高举罗马帝国的旗帜。他们的利益着眼点在

于西方与东方之间的商业联系。意大利人还没有掌握足够的资本，无法在没有希腊人帮助的情况下开展东方贸易。来自北方的商品主要包括奴隶、建筑木材、各种原材料和滨海地区需要的补给。[1]

在一个庞大的帝国里，最重要的贸易必然出现在领土内部，供其臣民消费。我们已经看到，希腊人聚居地区的特定形势意味着当地的繁荣昌盛在本质上依赖于商业。[2] 在不受限制的情况下，内部贸易或许已足以拯救罗马帝国；但查士丁尼一世大手大脚的巨额开销导致了财政困境，他不得不实行一系列商业垄断经营[3]，最终将帝国贸易交到了被迫走向独立的威尼斯、阿玛尔菲等城市的自由公民手中。丝绸、橄榄油、各种制造业产品乃至谷物都被纳入了垄断的名单之列，临时性的限制措施不时将一些贸易的利益交给了受宠的个人。[4] 帝国不同行省之间的谷物贸易受制于繁琐且往往不由分说的统筹安排。[5] 财库追求收益，财务官员追求私利，大自然对生活必需品流通造成的那些困难曾鞭策人类勤奋工作，此时被进一步强化，价格差异也被进一步拉大，直到整个产业被摧毁殆尽。[6]

---

[1] Const. Porph. *De Caer. Aulae Byz.* l. i. c. 72; vol. i. p. 363, edit. Bonn; Anastasius, *De Vitis Pont. Rom.* p. 79. 公元 960 年，罗马枢机主教禁止威尼斯人将基督徒奴隶卖给萨拉森人。

[2] 希腊往昔的繁荣体现在众多以手工业闻名的小型城镇中。如擅长制造紫色颜料的奥萨山（Mount Ossa）上的小镇麦利波亚（Meliboea）。见 Lucret. ii. 499; Virg. *Aen.* v. 251; Leake, *Travels in Northern Greece*, iii. 388。

[3] Procop. *Hist. Arc.* c. 25，其中特别提到了贝吕图斯和推罗的丝织品垄断经营。

[4] Leo Gramm. *Chron.* p. 477. 公元 888 年。

[5] Procop. *Hist. Arc.* c. 22, p. 64.

[6] *Digest.* lib. l. tit. 5, *De vacat. et excusat. Munerum*, l. 9; *De Negotiatoribus Frumentariis.*

商业阶级自然厌恶这些垄断与管理方式。当商人们为了维系地中海世界的贸易，必须打破帝国统治的基本原则的时候——臣民不得拥有武器，不能驾驶武装船只经营长途贸易——只要不受惩罚，他们就会破坏皇帝的垄断与财政政策。在那个时代，意大利与达尔马提亚诸城市的独立已成为当地商业繁荣的条件。毫无疑问的是，倘若希腊的商人阶层也能像意大利人那样轻而易举地摆脱帝国行政体系的监管的话，他们也会宣布独立。在君士坦丁堡的皇帝们眼里，帝国境内的商人只不过是一个可以提供钱财的阶层而已。[1]这种看法在所有专制政府中都很常见。对商业阶层独立地位的本能厌恶，还有对贸易的轻视态度，往往会促使专制国度采取此类措施，逐渐排挤境内的商业。希腊境内的小型共和国、叙利亚沿海地区的自由城市、迦太基、意大利诸共和国、汉萨同盟市镇、荷兰、英格兰和美国的历史都可以告诉我们，贸易在很大程度上依赖于保护其免受财政压迫的自由制度，罗马帝国则提供了这方面的反面教材。

君士坦丁堡同黑海周边国家的贸易是促成帝国商业繁荣的重要因素。早在成为罗马帝国的首都之前，拜占庭已经成为这项贸易和前往赫勒斯滂海峡以南地区交通线路的枢纽。[2]成为首都后，它的商业同人口一道飞速增长。它拥有来自埃及的谷物，来自陶里斯的克尔索尼斯的牲畜，足以吸引人口移居的可观公共配给份额。这一

---

[1]　Procop. *Hist. Arc.* c. 25.

[2]　Polyb. *Hist.* iv. 38.3.

切使它成为制造业繁荣的经济中心，并长期保持着此等地位。[1] 毛皮贸易和取道里海、乌浒河（the Oxus）、印度河同印度开展的商业往来以君士坦丁堡为中心；商人们在那里分发从西地中海诸民族中运来的各种商品，换取东方国度的产品。拜占庭历史学家反复提及过这项商业的巨大价值（相关贸易对象甚至包括参与其中的蛮族）。这条交通线令阿瓦尔人获益良多，其帝国的衰落也与这条线路的废弃有关——但毫无疑问的是，这项贸易与阿瓦尔人势力衰落的真实根源都在于弊政损害了财产安全。[2] 在很大程度上，君士坦丁堡商人与手工业者的财富帮助那座城市击退了阿瓦尔人和萨拉森人的攻势。

为了建立对公元 8 世纪初希腊民族真实处境的正确印象，我们最好去观察当时下层民众的道德状态。然而，遗憾的是，即便是蜻蜓点水式的概述，我们所能收集到的全部材料仍显得十分匮乏。圣徒传记偶尔会提及相关内容，它们可以真实反映民众的感受。但不容忽视的是，即便穆斯林征服对正统派教会造成了冲击，教士们也很难回归纯粹的基督教原则。他们继续愚弄着信众的头脑，传播着虚妄奇迹的信仰，争论着咬文嚼字的神学教条之间难以理解的细微差异。由于东罗马帝国的教士们是用这种态度对待宗教的，民众很难从虚构的圣徒历史中获得任何教益，也无法理解在布道中被奉为

---

[1]　Cedrenus, 367; Theoph. *Chron.* 149; Constant. Porph. *De Adm. Imp.* c. 6.

[2]　Suidas, s.v. 保加利亚人（Βούλγαροι）。

宗教精髓的任何信条。结果，他们开始回归祖先的虚妄信仰，将曲解基督教教义得来的新式迷信同残余的多神教混合在一起。多神教习俗的余烬被保留了下来；社会上的各阶层都开始相信，死者的鬼魂会在活人行走的路上游荡。对圣徒烈士遗骨的尊崇，对护身符神力的认同，成了民众信仰的真正核心。教士与民众之间的联系固然
424 十分强大，但归根到底是建立在社会与政治的基础之上的。纯粹的宗教信仰已十分稀少，字句蜕变成了教士攫取权力的借口——他们似乎已经发现，利用民众的迷信要比诉诸他们的宗教与道德情感来得容易。[1] 社会下层尤其是乡村民众的愚昧状态可以解释下面这一古怪现象：多神教在希腊山区一直存续到皇帝巴西尔（公元 867—886 年在位）统治时期，在塔伊格图斯山（Mount Taygetus）一带的

[1]［多神教信仰与仪式的基督教化不能完全归因于迷信和基督教士的手腕。在早期基督徒的地下秘密墓葬（Catacomb）中，我们发现了大量象征着基督教教义的多神教符号。后人用这种办法来促进旧宗教转为新宗教也并非毫无道理，如在多神教神庙的遗址处兴建基督教堂。M. Petit de Julleville, *Sur l'emplacement et le vocable des Églises Chrétiennes en Grèce, Archives des Missions*, deuxième série, vol. v 已揭示了这种习俗的普遍性。根据这位作者（p. 525）的统计，阿提卡境内有八十多座教堂建于古代神庙的遗址之上，并且往往沿用了那些神庙的名字。这种名称的沿用遵循着三种原则：一是发音，如 Haghios Elias 来自 Helios；二是含义，如圣乔治（Hagios Georgios，土地耕作者）取代了德米特尔（Demeter）；三是传说或神话人物承载的观念，如雅典娜变成了圣索菲亚（Haghia Sophia）。在这位作者举出的不少例子中，这种所谓的相似性在我看来未免有些牵强附会。但以下案例（不仅限于此）确实值得注意：一处供奉十二主神的祭坛被一座纪念十二使徒的教堂取代；从前被称作埃琉萨（Eleüssa）的岛屿上如今建有潘特琉萨教堂（Panaghia Panteleüssa）；伊利西娅（Ilithyia）神庙变成了丰产教堂（Panaghia Blastike）；圣尼古拉（庇护水手的圣徒）教堂占据着从前波塞冬神庙的位置；提修斯（Theseus）神庙日后被献给武士圣乔治；从前的两座德米特尔神庙变成了两座德米特里乌斯教堂；从前的阿斯克勒皮乌斯（医神）神庙处屹立着一座无偿医生教堂（Hag. Anargyri，即科斯马斯与达米安）。——编者注］

麦纳特人（Mainates）最终皈依基督教后方才绝迹。[1]

　　后人在描述希腊此时的蛮荒状态时经常征引的一句话是：它在同时期的历史学家笔下只是流放罪犯的场所。[2]当时确实有很多头面人物被流放到希腊城市中，但陈述这一事实的语气会给读者留下错误印象。其实，为了万无一失地监视政治犯，政府经常会选择东罗马帝国境内十分繁荣的城市作为他们的流放地。君士坦丁七世告诉我们，迟至公元10世纪，克尔松仍是一座强大的商业城市，它的效忠或抵抗对帝国至关重要。[3]然而，恰恰是这座城市被选为危险贵族政治犯的流放场所。罗马枢机主教马丁便被君士坦斯二世流放至此，皇帝查士丁尼二世同样如此。在登上宝座之前，皇帝菲利皮库斯曾被提比略·阿普希玛尔流放至克法勒尼亚，被查士丁尼二世流放至克尔松。这一史实让我们有理由猜想，希腊诸岛屿的居住条件还要好于克尔松。而在菲利皮库斯被罢黜后，他的几名党羽被流放到了塞萨洛尼卡，这是帝国境内经济最为富庶、人口最为稠密的城市之一。[4]

　　希腊境内帝国军队的指挥被视为一个重要职务。当查士丁尼二世想要表示勒昂提乌斯重获圣宠时，他便将该职务授予了后者。但勒昂提乌斯将此变成了登上皇位的垫脚石。彰显希腊诸城市富足与

425

[1] Constant. Porphyr. *De Adm. Imp*. c. 50; vol. iii. 224, edit. Bonn.
[2] Gibbon, ch. xlviii; vol. vi. 78, 85, Smith's edit.; Emerson, *History of Modern Greece*, i. 36.
[3] Constant. Porphyr. *De Adm. Imp*. c. 53; vol. iii. 269, edit. Bonn.
[4] Theoph. *Chron*. 321.

繁荣的最有力证据来自伊苏里亚人利奥的统治时代。当希腊人打算推翻其统治之际，他们能够自行组织起一支远征军，试图从那名军人兼政客手中夺下君士坦丁堡。

　　想要准确描述公元 8 世纪希腊人的社会状态十分困难，因为它距离我们的时代非常遥远。一方面，那里的乡村陷入了凋敝状态；另一方面，那里的城市依旧富足繁荣。农业跌入谷底，贸易则兴旺发达。然而，只要回望一下日后发生的导致这片富饶的土地彻底陷入荒芜的一连串不幸，不止步于追忆它往昔的辉煌，比较拜占庭作家贫乏编年史中的只言片语和早期史著中无与伦比的辉煌业绩，我们或许就能更准确地把握公元 8 世纪前期希腊世界的真实处境。[1]

---

[1]　本书英文原版附有四篇附录，内容依次为对贝利撒留晚年失明这一野史传说来源的考辨（该传说的可靠性在当代拜占庭史研究中早已被否定），罗马与拜占庭时代的币值变化（按 19 世纪中叶英格兰币值加以折算），基督教圣墓的具体地址，巴黎、威尼斯等地在 19 世纪中期之前出版的拜占庭史家著作版本。由于四篇附录记载的内容对于 21 世纪的古典晚期与拜占庭史研究而言已经过时，中译本做了删减。对附录主题感兴趣的读者可直接参考英文原版：George Finlay, *A History of Greece from Its Conquest by the Romans to the Present Time, B.C. 146 to A.D. 1864*, Vol. I, *Greece under the Romans*, B.C. 146—A.D. 716, Oxford: Clarendon Press, 1877, pp. 429–483。——中译者注

大事记

公元前

323 年　亚历山大大帝去世；拉米亚战争。

322 年　安提帕特剥夺了一万两千名雅典公民的公民权。——Plutarch, *Phocion*, 28

321 年　托勒密在埃及建立王国。

312 年　塞琉古王国建立。

310 年　阿伽索克勒斯入侵迦太基的非洲领土。

303 年　"攻城略地者"德米特里乌斯围攻罗得岛。

300 年　米特拉达梯一世建立本都王国。

280 年　阿凯亚同盟建立；皮洛士在意大利登陆，保卫希腊人免受罗马人攻击。

279 年　高卢人入侵希腊，在德尔斐被击退。

278 年　尼科梅德斯带领高卢人进入亚洲。

271 年　罗马人完成对大希腊的征服。

260 年　罗马人筹建了同迦太基作战的第一支舰队。

250 年　安息家族建立帕提亚帝国。

241 年　阿塔鲁斯成为帕伽马国王。

228 年　罗马首次向希腊派遣使节。——Polybius, ii.12

218 年　汉尼拔入侵意大利。

212 年　罗马人攻占叙拉古；西西里被征服。

210 年　西西里成为罗马行省。

202 年　扎马战役。

197 年　狗头山之战。

196 年　弗拉米尼乌斯在地峡运动会上宣布希腊人获得自由。

192 年　安提柯大帝入侵希腊。

188 年　菲洛波门废除莱库古的法律。

181 年　汉尼拔去世。

168 年　皮德纳战役；马其顿王国灭亡。

167 年　一千名阿凯亚公民被送往罗马充当人质。

155 年　雅典因掠夺奥罗皮亚人而被罗马人课以五百塔兰同罚金。

147 年　马其顿成为罗马行省。

146 年　穆米乌斯攻占科林斯；希腊成为罗马行省。

133 年　阿提卡银矿的奴隶暴动。

130 年　哈吕斯河至陶鲁斯山之间的大片亚洲土地被整合为一个罗马
　　　　行省。

96 年　托勒密·阿皮翁的遗嘱使得昔兰尼加成为罗马领土。

86 年　苏拉攻占雅典。

77 年　海盗在希腊和小亚细亚沿岸地区的劫掠进入最猖獗的时期。

75 年　比提尼亚和本都成为罗马行省。

67 年　麦特鲁斯在长达两年半的战争中征服了克里特，随后将之变
　　　为罗马行省，后同昔兰尼加行省合并。

66 年　庞培征服塞琉古王国。

65 年　奇里乞亚成为罗马行省。

48 年　凯撒摧毁墨伽拉。

44 年　凯撒在科林斯建立罗马殖民地。

30 年　奥古斯都建立尼科波利斯；埃及成为罗马行省。

25 年　伽拉提亚和吕卡奥尼亚成为罗马行省。

24 年　帕姆弗利亚和吕奇亚成为罗马行省。

21 年　塞浦路斯成为罗马行省；雅典被剥夺对埃瑞特里亚、埃吉纳
　　　和奥古斯都建立的拉科尼亚自由城市同盟的司法审判权。

14 年　奥古斯都在帕特雷建立罗马殖民地。

公元

元年　罗马纪年的 753 年；第一百九十四届奥林匹亚赛会的第四
　　　年；拜占庭纪年君士坦丁堡历法中的创世后第五千五百
　　　零八年（但亚历山大里亚和安条克采取不同的年代算
　　　法）。——参见 *L'Art de vérifer les Dates depuis la naissance*
　　　de Jésus-Christ, and Ideler, *Handbuch der mathematischen und*
　　　technischen Chronologie

18 年　卡帕多西亚成为罗马行省。

22 年　罗马元老院对希腊神庙与圣所享有的庇护权加以限制。

66 年　尼禄在希腊。

67 年　尼禄庆祝奥林匹亚赛会。

72 年　科马格尼成为罗马行省。——Clinton, *Fasti Romani*

73 年　韦帕芗将色雷斯设立为罗马行省；罗得岛、萨摩斯岛等亚洲近岸岛屿被剥夺自由城邦特权，整合成"群岛"罗马行省。

74 年　韦帕芗将哲学家们驱逐出罗马城。

90 年　图密善将哲学家们驱逐出罗马城。

96 年　图密善去世时，图亚纳的阿波罗尼乌斯身在以弗所。

98 年　普鲁塔克正当盛年。

103 年　爱比克泰德在尼科波利斯教学。

112 年　哈德良担任雅典执政官。

115 年　伊格纳修斯殉难。

122 年　哈德良巡视雅典。

125 年　哈德良再度巡视雅典。

129 年　哈德良在雅典过冬。

132 年　犹太战争。

135 年　犹太战争行将结束之际，哈德良身在雅典。

143 年　赫罗德斯·阿提库斯出任执政官。

162 年　盖伦身在罗马城；波桑尼阿斯、波吕埃努斯、琉善和托勒密正当盛年。

168 年　赫罗德斯·阿提库斯在希尔米乌姆受辱。

176 年　玛库斯·奥勒留视察雅典，为四大哲学派别设置学术掌门人头衔。

180 年　狄奥·卡西乌斯、赫罗狄安和雅典尼乌斯正当盛年。

212 年　《卡拉卡拉敕令》赐予帝国境内的全体自由人罗马公民权。

226 年　阿塔薛西斯推翻安息家族的帕提亚帝国，建立萨珊波斯帝国。

238 年　赫罗狄安、埃利安和费劳斯图斯正当盛年。

251 年　元首德奇乌斯在同哥特人的交手中战败被杀。

267 年　哥特人占领雅典。——Dexippus

284 年　戴克里先时代，也被称作基督徒殉难时代。

312 年　9 月 1 日：君士坦丁一世开始推行财产评价公告周期。

325 年　尼西亚大公会议。

330 年　君士坦丁堡新都落成。

332 年　克尔松支持君士坦丁一世对抗哥特人。

337 年　君士坦丁二世、君士坦提乌斯和君士坦斯一世分别即位。

355 年　尤利安担任副帝。

361 年　尤利安即位。

363 年　约维安即位。

364 年　瓦伦提尼安一世和瓦伦斯即位。

365 年　希腊、小亚细亚和西西里发生地震。——Amm. Marcell. xxvi. 10

375 年　伯罗奔尼撒半岛感受到强烈地震——Zosimus, iv. 18；格拉提安成为皇帝。

378 年　瓦伦斯兵败身死。

379 年　狄奥多西大帝即位。

381 年　君士坦丁堡第二次大公会议。

394 年　奥林匹亚赛会被废止。——Cedrenus, i. 326.

395 年　阿卡狄乌斯和霍诺里乌斯即位；匈人蹂躏小亚细亚；阿拉里克入侵希腊。

398 年　阿拉里克担任东伊吕利库姆行省总督。

408 年　狄奥多西二世即位。

425 年　君士坦丁堡大学组建。

428 年　盖萨里克入侵阿非利加。

431 年　以弗所第三次大公会议。

438 年　《狄奥多西法典》颁布。

439 年　盖萨里克夺取迦太基。

441 年　狄奥多西二世派出舰队抵挡盖萨里克。

442 年　阿提拉入侵色雷斯和马其顿。

447 年　阿提拉蹂躏温泉关周边乡间；狄奥多西二世修缮君士坦丁堡城墙。

449 年　以弗所大公会议，被称作匪徒集会。

450 年　马西安即位。

451 年　查尔西顿第四次大公会议。

457 年　利奥一世登基，即利奥大帝，又称"屠夫"利奥。

458 年　从安条克到色雷斯的广大地区感受到强烈地震。

460 年　库兹库斯地震。

465 年　火灾毁掉了君士坦丁堡十六个街区中的八个。

468 年　利奥一世派出庞大远征军讨伐盖萨里克。

473 年　利奥二世加冕。

474 年　利奥二世和伊苏里亚人芝诺先后继位。

476 年　西罗马帝国终结。

477 年　芝诺在被巴希利斯科斯逐出君士坦丁堡二十个月后返回。

480 年　四十天内君士坦丁堡数次地震；狄奥多西大帝的雕像从柱上落下。

491 年　阿纳斯塔修斯一世即位，被称为"公正者"。

499 年　保加利亚人入侵帝国。

507 年　阿纳斯塔修斯建造色雷斯长墙。

514 年　维塔里安起义。

518 年　查士丁一世即位。

526 年　狄奥多里克去世。

527 年　查士丁尼一世即位；匈人国王格雷特斯在君士坦丁堡受洗；特赞人向东罗马帝国臣服。

528 年　统治齐墨里亚博斯普鲁斯的匈人国王戈尔达斯在君士坦丁堡受洗，在返回时被臣民谋杀；查士丁尼一世开始为修建防御工事和公共建筑而挥金如土。

529 年　《查士丁尼法典》初版颁布；雅典的哲学学园关闭。

531 年　卡利尼库姆战役；波斯君主科巴德去世；肆虐东罗马帝国达五十年的瘟疫开始。

532 年　尼卡暴动；同侯斯罗斯一世缔结和约。

533 年　征服阿非利加境内的汪达尔王国；《法学阶梯》和《学说汇纂》颁布。

534 年　贝利撒留返回君士坦丁堡；《查士丁尼法典》第二版颁布。

536 年　贝利撒留攻占罗马城。

537 年　维提格斯率领哥特人围攻罗马城；圣索菲亚大教堂落成。

538 年　保加利亚人入侵帝国；意大利陷入饥荒。

539 年　维提格斯被围困于拉文纳；匈人劫掠科林斯地峡以北的希腊地区。——Procopius, *Pers*. ii. 4.

540 年　拉文纳投降。——Marini Papiri, 336; Savigny, *Geschichte des Roemischen Rechts im Mittelalter*, i. 347.

　　　　侯斯罗斯入侵叙利亚；安条克沦陷。

541 年　托提拉成为哥特国王；查士丁尼一世废除执政官制度。

542 年　君士坦丁堡大瘟疫。

546 年　托提拉攻占罗马城。

547 年　贝利撒留攻占罗马城。

548 年　贝利撒留离开意大利；塞奥多拉去世。

549 年　托提拉再度占领罗马城；查士丁尼的军队占领了拉齐人的领土。

550 年　斯拉夫人和匈人入侵东罗马帝国。

551 年　蚕被带入东罗马帝国。

552 年　托提拉战败；纳尔塞斯夺回罗马城。

553 年　君士坦丁堡第五次大公会议。

554 年　君士坦丁堡、尼科米底亚、贝吕图斯和科斯岛地震；库兹库斯教堂在举行圣事时倒塌。

557 年　君士坦丁堡发生可怕的地震；查士丁尼一世四十天内未戴皇冠。——Agathias, 145; Malalas, xviii.233

558 年　贝利撒留在君士坦丁堡附近击败匈人国王扎贝尔甘。

562 年　同波斯签订和约；贝利撒留遭到叛国罪指控。

563 年　贝利撒留恢复地位。

565 年　3 月：贝利撒留去世；11 月 13 日：查士丁尼一世在其统治的第三十九年去世；查士丁二世即位。

567 年　伦巴德人灭亡格皮德人的王国。

568 年　伦巴德人入侵意大利。

569 年　查士丁二世派泽玛尔库斯出使突厥人。

571 年　穆罕默德出生。——Weil, *Mohammed, sein Leben und seine Lehre*, 21 认为他去世于公元 632 年，按阴历计算为 63 岁；也就是说他生于公元 571 年 4 月。西尔韦斯特·德·萨西（Silvestre de Sacy）认为他出生于 4 月 20 日或 21 日。另见 Sprenger's *Life of Mohammed*, 75。

572 年　罗马帝国与波斯帝国之间开战。

574 年　提比略被阿瓦尔人击败；查士丁二世宣布提比略为副帝。

576 年　麦利特尼之战；罗马人进入里海地区。

578 年　查士丁二世去世；提比略二世即位。

579 年　侯斯罗斯一世去世。

581 年　莫里斯在他的第四次战役中击败波斯军队。

582 年　8 月 14 日：提比略二世去世；莫里斯即位；君士坦丁堡枢机主教"迅捷者"约翰使用"普世"头衔。

589 年　阿瓦尔人和斯拉夫人侵入希腊。——Evagrius, *Hist. Eccles.* vi. 10. 从此时起，斯拉夫人的殖民地开始在伯罗奔尼撒半岛上建立

590 年　莫里斯在复活节当天为儿子狄奥多西加冕；波斯君主霍米斯达斯被赶下宝座并遭到杀害。

591 年　侯斯罗斯二世在莫里斯帮助下夺回波斯宝座；莫里斯离开君士坦丁堡征讨阿瓦尔人。

600 年　莫里斯没有赎回罗马战俘。

602 年　军队哗变；福卡斯被拥立为皇帝。

603 年　波斯战争爆发。

608 年　福卡斯的女婿普利斯库斯邀请希拉克略出兵。

609 年　波斯人蹂躏小亚细亚，抵达查尔西顿。

610 年　福卡斯被杀；希拉克略登基。

613 年　1 月 22 日：希拉克略·君士坦丁（或君士坦丁三世）加冕，他出生于公元 612 年 5 月 3 日。

614 年　波斯人攻占耶路撒冷，圣墓教堂被焚。

615 年　希拉克略派遣贵族尼克塔斯去没收亚历山大里亚枢机主教——"慈善者"约翰的财富。

616 年　波斯人入侵埃及。

617 年　波斯人占领查尔西顿，并在那里的要塞驻军。

618 年　君士坦丁堡的公共面包配给制度行将废止，改为以金钱支付。

619 年　阿瓦尔人企图在议和会议上俘虏希拉克略。

620 年　同阿瓦尔人缔结和约。

621 年　为波斯战争进行紧锣密鼓的筹备。

622 年　4 月 5 日周一：希拉克略离开君士坦丁堡，取道海路抵达
　　　　隘口。他从诸行省集结部队。他推进到亚美尼亚边境，在
　　　　本都驻军；但随后不久便穿越亚美尼亚进入波斯。波斯人
　　　　绕道进攻奇里乞亚，但在获悉希拉克略继续前进后回师追
　　　　击。希拉克略取胜，在亚美尼亚境内驻军越冬。

　　　　7 月 16 日：穆罕默德徙志。

623 年　3 月 25 日：希拉克略离开君士坦丁堡，同驻扎在亚美尼亚的
　　　　部队会师，于 4 月 20 日之前进入波斯境内。侯斯罗斯二世
　　　　拒绝议和条件；希拉克略攻占甘扎卡和特巴迈斯。侯斯罗斯
　　　　二世取道小路进入米底；希拉克略退至阿尔巴尼亚境内越冬。
　　　　曾征服罗马治下西班牙领土的西哥特国王西塞布特去世。

624 年　侯斯罗斯二世派遣萨拉布拉伽斯和佩罗泽特斯率军守卫希拉
　　　　克略可能会在入侵波斯时经过的隘口。但皇帝在平原上设
　　　　下埋伏，抢在萨拉布拉伽斯同萨巴拉扎会师前与之交手，
　　　　并取得胜利。萨巴拉扎和萨恩也相继战败。拉泽人和阿巴
　　　　斯格人在这场战役中背叛了希拉克略。希拉克略在波斯境
　　　　内越冬。双方在山区展开进军与阻截的鏖战；希拉克略遭
　　　　到占据数量优势的敌军抵抗，未能继续向波斯腹地挺进。

625 年　希拉克略决定返回小亚细亚东南部。从他的越冬宿营地抵
　　　　达那里有两条路：取道塔兰通（Taranton）的较短的山路，
　　　　途中部队无法取得任何补给；取道陶鲁斯山隘口的较长路
　　　　线，部队能够获得补给。希拉克略经过七天的艰苦跋涉翻
　　　　越了陶鲁斯山，随后渡过底格里斯河，取道玛图罗波利斯
　　　　抵达阿米达。他在阿米达休整，并派出使节前往君士坦丁
　　　　堡。由于波斯人仍在尾随，希拉克略派遣卫队守住隘口，
　　　　渡过尼菲乌斯河（Nymphius），抵达幼发拉底河畔，发现
　　　　那里的船桥已被撤走。希拉克略从浅滩处过河，取道萨摩
　　　　萨塔翻越陶鲁斯山，到达日耳曼尼奇亚（Germanicia）和
　　　　阿达纳，在城市与萨罗斯河（Saros）的桥梁中间处安营扎
　　　　寨。萨巴拉扎进军至萨罗斯河畔，在交手后撤退。希拉克
　　　　略前进至塞巴斯特，渡过哈吕斯河，安排部下扎营越冬。
　　　　侯斯罗斯二世洗劫波斯境内的基督教教堂，强迫境内的所
　　　　有基督徒接受聂斯托利派信仰。

626 年　精英军团在君士坦丁堡哗变，因为他们失去了从前按期分配
　　　　的口粮。约翰·塞斯莫斯（John Seismos）试图将面包价格
　　　　从三个铜币提升到八个铜币。
　　　　阿瓦尔人在 7 月 29 日至 8 月 8 日之间围攻君士坦丁堡。
　　　　萨巴拉扎率领一支波斯军队占领了查尔西顿。萨恩麾下的
　　　　另一支部队被皇帝的弟弟特奥多雷击败。希拉克略本人驻
　　　　扎在拉兹卡（Lazica），直到确信阿瓦尔人已在君士坦丁堡

城下战败，并且泽贝尔（Ziebel）已率领一支哈扎尔军队翻越里海隘口。希拉克略与泽贝尔在波斯驻军把守的提弗利斯（Tiflis）附近会师。哈扎尔人为希拉克略提供了四万兵力。

一道新城墙将布拉克尔尼斯（Blachernes）的教堂纳入城市防御体系之内。

627年　希拉克略似乎并未充分利用四万哈扎尔援军的帮助，但也有可能凭借他们成了波斯亚美尼亚（Persarmenia）和阿特罗帕特尼（Atropatene）的主人。他们在公元627年离开了希拉克略。

10月9日：希拉克略进入查麦塔（Chamaetha）区，在那里逗留了七天。

12月1日：希拉克略抵达大扎布河（the greater Zab），渡过河流并在尼尼微附近安营扎寨。

拉泽塔斯（Rhazetas）离开在甘扎卡的营地，前去追逐希拉克略。他在希拉克略渡河处下游三罗马里的浅滩渡过大扎布河。拉泽塔斯在12月12日周六的战斗中失败。萨巴拉扎被从查尔西顿召回，以便抵挡希拉克略的进军。希拉克略占领了尼尼微，并再次渡过大扎布河。

12月23日：希拉克略渡过小扎布河，在雅斯德姆（Jesdem）宫休整数日并庆祝圣诞。

628年　1月1日：希拉克略渡过托尔纳河（Torna），占领了贝格拉利宫（the palace of Beglali）及其花园，还有侯斯罗斯二世曾居住二十四年、积攒了大量财富的达斯塔格德（Dastagerd）。希拉克略夺回了波斯人在不同时代里从罗马人手中斩获的三百面军旗，并在达斯塔格德享用了主显节（1 月 6 日）宴席。他于 1 月 7 日离开达斯塔格德，在三日内抵达泰西封附近，在距离难以渡过的阿尔巴河（the Arba）两罗马里处扎营。随后，他在阿尔巴河沿岸逆流而上，抵达希亚佐戎（Siazouron），在那里度过了整个 2 月。3 月间，他在瓦尔赞（Varzan）度过了数日，获悉了波斯宫廷政变、希罗耶斯推翻父亲统治的消息。随后，希拉克略取道希亚佐拉（Siazoura）、查尔奇斯和雅斯德姆，从泰西封一带回师。他翻越了在 3 月大雪纷飞的扎拉山 [Mount Zara，即扎格罗斯山（Zagros）]，在当时有三千户人家的甘扎卡附近安营扎寨。

4 月 3 日：希罗耶斯的使节抵达希拉克略的营帐；双方缔结和约。

4 月 8 日：希拉克略离开在甘扎卡的营地。

5 月 15 日：希拉克略宣告和平降临的书信在君士坦丁堡的圣索菲亚大教堂宣读。

629 年　希罗耶斯 [即卡巴德（Kabad）] 去世，其子阿德希尔（Aedeshir）即位。

希拉克略视察耶路撒冷，将圣十字还给那里的枢机主教保管。

630 年　希拉克略在希拉波利斯进行宗教改革。

632 年　穆罕默德与世长辞（6 月 7 日或 8 日）。

　　　　8 月 15 日：雅斯德捷德（Yesdedjerd）登基。

633 年　萨拉森人在叙利亚境内的战役时间极其模糊。希腊和阿拉伯
　　　　作家的记载需要通过若干能够精确断定时间的事件次序加
　　　　以修订。Weil, *Geschichte der Chalifen* 的注释中包含若干出
　　　　色分析，我时常认为其权威性高于帕吉（Pagi）和克林顿
　　　　（Clinton）。被奥克雷、吉本和克林顿视为最权威史源的瓦
　　　　基迪如今被东方学家视为传奇而非历史材料的提供者。——
　　　　Weil, i. 39, note 3

　　　　波士拉（Bosra）遭到围困，可能于次年年初陷落。

　　　　穆罕默德去世一段时间后，阿布·伯克尔忙于打击叛乱的
　　　　阿拉伯人，并镇压若干假先知。

634 年　7 月 30 日：阿德纳丁战役。关于其具体位置的研究，见
　　　　Weil, i. 40, note 1。

　　　　8 月 22 日：阿布·伯克尔去世。

　　　　9 月：耶尔穆克〔即希洛马克斯（Hieromax）〕之战；欧麦
　　　　尔已在叙利亚军中被拥立为哈里发。

635 年　大马士革在遭到数月围攻后陷落，围攻开始于耶尔穆克战役
　　　　之后。——见 Weil, i. 48, note 对特奥法尼斯的修正

　　　　希拉克略随身带着神圣十字架离开叙利亚，返回君士坦丁堡。

636 年　萨拉森人占领了许多沿海城镇，并进行了另一场战斗。

　　　　罗马军队统帅瓦汉在当年或前一年被哗变的部队拥立为统

帅。——Theophanes, 280. edit. Paris

637 年　耶路撒冷沦陷；欧麦尔进入耶路撒冷的时间及围攻的时间长
　　　　短无法确定。——Theophanes, 281; Weil, i. 80

638 年　罗马军队取道狄亚贝克尔入侵叙利亚，围攻埃梅萨并被
　　　　击败。——Weil, i. 81

　　　　安条克被攻占。——Theophanes, 282

　　　　《信仰说明》出版于 9 月之后。

639 年　雅思多斯〔Jasdos，阿伊亚德（Aïad）〕攻占埃德萨并征服两
　　　　河流域。——Theophanes, 282

　　　　12 月：阿姆鲁入侵埃及。——Weil, i. 107, notes 1, 3; Theoph.
　　　　282

640 年　伊斯兰历第十九年自公元 640 年 1 月 2 日开始。

　　　　哈里发欧麦尔下令在其统治疆域内开展人口普查。——
　　　　Theoph. 283

　　　　开罗陷落；莫考卡斯为了科普特人的利益而投降。

641 年　2 月或 3 月：希拉克略去世；他长达三十年四个月六天的统
　　　　治可能结束于 2 月 10 日。

　　　　希拉克略·君士坦丁（君士坦丁三世）统治了一百零三天，
　　　　至 5 月 24 日结束。

　　　　赫拉克勒奥纳斯独自担任皇帝不满五个月。

　　　　10 月：君士坦斯二世即位。——Clinton, *Fasti Romani*, App. 177

　　　　12 月：亚历山大里亚被萨拉森人攻占，一度被罗马人夺回，

后再次被萨拉森人占领。

643 年　欧麦尔重建或修缮了耶路撒冷神庙。——Theoph. 284

阿姆鲁修缮了苏伊士的运河。——Weil, i.122

644 年　欧麦尔去世。

647 年　萨拉森人将罗马人赶出阿非利加，向该行省课税。——Theoph. 285

穆阿维叶入侵塞浦路斯。

648 年　穆阿维叶围攻阿拉杜斯，通过投降协议占领了该城。

君士坦斯二世颁布《原则敕令》。

653 年　穆阿维叶占领罗得岛，毁掉了巨像。——Theoph. 286

654 年　罗马枢机主教马丁一世被流放到克尔松。

655 年　君士坦斯二世在吕奇亚境内凤凰山下的一场大规模海战中被萨拉森人击败。

656 年　奥斯曼于 6 月 17 日被暗杀。

658 年　君士坦斯二世远征斯拉夫人。

同穆阿维叶缔结和约。

659 年　君士坦丁二世处死兄弟狄奥多西。

661 年　1 月 22 日：阿里被谋杀。——Weil, i.252

君士坦斯二世离开君士坦丁堡，在雅典过冬。——Anastasius, *De vit. Pont. Rom.* 51

662 年　萨拉森人蹂躏罗马尼亚（小亚细亚），掳掠了许多囚徒。——Theoph. 289

663 年 君士坦斯二世视察罗马。

668 年 萨拉森人进兵查尔西顿，占领阿摩里乌姆，并留下一座要塞；
但该地区很快被收复。——Theoph. 291

君士坦斯二世在叙拉古被谋杀。

君士坦丁四世即位。

669 年 萨拉森人从阿非利加劫走了十八万囚犯。

东方军区的军队要求授予君士坦丁四世的两个弟弟皇位，
以便让三位皇帝代表天上的三位一体。——Theoph. 293

670 年 萨拉森人在库兹库斯越冬。

671 年 萨拉森人在士麦那和奇里乞亚越冬。

672 年 君士坦丁四世准备了舰只，向围攻君士坦丁堡的萨拉森人投
掷希腊火。

673 年 之前在库兹库斯越冬的萨拉森人进入君士坦丁堡港口，攻打
该城市靠大陆一侧海岬处的要塞玛格诺拉（Magnaura）和
库克罗比乌姆（Cyclobium）。

萨拉森人再度在库兹库斯越冬。

674 年 围困君士坦丁堡的第三年。

萨拉森人的部队在克里特岛越冬。

677 年 围困君士坦丁堡的第六年。

玛达伊特人在黎巴嫩山的征服引起了哈里发穆阿维叶的警觉。

阿瓦尔人和斯拉夫人围攻塞萨洛尼卡。

678 年 围困君士坦丁堡的第七年。

萨拉森人的舰队被卡利尼库斯（Callinicus）发明的希腊火摧毁。——Theoph. 295, and Nic. Pat. 22

保加利亚人在多瑙河以南，即今天的保加利亚境内建立王国。同哈里发穆阿维叶缔结和约。

679 年　同保加利亚人作战。

680 年　哈里发穆阿维叶去世。

　　　　第六次基督教大公会议。

681 年　君士坦丁四世的两个弟弟——希拉克略与提比略——被剥夺了皇帝头衔。

684 年　哈里发阿卜杜勒·麦利克同意用每年缴纳三十六万五千金币、三百六十五名奴隶和三百六十五匹马的代价赎买和平。——Theoph. 301

685 年　9 月：君士坦丁四世去世。

　　　　查士丁尼二世登基，时年 16 岁。

686 年　罗马皇帝与哈里发之间缔结和约。——Theoph. 302

687 年　玛达伊特人迁徙。

　　　　斯特律蒙河流域的斯拉夫人将劫掠范围拓展到普罗庞提斯。

689 年　查士丁尼二世强迫希腊人迁出塞浦路斯。

691 年　查士丁尼二世战败；斯拉夫殖民者作鸟兽散。

692 年　穹顶会议召开。

　　　　哈里发设立针对基督徒的人头税。

695 年　查士丁尼二世被罢黜、割鼻，随后被流放到克尔松。

勒昂提乌斯即位。

697 年　萨拉森人从罗马尼亚（小亚细亚）劫走大批俘虏。

首位威尼斯总督当选。

罗马人夺取迦太基并修筑要塞。

698 年　萨拉森人夺回迦太基。

勒昂提乌斯被罢黜、割鼻。

提比略三世即位。

703 年　萨拉森人在奇里乞亚被提比略三世的兄弟希拉克略击败。

705 年　查士丁尼二世夺回帝国统治权。

708 年　萨拉森人将其劫掠范围推进到博斯普鲁斯海峡。

709 年　莫斯勒玛（Moslemah）将八万名萨拉森人从兰普萨库斯
（Lampsacus）运往色雷斯。

710 年　查士丁尼二世以不人道的残酷手腕处置了拉文纳和克尔松地区。

711 年　查士丁尼二世被罢黜、杀害。

菲利皮库斯即位。

713 年　菲利皮库斯被罢黜，并被挖出双目。

阿纳斯塔修斯二世即位。

716 年　阿纳斯塔修斯二世被罢黜。

狄奥多西三世即位。

伊苏里亚人利奥缓解了阿摩里乌姆的局势，同莫斯勒玛媾
和，并被军队拥立为皇帝。

乔治·芬利自传

我的祖父名叫詹姆斯·芬利（James Finlay），是格拉斯哥的一位商人，建立了詹姆斯·芬利公司。我的父亲是约翰·芬利（John Finlay），他曾召集一批人入伍，自己当上了陆军中尉。当他的部队解散后，他加入了皇家机械兵团，在西印度与荷兰战役中服过役。老约翰·芬利是一名皇家学会会员，于1802年去世。我于1799年12月21日出生于法弗舍姆（Faversham）——那是我的父亲当时作为当地与沃尔瑟姆修道院磨坊管理员的居住地。我的母亲后来嫁给了利物浦商人亚历山大·麦格雷戈（Alexander MacGregor）。

我始终认为，自己之所以会爱上历史，是因为母亲在我很小的时候就为我阅读英格兰史，并用孩子感兴趣的方式加以解释。它促使我去思考，并在许久之后理解了自己头脑中记忆的信息。我在利物浦附近读了三年寄宿学校后，麦格雷戈先生不得不在战争期间前往美洲。于是，我搬到了父亲兄弟柯克曼·芬利（Kirkman Finlay）家里——他是詹姆斯·芬利公司的负责人，当时担任着代表格拉斯哥地区的下院议员。我在私人教师的指导下跟堂兄弟们一起接受教育。这使我意识到，自己从前在英格兰寄宿学校中的时光在很大程度上是虚度了。

那时的夏季成了一段欢乐的时光。因为我们会在克莱德河河口，也就是河面变宽并汇入一个咸水湖的地方度过夏天。那时的划船、钓鱼和山间远足为我提供了无尽的乐趣，往往还有十分愉快的回忆。柯克曼·芬利尽管事务众多、活动繁忙，还是选择跟家人一起度过大量时光。他是一个乐天派，能够用自己的情绪感染身边的每一个人；他的才华和判断力都很出众。他饱读英国历史，熟悉政治经济学的相关著作和理论（那些知识在当时是很少有人能够掌握的）。他的阅读和谈吐非常适合启发青年人，让他们形成将书本知识和实践生活经验结合起来的习惯。不过，在住在他家的三年里，我在古典学方面的长进比不上自己的任何一位堂兄弟。我当时很想参军。但他说服了我，使我相信对于自己这样一个才能平平的人而言，在和平年代从军是很不适宜的，最好还是去学习法律。于是，我前往格拉斯哥的格雷厄姆 & 米切尔公司（Messrs. Grahame and Mitchell）办公室见习，想作为一个才能平平的人学会一门特别有利可图的职业的路数。格雷厄姆先生是一个拥有过人才能、精确法律知识和异常开明政治见解的人。出于崇拜，我同他的关系十分亲密。[1]

---

[1] 罗伯特·格雷厄姆先生出身于文学世家。他的兄弟詹姆斯·格雷厄姆写过几首诗，其作品《安息日》（Sabbath）至今仍在苏格兰受到传诵。詹姆斯·格雷厄姆在苏格兰担任过庭审律师，但后来去职并当上了英格兰教会的教士。拜伦勋爵曾在《英格兰吟游诗人和苏格兰评论者》（English Bards and Scotch Reviewers）中无情嘲弄过詹姆斯·格雷厄姆：

　　古板的格雷厄姆挥舞着如橡大笔
　　书写着不合诗律的破碎散文；
　　他让《路加福音》变得苍白
　　并大胆剽窃了《摩西五经》……

《英国殖民地建立以来的美国史》（History of the United States from the Plantation of the British Colonies）一书的作者詹姆斯·格雷厄姆是罗伯特·格雷厄姆的长子。他也是一位苏格兰律师。——编者注

　　由于决心在苏格兰法庭上碰碰运气，我前往哥廷根去完成自己的罗马法学业。当我向柯克曼·芬利先生告别的时候，这位平时非常和善的朋友严肃地对我说："乔治啊，我希望你刻苦学习罗马法。但我相信，我们再度见面之前，你会去希腊人那里考察一番。"事实证明，这段话很有前瞻性。希腊革命已开始引起关注，并吸引了我本人的注意力——但直到他指出这一点，我才意识到了这一事实。我认为希腊人的事业是毫无希望的，当然也没有想过要加入他们。但他其实比我更了解我自己。

　　我在哥廷根博览群书，努力学习，但对法律兴趣不大，并开始怀疑法律是否真是适合自己的领域。我同自己见到的游历过希腊的所有人都会交流许久；我读过所有现代旅行家的希腊游记，并同当时在哥廷根大学读书的唯一一名希腊人过从甚密。1823 年，我决定前往希腊考察，亲自判断那里的民族和国土状况及爆发战争的概率。早在听说拜伦勋爵准备加入希腊人阵营之前，我已下定了拜访希腊的决心。1823 年 11 月，我在克法洛尼亚（Cephalonia）[1] 首次见到了拜伦勋爵。我从威尼斯前往赞特（Zante）的航程历时四十五天。我们在船上（具体而言是因风向不利而滞留在达尔马提亚群岛期间）编了一个笑话：尤利西斯之所以花了十年工夫才从特洛伊航海赶到伊萨基岛（Ithaca），肯定是因为他搭乘了一条达尔马提亚双桅船。另一种可能是荷马的航海知识是作为威尼斯船只上的乘客而学到的。

------

[1]　即前文的克法勒尼亚。——中译者注

　　我受到了拜伦勋爵和查尔斯·内皮尔爵士（Sir Charles Napier）的热情接待——后者当时是大不列颠在克法洛尼亚的代表（事实上的总督）。我在克法洛尼亚待的时间不长。我看到拜伦勋爵尚未决定继续他的旅程，查尔斯爵士则担心该岛被视为亲希腊派和希腊团体代表在欧洲的桥头堡。几位德意志军官和伦敦希腊人团体派来的英国医生抵达了这里。爱奥尼亚群岛高级专员托马斯·麦特兰爵士（Sir Thomas Maitland）即将访问此地的消息也已公布。查尔斯·内皮尔爵士派人去找我，告诉我当时的形势。他向我指出，一旦托马斯·麦特兰爵士发现，由于拜伦勋爵在此，有如此多的革命元素集结在克法洛尼亚，那将对希腊人的事业造成十分不利的影响。拜伦勋爵可能会被勒令离开该岛，那将是令人不快的无谓损失。我试图说服德意志军官们和我一道搭乘一条希腊船只——它之前搭载着负责商议从英格兰贷款的希腊代表来到克法洛尼亚，此时马上就要离开。为了确保我们能在托马斯·麦特兰爵士抵达之前动身，那条希腊船只被要求在二十四小时内离开港口。人们相信，只要那批德意志军官、希腊政府派去邀请拜伦勋爵访问纳夫普利亚（Nauplia）的使节阿纳吉罗斯·佩特拉克斯（M. Anarghyros Petrakes）和我这样的英国亲希腊派离开，就足以让那位咄咄逼人的高级专员满意——此人因其独断专行而被许多人戏称为"汤姆陛下"（King Tom）。当然，世人也确实有理由认为，身在阿尔戈斯托利港（Argostoli）的许多人已经准备好了，要公开破坏爱奥尼亚政府之前宣布的中立。在我们离开之后，拜伦勋爵和那批负责贷款以继续同土耳其作战的希腊代表们仍然留在那里。

　　我们在傍晚时分启航，但在阿尔戈斯托利港出口处遭遇了一场猛烈风暴，好不容易才退回了利克苏里（Lixouri）对面的一处峡湾。船上的海员并非专业水手，一时手足无措；但我的德意志旅伴们却镇定自若。到了拂晓时分，风暴仍未停歇，暴雨倾泻如注，海员们战战兢兢地招呼我把头探出船舱窗口——之前我们一直蜷缩在舱里的一块木板上躲避风雨。我看见内皮尔骑马站在岩石上，身披一件苏利奥（Suliot）斗篷。他说之前的风暴实在太大；他很担心我们的船只会被刮到克法洛尼亚和赞特之间的海峡，那样的话就难逃一劫了。他夜不能寐，一等到能够看清路的时候，他就骑马出来，确认我们是否及时返回到了某处峡湾之内。他最后说道："你们现在乘船返回阿尔戈斯托利港的船坞吧，我得去补觉了。"

　　两天后，我们再度启程，遇到了强烈的东风和海流。我们的船员整夜惊慌失措，担心船只会被刮进深海。我们在天明时分抵达了赞特；而水手们还以为我们仍在岛屿的西北方向上。阿纳吉罗斯·佩特拉克斯对船员们的无知和在夜间表现出的惊恐感到不安，于是告别了我们的船只。德意志军官中的两位也离开了我们，前往迈索隆吉（Mesolonghi）。罗斯特先生（Herr von Ruast）和我继续搭船到了皮尔戈斯（Pyrgos）。船员们把我们和行李送到了沙滩上一处旅馆附近，随后马上启程离开。我在沙滩上坐了一会儿，思考着如何开始自己在希腊的生活。我没有仆从，也不太会讲现代希腊语；我的法语或意大利语也达不到流利交流日常话题的水平。但我们很快就搞清楚了下一步该怎么走。

　　我在 1823 年 11 月至 1824 年 12 月期间住在希腊。我在雅典同弗兰克·黑斯廷斯（Frank Hastings）建立了毕生友谊。当拜伦勋爵抵达迈索隆吉后，我应奥德修斯（Odysseus）之邀前去拜访他，并出席了北希腊文职与军事要员在萨罗纳〔Salona，即阿姆菲萨（Amphissa）〕召开的会议。在居住于迈索隆吉的两个月内，我几乎每个晚上都与拜伦勋爵共度。帕里先生（Mr. Parry）在他的书中写道，拜伦勋爵在同芬利先生等轻浮浅薄的人物的交谈中浪费了太多时间。拜伦勋爵去世九天后，我离开了迈索隆吉。密林根医生（Dr. Millingen）在他关于希腊的回忆录（第 129 页）中曾经提及，在拜伦勋爵同我的最后一次会面中，他重复了一个预言家在他孩提时代对他讲过的一句话——"当心你的 37 岁"。他接着说："我现在正好37 岁，并且生了病。"密林根医生报道的这则轶事非常准确。[1] 我还可以提供住在苏格兰时，发生在自己身上的另一则类似轶事。在我看来，预言家的说法有时确实能够一语成谶——但我同时也会怀疑：诸如此类的预言其实是建立在仆人们提供的半真半假的消息之上的。

　　我在萨罗纳见到了奥德修斯，他在那里只召集到了东希腊的一些部族首领。在访问了部队在帕纳索斯山与赫利孔山间村落中的许

----

[1]　密林根医生声称，芬利先生"当时是一名坚定的奥德修斯派"。然而，芬利先生违背了奥德修斯的意志。正是在他的安排下，从迈索隆吉送来的英国军用物资被送往了雅典卫城，而非维利察（Velitza）上方帕纳索斯山奥德修斯的洞室中。——编者注

多驻扎点后，我陪同他前往阿哥斯，恰好在那里目睹了克罗科特罗尼斯（Kolokotrones）在尝试夺取勒尔纳（Lerna）的磨坊时遭遇的失败。由于厌恶劫掠成性的军队首领及一心只想拿到英国贷款却对组织军队和行政体系无动于衷的政府官员，我在当年秋季返回了迈索隆吉，加入了利戈维奇（Ligovitzi）的希腊人阵营。我原本期待，同奥德修斯统治的地区相比，马夫罗科扎托斯（Mavrocordatos）任总督的行省应当治理得更为井井有条。但结果却令我大失所望。我在克拉索沃（Kerasovo）村密林根医生所在的地区待了几天，染上了严重的疟疾和热病，一度生命垂危。

我于 12 月航海前往安科纳（Ancona）。我在罗马过冬，在那不勒斯和西西里度过春季并逐渐恢复元气。随后我返回了苏格兰。柯克曼·芬利先生一家热情地欢迎了我。在 1825 年的夏天里，他在阿盖勒郡（Argyleshire）内托沃德城堡（Castle Toward）中的住所成了我的新家。那年冬天，我在爱丁堡重新开始学习法律，通过了民法考试，获得了在苏格兰法庭上担任律师的资格。

此后不久，弗兰克·阿布尼·黑斯廷斯给我写了一封信，邀请我搭乘他的蒸汽船"执着"（Karteria）号，同他一道返回希腊。由于对自己能否成为一名优秀律师持怀疑态度，我接受了他的邀请。"执着"号的经历充满了灾难，但黑斯廷斯在困境中展示了自己的执着、能力与坚定不移——倘若他的建议能够得到采纳，这些困难根本就不会发生。此后，我返回英格兰，带来了新的工程师，以便填补那些开小差者的空缺，并在 1827 年上将戈登（General Gordon）组织远征期间重新与黑斯廷斯会合。那次远征属于希腊革命史的一部分。波士顿的霍维医生（Dr. Howe of Boston）当时正在"执着"号上服役，我们在船上建立了持久的友谊。

随着卡波迪斯特里亚斯（Capodistrias）伯爵出任希腊总统及欧洲三大国保护体系建立，希腊人似乎有希望步入一个和平发展的时代。我决心定居在这个国家之中，相信希腊人的种种得天独厚的优势可以向全世界证明，对旧世界未开发土地的充分利用能够开创跟新大陆一样的民族繁荣局面。我希望自己能够帮助希腊走上生产、人口与物质财富迅速增长的道路。当土耳其人获准出售他们的土地后，我在阿提卡境内购买了一处地产。而当我的希望长期落空，国王奥托的统治似乎最终建立了秩序之际，我开始专注于经营农业，致力于发展自己的产业。结果，我失去了自己的钱财和劳动成果。但我由此明白了什一税对社会状态与耕作习惯的影响，个人对此是无能为力的。[1]我无意于亲自征收什一税，抢在农民们前头买光农产品——但那才是在内陆地区经营农业并赚钱的唯一办法。当我因此而耗尽了自己的全部资财后，我将注意力转向了学术，计划撰写一部关于希腊革命的真实历史，展示希腊人民的生活状态。我希望这部作品能对后人有所裨益。它逐渐扩展成了"异族统治下的希腊史"和"希腊革命史"两部分内容。我在写作方面并不比在经营农业方面更加成功。恐怕我不得不说：

---

[1] 关于该体系的运作机制，见 vol. vii. pp. 243—246。

我成了又一个有失无数前辈厚望的家伙。

我如今已年老力衰，能做的只有平静度日。随着年龄的增长和健康状况的恶化，我的活跃程度和精力都在不断下降，只好在自己的书房里消磨时光。

编者按

这篇简短但有趣的自传写于 1861 年底，应哈佛大学校长、《希腊：古代与近现代》(*Greece, Ancient and Modern*)一书的作者费尔顿 (Felton) 教授邀请所作。遗憾的是，这些素材无法构成作者的详尽生平履历。即便有人尝试收集过他的早年和一生中最活跃的阶段——在希腊革命期间对希腊的数次访问——的通信集，这些努力似乎也未能取得成效。不过，我们从这份自传中可以得知，他对现代希腊的兴趣从何而来，他在多大程度上亲身经历过自己叙述的那些事件，并同他提及的那些人物有过来往。我们还了解了他在从事史学家工作之前所受的相应训练——尤其是他在哥廷根学习法律的经历，这使得他能够详细讨论自己记述的不同时代的立法情况。他对政治经济学的最初兴趣来自柯克曼·芬利。解决历史问题的意识则构成了他研究方法的突出特征，这一点在其著作的第一卷——《罗马统治下的希腊》中体现得尤为明显。正如这篇自传所指出的那样，特殊的机遇赋予了作者现实生活中丰富多样的经验，让他对东西方思维方式有了充分了解。这使他获得了对于社会问题的敏锐洞察力，也使他的史著在本质上成为一部政治史，正如他反复提醒读者注意的那样。

他的文字自始至终承载着作者活跃、独立、不偏不倚的精神。他的作品谈不上感情奔放，但充满了对自由、公正、法治和人民的热爱。因此，他的作品饱含着一种顶天立地的浩然正气，这使得他可以在拜占庭时代充斥着谎言与阴谋的病态氛围中自由呼吸。与此同时，这种立场偶尔也会让他忽视那些潜藏在普遍的罪恶之下有时会依稀流露的善。他分析历史进程的长处在于能够透过现象看到本质，发现事物背后发挥着作用的潜藏影响因素。在分析族群或聚落衰亡原因的多个案例中，乔治·芬利原本可以笼统地谈论民族精神的沦丧，但他却能够指出这些结果是在某种外部因素，如交通线改变或不合理的税收制度作用下产生的。令人遗憾的是，他不时在行文中用讽刺挖苦的口吻提到希腊人，因而伤害了一些读者的感情。这在很大程度上其实是因为，他梦寐以求的希腊独立事业尚未实现，他感到心灰意冷。但我们不应忘记的是，乔治·芬利自始至终对希腊民族抱着真诚的善意，并为他们做出了巨大牺牲。下面这封费尔顿教授的信函值得关注：除了文中的一些客套恭维话外，它也反映了芬利的某些真实观念。

费尔顿教授致乔治·芬利

在收到您1月20日的来函时，我的上一封信刚刚寄出。出于许多理由，我对您的这封信十分关注。我高度赞赏您对希腊和东方人物掌故的看法，尽管我个人对希腊的前途抱有比您更多的信心与希望。但您信中的一部分内容让我很伤心——那是您谈论自己的那段文字。请原谅我的措辞唐突，但我认为您并不理解自己在这个时代占据的地位……您似乎觉得自己在希腊虚度了人生。我能理解这种感情。我在雅典时多少也有过这种感受。跟预期相差甚远的希腊局势令您失望，并且您对未来也没有多少信心。

在我这个只了解历史上希腊状况的人看来，目前的种种迹象还能让我们保留希望。当我回想起自己在军事史上读到的这个国家从前的状况，并将之同自己亲眼看见的情况加以比较时，当我对比着希腊人与欧洲大陆其他民族的道德与文化水平时，我仍然坚信希腊人是有希望和有前途的。我也只能认为，作为一位有所贡献的亲希腊派，您完成了与自己高贵心灵的追求目标相称的业绩。

至于您的历史学家生涯——倘若您在英国从事政治与行政管理等事业的话，您无疑将扮演一个举世瞩目的角色。我也承认，假如自己是英国人的话，那么从政将是我眼中最具吸引力的事业。但我也看到，那些显赫一时的政治家会逐渐（其实有时是相当迅速地）淡出世人的视野。

他们最后只剩下自己的名声，并未对人类的思想产生任何永恒影响。我宁愿成为您史著的作者，而非英格兰的首相。您的作品在世界文学中占据着一席之地；您的名字也将永远跻身于关于该主题的最高权威之列。

我冒昧地认为，健康欠佳或许让您陷入了悲观情绪之中。奇怪的是，我一直将您视为一位值得艳羡的人物——您亲自在一部壮观的历史剧中扮演了重要角色，又在史学创作中进一步扬名立万。您完全可以这样宽慰自己："一切都只是过眼云烟，精神上的负面情绪也不例外。"

> C.C.费尔顿
> 1855 年 3 月 4 日于坎布里奇

我们不妨将这段话同作者在其史著后记中使用的晚年常有的自我贬抑口吻进行比照。他写道：

我将就此搁笔，希望自己在研究希腊革命、撰述其历史过程中付出的毕生心血没有完全白费。希腊或许很快就将步入比我记述的年代或我的有生之年更为幸福的岁月。当前的种种变故将我笼罩在阴影之中，或许蒙蔽了我的视线。但即便作为一名笔力孱弱的目击者，我对民族与社会重大变故的蹩脚概述也将具备价值，只要这种概括是真实可靠的。在两千年内，希腊民族经历了罗马的征服、拜占庭的专制和土耳其的奴役。即便在足以提供重要教益的情况下，希腊史上的这段漫长时期也并不受人欢迎。如今，希腊人试图摆脱自身悲惨处境的努力则可以在文明史上写下宝贵的一章。我真诚希望这些努力不致付诸东流，并且记述其最后胜利的任务将由一位出色的历史学家来完成。

芬利先生史学著作中的第一卷——《罗马统治下的希腊》——完成于 1843 年；他的最后一卷——《希腊革命史》——问世于 1861 年。他在 1864—1870 年担任着《泰晤士报》在雅典的通讯记者，并从 1842 年起多次为《布莱克伍德杂志》(*Blackwood's Magazine*)、《周六评论》(*Saturday Review*) 等期刊供稿。他是爱丁堡大学的法学博士和众多学会的成员。他在 1854 年后似乎再未返回过英格兰。1875 年 1 月 26 日，刚满 75 岁的乔治·芬利在雅典溘然长逝。

图书在版编目(CIP)数据

罗马统治下的希腊：前 146—716 / (英)乔治·芬利
著；吕厚量译. -- 上海：上海书店出版社，2025. 7
(罗马征服以来的希腊史). -- ISBN 978 - 7 - 5458 - 2443 - 8

Ⅰ. K125

中国国家版本馆 CIP 数据核字第 2025NT3521 号

责任编辑	范　晶
营销编辑	王　慧
装帧设计	鄢书径

罗马统治下的希腊. 前 146　716

[英]乔治·芬利 著　吕厚量 译

出　　版	上海人民出版社 上海书店出版社
	(201101　上海市闵行区号景路 159 弄 C 座)
发　　行	上海人民出版社发行中心
印　　刷	苏州市越洋印刷有限公司
开　　本	890×1240　1/32
印　　张	16.625
字　　数	342,000
版　　次	2025 年 7 月第 1 版
印　　次	2025 年 7 月第 1 次印刷
ISBN 978 - 7 - 5458 - 2443 - 8/K · 521
定　　价	120.00 元